儒家經典

第一集

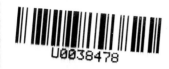

明誠佛堂經典編輯委員會／彙編

儒家經典（第一集）目錄

詩經
尚書
禮記
易經

1075 509 405 1

詩經

佚名著

國風

周南

一 關雎 7
二 葛覃 8
三 卷耳 9
四 樛木 10
五 螽斯 11
六 桃夭 11
七 兔罝 12
八 芣苢 13
九 漢廣 14
一〇 汝墳 15
一一 麟之趾 16

召南

一 鵲巢 16
二 采蘩 17
三 草蟲 18
四 采蘋 19
五 甘棠 20
六 行露 21
七 羔羊 22
八 殷其靁 22
九 摽有梅 23
一〇 小星 24
一一 江有汜 25
一二 野有死麕 26
一三 何彼襛矣 26
一四 騶虞 27

邶風

一 柏舟 28
二 綠衣 29
三 燕燕 30
四 日月 32
五 終風 33
六 擊鼓 34
七 凱風 35
八 雄雉 36
九 匏有苦葉 37
一〇 谷風 38
一一 式微 41
一二 旄丘 41
一三 簡兮 42
一四 泉水 43
一五 北門 44
一六 北風 46
一七 靜女 47
一八 新臺 47
一九 二子乘舟 48

鄘風

一 柏舟 49
二 牆有茨 50
三 君子偕老 51
四 桑中 52
五 鶉之奔奔 53
六 定之方中 54
七 蝃蝀 55
八 相鼠 56
九 干旄 56
一〇 載馳 57

衛風

一 淇奧 59
二 考槃 60
三 碩人 61
四 氓 63
五 竹竿 66
六 芄蘭 67
七 河廣 67
八 伯兮 68
九 有狐 69
一〇 木瓜 70

王風

一 黍離 70
二 君子于役 72
三 君子陽陽 73
四 揚之水 73

五 中谷有蓷 74
六 兔爰 75
七 葛藟 76
八 采葛 77
九 大車 78
一〇 丘中有麻 79

鄭風

一 緇衣 80
二 將仲子 81
三 叔于田 82
四 大叔于田 83
五 清人 85
六 羔裘 85
七 遵大路 86
八 女曰雞鳴 87
九 有女同車 88
一〇 山有扶蘇 88
一一 蘀兮 89
一二 狡童 89
一三 褰裳 90
一四 丰 91
一五 東門之墠 92
一六 風雨 92
一七 子衿 93
一八 揚之水 94
一九 出其東門 94
二〇 野有蔓草 95
二一 溱洧 96

齊風

一 雞鳴 97
二 還 98
三 著 99
四 東方之日 99
五 東方未明 100
六 南山 101
七 甫田 102
八 盧令 103
九 敝笱 103
一〇 載驅 104
一一 猗嗟 105

魏風

一 葛屨 106
二 汾沮洳 107
三 園有桃 108
四 陟岵 109
五 十畝之間 110
六 伐檀 110
七 碩鼠 112

唐風

一 蟋蟀 113
二 山有樞 115
三 揚之水 116
四 椒聊 117
五 綢繆 118
六 杕杜 119
七 羔裘 120
八 鴇羽 120
九 無衣 121
一〇 有杕之杜 122
一一 葛生 123
一二 采苓 124

秦風

一 車鄰 125
二 駟驖 126
三 小戎 127
四 蒹葭 128
五 終南 129
六 黃鳥 130
七 晨風 132
八 無衣 133
九 渭陽 134
一〇 權輿 134

陳風

一 宛丘 135

二 東門之枌 136
三 衡門 137
四 東門之池 137
五 東門之楊 138
六 墓門 139
七 防有鵲巢 139
八 月出 140
九 株林 141
一〇 澤陂 141

檜風

一 羔裘 142
二 素冠 143
三 隰有萇楚 144
四 匪風 144

曹風

一 蜉蝣 145
二 候人 146
三 鳲鳩 147
四 下泉 148

豳風

一 七月 149
二 鴟鴞 153
三 東山 154
四 破斧 157
五 伐柯 158
六 九罭 158
七 狼跋 159

小雅

鹿鳴之什

一 鹿鳴 160
二 四牡 161
三 皇皇者華 163
四 常棣 164
五 伐木 165
六 天保 167
七 采薇 169
八 出車 171
九 杕杜 174
一〇 魚麗 175
南陔 176
白華 176
華黍 176

南有嘉魚之什

一 南有嘉魚 177
二 南山有臺 178
由庚 179
崇丘 179
由儀 179
三 蓼蕭 180
四 湛露 181
五 彤弓 182
六 菁菁者莪 183
七 六月 184
八 采芑 186
九 車攻 189
一〇 吉日 190

鴻鴈之什

一 鴻鴈 192
二 庭燎 193
三 沔水 194
四 鶴鳴 195
五 祈父 196
六 白駒 197
七 黃鳥 198
八 我行其野 199
九 斯干 200
一〇 無羊 203

節南山之什

一 節南山 204
二 正月 207
三 十月之交 212
四 雨無正 215
五 小旻 218

六 小宛 220
七 小弁 222
八 巧言 225
九 何人斯 227
一〇 巷伯 229

谷風之什
一 谷風 231
二 蓼莪 232
三 大東 234
四 四月 237
五 北山 238
六 無將大車 240
七 小明 241
八 鼓鐘 243
九 楚茨 244
一〇 信南山 248

甫田之什
一 甫田 250
二 大田 252
三 瞻彼洛矣 253
四 裳裳者華 254
五 桑扈 256
六 鴛鴦 257
七 頍弁 258
八 車舝 259
九 青蠅 261
一〇 賓之初筵 262

魚藻之什
一 魚藻 265
二 采菽 266
三 角弓 268
四 菀柳 270
五 都人士 271
六 采綠 272
七 黍苗 273
八 隰桑 274
九 白華 275
一〇 緜蠻 277
一一 瓠葉 278
一二 漸漸之石 279
一三 苕之華 280
一四 何草不黃 281

大雅

文王之什
一 文王 282
二 大明 285
三 緜 287
四 棫樸 290
五 旱麓 291
六 思齊 292
七 皇矣 294
八 靈臺 298
九 下武 299
一〇 文王有聲 301

生民之什
一 生民 303
二 行葦 306
三 既醉 308
四 鳧鷖 310
五 假樂 311
六 公劉 312
七 泂酌 315
八 卷阿 316
九 民勞 319
一〇 板 321

蕩之什
一 蕩 325
二 抑 328
三 桑柔 333
四 雲漢 339
五 崧高 342
六 烝民 346
七 韓奕 349

八 江漢 352
九 常武 354
一〇 瞻卬 357
一一 召旻 360

周頌

清廟之什
一 清廟 362
二 維天之命 363
三 維清 363
四 烈文 364
五 天作 364
六 昊天有成命 365
七 我將 366
八 時邁 366
九 執競 367
一〇 思文 368

臣工之什
一 臣工 369
二 噫嘻 370
三 振鷺 370
四 豐年 371
五 有瞽 371
六 潛 372
七 雝 372
八 載見 373
九 有客 374
一〇 武 375

閔予小子之什
一 閔予小子 376
二 訪落 376
三 敬之 377
四 小毖 378
五 載芟 378
六 良耜 380
七 絲衣 381
八 酌 382
九 桓 383
一〇 賚 383
一一 般 384

魯頌
一 駉 384
二 有駜 386
三 泮水 387
四 閟宮 391

商頌
一 那 396
二 烈祖 398
三 玄鳥 399
四 長發 400
五 殷武 403

國風

周南

一 關雎

關關雎鳩，在河之洲。
窈窕淑女，君子好逑。
參差荇菜，左右流之。
窈窕淑女，寤寐求之。
求之不得，寤寐思服。
悠哉悠哉，輾轉反側。
參差荇菜，左右采之。
窈窕淑女，琴瑟友之。

參差荇菜，
左右芼之。
窈窕淑女，
鐘鼓樂之。

二 葛覃

葛之覃兮，
施于中谷，
維葉萋萋。
黃鳥于飛，
集于灌木，
其鳴喈喈。

葛之覃兮，
施于中谷，
維葉莫莫。
是刈是濩，
為絺為綌，
服之無斁。

言告師氏，
言告言歸。

薄汙我私，薄澣我衣。
害澣害否，歸寧父母。

三 卷耳

采采卷耳，不盈頃筐。
嗟我懷人，寘彼周行。
陟彼崔嵬，我馬虺隤。
我姑酌彼金罍，維以不永懷。
陟彼高岡，我馬玄黃。
我姑酌彼兕觥，維以不永傷。

陟彼砠矣，我馬瘏矣，
我僕痡矣，云何吁矣！

四 樛木

南有樛木，葛藟纍之。
樂只君子，福履綏之！
南有樛木，葛藟荒之。
樂只君子，福履將之！
南有樛木，葛藟縈之。
樂只君子，福履成之！

五 螽斯

螽斯羽，詵詵兮。
宜爾子孫，振振兮！
螽斯羽，薨薨兮。
宜爾子孫，繩繩兮！
螽斯羽，揖揖兮。
宜爾子孫，蟄蟄兮！

六 桃夭

桃之夭夭，灼灼其華。
之子于歸，宜其室家。

桃之夭夭，有蕡其實。
之子于歸，宜其家室。

桃之夭夭，其葉蓁蓁。
之子于歸，宜其家人。

七 兔罝

肅肅兔罝，椓之丁丁。
赳赳武夫，公侯干城。

肅肅兔罝，施于中逵。
赳赳武夫，公侯好仇。

肅肅兔罝，施于中林。
赳赳武夫，公侯腹心。

八 芣苢

采采芣苢，薄言采之。
采采芣苢，薄言有之。
采采芣苢，薄言掇之。
采采芣苢，薄言捋之。
采采芣苢，薄言袺之。
采采芣苢，薄言襭之。

九 漢廣

南有喬木，不可休息。
漢有游女，不可求思。
漢之廣矣，不可泳思。
江之永矣，不可方思。
翹翹錯薪，言刈其楚。
之子于歸，言秣其馬。
漢之廣矣，不可泳思。
江之永矣，不可方思。
翹翹錯薪，言刈其蔞。
之子于歸，言秣其駒。

漢之廣矣，不可泳思。
江之永矣，不可方思。

一〇 汝墳

遵彼汝墳，伐其條枚。
未見君子，惄如調飢。
遵彼汝墳，伐其條肄。
既見君子，不我遐棄。
魴魚赬尾，王室如燬。
雖則如燬，父母孔邇！

一一 麟之趾

麟之趾。
振振公子，
于嗟麟兮！
麟之定。
振振公姓，
于嗟麟兮！
麟之角。
振振公族，
于嗟麟兮！

召南

一 鵲巢

維鵲有巢，
維鳩居之。
之子于歸，
百兩御之。

維鵲有巢，維鳩方之。
之子于歸，百兩將之。

維鵲有巢，維鳩盈之。
之子于歸，百兩成之。

二 采蘩

于以采蘩？于沼于沚。
于以用之？公侯之事。

于以采蘩？于澗之中。
于以用之？公侯之宮。

被之僮僮，
被之祁祁，
夙夜在公。
薄言還歸。

三 草蟲

喓喓草蟲，
未見君子，
亦既見止，
我心則降。
言采其蕨。
憂心惙惙。
亦既覯止，
趯趯阜螽。
憂心忡忡。
亦既覯止，
陟彼南山，
未見君子，
亦既見止，
我心則說。

陟彼南山，言采其薇。
未見君子，我心傷悲。
亦既見止，亦既覯止，
我心則夷。

四 采蘋

于以采蘋？南澗之濱。
于以采藻？于彼行潦。
于以盛之？維筐及筥。
于以湘之？維錡及釜。

于以奠之？
誰其尸之？
有齊季女。

宗室牖下。

五 甘棠

蔽芾甘棠，
勿翦勿伐，
召伯所茇。

蔽芾甘棠，
勿翦勿敗，
召伯所憩。

蔽芾甘棠，
勿翦勿拜，
召伯所說。

六 行露

厭浥行露，
謂行多露。
何以穿我屋？
何以速我獄？
室家不足。
何以穿我墉？
何以速我訟？
亦不女從。

豈不夙夜？
誰謂雀無角？
誰謂女無家？
雖速我獄，
誰謂鼠無牙？
誰謂女無家？
雖速我訟，

七 羔羊

羔羊之皮，素絲五紽。
退食自公，委蛇委蛇。

羔羊之革，素絲五緎。
委蛇委蛇，自公退食。

羔羊之縫，素絲五總。
委蛇委蛇，退食自公。

八 殷其靁

殷其靁，在南山之陽。
何斯違斯，莫敢或遑？

振振君子，歸哉！歸哉！
殷其靁，在南山之側。
何斯違斯，莫敢遑息？
振振君子，歸哉！歸哉！
殷其靁，在南山之下。
何斯違斯，莫或遑處？
振振君子，歸哉！歸哉！

九 摽有梅

摽有梅，其實七兮。
求我庶士，迨其吉兮！

摽有梅，其實三兮。
求我庶士，迨其今兮！

摽有梅，頃筐塈之。
求我庶士，迨其謂之！

一〇 小星

嘒彼小星，三五在東。
肅肅宵征，夙夜在公。
寔命不同。

嘒彼小星，維參與昴。
肅肅宵征，抱衾與裯。
寔命不猶。

一一 江有汜

江有汜，
之子歸，
不我以。
不我以，
其後也悔！

江有渚，
之子歸，
不我與。
不我與，
其後也處！

江有沱，
之子歸，
不我過。
不我過，
其嘯也歌！

一二 野有死麕

野有死麕，白茅包之。
有女懷春，吉士誘之。
林有樸樕，野有死鹿。
白茅純束，有女如玉。
舒而脫脫兮，無感我帨兮。
無使尨也吠！

一三 何彼襛矣

何彼襛矣？唐棣之華。
曷不肅雝？王姬之車。

何彼襛矣？華如桃李。
平王之孫，齊侯之子。
其釣維何？維絲伊緡。
齊侯之子，平王之孫。

一四 騶虞

彼茁者葭，壹發五豝。
于嗟乎，騶虞！
彼茁者蓬，壹發五豵。
于嗟乎，騶虞！

邶風

一 柏舟

汎彼柏舟，亦汎其流。
耿耿不寐，如有隱憂。
微我無酒，以敖以遊。
我心匪鑒，不可以茹。
亦有兄弟，不可以據。
薄言往愬，逢彼之怒。
我心匪石，不可轉也。
我心匪席，不可卷也。

威儀棣棣，不可選也。
憂心悄悄，慍于群小。
覯閔既多，受侮不少。
靜言思之，寤辟有摽。
日居月諸，胡迭而微？
心之憂矣，如匪澣衣。
靜言思之，不能奮飛。

二 綠衣

綠兮衣兮，綠衣黃裏。
心之憂矣，曷維其已？

綠兮衣兮，綠衣黃裳。
心之憂矣，曷維其亡？
綠兮絲兮，女所治兮。
我思古人，俾無訧兮。
絺兮綌兮，淒其以風。
我思古人，實獲我心。

三 燕燕

燕燕于飛，差池其羽。
之子于歸，遠送于野。

瞻望弗及，泣涕如雨。
燕燕于飛，頡之頏之。
之子于歸，遠于將之。
瞻望弗及，佇立以泣。
燕燕于飛，下上其音。
之子于歸，遠送于南。
瞻望弗及，實勞我心。
仲氏任只，其心塞淵。
終溫且惠，淑慎其身。
「先君之思」，以勗寡人。

四 日月

日居月諸，照臨下土。
乃如之人兮，逝不古處。
胡能有定？寧不我顧！
日居月諸，下土是冒。
乃如之人兮，逝不相好。
胡能有定？寧不我報！
日居月諸，出自東方。
乃如之人兮，德音無良。
胡能有定？俾也可忘！

日居月諸，東方自出。
父兮母兮，畜我不卒。
胡能有定？報我不述！

五 終風

終風且暴，顧我則笑。
謔浪笑敖，中心是悼。
終風且霾，惠然肯來。
莫往莫來，悠悠我思。
終風且曀，不日有曀。
寤言不寐，願言則嚏。

曀曀其陰，虺虺其靁。
寤言不寐，願言則懷。

六 擊鼓

擊鼓其鏜，踊躍用兵。
土國城漕，我獨南行。
從孫子仲，平陳與宋。
不我以歸，憂心有忡。
爰居爰處，爰喪其馬。
于以求之？于林之下。

「死生契闊」，與子成說。
執子之手，「與子偕老」。
于嗟闊兮，不我活兮！
于嗟洵兮，不我信兮！

七 凱風

凱風自南，吹彼棘心。
棘心夭夭，母氏劬勞。
凱風自南，吹彼棘薪。
母氏聖善，我無令人。
爰有寒泉？在浚之下。

有子七人，母氏勞苦。
睍睆黃鳥，載好其音。
有子七人，莫慰母心。

八 雄雉

雄雉于飛，泄泄其羽。
我之懷矣，自詒伊阻。
雄雉于飛，下上其音。
展矣君子，實勞我心。
瞻彼日月，悠悠我思。

道之云遠，曷云能來？
百爾君子，不知德行？
不忮不求，何用不臧？

九 匏有苦葉

匏有苦葉，濟有深涉。
深則厲，淺則揭。
有瀰濟盈，有鷕雉鳴。
濟盈不濡軌，雉鳴求其牡。
雝雝鳴雁，旭日始旦。

士如歸妻，迨冰未泮。
招招舟子，人涉卬否。
人涉卬否，卬須我友。

一〇 谷風

習習谷風，以陰以雨。
黽勉同心，不宜有怒。
采葑采菲，無以下體？
德音莫違：及爾同死！
行道遲遲，中心有違。

不遠伊邇，
誰謂荼苦？
宴爾新昏，
涇以渭濁，
宴爾新昏，
毋逝我梁，
我躬不閱，
就其深矣，
就其淺矣，
何有何亡，
凡民有喪，

薄送我畿。
其甘如薺。
如兄如弟。
湜湜其沚。
不我屑以。
毋發我笱。
遑恤我後。
方之舟之。
泳之游之。
黽勉求之。
匍匐救之。

不我能慉，反以我為讎。
既阻我德，賈用不售。
昔育恐育鞫，及爾顛覆。
既生既育，比予于毒。
我有旨蓄，亦以御冬。
宴爾新昏，以我御窮。
有洸有潰，既詒我肄。
不念昔者，伊余來塈。

一一 式微

式微式微！胡不歸？
微君之故，胡為乎中露？
式微式微！胡不歸？
微君之躬，胡為乎泥中？

一二 旄丘

旄丘之葛兮，何誕之節兮。
叔兮伯兮，何多日也！
何其處也？必有與也！
何其久也？必有以也！

狐裘蒙戎，匪車不東。
叔兮伯兮，靡所與同。
瑣兮尾兮，流離之子。
叔兮伯兮，褎如充耳。

一三 簡兮

簡兮簡兮，方將萬舞。
日之方中，在前上處。
碩人俁俁，公庭萬舞。
有力如虎，執轡如組。
左手執籥，右手秉翟。

赫如渥赭，公言錫爵。
山有榛，隰有苓。
云誰之思？西方美人。
彼美人兮，西方之人兮。

一四 泉水

毖彼泉水，亦流于淇。
有懷于衛，靡日不思。
孌彼諸姬，聊與之謀。
出宿于泲，飲餞于禰。
女子有行，遠父母兄弟。

問我諸姑，遂及伯姊。
出宿于干，飲餞于言。
載脂載舝，還車言邁。
遄臻于衛，不瑕有害？

我思肥泉，茲之永歎。
思須與漕，我心悠悠。
駕言出遊，以寫我憂。

一五 北門

出自北門，憂心殷殷。
終窶且貧，莫知我艱。

已焉哉！
謂之何哉！
政事一埤益我。
室人交徧讁我。
天實為之，
王事敦我，
我入自外，
已焉哉！
謂之何哉！

天實為之，
王事適我，
我入自外，
已焉哉！
謂之何哉！
政事一埤遺我。
室人交徧摧我。
天實為之，

一六 北風

北風其涼，
惠而好我，
其虛其邪？
北風其喈，
惠而好我，
其虛其邪？
莫赤匪狐，
惠而好我，
其虛其邪？

雨雪其雱。
攜手同行。
既亟只且！
雨雪其霏。
攜手同歸。
既亟只且！
莫黑匪烏。
攜手同車。
既亟只且！

一七 靜女

靜女其姝，俟我於城隅。
愛而不見，搔首踟躕。
靜女其孌，貽我彤管。
彤管有煒，說懌女美。
自牧歸荑，洵美且異。
匪女之為美，美人之貽。

一八 新臺

新臺有泚，河水瀰瀰。
燕婉之求，籧篨不鮮。

新臺有洒，河水浼浼。
燕婉之求，籧篨不殄。
魚網之設，鴻則離之。
燕婉之求，得此戚施。

一九 二子乘舟

二子乘舟，汎汎其景。
願言思之，中心養養。
二子乘舟，汎汎其逝。
願言思子，不瑕有害？

鄘風

一　柏舟

汎彼柏舟，
髧彼兩髦，
之死矢靡它。
不諒人只！
在彼河側。
實維我特，
母也天只！

在彼中河。
實維我儀，
母也天只！
汎彼柏舟，
髧彼兩髦，
之死矢靡慝，
不諒人只！

二 牆有茨

牆有茨，不可埽也。
中冓之言，不可道也。
所可道也，言之醜也。
牆有茨，不可襄也。
中冓之言，不可詳也。
所可詳也，言之長也。
牆有茨，不可束也。
中冓之言，不可讀也。
所可讀也，言之辱也。

三 君子偕老

君子偕老，
委委佗佗，
象服是宜。
云如之何？
其之翟也。
不屑髢也。
象之揥也。
胡然而天也？
瑳兮瑳兮，
蒙彼縐絺，

副笄六珈。
如山如河，
子之不淑，
玼兮玼兮，
鬒髮如雲，
玉之瑱也，
揚且之晳也，
胡然而帝也？
其之展也。
是紲袢也。

子之清揚，揚且之顏也。
展如之人兮，邦之媛也！

四 桑中

爰采唐矣？沬之鄉矣。
云誰之思？美孟姜矣。
期我乎桑中，要我乎上宮，
送我乎淇之上矣。

爰采麥矣？沬之北矣。
云誰之思？美孟弋矣。
期我乎桑中，要我乎上宮，
送我乎淇之上矣。

爰采葑矣？
沬之東矣。
云誰之思？
美孟庸矣。
期我乎桑中，
要我乎上宮，
送我乎淇之上矣。

五 鶉之奔奔

鶉之奔奔，
鵲之彊彊。
人之無良，
我以為兄。
鵲之彊彊，
鶉之奔奔。
人之無良，
我以為君。

六　定之方中

定之方中，
揆之以日，
樹之榛栗，
爰伐琴瑟。
以望楚矣，
景山與京，
卜云其吉，
靈雨既零，
星言夙駕，

作于楚宮。
作于楚室。
椅桐梓漆，
升彼虛矣，
望楚與堂，
降觀于桑。
終焉允臧。
命彼倌人，
說于桑田。

匪直也人，
秉心塞淵，
騋牝三千。

七 蝃蝀

蝃蝀在東，
莫之敢指。
女子有行，
遠父母兄弟。
朝隮于西，
崇朝其雨。
女子有行，
遠兄弟父母。
乃如之人也，
懷昏姻也。
大無信也，
不知命也。

八 相鼠

相鼠有皮，人而無儀。
人而無儀，不死何為？
相鼠有齒，人而無止。
人而無止，不死何俟？
相鼠有體，人而無禮。
人而無禮，胡不遄死？

九 干旄

孑孑干旄，在浚之郊。
素絲紕之，良馬四之。

彼姝者子，何以畀之？
孑孑干旟，在浚之都。
素絲組之，良馬五之。
彼姝者子，何以予之？
孑孑干旌，在浚之城。
素絲祝之，良馬六之。
彼姝者子，何以告之？

一〇 載馳

載馳載驅，歸唁衛侯。
驅馬悠悠，言至于漕。

大夫跋涉，
既不我嘉，
不能旋反。
視爾不臧，
我思不遠？
既不我嘉，
不能旋濟。
視爾不臧，
我思不閟？

陟彼阿丘，
言采其蝱。
女子善懷，
亦各有行。
許人尤之，
衆稺且狂。

我行其野，
芃芃其麥。
控于大邦，
誰因誰極？

大夫君子，無我有尤。
百爾所思，不如我所之。

衛風

一 淇奧

瞻彼淇奧，綠竹猗猗。
有匪君子，如切如磋，
如琢如磨。瑟兮僩兮，
赫兮咺兮。有匪君子，
終不可諼兮。瞻彼淇奧，
綠竹青青。有匪君子，

充耳琇瑩，會弁如星。
瑟兮僩兮，赫兮咺兮。
有匪君子，終不可諼兮。
瞻彼淇奧，綠竹如簀。
有匪君子，如金如錫，
如圭如璧。寬兮綽兮，
猗重較兮。善戲謔兮，
不為虐兮。

二　考槃

考槃在澗，碩人之寬。

獨寐寤言，永矢弗諼。
考槃在阿，碩人之薖。
獨寐寤歌，永矢弗過。
考槃在陸，碩人之軸。
獨寐寤宿，永矢弗告。

三 碩人

碩人其頎，衣錦褧衣。
齊侯之子，衛侯之妻。
東宮之妹，邢侯之姨，
譚公維私。手如柔荑，

膚如凝脂。
齒如瓠犀，
巧笑倩兮，
碩人敖敖，
四牡有驕，
翟茀以朝，
無使君勞。
北流活活。
鱣鮪發發，
庶姜孽孽，

領如蝤蠐，
螓首蛾眉。
美目盼兮。
說于農郊。
朱幩鑣鑣。
大夫夙退，
河水洋洋，
施罛濊濊，
葭菼揭揭。
庶士有朅。

四 氓

氓之蚩蚩，抱布貿絲。
匪來貿絲，來即我謀。
送子涉淇，至于頓丘。
匪我愆期，子無良媒。
將子無怒，秋以為期。
乘彼垝垣，以望復關。
不見復關，泣涕漣漣。
既見復關，載笑載言。
爾卜爾筮，體無咎言。
以爾車來，以我賄遷。

桑之未落，
于嗟鳩兮，
于嗟女兮，
士之耽兮，
女之耽兮，
桑之落矣，
自我徂爾，
淇水湯湯，
女也不爽，
士也罔極，

其葉沃若。
無食桑葚。
無與士耽。
猶可說也。
不可說也。
其黃而隕。
三歲食貧。
漸車帷裳。
士貳其行。
二三其德。

三歲為婦，
靡室勞矣。
夙興夜寐，
靡有朝矣。
言既遂矣，
至于暴矣。
兄弟不知，
咥其笑矣。
靜言思之，
躬自悼矣。

及爾偕老，
老使我怨。
淇則有岸，
隰則有泮。
總角之宴，
言笑晏晏。
信誓旦旦，
不思其反。
反是不思，
亦已焉哉。

五 竹竿

籊籊竹竿，
以釣于淇。
豈不爾思？
遠莫致之。

泉源在左，
淇水在右。
女子有行，
遠兄弟父母。

淇水在右，
泉源在左。
巧笑之瑳，
佩玉之儺。

淇水滺滺，
檜楫松舟。
駕言出遊，
以寫我憂。

六　芄蘭

芄蘭之支，童子佩觿。
雖則佩觿，能不我知。
容兮遂兮，垂帶悸兮。
芄蘭之葉，童子佩韘。
雖則佩韘，能不我甲。
容兮遂兮，垂帶悸兮。

七　河廣

誰謂河廣？一葦杭之。
誰謂宋遠？跂予望之。

誰謂河廣？曾不容刀。
誰謂宋遠？曾不崇朝。

八 伯兮

伯兮朅兮，邦之桀兮。
伯也執殳，為王前驅。
自伯之東，首如飛蓬。
豈無膏沐，誰適為容？
其雨其雨，杲杲出日。
願言思伯，甘心首疾！

焉得諼草？言樹之背。
願言思伯，使我心痗！

九 有狐

有狐綏綏，在彼淇梁。
心之憂矣，之子無裳。
有狐綏綏，在彼淇厲。
心之憂矣，之子無帶。
有狐綏綏，在彼淇側。
心之憂矣，之子無服。

一〇 木瓜

投我以木瓜，報之以瓊琚。
匪報也，永以為好也。
投我以木桃，報之以瓊瑤。
匪報也，永以為好也。
投我以木李，報之以瓊玖。
匪報也，永以為好也。

王風

一 黍離

彼黍離離，彼稷之苗。

行邁靡靡，中心搖搖。
知我者謂我心憂，不知我者謂我何求。
悠悠蒼天，此何人哉！

彼黍離離，彼稷之穗。
行邁靡靡，中心如醉。
知我者謂我心憂，不知我者謂我何求。
悠悠蒼天，此何人哉！

彼黍離離，彼稷之實。
行邁靡靡，中心如噎。
知我者謂我心憂，不知我者謂我何求。
悠悠蒼天，此何人哉！

二　君子于役

君子于役，
不知其期。
曷至哉？
雞棲于塒，
日之夕矣，
羊牛下來。
君子于役，
如之何勿思？

君子于役，
不日不月。
曷其有佸？
雞棲于桀，
日之夕矣，
羊牛下括。
君子于役，
苟無飢渴！

三 君子陽陽

君子陽陽，左執簧，
右招我由房。其樂只且！
君子陶陶，左執翿，
右招我由敖。其樂只且！

四 揚之水

揚之水，不流束薪？
彼其之子，不與我戍申？
懷哉懷哉！曷月予還歸哉？
揚之水，不流束楚？

彼其之子，不與我戍甫？
懷哉懷哉！曷月予還歸哉？
揚之水，不流束蒲？
彼其之子，不與我戍許？
懷哉懷哉！曷月予還歸哉？

五　中谷有蓷

中谷有蓷，暵其乾矣！
有女仳離，嘅其嘆矣！
嘅其嘆矣，遇人之艱難矣！
中谷有蓷，暵其脩矣！

有女仳離，
條其歗矣，
中谷有蓷，
有女仳離，
啜其泣矣，

條其歗矣！
遇人之不淑矣！
暵其濕矣！
啜其泣矣！
何嗟及矣！

六 兔爰

有兔爰爰，
我生之初，
我生之後，
尚寐無吪！

雉離于羅。
尚無為；
逢此百罹。
有兔爰爰，

雉離于罦。
我生之初，
尚無造；
我生之後，
逢此百憂。
尚寐無覺！

有兔爰爰，
雉離于罿。
我生之初，
尚無庸；
我生之後，
逢此百凶。
尚寐無聰！

七 葛藟

緜緜葛藟，
在河之滸。
終遠兄弟，
謂他人父。

謂他人父，亦莫我顧。
緜緜葛藟，在河之涘。
終遠兄弟，謂他人母。
謂他人母，亦莫我有。
緜緜葛藟，在河之漘。
終遠兄弟，謂他人昆。
謂他人昆，亦莫我聞。

八　采葛

彼采葛兮，一日不見，
如三月兮！彼采蕭兮，

一日不見，如三秋兮！
彼采艾兮，一日不見，
如三歲兮！

九　大車

大車檻檻，毳衣如菼。
豈不爾思？畏子不敢。
大車啍啍，毳衣如璊。
豈不爾思？畏子不奔。
轂則異室，死則同穴。
謂予不信，有如皦日！

一〇　丘中有麻

丘中有麻，彼留子嗟。
彼留子嗟，將其來施施。
丘中有麥，彼留子國。
彼留子國，將其來食。
丘中有李，彼留之子。
彼留之子，貽我佩玖。

鄭風

一　緇衣

緇衣之宜兮，
敝，
予又改為兮。
適子之館兮，
還，
予授子之粲兮。

緇衣之好兮，
敝，
予又改造兮。
適子之館兮，
還，
予授子之粲兮。

緇衣之蓆兮，
敝，
予又改作兮。
適子之館兮，
還，
予授子之粲兮。

二 將仲子

將仲子兮，
無折我樹杞。
畏我父母。
父母之言，
將仲子兮，
無折我樹桑。
畏我諸兄。
諸兄之言，
將仲子兮，
無折我樹檀。

無踰我里，
豈敢愛之？
仲可懷也，
亦可畏也。
無踰我牆，
豈敢愛之？
仲可懷也，
亦可畏也。
無踰我園，
豈敢愛之？

畏人之多言。
人之多言，

三 叔于田

叔于田，
豈無居人？
洵美且仁。
巷無飲酒。
不如叔也，
叔適野，

仲可懷也，
亦可畏也。

巷無居人。
不如叔也，
叔于狩，
豈無飲酒？
洵美且好。
巷無服馬。

豈無服馬？不如叔也，
洵美且武。

四 大叔于田

大叔于田，乘乘馬。
執轡如組，兩驂如舞。
叔在藪，火烈具舉。
襢裼暴虎，獻于公所。
將叔無狃，戒其傷女。
叔于田，乘乘黃。

兩服上襄，
叔在藪，
叔善射忌，
抑磬控忌，
叔于田，
兩服齊首，
叔在藪，
叔馬慢忌，
抑釋掤忌，

兩驂雁行。
火烈具揚。
又良御忌。
抑縱送忌。
乘乘鴇。
兩驂如手。
火烈具阜。
叔發罕忌。
抑鬯弓忌。

五　清人

清人在彭，駟介旁旁。
二矛重英，河上乎翱翔。
清人在消，駟介麃麃。
二矛重喬，河上乎逍遙。
清人在軸，駟介陶陶。
左旋右抽，中軍作好。

六　羔裘

羔裘如濡，洵直且侯。
彼其之子，舍命不渝。

羔裘豹飾，孔武有力。
彼其之子，邦之司直。
羔裘晏兮，三英粲兮。
彼其之子，邦之彥兮。

七 遵大路

遵大路兮，摻執子之袪兮。
無我惡兮，不寁故也。
遵大路兮，摻執子之手兮。
無我魗兮，不寁好也。

八 女曰雞鳴

女曰「雞鳴」，士曰「昧旦」。
「子興視夜」，「明星有爛，
將翱將翔，弋鳧與雁。」
「弋言加之，與子宜之。
宜言飲酒，與子偕老。
琴瑟在御，莫不靜好。」
「知子之來之，雜佩以贈之。
知子之順之，雜佩以問之。
知子之好之，雜佩以報之。」

九 有女同車

有女同車，顏如舜華。
將翱將翔，佩玉瓊琚。
彼美孟姜，洵美且都。
有女同行，顏如舜英。
將翱將翔，佩玉將將。
彼美孟姜，德音不忘。

一〇 山有扶蘇

山有扶蘇，隰有荷華。
不見子都，乃見狂且。

山有橋松，隰有游龍。
不見子充，乃見狡童。

一一　蘀兮

蘀兮蘀兮，風其吹女。
叔兮伯兮，倡予和女。
蘀兮蘀兮，風其漂女。
叔兮伯兮，倡予要女。

一二　狡童

彼狡童兮，不與我言兮。

維子之故，使我不能餐兮。
彼狡童兮，不與我食兮。
維子之故，使我不能息兮。

一三　褰裳

子惠思我，褰裳涉溱。
子不我思，豈無他人？
狂童之狂也且！
子惠思我，褰裳涉洧。
子不我思，豈無他士？
狂童之狂也且！

一四 丰

子之丰兮，
悔予不送兮！
俟我乎堂兮。
衣錦褧衣，
叔兮伯兮，
裳錦褧裳，
叔兮伯兮，

俟我乎巷兮。
子之昌兮，
悔予不將兮！
裳錦褧裳。
駕予與行！
衣錦褧衣。
駕予與歸！

一五 東門之墠

東門之墠，茹藘在阪。
其室則邇，其人甚遠！
東門之栗，有踐家室。
豈不爾思？子不我即！

一六 風雨

風雨淒淒，雞鳴喈喈。
既見君子，云胡不夷？
風雨瀟瀟，雞鳴膠膠。
既見君子，云胡不瘳？

風雨如晦，雞鳴不已。
既見君子，云胡不喜？

一七 子衿

青青子衿，悠悠我心。
縱我不往，子寧不嗣音？
青青子佩，悠悠我思。
縱我不往，子寧不來？
挑兮達兮，在城闕兮。
一日不見，如三月兮！

一八　揚之水

揚之水，不流束楚？
終鮮兄弟，維予與女。
無信人之言，人實迋女！

揚之水，不流束薪？
終鮮兄弟，維予二人。
無信人之言，人實不信！

一九　出其東門

出其東門，有女如雲。
雖則如雲，匪我思存。

縞衣綦巾，聊樂我員。
出其闉闍，有女如荼。
雖則如荼，匪我思且。
縞衣茹藘，聊可與娛。

二〇 野有蔓草

野有蔓草，零露漙兮。
有美一人，清揚婉兮。
邂逅相遇，適我願兮。
野有蔓草，零露瀼瀼。

有美一人，婉如清揚。
邂逅相遇，與子偕臧。

二一　溱洧

溱與洧，方渙渙兮。
士與女，方秉蕑兮。
女曰：「觀乎？」士曰：「既且。」
「且往觀乎！洧之外，
洵訏且樂。」維士與女，
伊其相謔，贈之以勺藥。
溱與洧，瀏其清矣。

士與女，殷其盈矣。
女曰：「觀乎？」士曰：「既且。」
「且往觀乎！洧之外，
洵訏且樂。」維士與女，
伊其將謔，贈之以勺藥。

齊風

一 雞鳴

「雞既鳴矣，朝既盈矣。」
「匪雞則鳴，蒼蠅之聲。」
「東方明矣，朝既昌矣。」

「匪東方則明，月出之光。」
「蟲飛薨薨，甘與子同夢；
會且歸矣，無庶予子憎。」

二 還

子之還兮，遭我乎峱之間兮
並驅從兩肩兮，揖我謂我儇兮。
子之茂兮，遭我乎峱之道兮。
並驅從兩牡兮，揖我謂我好兮。
子之昌兮，遭我乎峱之陽兮。
並驅從兩狼兮，揖我謂我臧兮。

三 著

俟我於著乎而，充耳以素乎而，
尚之以瓊華乎而。
俟我於庭乎而，充耳以青乎而，
尚之以瓊瑩乎而。
俟我於堂乎而，充耳以黃乎而，
尚之以瓊英乎而。

四 東方之日

東方之日兮，彼姝者子，
在我室兮。在我室兮，
履我即兮。東方之月兮，

彼姝者子，在我闥兮。
在我闥兮，履我發兮。

五　東方未明

東方未明，顛倒衣裳。
顛之倒之，自公召之。
東方未晞，顛倒裳衣。
倒之顛之，自公令之。
折柳樊圃，狂夫瞿瞿。
不能辰夜，不夙則莫。

六 南山

南山崔崔，
魯道有蕩，
既曰歸止，
葛屨五兩，
魯道有蕩，
既曰庸止，
蓺麻如之何？
取妻如之何？
既曰告止，
析薪如之何？

雄狐綏綏。
齊子由歸。
曷又懷止？
冠緌雙止。
齊子庸止。
曷又從止？
衡從其畝。
必告父母。
曷又鞠止？
匪斧不克。

取妻如之何？匪媒不得。
既曰得止，曷又極止？

七 甫田

無田甫田，維莠驕驕。
無思遠人，勞心忉忉。
無田甫田，維莠桀桀。
無思遠人，勞心怛怛。
婉兮孌兮，總角丱兮。
未幾見兮，突而弁兮！

八 盧令

盧令令，其人美且仁。
盧重環，其人美且鬈。
盧重鋂，其人美且偲。

九 敝笱

敝笱在梁，其魚魴鰥。
齊子歸止，其從如雲。
敝笱在梁，其魚魴鱮。
齊子歸止，其從如雨。

敝笱在梁，其魚唯唯。
齊子歸止，其從如水。

一〇 載驅

載驅薄薄，簟茀朱鞹。
魯道有蕩，齊子發夕。
四驪濟濟，垂轡濔濔。
魯道有蕩，齊子豈弟。
汶水湯湯，行人彭彭。
魯道有蕩，齊子翱翔。

汶水滔滔，行人儦儦。
魯道有蕩，齊子遊敖。

一一 猗嗟

猗嗟昌兮，頎而長兮，
抑若揚兮，美目揚兮，
巧趨蹌兮，射則臧兮。
猗嗟名兮，美目清兮，
儀既成兮，終日射侯，
不出正兮，展我甥兮。
猗嗟孌兮，清揚婉兮，

舞則選兮，射則貫兮，
四矢反兮，以禦亂兮。

魏風

一　葛屨

糾糾葛屨，可以履霜？
摻摻女手，可以縫裳？
要之襋之，好人服之。
好人提提，宛然左辟，
佩其象揥。維是褊心，
是以為刺。

二 汾沮洳

彼汾沮洳，
彼其之子，
美無度，
彼汾一方，
彼其之子，
美如英，
彼汾一曲，
彼其之子，
美如玉，

言采其莫。
美無度；
殊異乎公路。
言采其桑。
美如英；
殊異乎公行。
言采其藚。
美如玉；
殊異乎公族。

三　園有桃

園有桃，其實之殽。
心之憂矣，我歌且謠。
不知我者，謂我士也驕。
「彼人是哉，子曰何其？」
心之憂矣，其誰知之？
其誰知之，蓋亦勿思！

園有棘，其實之食。
心之憂矣，聊以行國。
不知我者，謂我士也罔極。
「彼人是哉，子曰何其？」

心之憂矣，　其誰知之？
其誰知之？　蓋亦勿思！

四　陟岵

陟彼岵兮，　瞻望父兮。
父曰：「嗟予子，　行役夙夜無已。
上慎旃哉！　猶來無止！」
陟彼屺兮，　瞻望母兮。
母曰：「嗟予季，　行役夙夜無寐，
上慎旃哉！　猶來無棄！」
陟彼岡兮，　瞻望兄兮。

兄曰：「嗟予弟，行役夙夜必偕，
上慎旃哉！猶來無死！」

五　十畝之間

十畝之間兮，桑者閑閑兮，
行與子還兮。十畝之外兮，
桑者泄泄兮，行與子逝兮。

六　伐檀

坎坎伐檀兮，寘之河之干兮，
河水清且漣猗。不稼不穡，

胡取禾三百廛兮？
胡瞻爾庭有縣貆兮？
不素餐兮！
寘之河之側兮，
不稼不穡，
不狩不獵，
彼君子兮，
坎坎伐輪兮，
河水清且淪猗。
胡取禾三百囷兮？

不狩不獵，
彼君子兮，
坎坎伐輻兮，
河水清且直猗。
胡取禾三百億兮？
胡瞻爾庭有縣特兮？
不素食兮！
寘之河之漘兮，
不稼不穡，
不狩不獵，

胡瞻爾庭有縣鶉兮？彼君子兮，
不素飧兮！

七　碩鼠

碩鼠碩鼠，無食我黍！
三歲貫女，莫我肯顧。
逝將去女，適彼樂土。
樂土樂土，爰得我所。
碩鼠碩鼠，無食我麥！
三歲貫女，莫我肯德。
逝將去女，適彼樂國。

樂國樂國，爰得我直。

碩鼠碩鼠，無食我苗！
三歲貫女，莫我肯勞。
逝將去女，適彼樂郊。
樂郊樂郊，誰之永號？

唐風

一　蟋蟀

蟋蟀在堂，歲聿其莫。
今我不樂，日月其除。
無已大康，職思其居。

好樂無荒，
蟋蟀在堂，
今我不樂，
無已大康，
好樂無荒，
蟋蟀在堂，
今我不樂，
無已大康，
好樂無荒，

良士瞿瞿。
歲聿其逝。
日月其邁。
職思其外。
良士蹶蹶。
役車其休。
日月其慆。
職思其憂。
良士休休。

二 山有樞

山有樞，隰有榆。
子有衣裳，弗曳弗婁。
子有車馬，弗馳弗驅。
宛其死矣，他人是愉。

山有栲，隰有杻。
子有廷內，弗洒弗埽。
子有鐘鼓，弗鼓弗考。
宛其死矣，他人是保。

山有漆，隰有栗。
子有酒食，何不日鼓瑟？

且以喜樂，且以永日。
宛其死矣，他人入室。

三　揚之水

揚之水，白石鑿鑿。
素衣朱襮，從子于沃。
既見君子，云何不樂？
揚之水，白石皓皓。
素衣朱繡，從子于鵠。
既見君子，云何其憂？

揚之水，白石粼粼。
我聞有命，不敢以告人。

四　椒聊

椒聊之實，蕃衍盈升。
彼其之子，碩大無朋。
椒聊且！遠條且！
椒聊之實，蕃衍盈匊。
彼其之子，碩大且篤。
椒聊且！遠條且！

五　綢繆

綢繆束薪，
今夕何夕？
子兮子兮，
綢繆束芻，
今夕何夕？
子兮子兮，
綢繆束楚，
今夕何夕？
子兮子兮，

三星在天。
見此良人。
如此良人何？
三星在隅。
見此邂逅。
如此邂逅何？
三星在戶。
見此粲者。
如此粲者何？

六 杕杜

有杕之杜，
獨行踽踽，
不如我同父。
胡不比焉？
胡不佽焉？
其葉菁菁。
豈無他人？
嗟行之人，
人無兄弟，

其葉湑湑。
豈無他人？
嗟行之人，
人無兄弟，
有杕之杜，
獨行睘睘，
不如我同姓。
胡不比焉？
胡不佽焉？

七　羔裘

羔裘豹袪，自我人居居。
豈無他人？維子之故！
羔裘豹褎，自我人究究。
豈無他人？維子之好！

八　鴇羽

肅肅鴇羽，集于苞栩。
王事靡盬，不能蓺稷黍，
父母何怙？悠悠蒼天，
曷其有所？肅肅鴇翼，

集于苞棘。
王事靡盬，
不能蓺黍稷，
父母何食？
悠悠蒼天，
曷其有極？

肅肅鴇行，
集于苞桑。
王事靡盬，
不能蓺稻粱，
父母何嘗？
悠悠蒼天，
曷其有常？

九　無衣

豈曰無衣？七兮，
不如子之衣，
安且吉兮！
豈曰無衣？六兮，

不如子之衣，安且燠兮！

一〇 有杕之杜

有杕之杜，生于道左。
彼君子兮，噬肯適我？
中心好之，曷飲食之？
有杕之杜，生于道周。
彼君子兮，噬肯來遊？
中心好之，曷飲食之？

一一　葛生

葛生蒙楚，
蘞蔓于野。
予美亡此，
誰與？獨處！
葛生蒙棘，
蘞蔓于域。
予美亡此，
誰與？獨息！
角枕粲兮，
錦衾爛兮！
予美亡此，
誰與？獨旦！
夏之日，
冬之夜。
百歲之後，
歸于其居。
冬之夜，
夏之日。
百歲之後，
歸于其室。

一二　采苓

采苓采苓，
首陽之巔。
人之為言，
苟亦無信。
舍旃舍旃，
苟亦無然。
人之為言，
胡得焉？

采苦采苦，
首陽之下。
人之為言，
苟亦無與。
舍旃舍旃，
苟亦無然。
人之為言，
胡得焉？

采葑采葑，
首陽之東。
人之為言，
苟亦無從。

舍旃舍旃，苟亦無然。
人之為言，胡得焉？

秦風

一 車鄰

有車鄰鄰，有馬白顛。
未見君子，寺人之令。
阪有漆，隰有栗。
既見君子，並坐鼓瑟。
今者不樂，逝者其耋。
阪有桑，隰有楊。

既見君子，並坐鼓簧。
今者不樂，逝者其亡。

二 駟驖

駟驖孔阜，六轡在手。
公之媚子，從公于狩。
奉時辰牡，辰牡孔碩。
公曰：「左之！」舍拔則獲。
遊于北園，四馬既閑。
輶車鸞鑣，載獫歇驕。

三　小戎

小戎俴收，五楘梁輈。
游環脅驅，陰靷鋈續。
文茵暢轂，駕我騏馵。
言念君子，溫其如玉。
在其板屋，亂我心曲。
四牡孔阜，六轡在手。
騏駵是中，騧驪是驂。
龍盾之合，鋈以觼軜。
言念君子，溫其在邑。
方何為期？胡然我念之？

俴駟孔群，厹矛鋈錞。
蒙伐有苑，虎韔鏤膺。
交韔二弓，竹閉緄縢。
言念君子，載寢載興。
厭厭良人，秩秩德音。

四 蒹葭

蒹葭蒼蒼，白露為霜。
所謂伊人，在水一方。
遡洄從之，道阻且長。
遡游從之，宛在水中央。

蒹葭淒淒，白露未晞。
所謂伊人，在水之湄。
遡洄從之，道阻且躋。
遡游從之，宛在水中坻。

蒹葭采采，白露未已。
所謂伊人，在水之涘。
遡洄從之，道阻且右。
遡游從之，宛在水中沚。

五 終南

終南何有？有條有梅。

君子至止，錦衣狐裘。
顏如渥丹，其君也哉！
終南何有？有紀有堂。
君子至止，黻衣繡裳。
佩玉將將，壽考不亡！

六 黃鳥

交交黃鳥，止于棘。
誰從穆公？子車奄息。
維此奄息，百夫之特。
臨其穴，惴惴其慄。

彼蒼者天，
如可贖兮，
交交黃鳥，
誰從穆公？
維此仲行，
臨其穴，
彼蒼者天，
如可贖兮，
交交黃鳥，
誰從穆公？
維此鍼虎，

殲我良人。
人百其身！
止于桑。
子車仲行。
百夫之防。
惴惴其慄。
殲我良人。
人百其身！
止于楚。
子車鍼虎。
百夫之禦。

臨其穴，惴惴其慄。
彼蒼者天，殲我良人。
如可贖兮，人百其身！

七　晨風

鴥彼晨風，鬱彼北林。
未見君子，憂心欽欽。
如何如何？忘我實多！
山有苞櫟，隰有六駁。
未見君子，憂心靡樂。
如何如何？忘我實多！

山有苞棣，隰有樹檖。
未見君子，憂心如醉。
如何如何？忘我實多！

八 無衣

豈曰無衣？與子同袍。
王于興師，脩我戈矛，
與子同仇！

豈曰無衣？與子同澤。
王于興師，脩我矛戟，
與子偕作！

豈曰無衣？與子同裳。

王于興師，脩我甲兵，
與子偕行！

九　渭陽

我送舅氏，曰至渭陽。
何以贈之？路車乘黃。
我送舅氏，悠悠我思。
何以贈之？瓊瑰玉佩。

一〇　權輿

於，我乎！夏屋渠渠，

今也每食無餘。
于嗟乎！
不承權輿！

於，我乎！
每食四簋，
今也每食不飽。
于嗟乎！
不承權輿！

陳風

一 宛丘

子之湯兮，
宛丘之上兮。
洵有情兮，
而無望兮。
坎其擊鼓，
宛丘之下。
無冬無夏，
值其鷺羽。

坎其擊缶，宛丘之道。
無冬無夏，值其鷺翿。

二 東門之枌

東門之枌，宛丘之栩。
子仲之子，婆娑其下。
穀旦于差，南方之原。
不績其麻，市也婆娑。
穀旦于逝，越以鬷邁。
視爾如荍，貽我握椒。

三 衡門

衡門之下，可以棲遲。
泌之洋洋，可以樂飢。
豈其食魚，必河之魴？
豈其取妻，必齊之姜？
豈其食魚，必河之鯉？
豈其取妻，必宋之子？

四 東門之池

東門之池，可以漚麻。
彼美淑姬，可與晤歌。

東門之池，可以漚紵。
彼美淑姬，可與晤語。
東門之池，可以漚菅。
彼美淑姬，可與晤言。

五 東門之楊

東門之楊，其葉牂牂。
昏以為期，明星煌煌。
東門之楊，其葉肺肺。
昏以為期，明星晢晢。

六 墓門

墓門有棘，斧以斯之。
夫也不良，國人知之。
知而不已，誰昔然矣。
墓門有梅，有鴞萃止。
夫也不良，歌以訊之。
訊予不顧，顛倒思予。

七 防有鵲巢

防有鵲巢？邛有旨苕？
誰侜予美？心焉忉忉。

中唐有甓？
誰侜予美？
邛有旨鷊？
心焉惕惕。

八月出

月出皎兮，
舒窈糾兮，
月出皓兮，
舒懮受兮，
月出照兮，
舒夭紹兮，
佼人僚兮。
勞心悄兮！
佼人懰兮。
勞心慅兮！
佼人燎兮。
勞心慘兮！

九　株林

「胡為乎株林？」「從夏南兮！」
「匪適株林，從夏南兮！」
駕我乘馬，說于株野。
乘我乘駒，朝食于株。

一〇　澤陂

彼澤之陂，有蒲與荷。
有美一人，傷如之何？
寤寐無為，涕泗滂沱。
彼澤之陂，有蒲與蕑。

有美一人，碩大且卷。
寤寐無為，中心悁悁。

彼澤之陂，有蒲菡萏。
有美一人，碩大且儼。
寤寐無為，輾轉伏枕。

檜風

一 羔裘

羔裘逍遙，狐裘以朝。
豈不爾思？勞心忉忉。

羔裘翱翔，狐裘在堂。

豈不爾思？
我心憂傷。
羔裘如膏，
日出有曜。
豈不爾思？
中心是悼。

二 素冠

庶見素冠兮，
棘人欒欒兮，
勞心慱慱兮。
庶見素衣兮，
我心傷悲兮，
聊與子同歸兮。
庶見素韠兮，
我心蘊結兮，
聊與子如一兮。

三 隰有萇楚

隰有萇楚，猗儺其枝。
夭之沃沃，樂子之無知。
隰有萇楚，猗儺其華。
夭之沃沃，樂子之無家。
隰有萇楚，猗儺其實。
夭之沃沃，樂子之無室。

四 匪風

匪風發兮，匪車偈兮。
顧瞻周道，中心怛兮！

匪風飄兮，匪車嘌兮。
顧瞻周道，中心弔兮！
誰能亨魚？溉之釜鬵。
誰將西歸？懷之好音。

曹風

一 蜉蝣

蜉蝣之羽，衣裳楚楚。
心之憂矣，於我歸處！
蜉蝣之翼，采采衣服。
心之憂矣，於我歸息！

蜉蝣掘閱，麻衣如雪。
心之憂矣，於我歸說！

二　候人

彼候人兮，何戈與祋，
彼其之子，三百赤芾。
維鵜在梁，不濡其翼？
彼其之子，不稱其服？
維鵜在梁，不濡其咮？
彼其之子，不遂其媾？
薈兮蔚兮，南山朝隮。

婉兮孌兮，季女斯飢。

三 鳲鳩

鳲鳩在桑，其子七兮。
淑人君子，其儀一兮。
其儀一兮，心如結兮。
鳲鳩在桑，其子在梅。
淑人君子，其帶伊絲。
其帶伊絲，其弁伊騏。
鳲鳩在桑，其子在棘。
淑人君子，其儀不忒。

其儀不忒，正是四國。
鳲鳩在桑，其子在榛。
淑人君子，正是國人。
正是國人，胡不萬年！

四 下泉

洌彼下泉，浸彼苞稂。
愾我寤歎，念彼周京。
洌彼下泉，浸彼苞蕭。
愾我寤歎，念彼京周。
洌彼下泉，浸彼苞蓍。

愾我寤歎，念彼京師。
芃芃黍苗，陰雨膏之。
四國有王，郇伯勞之。

豳風

一 七月

七月流火，九月授衣。
一之日觱發，二之日栗烈。
無衣無褐，何以卒歲？
三之日于耜，四之日舉趾。
同我婦子，饁彼南畝，

田畯至喜。
九月授衣。
有鳴倉庚。
遵彼微行，
春日遲遲，
女心傷悲，
七月流火，
蠶月條桑，
以伐遠揚，
七月鳴鵙，
載玄載黃，

七月流火，
春日載陽，
女執懿筐，
爰求柔桑。
采蘩祁祁，
殆及公子同歸。
八月萑葦。
取彼斧斨，
猗彼女桑。
八月載績。
我朱孔陽，

為公子裳。
五月鳴蜩。
十月隕蘀。
取彼狐狸，
二之日其同，
言私其豵，
五月斯螽動股，
七月在野，
九月在戶，
穹窒熏鼠，
嗟我婦子，

四月秀葽，
八月其穫，
一之日于貉，
為公子裘。
載纘武功。
獻豣于公。
六月莎雞振羽。
八月在宇，
十月蟋蟀入我牀下。
塞向墐戶。
曰為改歲，

入此室處。
七月亨葵及菽，
十月穫稻，
以介眉壽。
八月斷壺，
采荼薪樗，
九月築場圃，
黍稷重穋，
嗟我農夫，
上入執宮功。
宵爾索綯，

六月食鬱及薁，
八月剝棗，
為此春酒，
七月食瓜，
九月叔苴。
食我農夫。
十月納禾稼：
禾麻菽麥。
我稼既同，
晝爾于茅，
亟其乘屋，

其始播百穀。二之日鑿冰沖沖，
三之日納于凌陰。四之日其蚤，
獻羔祭韭。九月肅霜，
十月滌場。朋酒斯饗，
曰殺羔羊。躋彼公堂，
稱彼兕觥：「萬壽無疆！」

二　鴟鴞

鴟鴞鴟鴞，既取我子，
無毀我室！恩斯勤斯，
鬻子之閔斯！迨天之未陰雨，

徹彼桑土，綢繆牖戶。
今女下民，或敢侮予！
予手拮据，予所捋荼，
予所蓄租，予口卒瘏，
曰予未有室家。予羽譙譙，
予尾翛翛，予室翹翹，
風雨所漂搖，予維音嘵嘵。

三 東山

我徂東山，慆慆不歸。
我來自東，零雨其濛。

我東曰歸，
制彼裳衣，
蜎蜎者蠋，
敦彼獨宿，
我徂東山，
我來自東，
果臝之實，
伊威在室，
町畽鹿場，
不可畏也，
我徂東山，

我心西悲。
勿士行枚。
烝在桑野。
亦在車下。
慆慆不歸。
零雨其濛。
亦施於宇。
蠨蛸在戶。
熠燿宵行。
伊可懷也。
慆慆不歸。

我來自東，
鸛鳴于垤，
洒埽穹窒，
有敦瓜苦，
自我不見，
我徂東山，
我來自東，
倉庚于飛，
之子于歸，
親結其縭，
其新孔嘉，

零雨其濛。
婦嘆于室。
我征聿至。
烝在栗薪。
于今三年。
慆慆不歸。
零雨其濛。
熠燿其羽。
皇駁其馬。
九十其儀。
其舊如之何？

四 破斧

既破我斧，
又缺我斨。
周公東征，
四國是皇。
哀我人斯，
亦孔之將！

既破我斧，
又缺我錡。
周公東征，
四國是吪。
哀我人斯，
亦孔之嘉！

既破我斧，
又缺我銶。
周公東征，
四國是遒。
哀我人斯，
亦孔之休！

五 伐柯

伐柯如何？匪斧不克。
取妻如何？匪媒不得。
伐柯伐柯，其則不遠。
我覯之子，籩豆有踐。

六 九罭

九罭之魚，鱒魴。
我覯之子，袞衣繡裳。
鴻飛遵渚，公歸無所，
於女信處。鴻飛遵陸，

公歸不復，於女信宿。
是以有衮衣兮，無以我公歸兮，
無使我心悲兮！

七 狼跋

狼跋其胡，載疐其尾。
公孫碩膚，赤舄几几。
狼疐其尾，載跋其胡。
公孫碩膚，德音不瑕？

小雅

鹿鳴之什

一　鹿鳴

呦呦鹿鳴，食野之苹。
我有嘉賓，鼓瑟吹笙。
吹笙鼓簧，承筐是將。
人之好我，示我周行。
呦呦鹿鳴，食野之蒿。
我有嘉賓，德音孔昭。
視民不恌，君子是則是傚。

我有旨酒，嘉賓式燕以敖。
呦呦鹿鳴，食野之芩。
我有嘉賓，鼓瑟鼓琴。
鼓瑟鼓琴，和樂且湛。
我有旨酒，以燕樂嘉賓之心。

二四牡

四牡騑騑，周道倭遲。
豈不懷歸？王事靡盬，
我心傷悲。四牡騑騑，
嘽嘽駱馬。豈不懷歸？

王事靡盬，
翩翩者鵻，
集于苞栩。
不遑將父。
載飛載止，
王事靡盬，
駕彼四駱，
豈不懷歸？
將母來諗。

不遑啟處。
載飛載下，
王事靡盬，
翩翩者鵻，
集于苞杞。
不遑將母。
載驟駸駸，
是用作歌，

三 皇皇者華

皇皇者華，
駪駪征夫，
我馬維駒，
載馳載驅，
我馬維騏，
載馳載驅，
我馬維駱，
載馳載驅，
我馬維駰，
載馳載驅，

于彼原隰。
每懷靡及。
六轡如濡。
周爰咨諏。
六轡如絲。
周爰咨謀。
六轡沃若。
周爰咨度。
六轡既均。
周爰咨詢。

四　常棣

常棣之華，鄂不韡韡。
凡今之人，莫如兄弟。
死喪之威，兄弟孔懷。
原隰裒矣，兄弟求矣。
脊令在原，兄弟急難。
每有良朋，況也永歎。
兄弟鬩于牆，外禦其務。
每有良朋，烝也無戎。
喪亂既平，既安且寧。
雖有兄弟，不如友生。

儐爾籩豆，飲酒之飫。
兄弟既具，和樂且孺。
妻子好合，如鼓瑟琴。
兄弟既翕，和樂且湛。
宜爾室家，樂爾妻帑。
是究是圖，亶其然乎？

五 伐木

伐木丁丁，鳥鳴嚶嚶。
出自幽谷，遷于喬木。
嚶其鳴矣，求其友聲。

相彼鳥矣，
矧伊人矣，
神之聽之，
伐木許許，
既有肥羜，
寧適不來，
於粲洒埽，
既有肥牡，
寧適不來，
伐木于阪，
籩豆有踐，

猶求友聲，
不求友生？
終和且平。
釃酒有藇。
以速諸父。
微我弗顧。
陳饋八簋。
以速諸舅。
微我有咎。
釃酒有衍。
兄弟無遠。

民之失德，乾餱以愆。
有酒湑我，無酒酤我。
坎坎鼓我，蹲蹲舞我。
迨我暇矣，飲此湑矣。

六 天保

天保定爾，亦孔之固。
俾爾單厚，何福不除？
俾爾多益，以莫不庶。
天保定爾，俾爾戩穀。
罄無不宜，受天百祿。

降爾遐福，維日不足。
天保定爾，以莫不興。
如山如阜，如岡如陵，
如川之方至，以莫不增。
吉蠲為饎，是用孝享。
禴祠烝嘗，于公先王。
君曰：「卜爾，萬壽無疆。」
神之弔矣，詒爾多福。
民之質矣，日用飲食。
群黎百姓，徧為爾德。
如月之恆，如日之升。

如南山之壽。不騫不崩，
如松柏之茂，無不爾或承。

七 采薇

采薇采薇，薇亦作止。
曰歸曰歸，歲亦莫止。
靡室靡家，玁狁之故。
不遑啟居，玁狁之故。
采薇采薇，薇亦柔止。
曰歸曰歸，心亦憂止。
憂心烈烈，載飢載渴。

我戍未定，靡使歸聘。
采薇采薇，薇亦剛止。
曰歸曰歸，歲亦陽止。
王事靡盬，不遑啟處。
憂心孔疚，我行不來。
彼爾維何？維常之華。
彼路斯何？君子之車。
戎車既駕，四牡業業。
豈敢定居？一月三捷。
駕彼四牡，四牡騤騤。
君子所依，小人所腓。

四牡翼翼，象弭魚服。
豈不日戒？玁狁孔棘。

昔我往矣，楊柳依依。
今我來思，雨雪霏霏。
行道遲遲，載渴載飢。
我心傷悲，莫知我哀。

八 出車

我出我車，于彼牧矣。
自天子所，謂我來矣。
召彼僕夫，謂之載矣。

王事多難，
我出我車，
設此旐矣，
彼旟旐斯，
憂心悄悄，
王命南仲，
出車彭彭，
天子命我，
赫赫南仲，
昔我往矣，
今我來思，

維其棘矣。
于彼郊矣。
建彼旄矣。
胡不旆旆？
僕夫况瘁。
往城于方。
旂旐央央。
城彼朔方。
玁狁于襄。
黍稷方華。
雨雪載塗。

王事多難，
豈不懷歸？
喓喓草蟲，
未見君子，
既見君子，
赫赫南仲，
春日遲遲，
倉庚喈喈，
執訊獲醜，
赫赫南仲，

不遑啟居。
畏此簡書。
趯趯阜螽。
憂心忡忡。
我心則降。
薄伐西戎。
卉木萋萋。
采蘩祁祁。
薄言還歸。
玁狁于夷。

九　杕杜

有杕之杜，
王事靡盬，
日月陽止，
征夫遑止。
其葉萋萋。
我心傷悲。
女心悲止，
陟彼北山，
王事靡盬，
檀車幝幝，

有睆其實。
繼嗣我日。
女心傷止，
有杕之杜，
王事靡盬，
卉木萋止，
征夫歸止。
言采其杞。
憂我父母。
四杜痯痯，

征夫不遠。
匪載匪來，憂心孔疚。
期逝不至，而多為恤。
卜筮偕止，會言近止，
征夫邇止。

一〇 魚麗

魚麗于罶，鱨鯊。
君子有酒，旨且多。
魚麗于罶，魴鱧。
君子有酒，多且旨。
魚麗于罶，鰋鯉。

君子有酒，旨且有。

物其多矣，維其嘉矣。

物其旨矣，維其偕矣。

物其有矣，維其時矣。

南陔

白華

華黍

南有嘉魚之什

一 南有嘉魚

南有嘉魚，烝然罩罩。
君子有酒，嘉賓式燕以樂。
南有嘉魚，烝然汕汕。
君子有酒，嘉賓式燕以衎。
南有樛木，甘瓠纍之。
君子有酒，嘉賓式燕綏之。
翩翩者鵻，烝然來思。
君子有酒，嘉賓式燕又思。

二 南山有臺

南山有臺，北山有萊。
樂只君子，邦家之基。
樂只君子，萬壽無期。
南山有桑，北山有楊。
樂只君子，邦家之光。
樂只君子，萬壽無疆。
南山有杞，北山有李。
樂只君子，民之父母。
樂只君子，德音不已。
南山有栲，北山有杻。

樂只君子，遐不眉壽？
樂只君子，德音是茂。

南山有枸，北山有楰。
樂只君子，遐不黃耇？
樂只君子，保艾爾後。

由庚

崇丘

由儀

三　蓼蕭

蓼彼蕭斯，
零露湑兮。
既見君子，
我心寫兮。
燕笑語兮，
是以有譽處兮。

蓼彼蕭斯，
零露瀼瀼。
既見君子，
為龍為光。
其德不爽，
壽考不忘。

蓼彼蕭斯，
零露泥泥。
既見君子，
孔燕豈弟。
宜兄宜弟，
令德壽豈。

蓼彼蕭斯，零露濃濃。
既見君子，鞗革忡忡。
和鸞雝雝，萬福攸同。

四 湛露

湛湛露斯，匪陽不晞。
厭厭夜飲，不醉無歸。

湛湛露斯，在彼豐草。
厭厭夜飲，在宗載考。

湛湛露斯，在彼杞棘。
顯允君子，莫不令德。

其桐其椅，其實離離。
豈弟君子，莫不令儀。

五 彤弓

彤弓弨兮，受言藏之。
我有嘉賓，中心貺之。
鐘鼓既設，一朝饗之。

彤弓弨兮，受言載之。
我有嘉賓，中心喜之。
鐘鼓既設，一朝右之。

彤弓弨兮，受言櫜之。
我有嘉賓，中心好之。
鐘鼓既設，一朝醻之。

六　菁菁者莪

菁菁者莪，在彼中阿。
既見君子，樂且有儀。
菁菁者莪，在彼中沚。
既見君子，我心則喜。
菁菁者莪，在彼中陵。
既見君子，錫我百朋。

汎汎楊舟，載沈載浮。
既見君子，我心則休。

七 六月

六月棲棲，戎車既飭。
四牡騤騤，載是常服。
玁狁孔熾，我是用急。
王于出征，以匡王國。
比物四驪，閑之維則。
維此六月，既成我服。
我服既成，于三十里。

王于出征，以佐天子。
四牡脩廣，其大有顒。
薄伐玁狁，以奏膚公。
有嚴有翼，共武之服。
共武之服，以定王國。
玁狁匪茹，整居焦穫。
侵鎬及方，至于涇陽。
織文鳥章，白旆央央。
元戎十乘，以先啟行。
戎車既安，如輊如軒。
四牡既佶，既佶且閑。

薄伐玁狁，至于大原。
文武吉甫，萬邦為憲。
吉甫燕喜，既多受祉。
來歸自鎬，我行永久。
飲御諸友，炰鼈膾鯉。
侯誰在矣？張仲孝友。

八　采芑

薄言采芑，于彼新田，
于此菑畝。方叔涖止，
其車三千，師干之試。

方叔率止，乘其四騏，
四騏翼翼。路車有奭，
簟茀魚服，鉤膺鞗革。
薄言采芑，于彼新田，
于此中鄉。方叔涖止，
其車三千，旂旐央央。
方叔率止，約軝錯衡，
八鸞瑲瑲。服其命服，
朱芾斯皇，有瑲葱珩。
鴥彼飛隼，其飛戾天，
亦集爰止。方叔涖止，

其車三千，師干之試。
方叔率止，鉦人伐鼓，
陳師鞠旅。顯允方叔，
伐鼓淵淵，振旅闐闐。
蠢爾蠻荊，大邦為讎。
方叔元老，克壯其猶。
方叔率止，執訊獲醜。
戎車嘽嘽，嘽嘽焞焞，
如霆如雷。顯允方叔，
征伐玁狁，蠻荊來威。

九　車攻

我車既攻，我馬既同。
四牡龐龐，駕言徂東。
田車既好，四牡孔阜。
東有甫草，駕言行狩。
之子于苗，選徒囂囂。
建旐設旄，搏獸于敖。
駕彼四牡，四牡奕奕。
赤芾金舄，會同有繹。
決拾既佽，弓矢既調。
射夫既同，助我舉柴。

四黃既駕，兩驂不猗。
不失其馳，舍矢如破。
蕭蕭馬鳴，悠悠旆旌。
徒御不驚？大庖不盈？
之子于征，有聞無聲。
允矣君子，展也大成！

一〇　吉日

吉日維戊，既伯既禱。
田車既好，四牡孔阜。
升彼大阜，從其群醜。

吉日庚午，
既差我馬。
獸之所同，
麀鹿麌麌。
漆沮之從，
天子之所。

瞻彼中原，
其祁孔有。
儦儦俟俟，
或群或友。
悉率左右，
以燕天子。

既張我弓，
既挾我矢。
發彼小豝，
殪此大兕。
以御賓客，
且以酌醴。

鴻鴈之什

一 鴻鴈

鴻鴈于飛，
之子于征，
爰及矜人，
鴻鴈于飛，
之子于垣，
雖則劬勞，
鴻鴈于飛，
維此哲人，
維彼愚人，

肅肅其羽。
劬勞于野。
哀此鰥寡。
集于中澤。
百堵皆作。
其究安宅。
哀鳴嗸嗸。
謂我劬勞；
謂我宣驕。

二 庭燎

夜如何其？
庭燎之光，
鸞聲將將。
夜未艾。
君子至止，
夜如何其？
庭燎有煇，
言觀其旂。

夜未央。
君子至止，
夜如何其？
庭燎晰晰，
鸞聲噦噦。
夜鄉晨。
君子至止，

三　沔水

沔彼流水，朝宗于海。
鴥彼飛隼，載飛載止。
嗟我兄弟，邦人諸友，
莫肯念亂，誰無父母？

沔彼流水，其流湯湯。
鴥彼飛隼，載飛載揚。
念彼不蹟，載起載行。
心之憂矣，不可弭忘。

鴥彼飛隼，率彼中陵。

民之訛言，寧莫之懲。
我友敬矣，讒言其興。

四 鶴鳴

鶴鳴于九皋，聲聞于野。
魚潛在淵，或在于渚。
樂彼之園，爰有樹檀，
其下維蘀。它山之石，
可以為錯。鶴鳴于九皋，
聲聞于天。魚在于渚，
或潛在淵。樂彼之園，

爰有樹檀，其下維穀。
它山之石，可以攻玉。

五 祈父

祈父！予，王之爪牙。
胡轉予于恤？靡所止居。
祈父！予，王之爪士。
胡轉予于恤？靡所底止。
祈父！亶不聰。
胡轉予于恤？有母之尸饔。

六　白駒

皎皎白駒，
食我場苗。
縶之維之，
以永今朝。
所謂伊人，
於焉逍遙。

皎皎白駒，
食我場藿。
縶之維之，
以永今夕。
所謂伊人，
於焉嘉客。

皎皎白駒，
賁然來思。
爾公爾侯，
逸豫無期？
慎爾優游，
勉爾遁思。

皎皎白駒，
在彼空谷。

生芻一束，
其人如玉。
毋金玉爾音，
而有遐心。

七 黃鳥

黃鳥黃鳥，
無集于穀，
無啄我粟。
此邦之人，
不我肯穀。
言旋言歸，
復我邦族。

黃鳥黃鳥，
無集于桑，
無啄我粱。
此邦之人，
不可與明。
言旋言歸，
復我諸兄。

黃鳥黃鳥，
無集于栩，
無啄我黍。
此邦之人，
不可與處。
言旋言歸，
復我諸父。

八 我行其野

我行其野，
蔽芾其樗。
昏姻之故，
言就爾居。
爾不我畜，
復我邦家。
我行其野，
言采其蓫。
昏姻之故，
言就爾宿。

爾不我畜，言歸斯復。
我行其野，言采其蓄。
不思舊姻，求爾新特。
成不以富，亦祇以異。

九 斯干

秩秩斯干，幽幽南山。
如竹苞矣，如松茂矣。
兄及弟矣，式相好矣，
無相猶矣。似續妣祖，
築室百堵，西南其戶。

爰居爰處，
約之閣閣，
風雨攸除，
君子攸芋。
如矢斯棘，
如翬斯飛，
殖殖其庭，
噲噲其正，
君子攸寧。
乃安斯寢。
乃占我夢。

爰笑爰語。
椓之橐橐。
鳥鼠攸去，
如跂斯翼，
如鳥斯革，
君子攸躋。
有覺其楹。
噦噦其冥，
下莞上簟，
乃寢乃興，
吉夢維何？

維熊維羆，
大人占之：
男子之祥；
女子之祥。
載寢之牀，
載弄之璋，
朱芾斯皇，
乃生女子，
載衣之裼，
無非無儀，
無父母詒罹。

維虺維蛇。
維熊維羆，
維虺維蛇，
乃生男子，
載衣之裳，
其泣喤喤，
室家君王。
載寢之地，
載弄之瓦。
唯酒食是議，

一〇 無羊

誰謂爾無羊？
誰謂爾無牛？
爾羊來思，
爾牛來思，
或降于阿，
或寢或訛。
何蓑何笠，
三十維物，
爾牧來思，
以雌以雄。

三百維群。
九十其犉。
其角濈濈。
其耳濕濕。
或飲于池，
爾牧來思，
或負其餱。
爾牲則具。
以薪以蒸，
爾羊來思，

矜矜兢兢，不騫不崩。
麾之以肱，畢來既升。
牧人乃夢，眾維魚矣，
旐維旟矣。大人占之：
眾維魚矣，實維豐年；
旐維旟矣，室家溱溱。

節南山之什

一　節南山

節彼南山，維石巖巖。
赫赫師尹，民具爾瞻。

憂心如惔，不敢戲談。
國既卒斬，何用不監？

節彼南山，有實其猗。
赫赫師尹，不平謂何？
天方薦瘥，喪亂弘多。
民言無嘉，憯莫懲嗟！

尹氏大師，維周之氐。
秉國之均，四方是維。
天子是毗，俾民不迷。
不弔昊天，不宜空我師。

弗躬弗親，庶民弗信。

弗問弗仕，
式夷式已，
瑣瑣姻亞，
昊天不傭，
昊天不惠，
君子如屆，
君子如夷，
不弔昊天，
式月斯生，
憂心如酲，
不自為政，

勿罔君子。
無小人殆。
則無膴仕。
降此鞠訩。
降此大戾。
俾民心闋；
惡怒是違。
亂靡有定，
俾民不寧。
誰秉國成？
卒勞百姓。

駕彼四牡，四牡項領。
我瞻四方，蹙蹙靡所騁。
方茂爾惡，相爾矛矣；
既夷既懌，如相醻矣。
昊天不平，我王不寧。
不懲其心，覆怨其正。
家父作誦，以究王訩。
式訛爾心，以畜萬邦。

二 正月

正月繁霜，我心憂傷。

民之訛言，
念我獨兮，
哀我小心，
父母生我，
不自我先，
好言自口，
憂心愈愈，
憂心惸惸，
民之無辜，
哀我人斯，
瞻烏爰止，

亦孔之將。
憂心京京。
癙憂以痒。
胡俾我瘉？
不自我後。
莠言自口。
是以有侮。
念我無祿。
并其臣僕。
于何從祿？
于誰之屋？

瞻彼中林，
民今方殆，
既克有定，
有皇上帝，
謂山蓋卑，
民之訛言，
召彼故老，
具曰予聖，
謂天蓋高？
謂地蓋厚？
維號斯言，

侯薪侯蒸。
視天夢夢。
靡人弗勝。
伊誰云憎？
為岡為陵？
寧莫之懲。
訊之占夢。
誰知烏之雌雄！
不敢不局。
不敢不蹐。
有倫有脊。

哀今之人，
瞻彼阪田，
天之扤我，
彼求我則，
執我仇仇，
心之憂矣，
今茲之正，
燎之方揚，
赫赫宗周，
終其永懷，
其車既載，

胡為虺蜴？
有菀其特。
如不我克。
如不我得；
亦不我力。
如或結之。
胡然厲矣？
寧或滅之。
褒姒威之。
又窘陰雨。
乃棄爾輔。

載輸爾載，將伯助予。
無棄爾輔，員于爾輻。
屢顧爾僕，不輸爾載，
終踰絕險，曾是不意。
魚在于沼，亦匪克樂。
潛雖伏矣，亦孔之炤。
憂心慘慘，念國之為虐。
彼有旨酒，又有嘉肴。
洽比其鄰，昏姻孔云。
念我獨兮，憂心慇慇。
佌佌彼有屋，蔌蔌方有穀。

民今之無祿，天夭是椓。
哿矣富人，哀此惸獨。

三 十月之交

十月之交，朔日辛卯。
日有食之，亦孔之醜。
彼月而微，此日而微。
今此下民，亦孔之哀。
日月告凶，不用其行。
四國無政，不用其良。
彼月而微，則維其常；

此日而微，
燁燁震電，
百川沸騰，
高岸為谷，
哀今之人，
皇父卿士，
家伯維宰，
聚子內史，
楀維師氏，
抑此皇父，
胡為我作，

于何不臧。
不寧不令。
山冢崒崩。
深谷為陵。
胡憯莫懲？
番維司徒，
仲允膳夫。
蹶維趣馬，
豔妻煽方處。
豈曰不時？
不即我謀？

徹我牆屋，田卒汙萊。
曰「予不戕，禮則然矣。」
皇父孔聖，作都于向。
擇三有事，亶侯多藏。
不憖遺一老，俾守我王。
擇有車馬，以居徂向。
黽勉從事，不敢告勞。
無罪無辜，讒口囂囂。
下民之孽，匪降自天。
噂沓背憎，職競由人。
悠悠我里，亦孔之痗。

四方有羨，我獨居憂。
民莫不逸，我獨不敢休。
天命不徹，我不敢傚我友自逸。

雨無正

浩浩昊天，不駿其德。
降喪饑饉，斬伐四國。
旻天疾威，弗慮弗圖。
舍彼有罪，既伏其辜；
若此無罪，淪胥以鋪。
周宗既滅，靡所止戾。

正大夫離居，
莫知我勩。
三事大夫，
莫肯夙夜；
邦君諸侯，
莫肯朝夕。
庶曰式臧，
覆出為惡。
如何昊天？
辟言不信。
如彼行邁，
則靡所臻。
凡百君子，
各敬爾身。
胡不相畏？
不畏于天？
戎成不退，
饑成不遂。
曾我暬御，
憯憯日瘁。
凡百君子，
莫肯用訊。

聽言則答，
哀哉不能言，
維躬是瘁。
巧言如流，
維曰于仕，
云不可使，
亦云可使，
謂爾遷于王都，
鼠思泣血，
昔爾出居，

譖言則退。
匪舌是出，
哿矣能言，
俾躬處休。
孔棘且殆。
得罪于天子；
怨及朋友。
曰；「予未有室家。」
無言不疾。
誰從作爾室？

五 小旻

旻天疾威，敷于下土。
謀猶回遹，何日斯沮？
謀臧不從，不臧覆用。
我視謀猶，亦孔之邛。
潝潝訿訿，亦孔之哀。
謀之其臧，則具是違；
謀之不臧，則具是依。
我視謀猶，伊于胡底？
我龜既厭，不我告猶。
謀夫孔多，是用不集。

發言盈庭，
如匪行邁謀，
哀哉為猶，
匪大猶是經，
維邇言是爭。
是用不潰于成。
或聖或否；
或哲或謀，
如彼泉流，
不敢暴虎，
人知其一，

誰敢執其咎？
是用不得于道。
匪先民是程，
維邇言是聽，
如彼築室于道謀，
國雖靡止，
民雖靡膴，
或肅或艾。
無淪胥以敗。
不敢馮河，
莫知其他。

戰戰兢兢，如臨深淵，
如履薄冰。

六 小宛

宛彼鳴鳩，翰飛戾天。
我心憂傷，念昔先人。
明發不寐，有懷二人。
人之齊聖，飲酒溫克。
彼昏不知，壹醉日富。
各敬爾儀，天命不又。
中原有菽，庶民采之。

螟蛉有子，
蜾蠃負之。
教誨爾子，
式穀似之。
題彼脊令，
載飛載鳴。
我日斯邁，
而月斯征。
夙興夜寐，
毋忝爾所生。
交交桑扈，
率場啄粟。
哀我填寡，
宜岸宜獄？
握粟出卜，
自何能穀？
溫溫恭人，
如集于木。
惴惴小心，
如臨于谷。
戰戰兢兢，
如履薄冰。

七 小弁

弁彼鷽斯，歸飛提提。
民莫不穀，我獨于罹。
何辜于天？我罪伊何？
心之憂矣，云如之何？
踧踧周道，鞫為茂草。
我心憂傷，惄焉如擣。
假寐永嘆，維憂用老。
心之憂矣，疢如疾首。
維桑與梓，必恭敬止。
靡瞻匪父，靡依匪母。

不屬于毛，不罹于裏。
天之生我？我辰安在？
菀彼柳斯，鳴蜩嘒嘒。
有漼者淵，萑葦淠淠。
譬彼舟流，不知所屆。
心之憂矣，不遑假寐。
鹿斯之奔，維足伎伎。
雉之朝雊，尚求其雌。
譬彼壞木，疾用無枝。
心之憂矣，寧莫之知。
相彼投兔，尚或先之。

行有死人，尚或墐之。
君子秉心，維其忍之。
心之憂矣，涕既隕之。
君子信讒，如或醻之。
君子不惠，不舒究之。
伐木掎矣，析薪扡矣。
舍彼有罪，予之佗矣。
莫高匪山，莫浚匪泉。
君子無易由言，耳屬于垣。
無逝我梁，無發我笱。
我躬不閱，惶恤我後？

八 巧言

悠悠昊天，
曰父母且！
無罪無辜，
亂如此幠。
昊天已威，
予慎無罪。
昊天大幠，
予慎無辜。

亂之初生，
僭始既涵。
亂之又生，
君子信讒。
君子如怒，
亂庶遄沮；
君子如祉，
亂庶遄已。

君子屢盟，
亂是用長。
君子信盜，
亂是用暴。

盜言孔甘，
亂是用餤。
匪其止共，
維王之邛。
奕奕寢廟，
君子作之。
秩秩大猷，
聖人莫之。
他人有心，
予忖度之。
躍躍毚兔，
遇犬獲之。
荏染柔木，
君子樹之。
往來行言，
心焉數之。
蛇蛇碩言，
出自口矣。
巧言如簧，
顏之厚矣！
彼何人斯，
居河之麋？

無拳無勇，職為亂階。
既微且尰，爾勇伊何？
為猶將多，爾居徒幾何？

九 何人斯

彼何人斯？其心孔艱。
胡逝我梁，不入我門？
伊誰云從？維暴之云。
二人從行，誰為此禍？
胡逝我梁，不入唁我？
始者不如今，云不我可。

彼何人斯？
我聞其聲，
不愧于人？
彼何人斯？
胡不自北？
胡逝我梁，
爾之安行，
爾之亟行，
壹者之來，
爾還而入，
還而不入，

胡逝我陳？
不見其身。
不畏于天？
其為飄風。
胡不自南？
祇攪我心？
亦不遑舍；
遑脂爾車？
云何其盱！
我心易也；
否難知也。

壹者之來，俾我祇也。
伯氏吹壎，仲氏吹篪。
及爾如貫，諒不我知？
出此三物，以詛爾斯。
為鬼為蜮，則不可得。
有靦面目，視人罔極。
作此好歌，以極反側。

一〇 巷伯

萋兮斐兮，成是貝錦。
彼譖人者，亦已大甚！

哆兮侈兮，
彼譖人者，
緝緝翩翩，
慎爾言也，
捷捷幡幡，
豈不爾受？
驕人好好，
蒼天蒼天，
矜此勞人。
誰適與謀？
投畀豺虎；

成是南箕。
誰適與謀？
謀欲譖人。
謂爾不信。
謀欲譖言。
既其女遷。
勞人草草。
視彼驕人，
彼譖人者，
取彼譖人，
豺虎不食，

投畀有北；
有北不受，
投畀有昊。
楊園之道，
猗于畝丘。
寺人孟子，
作為此詩。
凡百君子，
敬而聽之。

谷風之什

一 谷風

習習谷風，
維風及雨。
將恐將懼，
維予與女。
將安將樂，
女轉棄予。

習習谷風，維風及頹。
將恐將懼，寘予于懷；
將安將樂，棄予如遺。
習習谷風，維山崔嵬。
無草不死，無木不萎。
忘我大德，思我小怨。

二 蓼莪

蓼蓼者莪？匪莪伊蒿。
哀哀父母，生我劬勞！
蓼蓼者莪？匪莪伊蔚。

哀哀父母，
缾之罄矣，
鮮民之生，
無父何怙？
出則銜恤，
父兮生我，
拊我畜我，
顧我復我，
欲報之德，
南山烈烈，
民莫不穀，

生我勞瘁！
維罍之恥。
不如死之久矣。
無母何恃？
入則靡至。
母兮鞠我。
長我育我，
出入腹我。
昊天罔極。
飄風發發。
我獨何害？

南山律律，飄風弗弗。
民莫不穀，我獨不卒？

三　大東

有饛簋飧，有捄棘匕。
周道如砥，其直如矢。
君子所履，小人所視。
睠言顧之，潸焉出涕。
小東大東，杼柚其空。
糾糾葛屨，可以履霜？
佻佻公子，行彼周行，

既往既來，使我心疚。
有洌氿泉，無浸穫薪。
契契寤嘆，哀我憚人。
薪是穫薪，尚可載也；
哀我憚人，亦可息也。
東人之子，職勞不來；
西人之子，粲粲衣服。
舟人之子，熊羆是裘；
私人之子，百僚是試。
或以其酒，不以其漿。
鞙鞙佩璲，不以其長。

維天有漢，
跂彼織女，
雖則七襄，
睆彼牽牛，
東有啟明，
有捄天畢，
維南有箕，
維北有斗，
維南有箕，
維北有斗，

監亦有光。
終日七襄。
不成報章。
不以服箱。
西有長庚。
載施之行？
不可以簸揚；
不可以挹酒漿。
載翕其舌；
西柄之揭。

四月

四月維夏，
先祖匪人，
秋日淒淒，
亂離瘼矣，
冬日烈烈，
民莫不穀，
山有嘉卉，
廢為殘賊，
相彼泉水，
我日構禍，

六月徂暑。
胡寧忍予？
百卉具腓。
爰其適歸？
飄風發發。
我獨何害？
侯栗侯梅。
莫知其尤？
載清載濁。
曷云能穀？

滔滔江漢，南國之紀。
盡瘁以仕，寧莫我有。
匪鶉匪鳶，翰飛戾天。
匪鱣匪鮪，潛逃于淵。
山有蕨薇，隰有杞桋。
君子作歌，維以告哀。

五　北山

陟彼北山，言采其杞。
偕偕士子，朝夕從事。

王事靡盬，
溥天之下，
率土之濱，
大夫不均，
四牡彭彭，
嘉我未老，
旅力方剛，
或燕燕居息，
或息偃在牀，
或不知叫號，
或棲遲偃仰，

憂我父母。
莫非王土；
莫非王臣。
我從事獨賢。
王事傍傍。
鮮我方將，
經營四方。
或盡瘁事國。
或不已于行。
或慘慘劬勞。
或王事鞅掌。

或湛樂飲酒，或慘慘畏咎。
或出入風議，或靡事不為。

六　無將大車

無將大車，祇自塵兮。
無思百憂，祇自疷兮。
無將大車，維塵冥冥。
無思百憂，不出于熲。
無將大車，維塵雍兮。
無思百憂，祇自重兮。

七 小明

明明上天，
照臨下土。
我征徂西，
至于艽野。
二月初吉，
載離寒暑。
心之憂矣，
其毒大苦。
念彼共人，
涕零如雨。
豈不懷歸？
畏此罪罟。

昔我往矣，
日月方除。
曷云其還？
歲聿云莫。
念我獨兮，
我事孔庶。
心之憂矣，
憚我不暇。

念彼共人，
睠睠懷顧。
豈不懷歸？
畏此譴怒。
昔我往矣，
日月方奧。
曷云其還？
政事愈蹙。
歲聿云莫，
采蕭穫菽。
心之憂矣，
自詒伊戚。
念彼共人，
興言出宿。
豈不懷歸？
畏此反覆。

嗟爾君子，
無恆安處。
靖共爾位，
正直是與。
神之聽之，
式穀以女。

嗟爾君子，
無恒安息。
靖共爾位，
好是正直。
神之聽之，
介爾景福。

八 鼓鍾

鼓鍾將將，
淮水湯湯。
憂心且傷。
淑人君子，
懷允不忘。
鼓鍾喈喈，
淮水湝湝。
憂心且悲。
淑人君子，
其德不回。
鼓鍾伐鼛，
淮有三洲。

憂心且妯。
淑人君子，
其德不猶。
鼓鐘欽欽，
鼓瑟鼓琴。
笙磬同音。
以雅以南，
以籥不僭。

九　楚茨

楚楚者茨，
言抽其棘。
自昔何為？
我蓺黍稷。
我黍與與，
我稷翼翼。
我倉既盈，
我庾維億。
以為酒食，
以享以祀。

以妥以侑，
濟濟蹌蹌，
以往烝嘗。
或肆或將，
祀事孔明。
神保是饗：
報以介福，
執爨踖踖，
或燔或炙。
為豆孔庶，
獻醻交錯，

以介景福。
絜爾牛羊，
或剝或亨，
祝祭于祊，
先祖是皇，
「孝孫有慶，
萬壽無疆！」
為俎孔碩，
君婦莫莫，
為賓為客。
禮儀卒度，

笑語卒獲，
「報以介福，
我孔熯矣，
工祝致告：
苾芬孝祀，
卜爾百福。
既齊既稷，
永錫爾極，
禮儀既備，
孝孫徂位，
「神具醉止。」

神保是格：
萬壽攸酢！」
式禮莫愆。
「徂賚孝孫，
神嗜飲食，
如幾如式，
既匡既勑。
時萬時億！」
鐘鼓既戒。
工祝致告：
皇尸載起，

鼓鐘送尸，神保聿歸。
諸宰君婦，廢徹不遲。
諸父兄弟，備言燕私。
樂具入奏，以綏後祿。
爾殽既將，莫怨具慶。
既醉既飽，小大稽首：
「神嗜飲食，使君壽考。
孔惠孔時，維其盡之。
子子孫孫，勿替引之。」

一〇　信南山

信彼南山，維禹甸之。
畇畇原隰，曾孫田之。
我疆我理，南東其畝。
上天同雲，雨雪雰雰。
益之以霢霂，既優既渥。
既霑既足，生我百穀。
疆埸翼翼，黍稷彧彧。
曾孫之穡，以為酒食。
畀我尸賓，壽考萬年。
中田有廬，疆埸有瓜。

是剝是菹，
曾孫壽考，
祭以清酒，
享于祖考。
以啟其毛，
是烝是享，
祀事孔明，
報以介福，

獻之皇祖。
受天之祜。
從以騂牡，
執其鸞刀，
取其血膋。
苾苾芬芬。
先祖是皇。
萬壽無疆！

甫田之什

一 甫田

倬彼甫田，
我取其陳，
自古有年。
或耘或耔，
攸介攸止，
以我齊明，
以社以方。
農夫之慶。
以御田祖，

歲取十千。
食我農人。
今適南畝，
黍稷薿薿。
烝我髦士。
與我犧羊，
我田既臧，
琴瑟擊鼓，
以祈甘雨，

以介我稷黍，
曾孫來止。
饁彼南畝。
攘其左右，
禾易長畝，
曾孫不怒，
曾孫之稼，
曾孫之庾，
乃求千斯倉，
黍稷稻粱，
報以介福，

以穀我士女。
以其婦子，
田畯至喜，
嘗其旨否。
終善且有。
農夫克敏。
如茨如梁；
如坻如京。
乃求萬斯箱。
農夫之慶。
萬壽無疆。

二 大田

大田多稼，
既備乃事，
俶載南畝，
既庭且碩，
既方既皁，
不稂不莠。
及其蟊賊，
田祖有神，
有渰萋萋，
雨我公田，

既種既戒，
以我覃耜，
播厥百穀，
曾孫是若。
既堅既好，
去其螟螣，
無害我田穉。
秉畀炎火。
興雨祁祁，
遂及我私。

彼有不穫穉，此有不斂穧；
彼有遺秉，此有滯穗：
伊寡婦之利。曾孫來止，
以其婦子，饁彼南畝，
田畯至喜。來方禋祀，
以其騂黑，與其黍稷。
以享以祀，以介景福。

三 瞻彼洛矣

瞻彼洛矣，維水泱泱。
君子至止，福祿如茨。

韎韐有奭，以作六師。

瞻彼洛矣，維水泱泱。
君子至止，鞞琫有珌。
君子萬年，保其家室。

瞻彼洛矣，維水泱泱。
君子至止，福祿既同。
君子萬年，保其家邦。

四 裳裳者華

裳裳者華，其葉湑兮。
我覯之子，我心寫兮。

我心寫兮，是以有譽處兮。
裳裳者華，芸其黃矣。
我覯之子，維其有章矣。
維其有章矣，是以有慶矣。

裳裳者華，或黃或白。
我覯之子，乘其四駱。
乘其四駱，六轡沃若。
左之左之，君子宜之；
右之右之，君子有之。
維其有之，是以似之。

五 桑扈

交交桑扈，
有鶯其羽。
君子樂胥，
受天之祜。
交交桑扈，
有鶯其領。
君子樂胥，
萬邦之屏。
之屏之翰，
百辟為憲。
不戢不難？
受福不那？
兕觵其觩，
旨酒思柔。
彼交匪敖，
萬福來求。

六 鴛鴦

鴛鴦于飛，畢之羅之。
君子萬年，福祿宜之。

鴛鴦在梁，戢其左翼。
君子萬年，宜其遐福。

乘馬在廄，摧之秣之。
君子萬年，福祿艾之。

乘馬在廄，秣之摧之。
君子萬年，福祿綏之。

七　頍弁

有頍者弁，
爾酒既旨，
豈伊異人？
蔦與女蘿，
未見君子，
既見君子，
有頍者弁，
爾酒既旨，
豈伊異人？
蔦與女蘿，

實維伊何？
爾殽既嘉。
兄弟匪他。
施于松柏。
憂心奕奕；
庶幾悅懌。
實維何期？
爾殽既時。
兄弟俱來。
施于松上。

未見君子，憂心怲怲；
既見君子，庶幾有臧。

有頍者弁，實維在首。
爾酒既旨，爾殽既阜。
豈伊異人？兄弟甥舅。
如彼雨雪，先集維霰。
死喪無日，無幾相見。
樂酒今夕，君子維宴。

八 車舝

間關車之舝兮，思孌季女逝兮。

匪飢匪渴，德音來括。
雖無好友，式燕且喜。
依彼平林，有集維鷮。
辰彼碩女，令德來教。
式燕且譽，好爾無射。
雖無旨酒，式飲庶幾。
雖無嘉殽，式食庶幾。
雖無德與女，式歌且舞。
陟彼高岡，析其柞薪。
析其柞薪，其葉湑兮。
鮮我覯爾，我心寫兮。

高山仰止，景行行止。
四牡騑騑，六轡如琴。
覯爾新昏，以慰我心。

九 青蠅

營營青蠅，止于樊。
豈弟君子，無信讒言。
營營青蠅，止于棘。
讒人罔極，交亂四國。
營營青蠅，止于榛。
讒人罔極，構我二人。

一〇 賓之初筵

賓之初筵，左右秩秩。
籩豆有楚，殽核維旅。
酒既和旨，飲酒孔偕。
鐘鼓既設，舉醻逸逸。
大侯既抗，弓矢斯張。
射夫既同，獻爾發功。
發彼有的，以祈爾爵。
籥舞笙鼓，樂既和奏。
烝衎烈祖，以洽百禮。

百禮既至，有壬有林。
錫爾純嘏，子孫其湛。
其湛曰樂，各奏爾能。
賓載手仇，室人入又。
酌彼康爵，以奏爾時。
賓之初筵，溫溫其恭。
其未醉止，威儀反反。
曰既醉止，威儀幡幡。
舍其坐遷，屢舞僊僊。
其未醉止，威儀抑抑。
曰既醉止，威儀怭怭。

是曰既醉，
賓既醉止，
亂我籩豆，
是曰既醉，
側弁之俄，
既醉而出，
醉而不出，
飲酒孔嘉，
凡此飲酒，
既立之監，
彼醉不臧，

不知其秩。
載號載呶。
屢舞僛僛。
不知其郵。
屢舞傞傞。
並受其福。
是謂伐德。
維其令儀。
或醉或否。
或佐之史。
不醉反恥。

式勿從謂，無俾大怠。
匪言勿言，匪由勿語。
由醉之言，俾出童羖。
三爵不識，矧敢多又？

魚藻之什

一　魚藻

魚在在藻，有頒其首。
王在在鎬，豈樂飲酒。
魚在在藻，有莘其尾。
王在在鎬，飲酒樂豈。

魚在在藻，依于其蒲。
王在在鎬，有那其居。

二 采菽

采菽采菽，筐之筥之。
君子來朝，何錫予之？
雖無予之，路車乘馬。
又何予之？玄袞及黼。
觱沸檻泉，言采其芹。
君子來朝，言觀其旂。
其旂淠淠，鸞聲嘒嘒。

載驂載駟，君子所屆。
赤芾在股，邪幅在下。
彼交匪紓，天子所予。
樂只君子，天子命之。
樂只君子，福祿申之。
維柞之枝，其葉蓬蓬。
樂只君子，殿天子之邦。
樂只君子，萬福攸同。
平平左右，亦是率從。
汎汎楊舟，紼纚維之。
樂只君子，天子葵之。

樂只君子，福祿膍之。
優哉游哉，亦是戾矣。

角弓

騂騂角弓，翩其反矣。
兄弟昏姻，無胥遠矣。
爾之遠矣，民胥然矣。
爾之教矣，民胥傚矣。
此令兄弟，綽綽有裕。
不令兄弟，交相為瘉。
民之無良，相怨一方，

受爵不讓；
老馬反為駒，
如食宜饇，
毋教猱升木，
君子有徽猷，
雨雪瀌瀌，
莫肯下遺，
雨雪浮浮，
如蠻如髦，

至于己斯亡。
不顧其後。
如酌孔取。
如塗塗附。
小人與屬。
見晛曰消。
式居婁驕。
見晛曰流。
我是用憂。

四　菀柳

有菀者柳，
上帝甚蹈，
俾予靖之，
後予極焉。
有菀者柳，
上帝甚蹈，
俾予靖之，
後予邁焉。
有鳥高飛，
彼人之心，
曷予靖之，
居以凶矜？

不尚息焉？
無自暱焉。
不尚愒焉？
無自瘵焉。
亦傅于天。
于何其臻？

五 都人士

彼都人士，狐裘黃黃。
其容不改，出言有章。
行歸于周，萬民所望。

彼都人士，臺笠緇撮。
彼君子女，綢直如髮。
我不見兮，我心不說。

彼都人士，充耳琇實。
彼君子女，謂之尹吉。
我不見兮，我心苑結。

彼都人士，垂帶而厲。

彼君子女，卷髮如蠆。
我不見兮，言從之邁。
匪伊垂之，帶則有餘。
匪伊卷之，髮則有旟。
我不見兮，云何盱矣！

六　采綠

終朝采綠，不盈一匊。
予髮曲局，薄言歸沐。
終朝采藍，不盈一襜。
五日為期，六日不詹。

之子于狩，言韔其弓。
之子于釣，言綸之繩。
其釣維何？維魴及鱮。
維魴及鱮，薄言觀者！

七 黍苗

芃芃黍苗，陰雨膏之。
悠悠南行，召伯勞之。
我任我輦，我車我牛。
我行既集，蓋云歸哉？
我徒我御，我師我旅。

我行既集，蓋云歸處？
肅肅謝功，召伯營之。
烈烈征師，召伯成之。
原隰既平，泉流既清。
召伯有成，王心則寧。

八 隰桑

隰桑有阿，其葉有難。
既見君子，其樂如何？
隰桑有阿，其葉有沃。
既見君子，云何不樂？

隰桑有阿，其葉有幽。
既見君子，德音孔膠。
心乎愛矣，遐不謂矣？
中心藏之，何日忘之！

九 白華

白華菅兮，白茅束兮。
之子之遠，俾我獨兮。
英英白雲，露彼菅茅。
天步艱難，之子不猶。
滮池北流，浸彼稻田。

嘯歌傷懷，
樵彼桑薪，
維彼碩人，
鼓鐘于宮，
念子懆懆，
有鶖在梁，
維彼碩人，
鴛鴦在梁，
之子無良，
有扁斯石，
之子之遠，

念彼碩人。
卬烘于煁。
實勞我心。
聲聞於外。
視我邁邁。
有鶴在林。
實勞我心。
戢其左翼。
二三其德。
履之卑兮。
俾我疷兮。

一〇　緜蠻

緜蠻黃鳥，
道之云遠，
飲之食之，
命彼後車，
緜蠻黃鳥，
豈敢憚行？
飲之食之，
命彼後車，
緜蠻黃鳥，
豈敢憚行？

止于丘阿。
我勞如何？
教之誨之。
謂之載之。
止于丘隅。
畏不能趨。
教之誨之。
謂之載之。
止于丘側。
畏不能極。

飲之食之，教之誨之。
命彼後車，謂之載之。

一一 瓠葉

幡幡瓠葉，采之亨之。
君子有酒，酌言嘗之。
有兔斯首，炮之燔之。
君子有酒，酌言獻之。
有兔斯首，燔之炙之。
君子有酒，酌言酢之。
有兔斯首，燔之炮之。

君子有酒，酌言醻之。

一二 漸漸之石

漸漸之石，維其高矣。
山川悠遠，維其勞矣。
武人東征，不皇朝矣。

漸漸之石，維其卒矣。
山川悠遠，曷其沒矣？
武人東征，不皇出矣。

有豕白蹢，烝涉波矣。
月離于畢，俾滂沱矣。

武人東征，不皇他矣。

一三 苕之華

苕之華，芸其黃矣。
心之憂矣，維其傷矣。

苕之華，其葉青青。
知我如此，不如無生。

牂羊墳首，三星在罶，
人可以食，鮮可以飽。

一四 何草不黃

何草不黃？
何人不將，
何草不玄？
哀我征夫，
匪兕匪虎，
哀我征夫，
有芃者狐，
有棧之車，

何日不行？
經營四方？
何人不矜？
獨為匪民。
率彼曠野。
朝夕不暇。
率彼幽草。
行彼周道。

大雅

文王之什

一　文王

文王在上，
於昭于天。
周雖舊邦，
其命維新。
有周不顯？
帝命不時？
文王陟降，
在帝左右。

亹亹文王，
令聞不已。
陳錫哉周，
侯文王孫子。
文王孫子，
本支百世。
凡周之士，
不顯亦世。

世之不顯，
思皇多士，
王國克生，
濟濟多士，
穆穆文王，
假哉天命！
商之孫子，
上帝既命，
侯服于周，
殷士膚敏，
厥作祼將，

厥猶翼翼，
生此王國。
維周之楨。
文王以寧。
於緝熙敬止。
有商孫子。
其麗不億。
侯于周服。
天命靡常，
祼將于京。
常服黼冔，

王之藎臣，
無念爾祖，
永言配命，
殷之未喪師，
宜鑒于殷，
命之不易，
宣昭義問，
上天之載，
儀刑文王，

無念爾祖。
聿脩厥德。
自求多福。
克配上帝。
駿命不易。
無遏爾躬。
有虞殷自天。
無聲無臭。
萬邦作孚。

二 大明

明明在下，
天難忱斯，
天位殷適，
摯仲氏任，
來嫁于周，
乃及王季，
大任有身，
維此文王，
昭事上帝，
厥德不回，

赫赫在上。
不易維王。
使不挾四方。
自彼殷商，
曰嬪于京。
維德之行。
生此文王。
小心翼翼，
聿懷多福。
以受方國。

天監在下，
文王初載，
在洽之陽，
文王嘉止，
大邦有子，
文定厥祥，
造舟為梁，
有命自天，
于周于京，
長子維行，
保右命爾，

有命既集。
天作之合。
在渭之涘。
大邦有子。
俔天之妹。
親迎于渭。
不顯其光。
命此文王，
纘女維莘，
篤生武王，
燮伐大商。

殷商之旅，其會如林。
矢于牧野：「維予侯興，
上帝臨女，無貳爾心！」
牧野洋洋，檀車煌煌，
駟騵彭彭。維師尚父，
時維鷹揚。涼彼武王，
肆伐大商，會朝清明。

三 緜

緜緜瓜瓞，民之初生，
自土沮漆。古公亶父，

陶復陶穴，未有家室。
古公亶父，來朝走馬，
率西水滸，至于岐下。
爰及姜女，聿來胥宇。
周原膴膴，堇荼如飴。
爰始爰謀，爰契我龜。
曰止曰時，築室于茲。
迺慰迺止，迺左迺右，
迺疆迺理，迺宣迺畝。
自西徂東，周爰執事。
乃召司空，乃召司徒，

俾立室家。
縮版以載，
捄之陾陾，
築之登登，
百堵皆興，
迺立皋門，
迺立應門，
迺立冢土，
肆不殄厥慍，
柞棫拔矣，
混夷駾矣，

其繩則直，
作廟翼翼。
度之薨薨，
削屢馮馮。
鼛鼓弗勝。
皋門有伉；
應門將將；
戎醜攸行。
亦不隕厥問。
行道兑矣，
維其喙矣。

虞芮質厥成，文王蹶厥生。
予曰有疏附，予曰有先後，
予曰有奔奏，予曰有禦侮。

四　棫樸

芃芃棫樸，薪之槱之。
濟濟辟王，左右趣之。
濟濟辟王，左右奉璋。
奉璋峨峨，髦士攸宜。
淠彼涇舟，烝徒楫之。
周王于邁，六師及之。

倬彼雲漢，為章于天。
周王壽考，遐不作人？
追琢其章，金玉其相。
勉勉我王，綱紀四方。

五 旱麓

瞻彼旱麓，榛楛濟濟。
豈弟君子，干祿豈弟。
瑟彼玉瓚，黄流在中。
豈弟君子，福祿攸降。
鳶飛戾天，魚躍于淵。

豈弟君子，遐不作人？
清酒既載，騂牡既備。
以享以祀，以介景福。
瑟彼柞棫，民所燎矣。
豈弟君子，神所勞矣。
莫莫葛藟，施于條枚。
豈弟君子，求福不回。

六 思齊

思齊大任，文王之母。
思媚周姜，京室之婦。

大姒嗣徽音，
惠于宗公，
神罔時恫。
至于兄弟，
雝雝在宮，
不顯亦臨，
肆戎疾不殄？
不聞亦式，
肆成人有德，
古之人無斁，

則百斯男。
神罔時怨，
刑于寡妻，
以御于家邦。
肅肅在廟。
無射亦保。
烈假不瑕？
不諫亦入。
小子有造。
譽髦斯士。

七　皇矣

皇矣上帝，臨下有赫。
監觀四方，求民之莫。
維此二國，其政不獲。
維彼四國，爰究爰度。
上帝耆之，憎其式廓；
乃眷西顧，此維與宅。
作之屏之，其菑其翳；
脩之平之，其灌其栵；
啟之辟之，其檉其椐；
攘之剔之，其檿其柘。

帝遷明德，
天立厥配，
帝省其山，
松柏斯兌。
自大伯王季。
因心則友。
則篤其慶。
受祿無喪，
維此王季，
貊其德音，
克明克類，

串夷載路。
受命既固。
柞棫斯拔，
帝作邦作對，
維此王季，
則友其兄，
載錫之光，
奄有四方。
帝度其心。
其德克明。
克長克君。

王此大邦，克順克比。
比于文王，其德靡悔。
既受帝祉，施于孫子。
帝謂文王：「無然畔援，
無然歆羨，誕先登于岸。」
密人不恭，敢距大邦，
侵阮徂共。王赫斯怒，
爰整其旅，以按徂旅，
以篤于周祜，以對于天下。
依其在京，侵自阮疆。
陟我高岡，「無矢我陵，

我陵我阿；
無飲我泉，
我泉我池！」
度其鮮原，
居岐之陽，
在渭之將。
萬邦之方，
下民之王。
帝謂文王：
「予懷明德，
不大聲以色，
不長夏以革。
不識不知，
順帝之則。」
帝謂文王：
「詢爾仇方，
同爾兄弟，
以爾鉤援，
與爾臨衝，
以伐崇墉。」
臨衝閑閑，
崇墉言言。

執訊連連，攸馘安安。
是類是禡，是致是附，
四方以無侮。臨衝茀茀。
崇墉仡仡。是伐是肆，
是絕是忽，四方以無拂。

八 靈臺

經始靈臺，經之營之。
庶民攻之，不日成之。
經始勿亟，庶民子來。
王在靈囿，麀鹿攸伏。

麀鹿濯濯，白鳥翯翯。
王在靈沼，於牣魚躍。
虡業維樅，賁鼓維鏞，
於論鼓鐘，於樂辟廱。
於論鼓鐘，於樂辟廱，
鼉鼓逢逢，矇瞍奏公。

九 下武

下武維周，世有哲王。
三后在天，王配于京。
王配于京，世德作求。

永言配命，成王之孚。
成王之孚，下土之式。
永言孝思，孝思維則。
媚茲一人，應侯順德。
永言孝思，昭哉嗣服。
昭茲來許，繩其祖武。
於萬斯年，受天之祜。
受天之祜，四方來賀。
於萬斯年，不遐有佐？

一〇 文王有聲

文王有聲，
遹求厥寧，
文王烝哉！
有此武功。
作邑于豐。
築城伊淢，
匪棘其欲，
王后烝哉！
維豐之垣。
王后維翰。

遹駿有聲。
遹觀厥成，
文王受命，
既伐于崇，
文王烝哉！
作豐伊匹。
遹追來孝。
王公伊濯，
四方攸同，
王后烝哉！

豐水東注，
四方攸同，
皇王烝哉！
自西自東，
無思不服。
考卜維王，
維龜正之，
武王烝哉！
武王豈不仕？
以燕翼子，

維禹之績。
皇王維辟。
鎬京辟廱，
自南自北，
皇王烝哉！
宅是鎬京。
武王成之。
豐水有芑，
詒厥孫謀，
武王烝哉！

生民之什

一 生民

厥初生民，
生民如何？
以弗無子。
攸介攸止。
載生載育。
誕彌厥月，
不坼不副，
以赫厥靈，
不康禋祀？

時維姜嫄。
克禋克祀，
履帝武敏歆，
載震載夙，
時維后稷。
先生如達。
無菑無害。
上帝不寧？
居然生子。

誕寘之隘巷，　牛羊腓字之。
誕寘之平林，　會伐平林。
誕寘之寒冰，　鳥覆翼之。
鳥乃去矣，　后稷呱矣。
實覃實訏，　厥聲載路。
誕實匍匐，　克岐克嶷，
以就口食。　蓺之荏菽，
荏菽旆旆。　禾役穟穟，
麻麥幪幪，　瓜瓞唪唪。
誕后稷之穡，　有相之道。
茀厥豐草，　種之黃茂。

實方實苞，
實發實秀，
實穎實栗。
誕降嘉種，
維秬維秠。
是穫是畝。
是任是負。
誕我祀如何？
或簸或蹂。
烝之浮浮。
取蕭祭脂，

實種實褎。
實堅實好，
即有邰家室。
維秬維秠，
恆之秬秠，
恆之糜芑，
以歸肇祀。
或舂或揄，
釋之叟叟，
載謀載惟，
取羝以軷。

載燔載烈，以興嗣歲。
卬盛于豆，于豆于登。
其香始升，上帝居歆。
胡臭亶時？后稷肇祀，
庶無罪悔，以迄于今。

二 行葦

敦彼行葦，牛羊勿踐履。
方苞方體，維葉泥泥。
戚戚兄弟，莫遠具爾。

或肆之筵，
肆筵設席，
或獻或酢，
醓醢以薦，
嘉殽脾臄，
敦弓既堅，
舍矢既均，
敦弓既句，
四鍭如樹，
曾孫維主，
酌以大斗，

或授之几。
授几有緝御。
洗爵奠斝。
或燔或炙。
或歌或咢。
四鍭既鈞。
序賓以賢。
既挾四鍭。
序賓以不侮。
酒醴維醹。
以祈黃耇。

黃耇台背，以引以翼。
壽考維祺，以介景福。

三 既醉

既醉以酒，既飽以德。
君子萬年，介爾景福。
既醉以酒，爾殽既將。
君子萬年，介爾昭明。
昭明有融，高朗令終，
令終有俶。公尸嘉告。
其告維何？籩豆靜嘉，

朋友攸攝，
威儀孔時，
孝子不匱，
其類維何？
君子萬年，
其胤維何？
君子萬年，
其僕維何？
釐爾女士，

攝以威儀。
君子有孝子。
永錫爾類。
室家之壺。
永錫祚胤。
天被爾祿。
景命有僕。
釐爾女士。
從以孫子。

四 鳧鷖

鳧鷖在涇，公尸來燕來寧。
爾酒既清，爾殽既馨。
公尸燕飲，福祿來成。

鳧鷖在沙，公尸來燕來宜。
爾酒既多，爾殽既嘉。
公尸燕飲，福祿來為。

鳧鷖在渚，公尸來燕來處。
爾酒既湑，爾殽伊脯。
公尸燕飲，福祿來下。

鳧鷖在潀，公尸來燕來宗。

既燕于宗，福祿攸降。
公尸燕飲，福祿來崇。
鳧鷖在亹，公尸來止熏熏。
旨酒欣欣，燔炙芬芬。
公尸燕飲，無有後艱。

五 假樂

假樂君子！顯顯令德。
宜民宜人，受祿于天。
保右命之，自天申之。
干祿百福，子孫千億。

穆穆皇皇，宜君宜王。
不愆不忘，率由舊章。
威儀抑抑，德音秩秩。
無怨無惡，率由群匹。
受福無疆，四方之綱。
之綱之紀，燕及朋友。
百辟卿士，媚于天子。
不解于位，民之攸塈。

六 公劉

篤公劉！匪居匪康。

迺埸迺疆，
迺裹餱糧，
思輯用光，
干戈戚揚，
篤公劉！
既庶既繁，
而無永歎。
復降在原。
維玉及瑤，
篤公劉！
瞻彼溥原；

迺積迺倉。
于橐于囊，
弓矢斯張，
爰方啟行。
于胥斯原，
既順迺宣，
陟則在巘，
何以舟之？
鞞琫容刀。
逝彼百泉，
迺陟南岡，

乃覯于京。
于時處處，
于時言言，
篤公劉！
蹌蹌濟濟，
既登乃依。
執豕于牢。
食之飲之，
篤公劉！
既景迺岡，
觀其流泉。

京師之野，
于時廬旅，
于時語語。
于京斯依。
俾筵俾几，
乃造其曹，
酌之用匏，
君之宗之。
既溥既長，
相其陰陽，
其軍三單，

度其隰原，徹田為糧。
度其夕陽，豳居允荒。
篤公劉！于豳斯館。
涉渭為亂，取厲取鍛。
止基迺理，爰眾爰有。
夾其皇澗，遡其過澗。
止旅乃密，芮鞫之即。

七 洞酌

洞酌彼行潦，挹彼注茲，
可以餴饎。豈弟君子，

民之父母？
挹彼注茲，
豈弟君子，
泂酌彼行潦，
可以濯溉。
民之攸塈？

八 卷阿

有卷者阿，
豈弟君子，
以矢其音。

泂酌彼行潦，
可以濯罍。
民之攸歸？
挹彼注茲，
豈弟君子，

飄風自南。
來游來歌，
伴奐爾游矣，

優游爾休矣。
俾爾彌爾性，
爾土宇昄章，
豈弟君子，
百神爾主矣。
茀祿爾康矣。
俾爾彌爾性，
有馮有翼，
以引以翼。
四方為則。
如圭如璋，

豈弟君子，
似先公酋矣。
亦孔之厚矣！
俾爾彌爾性，
爾受命長矣，
豈弟君子，
純嘏爾常矣。
有孝有德，
豈弟君子，
顒顒卬卬，
令聞令望。

豈弟君子，
鳳皇于飛，
亦集爰止。
維君子使，
鳳皇于飛，
亦傅于天。
維君子命，
鳳皇鳴矣，
梧桐生矣，
菶菶萋萋，
君子之車，

四方為綱。
鳳鳳其羽，
藹藹王多吉士，
媚于天子。
鳳鳳其羽，
藹藹王多吉人，
媚于庶人。
于彼高岡；
于彼朝陽；
雝雝喈喈。
既庶且多。

君子之馬，既閑且馳。
矢詩不多？維以遂歌。

九 民勞

民亦勞止，汔可小康。
惠此中國，以綏四方。
無縱詭隨，以謹無良。
式遏寇虐，憯不畏明。
柔遠能邇，以定我王。
民亦勞止，汔可小休。
惠此中國，以為民逑。

無縱詭隨，
式遏寇虐，
無棄爾勞，
民亦勞止，
惠此京師，
無縱詭隨，
式遏寇虐，
敬慎威儀，
民亦勞止，
惠此中國，
無縱詭隨，

以謹惛怓。
無俾民憂。
以為王休。
汔可小息。
以綏四國。
以謹罔極。
無俾作慝。
以近有德。
汔可小愒。
俾民憂泄。
以謹醜厲。

式遏寇虐，無俾正敗。
戎雖小子，而式弘大。
民亦勞止，汔可小安。
惠此中國，國無有殘。
無縱詭隨，以謹繾綣，
式遏寇虐，無俾正反。
王欲玉女，是用大諫。

一〇　板

上帝板板，下民卒癉。
出話不然，為猶不遠。

靡聖管管，
猶之未遠，
天之方難，
天之方蹶，
辭之輯矣，
辭之懌矣，
我雖異事，
我即爾謀，
我言維服，
先民有言，
天之方虐，

不實於亶。
是用大諫。
無然憲憲；
無然泄泄。
民之洽矣；
民之莫矣。
及爾同僚。
聽我囂囂。
勿以為笑。
詢于芻蕘。
無然謔謔。

老夫灌灌，
匪我言耄，
多將熇熇，
天之方懠，
威儀卒迷，
民之方殿屎，
喪亂蔑資，
天之牖民，
如璋如圭，
攜無曰益，
民之多辟，

小子蹻蹻。
爾用憂謔。
不可救藥。
無為夸毗。
善人載尸。
則莫我敢葵。
曾莫惠我師。
如壎如篪，
如取如攜。
牖民孔易。
無自立辟。

价人維藩，
大邦為屏，
懷德維寧，
無俾城壞，
敬天之怒，
敬天之渝，
昊天曰明，
昊天曰旦，

大師為垣，
大宗維翰。
宗子維城。
無獨斯畏。
無敢戲豫；
無敢馳驅。
及爾出王。
及爾游衍。

蕩之什

一　蕩

蕩蕩上帝，下民之辟。
疾威上帝，其命多辟。
天生烝民，其命匪諶。
靡不有初，鮮克有終。

文王曰：「咨！咨，女殷商！
曾是彊禦！曾是掊克！
曾是在位！曾是在服！
天降滔德，女興是力。」

文王曰：「咨！咨，女殷商！

而秉義類，彊禦多懟。
流言以對，寇攘式內。
侯作侯祝，靡屆靡究。」

文王曰：「咨！咨，女殷商！
女炰烋于中國，斂怨以為德。
不明爾德，時無背無側；
爾德不明，以無陪無卿。」

文王曰：「咨！咨，女殷商！
天不湎爾以酒，不義從式。
既愆爾止，靡明靡晦；

式號式呼，　俾晝作夜。」
文王曰：「咨！　咨，女殷商！
如蜩如螗，　如沸如羹。
小大近喪，　人尚乎由行。
內奰于中國，　覃及鬼方。」
文王曰：「咨！　咨，女殷商！
匪上帝不時，　殷不用舊。
雖無老成人，　尚有典刑。
曾是莫聽，　大命以傾。」
文王曰：「咨！　咨，女殷商！
人亦有言，　顛沛之揭。

枝葉未有害，本實先撥，
殷鑒不遠，在夏后之世。」

二　抑

抑抑威儀，維德之隅。
人亦有言，靡哲不愚。
庶人之愚，亦職維疾；
哲人之愚，亦維斯戾。
無競維人，四方其訓之。
有覺德行，四國順之。
訏謨定命，遠猶辰告。

敬慎威儀，
其在于今，
顛覆厥德，
女雖湛樂從，
罔敷求先王，
肆皇天弗尚。
無淪胥以亡。
洒埽庭內，
修爾車馬，
用戒戎作，
質爾人民，

維民之則。
興迷亂于政。
荒湛于酒。
弗念厥紹。
克共明刑。
如彼泉流，
夙興夜寐，
維民之章。
弓矢戎兵，
用逷蠻方。
謹爾侯度，

用戒不虞。
敬爾威儀，
白圭之玷，
斯言之玷，
無易由言，
莫捫朕舌，
無言不讎，
惠于朋友，
子孫繩繩，
視爾友君子，
不遐有愆？

慎爾出話，
無不柔嘉。
尚可磨也；
不可為也。
無曰苟矣。
言不可逝矣。
無德不報。
庶民小子。
萬民靡不承。
輯柔爾顏，
相在爾室，

尚不愧於屋漏。
莫予云覯。」
不可度思，
辟爾為德，
淑慎爾止，
不僭不賊，
投我以桃，
彼童而角，
荏染柔木，
溫溫恭人，
其維哲人，

無曰：「不顯，
神之格思，
矧可射思？
俾臧俾嘉。
不愆于儀。
鮮不為則。
報之以李。
實虹小子。
言緡之絲。
維德之基。
告之話言，

順德之行；
覆謂我僭。
於乎小子，
匪手攜之，
匪面命之，
借曰未知，
民之靡盈，
昊天孔昭，
視爾夢夢，
誨爾諄諄，
匪用為教，

其維愚人。
民各有心！
未知臧否。
言示之事；
言提其耳。
亦既抱子。
誰夙知而莫成？
我生靡樂。
我心慘慘。
聽我藐藐，
覆用為虐。

借曰未知，亦聿既耄。
於乎小子，告爾舊止。
聽用我謀，庶無大悔。
天方艱難，曰喪厥國。
取譬不遠，昊天不忒。
回遹其德，俾民大棘。

三 桑柔

菀彼桑柔，其下侯旬，
捋采其劉。瘼此下民。
不殄心憂。倉兄填兮，

倬彼昊天，
四牡騤騤，
亂生不夷，
民靡有黎，
於乎有哀，
國步蔑資，
靡所止疑，
君子實維，
誰生厲階，
憂心慇慇，
我生不辰，

寧不我矜？
旟旐有翩。
靡國不泯。
具禍以燼。
國步斯頻。
天不我將。
云徂何往？
秉心無競。
至今為梗？
念我土宇。
逢天僤怒。

自西徂東，
多我覯痻，
為謀為毖，
告爾憂恤，
誰能執熱，
其何能淑？
如彼遡風，
民有肅心，
好是稼穡，
稼穡維寶，
天降喪亂，

靡所定處。
孔棘我圉。
亂況斯削。
誨爾序爵。
逝不以濯？
載胥及溺。
亦孔之僾。
荓云不逮。
力民代食。
代食維好。
滅我立王，

降此蟊賊，稼穡卒痒。
哀恫中國，具贅卒荒。
靡有旅力，以念穹蒼。
維此惠君，民人所瞻。
秉心宣猶，考慎其相。
維彼不順，自獨俾臧。
自有肺腸，俾民卒狂。
瞻彼中林，甡甡其鹿。
朋友已譖，不胥以穀。
人亦有言，進退維谷。
維此聖人，瞻言百里；

維彼愚人，覆狂以喜。
匪言不能，胡斯畏忌？
維此良人，弗求弗迪；
維彼忍心，是顧是復。
民之貪亂，寧為荼毒？
大風有隧，有空大谷。
維此良人，作為式穀。
維彼不順，征以中垢。
大風有隧，貪人敗類。
聽言則對，誦言如醉。
匪用其良，覆俾我悖。

嗟爾朋友，
如彼飛蟲，
既之陰女，
民之罔極，
為民不利，
民之回遹，
民之未戾，
涼曰不可，
雖曰匪予，

予豈不知而作？
時亦弋獲。
反予來赫。
職涼善背。
如云不克。
職競用力。
職盜為寇。
覆背善詈。
既作爾歌。

四　雲漢

倬彼雲漢，昭回于天。
王曰：「於乎，何辜今之人！
天降喪亂，饑饉薦臻。
靡神不舉，靡愛斯牲。
圭璧既卒，寧莫我聽！
旱既大甚，蘊隆蟲蟲。
不殄禋祀，自郊徂宮。
上下奠瘞，靡神不宗。
后稷不克，上帝不臨。
耗斁下土，寧丁我躬？

旱既大甚，
兢兢業業，
周餘黎民，
昊天上帝，
胡不相畏？
旱既大甚，
赫赫炎炎，
大命近止，
群公先正，
父母先祖，
旱既大甚，

則不可推。
如霆如雷。
靡有孑遺。
則不我遺！
先祖于摧。
則不可沮。
云我無所。
靡瞻靡顧。
則不我助。
胡寧忍予！
滌滌山川。

旱魃為虐，
我心憚暑，
群公先正，
昊天上帝，
旱既大甚，
胡寧瘨我以旱？
祈年孔夙，
昊天上帝，
敬恭明神，
旱既大甚，
鞫哉庶正，

如惔如焚。
憂心如熏。
則不我聞。
寧俾我遯？
黽勉畏去。
憯不知其故。
方社不莫。
則不我虞。
宜無悔怒。
散無友紀。
疚哉冢宰。

趣馬師氏，膳夫左右，
靡人不周，無不能止。
瞻卬昊天，云如何里！
瞻卬昊天，有嘒其星。
大夫君子，昭假無贏。
大命近止，無棄爾成。
何求為我？以戾庶正。
瞻卬昊天，曷惠其寧？」

五　崧高

崧高維嶽，駿極于天。

維嶽降神，生甫及申。
維申及甫，維周之翰。
四國于蕃，四方于宣。
亹亹申伯，王纘之事。
于邑于謝，南國是式。
王命召伯，定申伯之宅。
登是南邦，世執其功。
王命申伯，式是南邦，
因是謝人，以作爾庸。
王命召伯，徹申伯土田。
王命傅御，遷其私人。

申伯之功，
有俶其城，
既成藐藐，
四牡蹻蹻，
王遣申伯，
我圖爾居，
錫爾介圭，
往近王舅，
申伯信邁，
申伯還南，
王命召伯，

召伯是營。
寢廟既成，
王錫申伯，
鉤膺濯濯。
路車乘馬。
莫如南土。
以作爾寶。
南土是保。
王餞于郿。
謝于誠歸。
徹申伯土疆。

以峙其粻，
申伯番番，
徒御嘽嘽。
戎有良翰。
王之元舅，
申伯之德，
揉此萬邦，
吉甫作誦，
其風肆好，

式遄其行。
既入于謝。
周邦咸喜，
不顯申伯？
文武是憲。
柔惠且直，
聞于四國。
其詩孔碩。
以贈申伯。

六 烝民

天生烝民，有物有則。
民之秉彝，好是懿德。
天監有周，昭假于下。
保茲天子，生仲山甫。
仲山甫之德，柔嘉維則。
令儀令色，小心翼翼。
古訓是式，威儀是力。
天子是若，明命使賦。
王命仲山甫，式是百辟，
纘戎祖考，王躬是保。

出納王命，
賦政于外，
肅肅王命，
邦國若否，
既明且哲，
夙夜匪解，
人亦有言：
剛則吐之。
柔亦不茹，
不侮矜寡，
人亦有言：

王之喉舌。
四方爰發。
仲山甫將之；
仲山甫明之。
以保其身。
以事一人。
柔則茹之，
維仲山甫，
剛亦不吐。
不畏彊禦。
德輶如毛，

民鮮克舉之。
我儀圖之，
維仲山甫舉之，
愛莫助之。
衮職有闕，
維仲山甫補之。

仲山甫出祖，
四牡業業，
征夫捷捷，
每懷靡及。
四牡彭彭，
八鸞鏘鏘，
王命仲山甫，
城彼東方。

四牡騤騤，
八鸞喈喈，
仲山甫徂齊，
式遄其歸。
吉甫作誦，
穆如清風。
仲山甫永懷，
以慰其心。

七 韓奕

奕奕梁山，
維禹甸之。
有倬其道，
韓侯受命。
王親命之：
「纘戎祖考，
無廢朕命。
夙夜匪解，
虔共爾位。
朕命不易，
榦不庭方，
以佐戎辟。」
四牡奕奕，
孔脩且張。
韓侯入覲，
以其介圭，
入覲于王。
王錫韓侯：
淑旂綏章，
簟茀錯衡，

玄袞赤舄，鉤膺鏤錫，
鞹鞃淺幭，鞗革金厄。
韓侯出祖，出宿于屠。
顯父餞之，清酒百壺。
其殽維何？炰鱉鮮魚。
其蔌維何？維筍及蒲。
其贈維何？乘馬路車。
籩豆有且，侯氏燕胥。
侯氏取妻，汾王之甥。
蹶父之子，韓侯迎止。
于蹶之里，百兩彭彭，

八鸞鏘鏘，不顯其光？
諸娣從之，祁祁如雲。
韓侯顧之，爛其盈門。

蹶父孔武，靡國不到。
為韓姞相攸，莫如韓樂。
孔樂韓土，川澤訏訏。
魴鱮甫甫，麀鹿噳噳。
有熊有羆，有貓有虎。
慶既令居，韓姞燕譽。

溥彼韓城，燕師所完。
以先祖受命，因時百蠻。

王錫韓侯，其追其貊，
奄受北國，因以其伯。
實墉實壑；實畝實籍。
獻其貔皮，赤豹黃羆。

八 江漢

江漢浮浮，武夫滔滔。
匪安匪遊，淮夷來求。
既出我車，既設我旟。
匪安匪舒，淮夷來鋪。
江漢湯湯，武夫洸洸。

經營四方，
告成于王。
四方既平，
王國庶定。
時靡有爭，
王心載寧。

江漢之滸，
王命召虎：
「式辟四方，
徹我疆土。
匪疚匪棘，
王國來極，
于疆于理，
至于南海。」

王命召虎：
「來旬來宣。
文武受命，
召公維翰。
無曰予小子，
召公是似。
肇敏戎公，
用錫爾祉。

釐爾圭瓚，秬鬯一卣，
告于文人。錫山土田，
于周受命，自召祖命。」
虎拜稽首：天子萬年！
虎拜稽首，對揚王休。
作召公考，天子萬壽！
明明天子，令聞不已。
矢其文德，洽此四國。

九 常武

赫赫明明，王命卿士，

南仲大祖，
整我六師，
既敬既戒，
王謂尹氏，
左右陳行，
「率彼淮浦，
不留不處。
赫赫業業，
王舒保作。
徐方繹騷。
如雷如霆，

大師皇父。
以脩我戎。
惠此南國。
命程伯休父，
戒我師旅：
省此徐土，
三事就緒。」
有嚴天子，
匪紹匪遊，
震驚徐方，
徐方震驚。

王奮厥武，
進厥虎臣，
鋪敦淮濆，
截彼淮浦，
王旅嘽嘽，
如江如漢，
如川之流。
不測不克，
王猶允塞，
徐方既同，

如震如怒。
闞如虓虎。
仍執醜虜，
王師之所。
如飛如翰，
如山之苞，
緜緜翼翼，
濯征徐國。
徐方既來。
天子之功。

四方既平，徐方來庭。
徐方不回，王曰還歸。

一〇 瞻卬

瞻卬昊天，則不我惠。
孔填不寧，降此大厲。
邦靡有定，士民其瘵。
蟊賊蟊疾，靡有夷屆。
罪罟不收，靡有夷瘳。
人有土田，女反有之；
人有民人，女覆奪之。

此宜無罪，
彼宜有罪，
哲夫成城，
懿厥哲婦，
婦有長舌，
亂匪降自天，
匪教匪誨，
鞫人忮忒，
豈曰不極？
如賈三倍，

女反收之；
女覆說之。
哲婦傾城。
為梟為鴟。
維厲之階。
生自婦人。
時維婦寺。
譖始竟背。
伊胡為慝！
君子是識。

婦無公事，
天何以刺？
舍爾介狄，
不弔不祥，
人之云亡，
天之降罔，
人之云亡，
天之降罔，
人之云亡，
觱沸檻泉，
心之憂矣，

休其蠶織。
何神不富？
維予胥忌。
威儀不類。
邦國殄瘁。
維其優矣！
心之憂矣！
維其幾矣！
心之悲矣！
維其深矣！
寧自今矣？

不自我先，不自我後。
藐藐昊天，無不克鞏。
無忝皇祖，式救爾後。

一一 召旻

旻天疾威，天篤降喪。
瘨我饑饉，民卒流亡。
我居圉卒荒。天降罪罟，
蟊賊內訌，昏椓靡共。
潰潰回遹，實靖夷我邦。
皋皋訿訿，曾不知其玷。

兢兢業業，
我位孔貶。
草不潰茂，
我相此邦，
維昔之富不如時，
彼疏斯粺，
職兄斯引。
不云自頻？
不云自中？
職兄斯弘，
昔先王受命，

孔填不寧，
如彼歲旱，
如彼棲苴。
無不潰止。
維今之疚不如茲。
胡不自替？
池之竭矣，
泉之竭矣，
溥斯害矣，
不烖我躬？
有如召公，

日辟國百里；今也日蹙國百里。
於乎哀哉！維今之人，
不尚有舊。

周頌
清廟之什

一　清廟

於穆清廟，肅雝顯相。
濟濟多士，秉文之德。
對越在天，駿奔走在廟。
不顯不承？無射於人斯。

二　維天之命

維天之命，於穆不已。
於乎不顯？文王之德之純！
假以溢我，我其收之。
駿惠我文王，曾孫篤之。

三　維清

維清緝熙，文王之典。
肇禋，迄用有成，
維周之禎。

四 烈文

烈文辟公，錫茲祉福。
惠我無疆，子孫保之。
無封靡于爾邦，維王其崇之。
念茲戎功，繼序其皇之。
無競維人，四方其訓之。
不顯維德？百辟其刑之。
於乎前王不忘！

五 天作

天作高山，大王荒之。

彼作矣，文王康之。
彼徂矣，岐有夷之行。
子孫保之。

六 昊天有成命

昊天有成命，二后受之。
成王不敢康，夙夜基命宥密。
於緝熙！單厥心，
肆其靖之。

七 我將

我將我享，維羊維牛，
維天其右之。儀式刑文王之典，
日靖四方，伊嘏文王，
既右饗之。我其夙夜，
畏天之威，于時保之。

八 時邁

時邁其邦，昊天其子之。
實右序有周。薄言震之，
莫不震疊。懷柔百神，

及河喬嶽。允王維后！
明昭有周，式序在位。
載戢干戈，載櫜弓矢。
我求懿德，肆于時夏。
允王保之！

九 執競

執競武王，無競維烈。
不顯成康？上帝是皇。
自彼成康，奄有四方，
斤斤其明。鐘鼓喤喤，

磬筦將將。降福穰穰，
降福簡簡，威儀反反，
既醉既飽，福祿來反。

一〇 思文

思文后稷，克配彼天。
立我烝民，莫非爾極。
貽我來牟，帝命率育。
無此疆爾界，陳常于時夏。

臣工之什

一 臣工

嗟嗟臣工，
王釐爾成，
嗟嗟保介，
亦又何求？
於皇來牟，
明昭上帝，
命我眾人，
奄觀銍艾。

敬爾在公。
來咨來茹。
維莫之春，
如何新畬？
將受厥明。
迄用康年。
庤乃錢鎛，

二 噫嘻

噫嘻成王，
既昭假爾。
率時農夫，
播厥百穀。
駿發爾私，
終三十里。
亦服爾耕，
十千維耦。

三 振鷺

振鷺于飛，
于彼西雝。
我客戾止，
亦有斯容。
在彼無惡，
在此無斁。
庶幾夙夜，
以永終譽。

四 豐年

豐年多黍多稌，亦有高廩，
萬億及秭。為酒為醴，
烝畀祖妣，以洽百禮。
降福孔皆。

五 有瞽

有瞽有瞽，在周之庭。
設業設虡，崇牙樹羽。
應田縣鼓，鞉磬柷圉。
既備乃奏，簫管備舉。

喤喤厥聲，肅雝和鳴，
先祖是聽。我客戾止，
永觀厥成。

六　潛

猗與漆沮！潛有多魚。
有鱣有鮪，鰷鱨鰋鯉。
以享以祀，以介景福。

七　雝

有來雝雝，至止肅肅。

相維辟公，天子穆穆。
於薦廣牡，相予肆祀。
假哉皇考，綏予孝子。
宣哲維人，文武維后。
燕及皇天，克昌厥後。
綏我眉壽，介以繁祉。
既右烈考，亦右文母。

八 載見

載見辟王，曰求厥章。
龍旂陽陽，和鈴央央。

鞗革有鶬，休有烈光。
率見昭考，以孝以享，
以介眉壽。永言保之，
思皇多祜。烈文辟公，
綏以多福。俾緝熙于純嘏。

九 有客

有客有客，亦白其馬。
有萋有且，敦琢其旅。
有客宿宿，有客信信。

言授之縶，以縶其馬。
薄言追之，左右綏之。
既有淫威，降福孔夷。

一〇 武

於皇武王，無競維烈。
允文文王，克開厥後。
嗣武受之，勝殷遏劉，
耆定爾功。

閔予小子之什

一　閔予小子

閔予小子，遭家不造，
嬛嬛在疚。於乎皇考，
永世克孝。念茲皇祖，
陟降庭止。維予小子，
夙夜敬止。於乎皇王！
繼序思不忘。

二　訪落

訪予落止，率時昭考。

於乎悠哉！朕未有艾，
將予就之，繼猶判渙。
維予小子，未堪家多難。
紹庭上下，陟降厥家。
休矣皇考，以保明其身。

三 敬之

敬之敬之，天維顯思，
命不易哉！無曰高高在上，
陟降厥士，日監在茲。
維予小子，不聰敬止。

日就月將，學有緝熙于光明。
佛時仔肩，示我顯德行！

四 小毖

予其懲，而毖後患。
莫予荓蜂，自求辛螫。
肇允彼桃蟲，拚飛維鳥。
未堪家多難，予又集于蓼。

五 載芟

載芟載柞，其耕澤澤。

千耦其耘，　徂隰徂畛。
侯主侯伯，　侯亞侯旅，
侯彊侯以。　有嗿其饁，
思媚其婦，　有依其士。
有略其耜，　俶載南畝。
播厥百穀，　實函斯活。
驛驛其達，　有厭其傑。
厭厭其苗，　緜緜其麃。
載穫濟濟，　有實其積，
萬億及秭。　為酒為醴，
烝畀祖妣，　以洽百禮。

有飶其香，邦家之光。
有椒其馨，胡考之寧。
匪且有且，匪今斯今，
振古如茲！

六　良耜

畟畟良耜，俶載南畝。
播厥百穀，實函斯活。
或來瞻女，載筐及筥，
其饟伊黍，其笠伊糾，

其鎛斯趙，以薅荼蓼。
荼蓼朽止，黍稷茂止。
穫之挃挃，積之栗栗。
其崇如墉，其比如櫛。
以開百室，百室盈止，
婦子寧止。殺時犉牡，
有捄其角。以似以續，
續古之人。

七 絲衣

絲衣其紑，載弁俅俅。

自堂徂基，自羊徂牛，
鼐鼎及鼒。兕觥其觩，
旨酒思柔，不吳不敖，
胡考之休。

八　酌

於鑠王師，遵養時晦。
時純熙矣，是用大介。
我龍受之，蹻蹻王之造。
載用有嗣，實維爾公允師。

九 桓

綏萬邦，婁豐年，
天命匪解。桓桓武王，
保有厥士，于以四方，
克定厥家。於昭于天，
皇以間之。

一〇 賚

文王既勤止，我應受之，
敷時繹思。我徂維求定，
時周之命。於繹思！

一一　般

於皇時周！陟其高山，
嶞山喬嶽，允猶翕河。
敷天之下，裒時之對，
時周之命。

魯頌

一　駉

駉駉牡馬，在坰之野。
薄言駉者：有驈有皇，
有驪有黃，以車彭彭。

思無疆，思馬斯臧。
駉駉牡馬，在坰之野。
薄言駉者：有騅有駓。
有騂有騏，以車伾伾。
思無期，思馬斯才。
駉駉牡馬，在坰之野。
薄言駉者：有驒有駱，
有騮有雒，以車繹繹。
思無斁，思馬斯作。
駉駉牡馬，在坰之野。
薄言駉者：有駰有騢，

有驔有魚，以車祛祛。
思無邪，思馬斯徂。

二 有駜

有駜有駜，駜彼乘黃！
夙夜在公，在公明明。
振振鷺，鷺于下，
鼓咽咽，醉言舞。
于胥樂兮！有駜有駜，
駜彼乘牡！夙夜在公，
在公飲酒。振振鷺，

鷺于飛。鼓咽咽，
醉言歸。于胥樂兮！
有駜有駜，駜彼乘駽。
夙夜在公，在公載燕。
自今以始，歲其有。
君子有穀，詒孫子。
于胥樂兮！

三 泮水

思樂泮水，薄采其芹。
魯侯戾止，言觀其旂。

其旂茷茷，鸞聲噦噦。
無小無大，從公于邁。
思樂泮水，薄采其藻。
魯侯戾止，其馬蹻蹻。
其馬蹻蹻，其音昭昭。
載色載笑，匪怒伊教。
思樂泮水，薄采其茆。
魯侯戾止，在泮飲酒。
既飲旨酒，永錫難老。
順彼長道，屈此群醜。
穆穆魯侯，敬明其德，

敬慎威儀，
允文允武，
靡有不孝，
明明魯侯，
既作泮宮，
矯矯虎臣，
淑問如皋陶，
濟濟多士，
桓桓于征，
烝烝皇皇，
不告于訩，

維民之則。
昭假烈祖。
自求伊祜。
克明其德。
淮夷攸服。
在泮獻馘。
在泮獻囚。
克廣德心。
狄彼東南。
不吳不揚。
在泮獻功。

角弓其觩，束矢其搜。
戎車孔博，徒御無斁。
既克淮夷，孔淑不逆。
式固爾猶，淮夷卒獲。
翩彼飛鴞，集于泮林。
食我桑黮，懷我好音。
憬彼淮夷，來獻其琛：
元龜象齒，大賂南金。

四　閟宮

閟宮有侐，
赫赫姜嫄，
上帝是依，
彌月不遲，
降之百福：
稙穉菽麥。
俾民稼穡。
有稻有秬。
纘禹之緒。
實維大王。

實實枚枚。
其德不回。
無災無害。
是生后稷。
黍稷重穋，
奄有下國，
有稷有黍，
奄有下土，
后稷之孫，
居岐之陽，

實始翦商。
至于文武，
纘大王之緒。
致天之居，
于牧之野。
「無貳無虞，
上帝臨女。」
敦商之旅，
克咸厥功。
王曰：「叔父，
建爾元子，
俾侯于魯。
大啟爾宇，
為周室輔。」
乃命魯公，
俾侯于東。
錫之山川，
土田附庸。
周公之孫，
莊公之子。
龍旂承祀，
六轡耳耳。

春秋匪解，
皇皇后帝，
享以騂犧，
降福孔多。
亦其福女。
夏而楅衡。
犧尊將將。
籩豆大房。
孝孫有慶。
俾爾壽而臧。
魯邦是常。

享祀不忒。
皇祖后稷。
是饗是宜，
周公皇祖，
秋而載嘗，
白牡騂剛，
毛炰胾羹，
萬舞洋洋，
俾爾熾而昌，
保彼東方，
不虧不崩，

不震不騰。
如岡如陵。
朱英綠縢，
公徒三萬，
烝徒增增。
荊舒是懲，
俾爾昌而熾，
黃髮台背，
俾爾昌而大，
萬有千歲，
泰山巖巖，

三壽作朋，
公車千乘，
二矛重弓。
貝冑朱綅，
戎狄是膺，
則莫我敢承。
俾爾壽而富。
壽胥與試。
俾爾耆而艾。
眉壽無有害。
魯邦所詹。

奄有龜蒙，
至于海邦。
莫不率從，
保有鳧繹，
至于海邦，
及彼南夷，
莫敢不諾，
天錫公純嘏，
居常與許，
魯侯燕喜，
宜大夫庶士，

遂荒大東，
淮夷來同，
魯侯之功。
遂荒徐宅，
淮夷蠻貊，
莫不率從。
魯侯是若。
眉壽保魯。
復周公之宇。
令妻壽母。
邦國是有。

既多受祉，黃髮兒齒。
徂來之松，新甫之柏，
是斷是度，是尋是尺。
松桷有舄，路寢孔碩，
新廟奕奕，奚斯所作，
孔曼且碩，萬民是若。

商頌

一 那

猗與那與，置我鞉鼓！
奏鼓簡簡，衎我烈祖。

湯孫奏假，
鞉鼓淵淵，
既和且平，
於赫湯孫，
庸鼓有斁，
我有嘉客，
自古在昔，
溫恭朝夕，
顧予烝嘗，

綏我思成。
嘒嘒管聲。
依我磬聲。
穆穆厥聲。
萬舞有奕。
亦不夷懌？
先民有作。
執事有恪。
湯孫之將。

二 烈祖

嗟嗟烈祖，有秩斯祜。
申錫無疆，及爾斯所。
既載清酤，賚我思成。
亦有和羹，既戒既平。
鬷假無言，時靡有爭。
綏我眉壽，黃耇無疆。
約軝錯衡，八鸞鶬鶬，
以假以享，我受命溥將。
自天降康，豐年穰穰。
來假來饗，降福無疆。

顧予烝嘗，湯孫之將。

三 玄鳥

天命玄鳥，降而生商，
宅殷土芒芒。古帝命武湯，
正域彼四方。方命厥后，
奄有九有。商之先后，
受命不殆，在武丁孫子。
武丁孫子，武王靡不勝。
龍旂十乘，大糦是承。
邦畿千里，維民所止，

肇域彼四海。四海來假，
來假祁祁。景員維河。
殷受命咸宜，百祿是何。

四 長發

濬哲維商，長發其祥。
洪水芒芒，禹敷下土方。
外大國是疆，幅隕既長。
有娀方將，帝立子生商。
玄王桓撥，受小國是達，

受大國是達。
率履不越，
遂視既發。
相土烈烈，
海外有截。
帝命不違，
至于湯齊。
湯降不遲，
聖敬日躋。
昭假遲遲，
上帝是祗。
帝命式于九圍。
受小球大球，
為下國綴旒，
何天之休。
不競不絿，
不剛不柔，
敷政優優，
百祿是遒。
受小共大共，
為下國駿厖，
何天之龍。

敷奏其勇，
不戁不竦，
武王載旆，
如火烈烈，
苞有三蘖，
九有有截，
昆吾夏桀。
有震有業。
降予卿士。
實左右商王。

不震不動，
百祿是總。
有虔秉鉞。
則莫我敢曷。
莫遂莫達。
韋顧既伐，
昔在中葉，
允也天子，
實維阿衡，

五 殷武

撻彼殷武，奮伐荊楚。
罙入其阻，裒荊之旅。
有截其所，湯孫之緒。
維女荊楚，居國南鄉。
昔有成湯，自彼氐羌，
莫敢不來享，莫敢不來王，
日商是常。天命多辟，
設都于禹之績。歲事來辟，
勿予禍適，稼穡匪解。

天命降監，
不僭不濫，
命于下國，
商邑翼翼，
赫赫厥聲，
壽考且寧，
陟彼景山，
是斷是遷，
松桷有梴，
寢成孔安。

下民有嚴。
不敢怠遑。
封建厥福。
四方之極。
濯濯厥靈。
以保我後生。
松柏丸丸。
方斲是虔。
旅楹有閑，

尚書

先秦諸子著

虞夏書

堯典 407
皐陶謨 414
禹貢 420
甘誓 428

商書

湯誓 429
盤庚（上） 430
盤庚（中） 433
盤庚（下） 436
高宗肜日 437
西伯戡黎 438
微子 439

周書

牧誓 440
洪範 442
金縢 447
大誥 450
康誥 454
酒誥 460
梓材 463
召誥 465
洛誥 469
多士 474
無逸 477
君奭 481
多方 485
立政 489
顧命 493
呂刑 498
文侯之命 504
費誓 505
秦誓 507

虞夏書

堯典

曰若稽古：帝堯曰放勳，欽明文思安安。允恭克讓，光被四表，格于上下。克明俊德，以親九族。九族既睦，平章百姓。百姓昭明，協和萬邦。黎民於變時雍。

乃命羲和，欽若昊天；歷象日月星辰，敬授人時。分命羲仲，宅嵎夷，曰暘谷，寅賓出日，平秩東作；日中、星鳥，以殷仲春。厥民析；鳥獸孳尾。申命羲叔，宅南交。平秩南訛；敬致。日永、星火，以正仲夏。厥民因；鳥獸希革。分命和仲，宅西，曰昧谷。寅餞納日，平秩西成；宵中、星虛，以殷仲秋。厥民夷；鳥獸毛毨。申命和叔，宅朔方，曰幽都。平在朔易；日短、星昴，以正仲冬。厥民隩；鳥獸氄毛。帝曰：「咨！汝羲暨和。朞三百有六旬有六日，以閏月定四時成歲。」允釐百工，庶績咸熙。

帝曰：「疇咨！若時登庸？」放齊曰：「胤子朱啟明。」帝曰：「吁！嚚訟可乎！」帝曰：「疇咨！若予采？」驩兜曰：「都！共工方鳩僝功。」帝曰：「吁！靜言庸違，象恭、滔天。」帝曰：「咨！四岳。湯湯洪水方割，蕩蕩懷山襄陵，浩浩滔天。下民其咨。有能俾乂？」僉曰：「於！鯀哉！」帝曰：「吁！咈哉！方命圮族。」岳曰：「异哉。試可，乃已。」帝曰：「往，欽哉！」九載，績用弗成。

帝曰：「咨！四岳。朕在位七十載，汝能庸命，巽朕位？」岳曰：「否德忝帝位。」曰：「明明揚側陋。」師錫帝曰：「有鰥在下，曰虞舜。」帝曰：「俞，予聞；如何？」岳曰：「瞽子，父頑，母嚚，象傲；克諧。以孝烝烝乂不格姦。」帝曰：「我其試哉。」女，于時觀厥刑于二女。釐降二女于嬀汭，嬪于虞。帝曰：「欽哉！」

慎徽五典，五典克從；納于百揆，百揆時敘；賓于四門，四門穆穆；納于大麓，烈風雷雨弗迷。帝曰：

「格汝舜！詢事考言，乃言厎可績，三載，汝陟帝位。」舜讓于德。弗嗣。

正月上日，受終于文祖。在璿璣玉衡，以齊七政，肆類于上帝，禋于六宗，望于山川，徧于群神。輯五瑞，既月乃日，覲四岳群牧，班瑞于群后。

歲二月，東巡守，至于岱宗，柴。望秩于山川，肆覲東后。協時、月，正日；同律、度、量、衡。修五禮，五玉，三帛，二生，一死，贄。如五器，卒乃復。五月，南巡守，至于南岳，如岱禮。八月，西巡守，至于西岳，如初。十有一月，朔巡守，至于北岳，如西禮。歸，格于藝祖，用特。

五載一巡守，群后四朝；敷奏以言，明試以功，車服以庸。

肇十有二州，封十有二山，濬川。

象以典刑。流宥五刑。鞭作官刑，扑作教刑，金作贖刑。眚災肆赦，怙終賊刑。欽哉，欽哉，惟刑之恤哉！

流共工于幽州，放驩兜于崇山，竄三苗于三危，殛鯀于羽山；四罪而天下咸服。

二十有八載，帝乃殂落，百姓如喪考妣，三載，四海遏密八音。月正元日，舜格于文祖。詢于四岳，闢四門，明四目，達四聽。咨十有二牧，曰：「食哉，惟時，柔遠能邇，惇德允元，而難任人，蠻夷率服。」

舜曰：「咨，四岳！有能奮庸熙帝之載，使宅百揆亮采惠疇？」僉曰：「伯禹作司空。」帝曰：「俞，咨禹，汝平水土；惟時懋哉！」禹拜稽首，讓于稷、契、暨皐陶。帝曰：「俞，汝往哉！」

帝曰：「棄，黎民阻飢。汝后稷，播時百穀。」帝曰：「契，百姓不親，五品不遜。汝作司徒，敬敷五教，在寬。」帝曰：「皐陶！蠻夷猾夏，寇賊姦宄。汝作士，五刑有服，五服三就；五流有宅，五宅三居；惟明克允。」

帝曰：「疇若予工？」僉曰：「垂哉。」帝曰：

「俞咨！垂，汝共工。」垂拜稽首，讓于殳斨暨伯與。帝曰：「俞，往哉；汝諧。」

帝曰：「疇若予上下草木鳥獸？」僉曰：「益哉！」帝曰：「俞咨！益，汝作朕虞。」益拜稽首，讓于朱虎熊羆。帝曰：「俞，往哉！汝諧。」

帝曰：「咨，四岳！有能典朕三禮？」僉曰：「伯夷。」帝曰：「俞，咨伯！汝作秩宗。夙夜惟寅，直哉惟清。」伯拜稽首，讓于夔、龍。帝曰：「俞，往欽哉！」

帝曰：「夔，命汝典樂，教胄子。直而溫，寬而栗，剛而無虐，簡而無傲，詩言志，歌永言，聲依永，律和聲；八音克諧，無相奪倫；神人以和。」夔曰：「於！予擊石拊石，百獸率舞。」帝曰：「龍，朕堲讒說殄行，震驚朕師。命汝作納言，夙夜出納朕命，惟允。」帝曰：「咨，汝二十有二人，欽哉！惟時亮天功。三載考績；三考黜陟幽明，庶績咸熙。」分北三苗。舜生三十徵庸，三十在位，五十載陟方乃死。

皐陶謨

曰若稽古，皐陶曰：「允迪厥德，謨明弼諧。」禹曰：「俞，如何？」皋陶曰：「都！慎厥身修，思永。惇敘九族，庶明勵翼，邇可遠，在茲。」禹拜昌言曰：「俞。」

皋陶曰：「都！在知人，在安民。」禹曰：「吁！咸若時，惟帝其難之。知人則哲，能官人；安民則惠，黎民懷之。能哲而惠，何憂乎驩兜？何遷乎有苗？何畏乎巧言令色孔壬？」

皋陶曰：「都！亦行有九德。亦言其人有德，乃言曰：載采采。」禹曰：「何？」皋陶曰：「寬而栗，柔而立，愿而恭，亂而敬，擾而毅，直而溫，簡而廉，剛而塞，彊而義；章厥有常，吉哉。日宣三德，夙夜浚明有家；日嚴祇敬六德，亮采有邦。翕受敷施，九德咸事；俊乂在官，百僚師師，百工惟時。撫于五辰，庶績其凝。無教逸欲有邦，兢兢業業，一日二日萬幾。無曠庶官，天工人其代之。天敘有典，勑我五典五惇哉；天秩有禮，自我五禮有庸哉，同寅協恭，和衷哉。天命有德，五服五章哉；天討有罪，五刑五用哉。政事懋哉懋哉。天聰明，自我民聰明；天明畏，自我民明威。達于上下，敬哉有土！」

皐陶曰：「朕言惠可底行。」禹曰：「俞！乃言底可績。」皐陶曰：「予未有知，思曰贊贊襄哉。」

帝曰：「來，禹！汝亦昌言。」禹拜曰：「都！

帝！予何言？予思日孜孜。」皋陶曰：「吁！如何？」禹曰：「洪水滔天，浩浩懷山襄陵；下民昏墊。予乘四載，隨山刊木。曁益奏庶鮮食。予決九川，距四海，濬畎澮，距川。曁稷播奏庶艱食。鮮食，懋遷有無化居。烝民乃粒，萬邦作乂。」皋陶曰：「俞，師汝昌言。」

禹曰：「都！帝，慎乃在位。」帝曰：「俞。」禹曰：「安汝止，惟幾，惟康，其弼直；惟動丕應。徯志以昭受上帝，天其申命用休。」帝曰：「吁！臣哉鄰哉！鄰哉臣哉！」禹曰：「俞！」

帝曰：「臣作朕股肱耳目。予欲左右有民，汝翼；予欲宣力四方，汝為；予欲觀古人之象，日、月、星辰、山、龍、華蟲、作會，宗彝、藻、火、粉米、黼、黻、絺繡，以五采彰施于五色，作服，汝明；予欲聞六律、五聲、八音，在治忽，以出納五言，汝聽。予違，汝弼，汝無面從，退有後言。欽四鄰，庶頑讒說，若不在時，侯以明之，撻以記之；書用識哉，欲竝生哉。工以納言，時而颺之；格則承之庸之，否則威之。」

禹曰：「俞哉！帝，光天之下，至于海隅蒼生，萬邦黎獻，共惟帝臣，惟帝時舉。敷納以言，明庶以功，車服以庸。誰敢不讓，敢不敬應？帝不時，敷同日奏、罔功。」帝曰：「無若丹朱傲，惟慢遊是好，敖虐是作。罔晝夜頟頟；罔水行舟，朋淫于家，用殄厥世，予創若時。」「娶于塗山，辛壬癸甲；啟呱呱而泣，予弗子，惟荒度土功。弼成五服，至于五千；州十有二師；外薄四海，咸建五長。各迪有功，苗頑弗即工。帝其念哉。」帝曰：「迪朕德，時乃功惟敘。」皋陶方祗厥敘，方施象刑惟明。

夔曰：「戛擊鳴球、搏拊、琴瑟，以詠。」祖考來格；虞賓在位，群后德讓。下管鼗鼓，合止柷敔，笙鏞以間；鳥獸蹌蹌。〈簫韶〉九成，鳳凰來儀。夔曰：

「於！予擊石拊石，百獸率舞，庶尹允諧。」

帝庸作歌，曰：「敕天之命，惟時惟幾。」乃歌曰：「股肱喜哉，元首起哉！百工熙哉。」皋陶拜手稽首，颺言曰：「念哉！率作興事，慎乃憲，欽哉！屢省乃成，欽哉！」乃賡載歌曰：「元首明哉，股肱良哉，庶事康哉！」又歌曰：「元首叢脞哉，股肱惰哉，萬事墮哉！」帝拜曰：「俞，往欽哉！」

禹貢

禹敷土，隨山刊木，奠高山大川。

冀州：既載壺口，治梁及岐。既修太原，至于岳陽。覃懷厎績，至于衡漳。厥土惟白壤，厥賦惟上上錯，厥田惟中中。恆衛既從，大陸既作。島夷皮服。夾右碣石入于河。

濟、河惟兗州：九河既道，雷夏既澤，灉、沮會同。桑土既蠶，是降丘宅土。厥土黑墳，厥草惟繇，厥木惟條。厥田惟中下，厥賦貞。作十有三載，乃同。厥貢漆絲，厥篚織文。浮于濟漯，達于河。

海岱惟青州：嵎夷既略，濰、淄其道。厥土白墳，海濱廣斥。厥田惟上下，厥賦中上。厥貢鹽、絺，海物惟錯。岱畎絲、枲、鉛、松、怪石。萊夷作牧。厥篚檿絲。浮于汶，達于濟。

海岱及淮惟徐州：淮、沂其乂，蒙、羽其藝，大野既豬，東原厎平。厥土赤埴墳，草木漸包。厥田惟上中，厥賦中中。厥貢惟土五色，羽畎夏翟，嶧陽孤桐，泗濱浮磬，淮夷蠙珠暨魚，厥篚玄纖縞。浮于淮、泗，達于河。

淮海惟揚州：彭蠡既豬，陽鳥攸居。三江既入，震澤厎定。篠簜既敷，厥草惟夭，厥木惟喬。厥土惟塗泥，厥田惟下下，厥賦下上，上錯。厥貢惟金三品，瑤、琨、篠簜，齒、革、羽、毛惟木。鳥夷卉服。厥篚織貝，厥包橘、柚，錫貢。沿于江海，達于淮、泗。

荊及衡陽惟荊州：江、漢朝宗于海，九江孔殷，沱、潛既道，雲土夢作乂。厥土惟塗泥，厥田惟下中，厥賦上下。厥貢羽、毛、齒、革，惟金三品，杶、榦、栝、柏、礪、砥、砮、丹，惟箘、簵、楛，三邦厎貢厥名。包匭菁茅；厥篚玄、纁、璣組；九江納錫大龜。浮于江沱潛漢，逾于洛，至于南河。

荊、河惟豫州：伊、洛、瀍、澗既入于河，滎波既豬，導菏澤，被孟豬。厥土惟壤，下土墳壚。厥田惟中上，厥賦錯上中。厥貢漆、枲、絺、紵，厥篚纖纊，錫貢磬錯。浮于洛，達于河。

華陽、黑水惟梁州：岷、嶓既藝，沱、潛既道，蔡、蒙旅平，和夷厎績。厥土青黎，厥田惟下上，厥賦下中三錯。厥貢璆、鐵、銀、鏤、砮、磬、熊、羆、狐、狸、織皮。西傾因桓是來，浮于潛，逾于沔，入于渭，亂于河。

黑水、西河惟雍州：弱水既西，涇屬渭汭，漆、沮既從，灃水攸同。荊、岐既旅，終南惇物，至于鳥鼠。原隰厎績，至于豬野，三危既宅，三苗丕敘。厥土惟黃壤，厥田惟上上，厥賦中下。厥貢惟球、琳，琅玕。浮于積石，至于龍門西河，會于渭汭。織皮：崑崙、析支、渠搜，西戎即敘。

導岍及岐，至于荊山，逾于河。壺口、雷首，至于太岳。厎柱、析城，至于王屋。太行、恆山，至于碣石。入于海。

西傾、朱圉、鳥鼠，至于太華。熊耳、外方、桐柏，至于陪尾。

導嶓冢至于荊山，內方至于大別。岷山之陽，至于衡山，過九江，至于敷淺原。

導弱水至于合黎，餘波入于流沙。

導黑水至于三危，入于南海。

導河積石，至于龍門，南至于華陰，東至于底柱，又東至于孟津，東過洛汭，至于大伾，北過降水，至于大陸，又北播為九河，同為逆河，入于海。

嶓冢導漾，東流為漢，又東為滄浪之水，過三澨，至于大別，南入于江；東匯澤為彭蠡，東為北江，入于海。

岷山導江，東別為沱，又東至于澧，過九江，至于東陵，東迆北會于匯，東為中江，入于海。

導沇水，東流為濟，入于河，溢為滎，東出于陶丘北，又東至于菏，又東北會于汶，又北東入于海。

導淮自桐柏，東會于泗、沂，東入于海。

導渭自鳥鼠同穴，東會于灃，又東會于涇，又東過漆沮，入于河。

導洛自熊耳，東北會于澗、瀍，東會于伊，又東北入于河。

九州攸同：四隩既宅，九山刊旅，九川滌源，九澤既陂，四海會同。六府孔修，庶土交正，厎慎財賦；咸則三壤成賦。中邦錫土姓，祗台德先，不距朕行。

五百里甸服。百里賦納總，二百里納銍，三百里納秸服，四百里粟，五百里米。

五百里侯服。百里采，二百里男邦，三百里諸侯。

五百里綏服。三百里揆文教，二百里奮武衛。

五百里要服。三百里夷，二百里蔡。

五百里荒服。三百里蠻，二百里流。

東漸于海，西被于流沙；朔南暨聲教，訖于四海。

禹錫玄圭，告厥成功。

甘誓

大戰于甘，乃召六卿。

王曰：「嗟！六事之人，予誓告汝：有扈氏威侮五行，怠棄三正。天用剿絕其命，今予惟恭行天之罰。左不攻于左，汝不恭命；右不攻于右，汝不恭命；御非其馬之正，汝不恭命。用命，賞于祖；弗用命，戮于社。予則孥戮汝。」

商書

湯誓

王曰：「格爾眾庶，悉聽朕言。非台小子敢行稱亂。有夏多罪，天命殛之。今爾有眾，汝曰：『我后不恤我眾，舍我穡事，而割正夏？』予惟聞汝眾言；夏氏有罪，予畏上帝，不敢不正。今汝其曰：『夏罪其如台？』夏王率遏眾力，率割夏邑，有眾率怠弗協。曰：『時日曷喪？予及汝皆亡！』夏德若茲，今朕必往。」

「爾尚輔予一人，致天之罰，予其大賚汝。爾無不信，朕不食言。爾不從誓言，予則孥戮汝，罔有攸赦。」

盤庚（上）

盤庚遷于殷，民不適有居，率籲眾慼出，矢言。曰：「我王來，即爰宅于茲；重我民，無盡劉。不能胥匡以生；卜稽曰其如台？先王有服，恪謹天命；茲猶不常寧，不常厥邑，于今五邦。今不承于古，罔知天之斷命，矧曰其克從先王之烈？若顛木之有由蘖，天其永我命于茲新邑，紹復先王之大業，厎綏四方。」

盤庚斅于民，由乃在位，以常舊服，正法度，曰：「無或敢伏小人之攸箴！」王命眾，悉至于庭。

王若曰：「格汝眾，予告汝訓汝，猷黜乃心，無傲從康。古我先王，亦惟圖任舊人共政。王播告之修，不匿厥指，王用丕欽；罔有逸言，民用丕變。今汝聒聒，起信險膚，予弗知乃所訟。非予自荒茲德，惟汝含德不惕予一人。予若觀火，予亦拙謀，作乃逸。」

「若網在綱，有條而不紊；若農服田力穡，乃亦有秋。汝克黜乃心，施實德于民，至于婚友；丕乃敢大言，汝有積德。乃不畏戎毒于遠邇；惰農自安，不昏作勞，不服田畝，越其罔有黍稷。」

「汝不和吉言于百姓，惟汝自生毒；乃敗禍姦宄，以自災于厥身。乃既先惡于民，乃奉其恫，汝悔身何及？相時憸民，猶胥顧于箴言，其發有逸口，矧予制乃短長之命？汝曷弗告朕，而胥動以浮言，恐沈于眾？若火之燎于原，不可嚮邇，其猶可撲滅。則惟汝眾自作弗靖，非予有咎。」

「遲任有言曰：『人惟求舊，器非求舊，惟新。』古我先王，暨乃祖乃父，胥及逸勤；予敢動用非罰？世選爾勞，予不掩爾善。茲予大享于先王，爾祖其從與享之。作福作災，予亦不敢動用非德。」

「予告汝于難，若射之有志。汝無侮老成人，無弱孤有幼。各長于厥居，勉出乃力，聽予一人之作猷。無有遠邇，用罪伐厥死，用德彰厥善。邦之臧，惟汝眾；邦之不臧，惟予一人有佚罰。凡爾眾，其惟致告。自今至于後日，各恭爾事、齊乃位、度乃口。罰及爾身，弗可悔。」

盤庚（中）

盤庚作，惟涉河以民遷。乃話民之弗率，誕告用亶。其有眾咸造，勿褻在王庭。盤庚乃登，進厥民。曰：「明聽朕言，無荒失朕命。嗚呼！古我前后，罔不惟民之承保。后胥慼鮮，以不浮于天時。殷降大虐，先王不懷；厥攸作，視民利用遷。汝曷弗念我古后之聞？承汝俾汝，惟喜康共；非汝有咎，比于罰。予若籲懷茲新邑，亦惟汝故，以丕從厥志。」

「今予將試以汝遷，安定厥邦。汝不憂朕心之攸困，乃咸大不宣乃心，欽念以忱動予一人；爾惟自鞠自苦。若乘舟，汝弗濟，臭厥載。爾忱不屬，惟胥以沈。不其或稽，自怒曷瘳？汝不謀長，以思乃災。汝誕勸憂，今其有今罔後，汝何生在上？今予命汝一，無起穢以自臭；恐人倚乃身，迂乃心。予迓續乃命于天；予豈汝威，用奉畜汝眾。」

「予念我先神后之勞爾先，予丕克羞爾，用懷爾然。失于政，陳于茲，高后丕乃崇降罪疾；曰：『曷虐朕民！』汝萬民乃不生生；暨予一人猷同心，先后丕降與汝罪疾；曰：『曷不暨朕幼孫有比？』故有爽德，自上其罰汝，汝罔能迪。」

「古我先后既勞乃祖乃父，汝共作我畜民。汝有戕則在乃心，我先后綏乃祖乃父，乃祖乃父，乃斷弃汝，不救乃死。茲予有亂政同位，具乃貝玉。乃祖乃父，丕乃告我高后曰：『作丕刑于朕孫。』迪高后丕乃崇降弗祥。」

「嗚呼！今予告汝不易：永敬大恤，無胥絕遠；汝分猷念以相從，各設中于乃心。乃有不吉不迪，顛越不恭，暫遇姦宄；我乃劓殄滅之，無遺育，無俾易種于茲新邑。往哉生生！今予將試以汝遷，永建乃家。」

盤庚（下）

盤庚既遷，奠厥攸居，乃正厥位，綏爰有眾，曰：「無戲怠，懋建大命。今予其敷心腹腎腸，歷告爾百姓于朕志。罔罪爾眾；爾無共怒，協比讒言予一人。」

「古我先王，將多于前功，適于山，用降我凶德嘉績于朕邦。今我民用蕩析離居，罔有定極。爾謂朕：『曷震動萬民以遷？』肆上帝將復我高祖之德，亂越我家。朕及篤敬，恭承民命，用永地于新邑。肆予沖人，非廢厥謀，弔由靈各。非敢違卜，用宏茲賁。」

「嗚呼！邦伯師長百執事之人，尚皆隱哉。予其懋簡相爾，念敬我眾。朕不肩好貨；敢恭生生，鞠人、謀人之保居，敘欽。今我既羞告爾于朕志，若否，罔有弗欽。無總于貨寶，生生自庸。式敷民德，永肩一心。」

高宗肜日

高宗肜日，越有雊雉。祖己曰：「惟先格王，正厥事。」乃訓于王曰：「惟天監下民，典厥義。降年有永有不永；非天夭民，民中絕命。民有不若德，不聽罪；天既孚命正厥德，乃曰：『其如台？』嗚呼！王司敬民，罔非天胤，典祀無豐于昵。」

西伯戡黎

西伯既戡黎，祖伊恐，奔告于王，曰：「天子！天既訖我殷命；格人元龜，罔敢知吉。非先王不相我後人，惟王淫戲用自絕。故天棄我；不有康食，不虞天性，不迪率典，今我民罔弗欲喪，曰：『天曷不降威？』大命不摯，今王其如台？」

王曰：「嗚呼！我生不有命在天？」祖伊反，曰：「嗚呼！乃罪多參在上，乃能責命于天！殷之即喪，指乃功；不無戮于爾邦。」

微子

微子若曰：「父師、少師，殷其弗或亂正四方。我祖厎遂陳于上；我用沈酗于酒，用亂敗厥德于下。殷罔不小大，好草竊姦宄，卿士師師非度，凡有辜罪，乃罔恆獲。小民方興，相為敵讎。今殷其淪喪，若涉大水，其無津涯。殷遂喪，越至于今。」

曰：「父師、少師，我其發出狂？吾家耄遜于荒？今爾無指告予，顛隮，若之何其？」

父師若曰：「王子！天毒降災荒殷邦，方興沈酗于酒。乃罔畏畏，咈其耇長、舊有位人。今殷民，乃攘竊神祇之犧牷牲，用以容，將食無災，降監殷民，用乂；雠斂，召敵讎不怠。罪合于一，多瘠罔詔。商今其有災，我興受其敗。商其淪喪，我罔為臣僕。詔王子出迪，我舊云刻子；王子弗出，我乃顛隮。自靖，人自獻于先王，我不顧行遯。」

周書

牧誓

時甲子昧爽，王朝至于商郊牧野，乃誓。王左杖黃鉞，右秉白旄以麾；曰：「逖矣，西土之人。」王曰：「嗟！我友邦冢君，御事、司徒、司馬、司空、亞、旅、師氏、千夫長、百夫長，及庸、蜀、羌、髳、微、盧、彭、濮人。稱爾戈，比爾干，立爾矛，予其誓。」

王曰：「古人有言曰：『牝雞無晨。牝雞之晨，惟家之索。』今商王受，惟婦言是用。昏弃厥肆祀，弗荅；昏弃厥遺王父母弟，不迪。乃惟四方之多罪逋逃，是崇是長，是信是使，是以為大夫卿士；俾暴虐于百姓，以姦宄于商邑。」

「今予發，惟恭行天之罰。今日之事，不愆于六步、七步，乃止齊焉。夫子勖哉！不愆于四伐、五伐、六伐、七伐，乃止齊焉。勖哉夫子！尚桓桓，如虎、如貔、如熊、如羆，于商郊；弗迓克奔，以役西土。勖哉夫子！爾所弗勖，其于爾躬有戮！」

洪範

惟十有三祀，王訪於箕子。王乃言曰：「嗚呼！箕子，惟天陰騭下民，相協厥居，我不知其彝倫攸敘。」箕子乃言曰：「我聞在昔，鯀陻洪水，汩陳其五行；帝乃震怒，不畀洪範九疇，彝倫攸斁。鯀則殛死，禹乃嗣興，天乃錫禹洪範九疇，彝倫攸敘。」

「初一曰五行，次二曰敬用五事，次三曰農用八政，次四曰協用五紀，次五曰建用皇極，次六曰乂用三德，次七曰明用稽疑，次八曰念用庶徵，次九曰嚮用五福，威用六極。」

「一、五行：一曰水，二曰火，三曰木，四曰金，五曰土。水曰潤下，火曰炎上，木曰曲直，金曰從革，土爰稼穡。潤下作鹹，炎上作苦，曲直作酸，從革作辛，稼穡作甘。」

「二、五事：一曰貌，二曰言，三曰視，四曰聽，五曰思。貌曰恭，言曰從，視曰明，聽曰聰，思曰睿，恭作肅，從作乂，明作哲，聰作謀，睿作聖。」

「三、八政：一曰食，二曰貨，三曰祀，四曰司空，五曰司徒，六曰司寇，七曰賓，八曰師。」

「四、五紀：一曰歲，二曰月，三曰日，四曰星辰，五曰歷數。」

「五、皇極：皇建其有極，斂時五福，用敷錫厥庶民。惟時厥庶民于汝極，錫汝保極。凡厥庶民，無有淫朋；人無有比德，惟皇作極。凡厥庶民，有猷有為有守，汝則念之。不協于極，不罹于咎；皇則受之。而康而色，曰：『予攸好德。』汝則錫之福。時人斯其惟皇之極。無虐煢獨；而畏高明。人之有能有為，使羞其行，而邦其昌。凡厥正人，既富方穀；汝弗能使有好于而家，時人斯其辜。于其無好德，汝雖錫之福，其作汝用咎。無偏無陂，遵王之義；無有作好，遵王之道；無有作惡，遵王之路，無偏無黨，王道蕩蕩；無黨無偏，王道平平；無反無側，王道正直。會其有極，歸其有極。曰皇極之敷言，是彝是訓，于帝其訓。凡厥庶民，極之敷言，是訓是行，以近天子之光。曰天子作民父母，以為天下王。」

「六、三德：一曰正直，二曰剛克，三曰柔克。平康正直，彊弗友剛克，燮友柔克；沈潛剛克，高明柔克。惟辟作福，惟辟作威，惟辟玉食。臣無有作福作威玉食；臣之有作福作威玉食，其害于而家，凶于而國。人用側頗僻，民用僭忒。」

「七、稽疑：擇建立卜筮人，乃命卜筮：曰雨，曰霽，曰蒙，曰驛，曰克，曰貞，曰悔。凡七，卜五，占用二，衍忒。立時人作卜筮，三人占，則從二人之言。汝則有大疑，謀及乃心，謀及卿士，謀及庶人，謀及卜筮。汝則從、龜從、筮從、卿士從、庶民從，是之謂大同；身其康彊，子孫其逢：吉。汝則從、龜從、筮從、卿士逆、庶民逆：吉。卿士從、龜從、筮從、汝則逆、庶民逆：吉。庶民從、龜從、筮從、汝則逆、卿士逆：吉。汝則從、龜從、筮逆、卿士逆、庶民逆：作內吉，作外凶。龜筮共違于人，用靜吉，用作凶。」

「八、庶徵：曰雨，曰暘，曰燠，曰寒，曰風。曰時五者來備，各以其敘，庶草蕃廡。一極備凶，一極無凶。曰休徵：曰肅，時雨若；曰乂，時暘若；曰哲，時燠若；曰謀，時寒若；曰聖，時風若。曰咎徵：曰狂，恆雨若；曰僭，恆暘若；曰豫，恆燠若；曰急，恆寒若；曰蒙，恆風若。曰王省惟歲，卿士惟月，師尹惟日。歲月日時無易，百穀用成，乂用明，俊民用章，家用平康。日月歲時既易，百穀用不成，乂用昏不明，俊民用微，家用不寧。庶民惟星，星有好風，星有好雨。日月之行，則有冬有夏；月之從星，則以風雨。」

「九、五福：一曰壽，二曰富，三曰康寧，四曰攸好德，五曰考終命。六極：一曰凶短折，二曰疾，三曰憂，四曰貧，五曰惡，六曰弱。」

金縢

既克商二年，王有疾，弗豫。二公曰：「我其為王穆卜。」周公曰：「未可以戚我先王。」公乃自以為功，為三壇同墠。為壇於南方北面，周公立焉；植璧秉珪，乃告太王、王季、文王。

史乃冊祝曰：「惟爾元孫某，遘厲虐疾；若爾三王，是有丕子之責于天，以旦代某之身。予仁若考，能多材多藝，能事鬼神；乃元孫不若旦多材多藝，不能事鬼神。乃命于帝庭，敷佑四方，用能定爾子孫于下地；四方之民，罔不祗畏。嗚呼！無墜天之降寶命，我先王亦永有依歸。今我即命于元龜，爾之許我，我其以璧與珪，歸俟爾命；爾不許我，我乃屏璧與珪。」

乃卜三龜，一習吉。啟籥見書，乃并是吉。公曰：

「體，王其罔害；予小子新命于三王，惟永終是圖。茲攸俟，能念予一人。」公歸，乃納冊于金縢之匱中。王翼日乃瘳。

武王既喪，管叔及其群弟乃流言於國，曰：「公將不利於孺子。」周公乃告二公曰：「我之弗辟，我無以告我先王。」周公居東二年，則罪人斯得。于後，公乃為詩以貽王，名之曰〈鴟鴞〉，王亦未敢誚公。

秋，大熟，未獲，天大雷電以風，禾盡偃，大木斯拔；邦人大恐。王與大夫盡弁，以啟金縢之書，乃得周公所自以為功、代武王之說。二公及王，乃問諸史與百執事。對曰：「信。噫！公命，我勿敢言。」王執書以泣，曰：「其勿穆卜。昔公勤勞王家，惟予沖人弗及知；今天動威，以彰周公之德；惟朕小子其新逆，我國家禮亦宜之。」

王出郊，天乃雨，反風，禾則盡起。二公命邦人凡大木所偃，盡起而築之，歲則大熟。

大誥

王若曰：「猷，大誥爾多邦，越爾御事。弗弔，天降割于我家，不少延。洪惟我幼沖人，嗣無疆大歷服。弗造哲迪民康，矧曰其有能格知天命？」

「已，予惟小子若涉淵水，予惟往求朕攸濟。敷貢，敷前人受命，茲不忘大功，予不敢閉于天降威，用寧王遺我大寶龜，紹天明；即命曰：『有大艱于西土，西土人亦不靜。』越茲蠢。殷小腆，誕敢紀其敘。天降威，知我國有疵，民不康。曰：『予復。』反鄙我周邦。今蠢，今翼日，民獻有十夫，予翼，以于敉寧武圖功。我有大事、休，朕卜並吉！」

「肆予告我友邦君，越尹氏、庶士、御事，曰：予得吉卜，予惟以爾庶邦，于伐殷逋播臣。爾庶邦君，越庶士、御事，罔不反曰：『艱大，民不靜，亦惟在王宮、邦君室。越予小子考翼，不可征；王害不違卜？』」

「肆予沖人永思艱曰：嗚呼！允蠢鰥寡，哀哉！予造天役，遺大投艱于朕身；越予沖人，不卬自恤。義爾邦君，越爾多士——尹氏，御事，綏予曰：『無毖于恤，不可不成乃寧考圖功。』」

「已！予惟小子，不敢替上帝命。天休于寧王，興我小邦周；寧王惟卜用，克綏受茲命。今天其相民，矧亦惟卜用。嗚呼！天明畏，弼我丕丕基。」

王曰：「爾惟舊人，爾丕克遠省，爾知寧王若勤哉！天閟毖我成功所，予不敢不極卒寧王圖事。肆予大化誘我友邦君；天棐忱辭，其考我民，予曷其不于前寧人圖功攸終？天亦惟用勤毖我民，若有疾；予曷敢不于前寧人攸受休畢！」

王曰：「若昔朕其逝。朕言艱日思。若考作室，既厎法，厥子乃弗肯堂，矧肯構？厥父菑，厥子乃弗肯播，矧肯獲？厥考翼其肯曰：『予有後，弗弃基？』肆予曷敢不越卬敉寧王大命！若兄考，乃有友伐厥子，民養其勸弗救？」

王曰：「嗚呼！肆哉，爾庶邦君越爾御事。爽邦由哲，亦惟十人，迪知上帝命。越天棐忱，爾時罔敢易法，矧今天降戾于周邦？惟大艱人，誕鄰胥伐于厥室；爾亦不知天命不易。予永念曰，天惟喪殷；若穡夫，予曷敢不終朕畝？天亦惟休于前寧人，予曷其極卜？敢弗于從，率寧人有指疆土？矧今卜并吉？肆朕誕以爾東征；天命不僭，卜陳惟若茲。」

康誥

惟三月，哉生魄，周公初基作新大邑于東國洛；四方民大和會，侯、甸、男、邦、采衛，百工播民，和見士于周。周公咸勤，乃洪大誥治。

王若曰：「孟侯，朕其弟，小子封。惟乃丕顯考文王，克明德慎罰，不敢侮鰥寡，庸庸、祇祇、威威、顯民。用肇造我區夏；越我一二邦，以修我西土。惟時怙，冒聞于上帝，帝休。天乃大命文王，殪戎殷，誕受厥命。越厥邦厥民，惟時敘。乃寡兄勖，肆汝小子封在茲東土。」

王曰：「嗚呼！封。汝念哉！今民將在祗遹乃文考，紹聞衣德言，往敷求于殷先哲王，用保乂民。汝丕遠惟商耇成人，宅心知訓。別求聞由古先哲王，用康保民，弘于天若。德裕乃身，不廢在王命。」

王曰：「嗚呼！小子封。恫瘝乃身，敬哉！天畏棐忱，民情大可見。小人難保；往盡乃心，無康好逸豫，乃其乂民。我聞曰：『怨不在大，亦不在小；惠不惠，懋不懋。』已，汝惟小子，乃服惟弘王，應保殷民；亦惟助王宅天命，作新民。」

王曰：「嗚呼！封。敬明乃罰。人有小罪非眚，乃惟終，自作不典；式爾，有厥罪小，乃不可不殺。乃有大罪非終，乃惟眚災適爾，既道極厥辜，時乃不可殺。」

王曰：「嗚呼！封。有敘時，乃大明服，惟民其勑懋和。若有疾，惟民其畢棄咎。若保赤子，惟民其康乂。非汝封刑人殺人，無或刑人殺人；非汝封又曰劓刵人，無或劓刵人。」

王曰：「外事，汝陳時臬司，師茲殷罰有倫。」又曰：「要囚，服念五六日，至于旬時，丕蔽要囚。」

王曰：「汝陳時臬事，罰蔽殷彝，用其義刑義殺，勿庸以次汝封。乃汝盡遜，曰時敘；惟曰未有遜事。」

「已，汝惟小子，未其有若汝封之心；朕心朕德惟乃知。」

「凡民自得罪，寇攘姦宄，殺越人于貨，暋不畏死：罔弗憝。」

王曰：「封。元惡大憝，矧惟不孝不友。子弗祗服厥父事，大傷厥考心；于父不能字厥子，乃疾厥子。于弟弗念天顯，乃弗克恭厥兄；兄亦不念鞠子哀，大不友于弟。惟弔茲，不于我政人得罪，天惟與我民彝大泯亂；曰乃其速由文王作罰，刑茲無赦。」

「不率大戛；矧惟外庶子訓人、惟厥正人、越小臣、諸節，乃别播敷，造民大譽，弗念弗庸，瘝厥君；時乃引惡，惟朕憝。已，汝乃其速由茲義率殺。」

「亦惟君惟長，不能厥家人，越厥小臣外正，惟威惟虐，大放王命，乃非德用乂。汝亦罔不克敬典，乃由裕民；惟文王之敬忌，乃裕民。曰：『我惟有及。』則予一人以懌。」

王曰：「封！爽惟民，迪吉康。我時其惟殷先哲王德，用康乂民作求。矧今民罔迪不適，不迪則罔政在厥邦。」

王曰：「封！予惟不可不監，告汝德之說，于罰之行。今惟民不靜，未戾厥心，迪屢未同。爽惟天其罰殛我，我其不怨。惟厥罰無在大，亦無在多，矧曰其尚顯聞于天。」

王曰：「嗚呼！封。敬哉！無作怨，勿用非謀非彝蔽時忱，丕則敏德。用康乃心，顧乃德，遠乃猷裕，乃以民寧，不汝瑕殄。」

王曰：「嗚呼！肆汝小子封。惟命不于常；汝念哉，無我殄享。明乃服命，高乃聽，用康乂民。」

王若曰：「往哉封！勿替敬典；聽朕告汝，乃以殷民世享。」

酒誥

王若曰：「明大命于妹邦。乃穆考文王，肇國在西土；厥誥毖庶邦庶士，越少正、御事，朝夕曰：『祀茲酒。』惟天降命肇我民，『惟元祀』。天降威，我民用大亂喪德，亦罔非酒惟行。越小大邦用喪，亦罔非酒惟辜。文王誥教小子，有正、有事，無彝酒。越庶國飲，惟祀，德將無醉。惟曰我民迪小子，惟土物愛。厥心臧，聰聽祖考之彝訓，越小大德，小子惟一。」

「妹土，嗣爾股肱，純其藝黍稷，奔走事厥考厥長，肇牽車牛遠服賈，用孝養厥父母，厥父母慶，自洗腆，致用酒。庶士、有正、越庶伯君子，其爾典聽朕教。爾大克羞耇惟君，爾乃飲食醉飽，丕惟曰：爾克永觀省，作稽中德。爾尚克羞饋祀，爾乃自介用逸。茲乃允惟王正事之臣；茲亦惟天若元德，永不忘在王家。」

王曰：「封。我西土棐徂邦君、御事、小子，尚克用文王教，不腆于酒。故我至於今，克受殷之命。」

王曰：「封。我聞惟曰，『在昔殷先哲王，迪畏天顯小民，經德秉哲。自成湯咸至于帝乙，成王畏相。惟御事厥棐有恭，不敢自暇自逸，矧曰：其敢崇飲？越在外服，侯、甸、男、衛、邦伯；越在內服，百僚、庶尹、惟亞、惟服、宗工，越百姓里居，罔敢湎于酒；不惟不敢，亦不暇。惟助成王德顯，越尹人祗辟。』」

「我聞亦惟曰，『在今後嗣王酣身，厥命罔顯于民，祗保越怨不易。誕惟厥縱淫泆于非彝，用燕喪威儀，民罔不衋傷心。惟荒腆于酒。不惟自息、乃逸。厥心疾很，不克畏死；辜在商邑，越殷國滅無罹。弗惟德馨香，祀登聞于天，誕惟民怨。庶群自酒，腥聞在上；故天降喪于殷，罔愛于殷：惟逸。天非虐，惟民自速辜。』」

王曰：「封！予不惟若茲多誥。古人有言曰：『人無於水監，當於民監。』今惟殷墜厥命，我其可不大監撫于時。」

「予惟曰，『汝劼毖殷獻臣，侯、甸、男、衛；矧太史友，內史友，越獻臣百宗工；矧惟爾事，服休，服采；矧惟若疇：圻父薄違，農父若保，宏父定辟，矧汝剛制于酒。』」

「厥或誥曰：『群飲。』汝勿佚，盡執拘以歸于周，予其殺。又惟殷之迪諸臣、惟工，乃湎于酒，勿庸殺之，惟姑教之，有斯明享。乃不用我教辭，惟我一人弗恤，弗蠲乃事，時同于殺。」

王曰：「封！汝典聽朕毖，勿辯乃司民湎于酒。」

梓材

王曰：「封！以厥庶民暨厥臣、達大家，以厥臣達王，惟邦君。汝若恆，越曰：『我有師師，司徒、司馬、司空、尹、旅。』曰：『予罔厲殺人。』亦厥君先敬勞，肆徂厥敬勞。肆往，姦宄、殺人、歷人、宥；肆亦見厥君事，戕敗人宥。」

王啟監，厥亂為民。曰：無胥戕，無胥虐，至于敬寡，至于屬婦，合由以容。王其效邦君、越御事，厥命曷以引養引恬。自古王若茲，監罔攸辟。惟曰：若稽田，既勤敷菑，惟其陳修，為厥疆畎。若作室家，既勤垣墉，惟其塗塈茨。若作梓材，既勤樸斲，惟其塗丹雘。」

今王惟曰：「先王既勤用明德，懷為夾，庶邦享作，兄弟方來；亦既用明德，后式典集，庶邦丕享。皇天既付中國民越厥疆土于先王；肆王惟德用，和懌先後迷民，用懌先王受命。已！若茲監。」惟曰：「欲至于萬年惟王，子子孫孫永保民。」

召誥

惟二月既望，越六日乙未，王朝步自周，則至于豐。

惟太保先周公相宅，越若來三月，惟丙午朏，越三日戊申，太保朝至于洛，卜宅。厥既得卜，則經營。越三日庚戌，太保乃以庶殷，攻位于洛汭；越五日甲寅，位成。

若翼日乙卯，周公朝至于洛，則達觀于新邑營。越三日丁巳，用牲于郊，牛二。越翼日戊午，乃社于新邑，牛一、羊一、豕一。

越七日甲子，周公乃朝用書命庶殷——侯、甸、男、邦伯。厥既命殷庶，庶殷丕作。

大保乃以庶邦冢君，出取幣，乃復入，錫周公。曰：「拜手稽首，旅王若公。誥告庶殷，越自乃御事。嗚呼！皇天上帝，改厥元子茲大國殷之命。惟王受命，無疆惟休，亦無疆惟恤。嗚呼！曷其奈何弗敬？天既遐終大邦殷之命。茲殷多先哲王在天，越厥後王後民，茲服厥命；厥終智藏瘝在。夫知保抱攜持厥婦子，以哀籲天；徂厥亡出執。嗚呼！天亦哀于四方民，其眷命用懋，王其疾敬德。」

「相古先民有夏，天迪從子保；面稽天若，今時既墜厥命。今相有殷，天迪格保；面稽天若，今時既墜厥命。今沖子嗣，則無遺壽耇；曰其稽我古人之德，矧曰其有能稽謀自天？」

「嗚呼！有王雖小，元子哉。其丕能諴于小民。今休。王不敢後，用顧畏于民嵒，王來紹上帝，自服于土中。旦曰：『其作大邑，其自時配皇天：毖祀于上下，其自時中乂。王厥有成命，治民。』今休。王先服殷御事，比介于我有周御事。節性，惟日其邁；王敬作所，不可不敬德。」

「我不可不監于有夏，亦不可不監于有殷。我不敢知，曰有夏服天命，惟有歷年；我不敢知，曰不其延，惟不敬厥德，乃早墜厥命。我不敢知，曰有殷受天命，惟有歷年；我不敢知，曰不其延，惟不敬厥德，乃早墜厥命。今王嗣受厥命，我亦惟茲二國命，嗣若功。」

「王乃初服；嗚呼！若生子，罔不在厥初生；自貽哲命。今天其命哲，命吉凶，命歷年。知今我初服，宅新邑，肆惟王其疾敬德。王其德之用，祈天永命。其惟王勿以小民淫用非彝，亦敢殄戮；用乂民，若有功。其惟王位在德元，小民乃惟刑；用于天下，越王顯。上下勤恤，其曰：我受天命，丕若有夏歷年，式勿替有殷歷年。欲王以小民受天永命。」

拜手稽首曰：「予小臣，敢以王之讎民、百君子、越友民，保受王威命明德。王末有成命。王亦顯。我非敢勤，惟恭奉幣、用供王，能祈天永命。」

洛誥

周公拜手稽首曰：「朕復子明辟。王如弗敢及天基命定命，予乃胤保大相東土，其基作民明辟。」

「予惟乙卯，朝至于洛師。我卜河朔黎水。我乃卜澗水東、瀍水西，惟洛食。我又卜瀍水東，亦惟洛食。伻來，以圖及獻卜。」

王拜手稽首曰：「公！不敢不敬天之休，來相宅，其作周匹休。公既定宅，伻來、來，視予卜休恆吉，我二人共貞；公其以予萬億年。敬天之休；拜手稽首誨言。」

周公曰：「王肇稱殷禮，祀于新邑，咸秩無文。予齊百工，伻從王于周；予惟曰，庶有事。今王即命曰：『記功，宗，以功作元祀。』惟命曰：『汝受命篤弼；丕視功載，乃汝其悉自教工。』」

「孺子其朋，孺子其朋，其往。無若火始燄燄，厥攸灼，敘弗其絕。厥若彝及撫事。如予惟以在周工，往新邑，伻嚮即有僚，明作有功，惇大成裕，汝永有辭。」

公曰：「已！汝惟沖子，惟終。汝其敬識百辟享，亦識其有不享。享多儀；儀不及物，惟曰不享。惟不役志于享。凡民惟曰不享，惟事其爽侮。乃惟孺子頒，朕不暇聽。

「朕教汝于棐民彝。汝乃是不蘉，乃時惟不永哉。篤敘乃正父，罔不若；予不敢廢乃命。汝往，敬哉！茲予其明農哉！彼裕我民，無遠用戾。」

王若曰：「公！明保予沖子。公稱丕顯德，以予小子，揚文武烈，奉答天命，和恆四方民，居師。惇宗將禮，稱秩元祀，咸秩無文。惟公德明，光于上下，勤施于四方，旁作穆穆，迓衡不迷文武勤教。予沖子夙夜毖祀。」王曰：「公功棐迪篤，罔不若時。」

王曰：「公！予小子其退即辟于周，命公後。四方迪亂，未定于宗禮，亦未克敉公功，迪將其後，監我士師工。誕保文武受民，亂為四輔。」王曰：「公定，予往已。公功肅將祗歡，公無困哉。我惟無斁，其康事，公勿替刑，四方其世享。」

周公拜手稽首曰：「王命予來承保乃文祖受命民；越乃光烈考武王弘朕恭。孺子來相宅，其大惇典殷獻民，亂為四方新辟；作周，恭先。曰：其自時中乂，萬邦咸休，惟王有成績。予旦以多子越御事，篤前人成烈，答其師；作周，孚先。考朕昭子刑，乃單文祖德。」

「伻來毖殷，乃命寧予；以秬鬯二卣，曰：『明禋，拜手稽首休享。』予不敢宿，則禋于文王武王。惠篤敘，無有遘自疾，萬年厭乃德，殷乃引考。王伻殷乃承敘，萬年其永觀朕子懷德。」

戊辰，王在新邑，烝，祭歲：文王騂牛一，武王騂牛一。王命作冊逸祝冊，惟告周公其後。王賓殺禋咸格，王入太室祼。王命周公後，作冊逸誥，在十有二月。惟周公誕保文武受命，惟七年。

多士

惟三月，周公初于新邑洛，用告商王士。

王若曰：「爾殷遺多士，弗弔，旻天大降喪于殷。我有周佑命，將天明威，致王罰，勑殷命終于帝。肆爾多士，非我小國敢弋殷命，惟天不畀允罔固亂，弼我；我其敢求位？惟帝不畀。惟我下民秉為，惟天明畏。」

「我聞曰：『上帝引逸。』有夏不適逸，則惟帝降格，嚮于時夏。弗克庸帝，大淫泆，有辭。惟時天罔念聞，厥惟廢元命，降致罰。乃命爾先祖成湯革夏，俊民甸四方。自成湯至于帝乙，罔不明德恤祀。亦惟天丕建，保乂有殷。殷王亦罔敢失帝，罔不配天，其澤。在今後嗣王，誕罔顯于天，矧曰其有聽念于先王勤家？誕淫厥泆，罔顧于天顯民祗；惟時上帝不保，降若茲大喪。」

「惟天不畀不明厥德。凡四方小大邦喪，罔非有辭于罰。」

王若曰：「爾殷多士！今惟我周王丕靈承帝事。有命曰：『割殷！告勑于帝。』惟我事不貳適，惟爾王家我適。予其曰：『惟爾洪無度，我不爾動，自乃邑。』

予亦念天即于殷大戾，肆不正。」

王曰：「猷，告爾多士，予惟時其遷居西爾。非我一人奉德不康寧，時惟天命。無違！朕不敢有後，無我怨。」

「惟爾知，惟殷先人有冊有典，殷革夏命。今爾又曰：『夏迪簡在王庭，有服在百僚。』予一人惟聽用德，肆予敢求爾于天邑商。予惟率肆矜爾；非予罪，時惟天命。」

王曰：「多士！昔朕來自奄，予大降爾四國民命。我乃明致天罰，移爾遐逖。比事臣我宗多遜。」

王曰：「告爾殷多士！今予惟不爾殺，予惟時命有申。今朕作大邑于茲洛，予惟四方罔攸賓。亦惟爾多士攸服，奔走臣我多遜。爾乃尚有爾土，爾乃尚寧幹止。爾克敬，天惟畀矜爾。爾不克敬，爾不啻不有爾土，予亦致天之罰于爾躬。今爾惟時宅爾邑，繼爾居，爾厥有幹有年于茲洛，爾小子乃興，從爾遷。」

王曰：「又曰時予乃或言，爾攸居。」

無逸

周公曰：「嗚呼！君子所其無逸。先知稼穡之艱難，乃逸；則知小人之依。相小人，厥父母勤勞稼穡，厥子乃不知稼穡之艱難，乃逸，乃諺既誕。否則侮厥父母曰：『昔之人，無聞知！』」

周公曰：「嗚呼！我聞曰：昔在殷王中宗，嚴恭寅畏，天命自度，治民祗懼，不敢荒寧。肆中宗之享國七十有五年。其在高宗，時舊勞于外，爰暨小人。作其即位，乃或亮陰，三年不言；其惟不言，言乃雍。不敢荒寧，嘉靖殷邦。至於小大，無時或怨。肆高宗之享國五十年有九年。其在祖甲，不義惟王，舊為小人。作其即位，爰知小人之依；能保惠于庶民，不敢侮鰥寡。肆祖甲之享國三十有三年。自時厥後，立王生則逸；生則逸，不知稼穡之艱難，不聞小人之勞，惟耽樂之從。自時厥後，亦罔或克壽；或十年，或七八年，或五六年，或四三年。」

周公曰：「嗚呼！厥亦惟我周太王、王季，克自抑畏。文王卑服，即康功田功。徽柔懿恭，懷保小民，惠鮮鰥寡。自朝至于日中昃，不遑暇食，用咸和萬民。文王不敢盤于遊田，以庶邦惟正之供。文王受命惟中身，厥享國五十年。」

周公曰：「嗚呼！繼自今嗣王，則其無淫于觀于逸于遊于田，以萬民惟正之供。無皇曰：『今日耽樂。』乃非民攸訓，非天攸若，時人丕則有愆。無若殷王受之迷亂，酗于酒德哉！」

周公曰：「嗚呼！我聞曰：古之人猶胥訓告，胥保惠，胥教誨；民無或胥譸張為幻。此厥不聽，人乃訓之；乃變亂先王之正刑，至于小大。民否則厥心違怨，否則厥口詛祝。」

周公曰：「嗚呼！自殷王中宗，及高宗，及祖甲，及我周文王，茲四人迪哲。厥或告之曰：『小人怨汝詈汝。』則皇自敬德。厥愆，曰：『朕之愆，允若時。』不啻不敢含怒。此厥不聽，人乃或譸張為幻。曰：『小人怨汝詈汝。』則信之。則若時，不永念厥辟，不寬綽厥心；亂罰無罪，殺無辜。怨有同，是叢于厥身。」

周公曰：「嗚呼！嗣王其監于茲！」

君奭

周公若曰：「君奭！弗弔，天降喪于殷，殷既墜厥命，我有周既受。我不敢知曰厥基永孚于休；若天棐忱，我亦不敢知曰，其終出于不祥。嗚呼！君！已曰時我，我亦不敢寧于上帝命，弗永遠念天威。越我民罔尤違，惟人在。我後嗣子孫，大弗克恭上下，遏佚前人光在家；不知天命不易，天難諶，乃其墜命，弗克經歷嗣前人恭明德。在今予小子旦，非克有正；迪惟前人光，施于我沖子。」

又曰：「天不可信，我道惟寧王德延，天不庸釋于文王受命。」

公曰：「君奭！我聞在昔成湯既受命，時則有若伊尹，格于皇天。在太甲，時則有若保衡。在太戊，時則有若伊陟、臣扈，格于上帝；巫咸，乂王家。在祖乙，時則有若巫賢。在武丁，時則有若甘盤。率惟茲有陳，保乂有殷；故殷禮陟配天，多歷年所。天惟純佑命則，商實百姓王人，罔不秉德明恤。小臣屏侯甸，矧咸奔走。惟茲惟德稱，用乂厥辟，故一人有事于四方，若卜筮，罔不是孚。」

公曰：「君奭！天壽平格，保乂有殷；有殷嗣天滅威。今汝永念，則有固命，厥亂明我新造邦。」

公曰：「君奭！在昔上帝割申勸寧王之德，其集大命于厥躬。惟文王尚克修和我有夏。亦惟有若虢叔，有若閎夭，有若散宜生，有若泰顛，有若南宮括。」

又曰：「無能往來茲迪彝教，文王蔑德降于國人。亦惟純佑秉德，迪知天威，乃惟時昭文王；迪見冒聞于上帝，惟時受有殷命哉。武王惟茲四人，尚迪有祿。後暨武王，誕將天威，咸劉厥敵。惟茲四人，昭武王惟冒，丕單稱德。今在予小子旦，若游大川、予往暨汝奭其濟。小子同未，在位誕無我責，收罔勖不及。耇造德不降，我則鳴鳥不聞，矧曰其有能格。」

公曰：「嗚呼，君！肆其監于茲。我受命無疆惟休，亦大惟艱。告君乃猷裕我，不以後人迷。」

公曰：「前人敷乃心，乃悉命汝，作汝民極。曰：汝明勖偶王，在亶。乘茲大命，惟文王德丕承，無疆之恤。」

公曰：「君！告汝朕允。保奭！其汝克敬以予監于殷喪大否，肆念我天威。予不允惟若茲誥，予惟曰襄我二人。汝有合哉，言曰：在時二人。天休滋至，惟時二人弗戡。其汝克敬德，明我俊民，在讓後人于丕時。嗚呼！篤棐時二人，我式克至于今日休。我咸成文王功于不怠，丕冒；海隅出日，罔不率俾。」

公曰：「君！予不惠若茲多誥，予惟用閔于天越民。」

公曰：「嗚呼，君！惟乃知民德，亦罔不能厥初，惟其終。祗若茲，往敬用治。」

多方

惟五月丁亥，王來自奄，至于宗周。

周公曰：「王若曰：猷，告爾四國多方，惟爾殷侯尹民。我惟大降爾命，爾罔不知。洪惟圖天之命，弗永寅念于祀。惟帝降格于夏，有夏誕厥逸。不肯慼言于民；乃大淫昏，不克終日勸于帝之迪，乃爾攸聞。」

「厥圖帝之命，不克開于民之麗；乃大降罰，崇亂有夏，因甲于內亂。不克靈承于旅，罔丕惟進之恭，洪舒于民。亦惟有夏之民，叨懫日欽，劓割夏邑。天惟時求民主，乃大降顯休命于成湯，刑殄有夏。惟天不畀純，乃惟以爾多方之義民，不克永于多享。惟夏之恭多士，大不克明保享于民，乃胥惟虐于民；至于百為。大不克開。」——

「乃惟成湯克以爾多方簡，代夏作民主。慎厥麗，乃勸；厥民刑，用勸。以至于帝乙，罔不明德慎罰，亦克用勸。要囚，殄戮多罪，亦克用勸。開釋無辜，亦克用勸。今至于爾辟，弗克以爾多方享天之命。嗚呼！」——

「王若曰：誥告爾多方，非天庸釋有夏，非天庸釋有殷，乃惟爾辟，以爾多方，大淫圖天之命，屑有辭。

乃惟有夏，圖厥政，不集于享，天降時喪，有邦間之。乃惟爾商後王，逸厥逸，圖厥政，不蠲烝；天惟降時喪。」

「惟聖罔念作狂，惟狂克念作聖。天惟五年須暇之子孫，誕作民主，罔可念聽。天惟求爾多方，大動以威，開厥顧天。惟爾多方，罔堪顧之。惟我周王，靈承于旅，克堪用德，惟典神天。天惟式教我用休，簡畀殷命，尹爾多方。」

「今我曷敢多誥？我惟大降爾四國民命，爾曷不忱裕之于爾多方？爾曷不夾介乂我周王，享天之命？今爾尚宅爾宅，畋爾田，爾曷不惠王熙天之命？爾乃迪屢不靜，爾心未愛。爾乃不大宅天之命，爾乃屑播天命，爾乃自作不典，圖忱于正。我惟時其教告之，我惟時其戰要囚之，至于再，至于三。乃有不用我降爾命，我乃其大罰殛之。非我有周秉德不康寧，乃惟爾自速辜。」

王曰：「嗚呼！猷，告爾有方多士，暨殷多士。今爾奔走臣我監五祀，越惟有胥伯小大多正，爾罔不克臬。」

「自作不和，爾惟和哉！爾室不睦，爾惟和哉！爾邑克明，爾惟克勤乃事。爾尚不忌于凶德，亦則以穆穆在乃位，克閱于乃邑，謀介。爾乃自時洛邑，尚永力畋爾田，天惟畀矜爾。我有周惟其大介賚爾，迪簡在王庭，尚爾事，有服在大僚。」

「王曰：嗚呼！多士！爾不克勸忱我命，爾亦則惟不克享，凡民惟曰不享。爾乃惟逸惟頗，大遠王命，則惟爾多方探天之威，我則致天之罰，離逖爾土。」

「王曰：我不惟多誥，我惟祗告爾命。又曰：時惟爾初，不克敬于和，則無我怨。」

立政

周公若曰：「拜手稽首，告嗣天子王矣。」用咸戒于王，曰：「王左右常伯、常任、準人、綴衣、虎賁。」

周公曰：「嗚呼！休茲，知恤鮮哉！古之人迪惟有夏，乃有室大競，籲俊尊上帝，迪知忱恂于九德之行。乃敢告教厥后曰：拜手稽首，后矣。曰：宅乃事，宅乃牧，宅乃準，茲惟后矣。謀面用丕訓德，則乃宅人，茲乃三宅無義民。」

「桀德，惟乃弗作往任，是惟暴德，罔後。亦越成湯陟，丕釐上帝之耿命，乃用三有宅，克即宅；曰三有俊，克即俊。嚴惟丕式，克用三宅三俊。其在商邑，用協于厥邑。其在四方，用丕式見德。」

「嗚呼！其在受德暋，惟羞刑暴德之人，同于厥邦；乃惟庶習逸德之人，同于厥政。帝欽罰之，乃伻我有夏，式商受命，奄甸萬姓。」

「亦越文王、武王，克知三有宅心，灼見三有俊心；以敬事上帝，立民長伯。立政：任人、準夫、牧、作三事。虎賁、綴衣、趣馬、小尹，左右攜僕，百司庶府。大都、小伯、藝人、表臣、百司。太史、尹伯、庶常吉士。司徒、司馬、司空、亞旅。夷、微、盧烝。三亳阪尹。

「文王惟克厥宅心，乃克立茲常事司牧人，以克俊有德。文王罔攸兼于庶言。庶獄、庶慎，惟有司之牧夫，是訓用違。庶獄、庶慎，文王罔敢知于茲。亦越武王，率惟敉功，不敢替厥義德，率惟謀從容德，以竝受此丕丕基。」

「嗚呼！孺子王矣！繼自今，我其立政，立事。準人、牧夫，我其克灼知厥若，丕乃俾亂。相我受民，和我庶獄、庶慎。時則勿有間之，自一話一言。我則末惟成德之彥，以乂我受民。」

「嗚呼！予旦已受人之徽言咸告。孺子王矣！繼自今，文子文孫，其勿誤于庶獄、庶慎，惟正是乂之。」

「自古商人，亦越我周文王，立政，立事；牧夫、準人，則克宅之，克由繹之，茲乃俾乂國。則罔有立政，用憸人，不訓于德，是罔顯在厥世。繼自今立政，其勿以憸人，其惟吉士，用勱相我國家。

「今文子文孫，孺子王矣。其勿誤于庶獄，惟有司之牧夫。其克詰爾戎兵，以陟禹之迹；方行天下，至于海表，罔有不服。以覲文王之耿光，以揚武王之大烈。嗚呼！繼自今後王立政，其惟克用常人。」

周公若曰：「太史！司寇蘇公！式敬爾由獄，以長我王國。茲式有慎，以列用中罰。」

顧命

惟四月，哉生魄，王不懌。甲子，王乃洮頮水，相被冕服，憑玉几。乃同召太保奭、芮伯、彤伯、畢公、衛侯、毛公、師氏、虎臣、百尹、御事。

王曰：「嗚呼！疾大漸，惟幾；病日臻，既彌留，恐不獲誓言嗣，茲予審訓命汝。昔君文王、武王，宣重光，奠麗陳教則肄；肄不違，用克達殷集大命。在後之侗，敬迓天威，嗣守文武大訓，無敢昏逾。今天降疾、殆，弗興弗悟；爾尚明時朕言，用敬保元子釗，弘濟于艱難。柔遠能邇，安勸小大庶邦。思夫人自亂于威儀，爾無以釗冒貢于非幾茲！」

既受命還，出綴衣于庭。越翼日乙丑，王崩。

太保命仲桓、南宮毛俾爰齊侯呂伋，以二干戈，虎賁百人，逆子釗於南門之外。延入翼室，恤宅宗。丁卯，命作冊度。越七日癸酉，伯相命士須材。

狄設黼扆、綴衣。牖間南嚮，敷重篾席、黼純；華玉仍几。西序東嚮，敷重厎席、綴純，文貝仍几。東序西嚮，敷重豐席、畫純，彫玉仍几。西夾南嚮，敷重筍席、玄紛純，漆仍几。越玉五重：陳寶、赤刀，大訓、弘璧，琬、琰，在西序；大玉、夷玉，天球、河圖，在東序，胤之舞衣，大貝、鼖鼓，在西房，兌之戈、和之弓、垂之竹矢，在東房。

大輅在賓階面，綴輅在阼階面，先輅在左塾之前，次輅在右塾之前。

二人雀弁，執惠，立于畢門之內。四人綦弁，執戈上刃，夾兩階戺。一人冕執劉，立于東堂。一人冕執鉞，立于西堂。一人冕執戣，立于東垂。一人冕執瞿，立于西垂。一人冕執鋭，立于側階。

王麻冕黼裳，由賓階隮。卿士邦君，麻冕蟻裳，入即位。太保、太史、太宗，皆麻冕彤裳。太保承介圭，上宗奉同、瑁，由阼階隮。太史秉書，由賓階隮，御王冊命。曰：「皇后憑玉几，道揚末命，命汝嗣訓，臨君周邦，率循大卞，燮和天下，用答揚文武之光訓。」王再拜，興。答曰：「眇眇予末小子，其能而亂四方，以敬忌天威？」

乃受同瑁，王三宿，三祭，三咤。上宗曰：「饗。」太保受同，降，盥。以異同，秉璋以酢。授宗人同，拜；王答拜。太保受同，祭、嚌、宅。授宗人同，拜；王答拜。太保降，收。諸侯出廟門俟。

王出在應門之內。太保率西方諸侯，入應門左；畢公率東方諸侯，入應門右；皆布乘黃朱。賓稱奉圭兼幣，曰：「一二臣衛，敢執壤奠。」皆再拜稽首。王義嗣，德答拜。

太保暨芮伯咸進相揖，皆再拜稽首。曰：「敢敬告天子，皇天改大邦殷之命，惟周文武，誕受羑若，克恤西土。惟新陟王，畢協賞罰，戡定厥功，用敷遺後人休。今王敬之哉！張皇六師！無壞我高祖寡命。」

王若曰：「庶邦侯甸男衛！惟予一人釗報誥：昔

君文武，丕平富，不務咎，底至齊，信用昭明于天下。則亦有熊羆之士、不二心之臣，保乂王家，用端命于上帝，皇天用訓厥道，付畀四方。乃命建侯樹屏，在我後之人。今予一二伯父，尚胥暨顧，綏爾先公之臣服于先王。雖爾身在外，乃心罔不在王室，用奉恤厥若，無遺鞠子羞。」

群公既皆聽命，相揖趨出。王釋冕，反，喪服。

呂刑

惟呂命：王享國百年，耄。荒度作刑以詰四方。

王曰：「若古有訓，蚩尤惟始作亂，延及于平民；

罔不寇賊，鴟義姦宄，奪攘矯虔。苗民弗用靈，制以刑，惟作五虐之刑曰法，殺戮無辜。爰始淫為劓刵椓黥。越茲麗刑並制，罔差有辭。」

「民興胥漸，泯泯棼棼，罔中于信，以覆詛盟。虐威庶戮，方告無辜于上。上帝監民，罔有馨香德，刑發聞惟腥。皇帝哀矜庶戮之不辜，報虐以威，遏絕苗民，無世在下。乃命重黎，絕地天通，罔有降格。群后之逮在下，明明棐常，鰥寡無蓋。」

「皇帝清問下民，鰥寡有辭于苗。德威惟畏，德明惟明。乃命三后，恤功于民；伯夷降典，折民惟刑；禹平水土，主名山川；稷降播種，農殖嘉穀；三后成功，惟殷于民。士制百姓于刑之中，以教祗德。」

「穆穆在上，明明在下；灼于四方，罔不惟德之勤。故乃明于刑之中，率乂于民棐彝。典獄非訖于威，惟訖于富。敬忌，罔有擇言在身。惟克天德，自作元命，配享在下。」

王曰：「嗟！四方司政典獄。非爾惟作天牧？今爾何監，非時伯夷播刑之迪？其今爾何懲？惟時苗民匪察于獄之麗；罔擇吉人，觀于五刑之中；惟時庶威奪貨，斷制五刑，以亂無辜。上帝不蠲，降咎于苗。苗民無辭于罰，乃絕厥世。」

王曰：「嗚呼！念之哉！伯父、伯兄、仲叔、季弟、幼子、童孫，皆聽朕言，庶有格命。今爾罔不由慰曰勤，爾罔或戒不勤。天齊于民，俾我一日；非終惟終，在人。爾尚敬逆天命，以奉我一人。雖畏勿畏，雖休勿休。惟敬五刑，以成三德。一人有慶，兆民賴之，其寧惟永。」

王曰：「吁！來！有邦有土，告爾祥刑。在今爾安百姓，何擇非人？何敬非刑？何度？非及？」

「兩造具備，師聽五辭；五辭簡孚，正于五刑；五刑不簡，正于五罰；五罰不服，正于五過；五過之疵，惟官、惟反、惟內、惟貨、惟來，其罪惟均，其審克之。」

「五刑之疑有赦，五罰之疑有赦，其審克之。簡孚有眾，惟貌有稽；無簡不聽，具嚴天威。」

「墨辟疑赦，其罰百鍰；閱實其罪。劓辟疑赦，其罰惟倍；閱實其罪。剕辟疑赦，其罰倍差；閱實其罪。宮辟疑赦，其罰六百鍰；閱實其罪。大辟疑赦，其罰千鍰；閱實其罪。墨罰之屬千，劓罰之屬千，剕罰之屬五百，宮罰之屬三百，大辟之罰，其屬二百。五刑之屬三千。」

「上下比罪，無僭亂辭，勿用不行；惟察惟法，其審克之。上刑適輕下服，下刑適重上服，輕重諸罰有權。刑罰世輕世重，惟齊非齊，有倫有要。」

「罰懲非死，人極于病。非佞折獄，惟良折獄，罔非在中。察辭于差，非從惟從。哀敬折獄，明啟刑書胥占，咸庶中正。其刑其罰，其審克之。獄成而孚，輸而孚；其刑上備，有并兩刑。」

王曰：「嗚呼！敬之哉！官伯族姓，朕言多懼。朕敬于刑，有德惟刑。今天相民，作配在下，明清于單辭；民之亂，罔不中聽獄之兩辭；無或私家于獄之兩辭。獄貨非寶，惟府辜功，報以庶尤。永畏惟罰。非天不中，惟人在命。天罰不極，庶民罔有令政在于天下。」

王曰：「嗚呼！嗣孫。今往何監，非德？于民之中，尚明聽之哉！哲人惟刑，無疆之辭，屬于五極，咸中有慶。受王嘉師，監于茲祥刑。」

文侯之命

王若曰：「父義和！丕顯文武，克慎明德，昭升于上，敷聞在下；惟時上帝集厥命于文王，亦惟先正，克左右昭事厥辟；越小大謀猷，罔不率從。肆先祖懷在位。」

「嗚呼！閔予小子嗣，造天丕愆；殄資澤于下民，侵戎，我國家純。即我御事，罔或耆壽俊在厥服，予則罔克。曰惟祖惟父，其伊恤朕躬。嗚呼！有績予一人，永綏在位。」

「父義和！汝克紹乃顯祖；汝肇刑文武，用會紹乃辟，追孝于前文人。汝多修，扞我于艱；若汝，予嘉。」

王曰：「父義和！其歸視爾師，寧爾邦。用賚爾秬鬯一卣；彤弓一，彤矢百；盧弓一，盧矢百；馬四匹。父往哉！柔遠能邇，惠康小民，無荒寧，簡恤爾都，用成爾顯德。」

費誓

公曰：「嗟！人無譁，聽命！徂茲淮夷徐戎並興，善敹乃甲胄，敿乃干，無敢不弔。備乃弓矢，鍛乃戈矛，礪乃鋒刃，無敢不善。今惟淫舍牿牛馬，杜乃擭，敜乃穽，無敢傷牿。牿之傷，汝則有常刑。」

「馬牛其風，臣妾逋逃，勿敢越逐；祗復之，我商賚爾。乃越逐不復，汝則有常刑。無敢寇攘：踰垣牆，竊馬牛，誘臣妾，汝則有常刑。」

「甲戌，我惟征徐戎。峙乃糗糧，無敢不逮，汝則有大刑。魯人三郊三遂，峙乃楨榦；甲戌，我惟築。無敢不供；汝則有無餘刑，非殺？魯人三郊三遂，峙乃芻茭，無敢不多；汝則有大刑。」

秦誓

公曰：「嗟！我士！聽無譁！予誓告汝群言之首。古人有言曰：『民訖自若是多盤。責人斯無難；惟受責俾如流，是惟艱哉。』我心之憂；日月逾邁，若弗云來。」

「惟古之謀人，則曰未就予忌；惟今之謀人，姑將以為親。雖則云然，尚猷詢茲黃髮，則罔所愆。番番良士，旅力既愆，我尚有之。仡仡勇夫，射御不違，我尚不欲。惟截截善諞言，俾君子易辭，我皇多有之。」

「昧昧我思之。如有一介臣，斷斷猗無他技；其心休休焉，其如有容。人之有技，若己有之；人之彥聖，其心好之，不啻若自其口出，是能容之。以保我子孫黎民，亦職有利哉。人之有技，冒疾以惡之；人之彥聖，而違之俾不達；是不能容。以不能保我子孫黎民，亦曰殆哉。」

「邦之杌隉，曰由一人；邦之榮懷，亦尚一人之慶。」

禮記

孔子後學著

第一 曲禮上 511
第二 曲禮下 532
第三 檀弓上 545
第四 檀弓下 577
第五 王制 606
第六 月令 629
第七 曾子問 658
第八 文王世子 678
第九 禮運 690
第十 禮器 705
第十一 郊特牲 717
第十二 內則 731
第十三 玉藻 751
第十四 明堂位 765
第十五 喪服小記 770
第十六 大傳 781
第十七 少儀 785
第十八 學記 795
第十九 樂記 802
第二十 雜記上 829
第二十一 雜記下 841
第二十二 喪大記 858
第二十三 祭法 875
第二十四 祭義 880
第二十五 祭統 898
第二十六 經解 912
第二十七 哀公問 916
第二十八 仲尼燕居 921
第二十九 孔子閒居 927
第三十 坊記 931
第三十一 中庸 942
第三十二 表記 961
第三十三 緇衣 976
第三十四 奔喪 986
第三十五 問喪 992
第三十六 服問 996
第三十七 間傳 999
第三十八 三年問 1002
第三十九 深衣 1005
第四十 投壺 1007
第四十一 儒行 1011
第四十二 大學 1017
第四十三 冠義 1026
第四十四 昏義 1028
第四十五 鄉飲酒義 1032
第四十六 射義 1038
第四十七 燕義 1044
第四十八 聘義 1046
第四十九 喪服四制 1050
禮記圖錄 1055

第一　曲禮上

《曲禮》曰：毋不敬，儼若思，安定辭。安民哉！敖不可長，欲不可從，志不可滿，樂不可極。賢者狎而敬之，畏而愛之，愛而知其惡，憎而知其善。積而能散，安安而能遷。臨財毋苟得，臨難毋苟免。很毋求勝，分毋求多。疑事毋質，直而勿有。

若夫，坐如尸，立如齊。

禮從宜，使從俗。

夫禮者，所以定親疏，決嫌疑，別同異，明是非也。

禮，不妄說人，不辭費。禮，不踰節，不侵侮，不好狎。脩身踐言，謂之善行。行脩言道，禮之質也。禮，聞取於人，不聞取人。禮，聞來學，不聞往教。

道德仁義，非禮不成；教訓正俗，非禮不備；分爭辨訟，非禮不決；君臣上下、父子兄弟，非禮不定；宦學事師，非禮不親；班朝、治軍、蒞官、行法，非禮威嚴不行；禱祠、祭祀，供給鬼神，非禮不誠不莊。是以君子恭敬、撙節、退讓以明禮。

鸚鵡能言，不離飛鳥。猩猩能言，不離禽獸。今人而無禮，雖能言，不亦禽獸之心乎？夫唯禽獸無禮，故父子聚麀。是故聖人作，為禮以教人，使人以有禮，知自別於禽獸。

太上貴德，其次務施報。禮尚往來。往而不來，非禮也；來而不往，亦非禮也。人有禮則安，無禮則危。故曰：禮者，不可不學也。

夫禮者，自卑而尊人。雖負販者，必有尊也，而況富貴乎？富貴而知好禮，則不驕不淫；貧賤而知好禮，則志不懾。

人生十年曰幼，學。二十曰弱，冠。三十曰壯，有室。四十曰強，而仕。五十曰艾，服官政。六十曰耆，指使。七十曰老，而傳。八十、九十曰耄，七年曰悼，悼與耄，雖有罪，不加刑焉。百年曰期，頤。

大夫七十而致事。若不得謝，則必賜之几杖，行役以婦人。適四方，乘安車。自稱曰「老夫」，於其國則稱名；越國而問焉，必告之以其制。

謀於長者，必操几杖以從之。長者問，不辭讓而對，非禮也。

凡為人子之禮：冬溫而夏清，昏定而晨省，在醜、夷不爭。

夫為人子者，三賜不及車馬。故州、閭、鄉、黨稱其孝也，兄弟親戚稱其慈也，僚友稱其弟也，執友稱其仁也，交遊稱其信也。

見父之執，不謂之進不敢進，不謂之退不敢退；不問，不敢對。此孝子之行也。

夫為人子者，出必告，反必面，所遊必有常，所習必有業，恆言不稱老。年長以倍，則父事之；十年以長，則兄事之；五年以長，則肩隨之。群居五人，則長者必異席。

為人子者，居不主奧，坐不中席，行不中道，立不中門。食、饗不為槩，祭祀不為尸。聽於無聲，視於無形。不登高，不臨深。不苟訾，不苟笑。孝子不服闇，不登危，懼辱親也。父母存，不許友以死，不有私財。

為人子者，父母存，冠、衣不純素。孤子當室，冠、衣不純采。

幼子常視毋誑。童子不衣裘、裳。立必正方，不傾聽。長者與之提攜，則兩手奉長者之手。負、劍，辟咡詔之，則掩口而對。

從於先生，不越路而與人言。遭先生於道，趨而進，正立拱手。先生與之言則對；不與之言則趨而退。從長者而上丘陵，則必鄉長者所視。登城不指，城上不呼。

將適舍，求毋固。將上堂，聲必揚。戶外有二屨，言聞則入，言不聞則不入。將入戶，視必下。入戶奉扃，視瞻毋回；戶開亦開，戶闔亦闔；有後入者，闔而勿遂。毋踐屨，毋踖席，摳衣趨隅。必慎唯諾。

大夫、士出入君門，由闑右，不踐閾。

凡與客入者，每門讓於客。客至於寢門，則主人請入為席，然後出迎客。客固辭，主人肅客而入。主人入門而右，客入門而左。主人就東階，客就西階。客若降等，則就主人之階。主人固辭，然後客復就西階。主人與客讓登，主人先登，客從之，拾級聚足連步以上。上於東階，則先右足，上於西階，則先左足。

帷薄之外不趨，堂上不趨，執玉不趨。堂上接武，堂下布武。室中不翔，並坐不橫肱。授立不跪，授坐不立。

凡為長者糞之禮，必加帚於箕上，以袂拘而退。其塵不及長者，以箕自鄉而扱之。

奉席如橋衡。請席何鄉？請衽何趾？席，南鄉北鄉，以西方為上；東鄉西鄉，以南方為上。若非飲食之客，則布席，席間函丈。主人跪正席，客跪撫席而辭。客徹重席，主人固辭。客踐席，乃坐。主人不問，客不先舉。

將即席，容毋怍。兩手摳衣去齊尺。衣毋撥，足毋蹶。先生書、策、琴、瑟在前，坐而遷之，戒勿越。

虛坐盡後，食坐盡前。坐必安，執爾顏。長者不及，毋儳言。正爾容，聽必恭。毋勦說，毋雷同。必則古昔，稱先王。

侍坐於先生，先生問焉，終則對。請業則起，請益則起。父召無諾，先生召無諾，唯而起。

侍坐於所尊敬，毋餘席。見同等不起，燭至起，食至起，上客起。燭不見跋。尊客之前不叱狗。讓食不唾。

侍坐於君子，君子欠伸，撰杖屨，視日蚤莫，侍坐者請出矣。侍坐於君子，君子問更端，則起而對。侍坐於君子，若有告者曰：「少間，願有復也。」則左右屏而待。

毋側聽，毋噭應，毋淫視，毋怠荒。遊毋倨，立毋跛，坐毋箕，寢毋伏。斂髮毋髢，冠毋免，勞毋袒，暑毋褰裳。

侍坐於長者，履不上於堂，解屨不敢當階。就屨，跪而舉之，屏於側。鄉長者而屨，跪而遷屨，俯而納屨。

離坐離立，毋往參焉。離立者，不出中間。

男女不雜坐。不同椸、枷，不同巾、櫛，不親授。嫂叔不通問，諸母不漱裳。外言不入於梱，內言不出於梱。女子許嫁，纓；非有大故，不入其門。姑、姊、妹、女子子，已嫁而反，兄弟弗與同席而坐，弗與同器而食。父子不同席。

男女非有行媒，不相知名。非受幣，不交不親。故日月以告君，齊戒以告鬼神，為酒食以召鄉黨僚友，以厚其別也。

取妻不取同姓。故買妾不知其姓則卜之。寡婦之子，非有見焉，弗與為友。

賀取妻者，曰：「某子使某，聞子有客，使某羞。」貧者不以貨財為禮，老者不以筋力為禮。

名子者不以國，不以日月，不以隱疾，不以山川。男女異長。男子二十，冠而字。父前，子名；君前，臣名。女子許嫁，笄而字。

凡進食之禮，左殽右胾，食居人之左，羹居人之右。膾炙處外，醯醬處內，蔥渿處末，酒漿處右。以脯脩置者，左朐右末。

客若降等，執食興辭，主人興，辭於客，然後客坐。主人延客，祭。祭食，祭所先進，殽之序，徧祭之。三飯，主人延客食胾，然後辯殽。主人未辯，客不虛口。

侍食於長者，主人親饋，則拜而食。主人不親饋，則不拜而食。共食不飽，共飯不澤手。

毋摶飯，毋放飯，毋流歠，毋咤食，毋齧骨，毋反魚肉，毋投與狗骨。毋固獲，毋揚飯。飯黍毋以箸。毋嚃羹，毋絮羹，毋刺齒，毋歠醢。客絮羹，主人辭不能亨。客歠醢，主人辭以窶。濡肉齒決，乾肉不齒決。毋嘬炙。卒食，客自前跪，徹飯齊以授相者，主人興辭於客，然後客坐。

侍飲於長者，酒進則起，拜受於尊所。長者辭，少者反席而飲。長者舉，未釂，少者不敢飲。

長者賜，少者、賤者不敢辭。賜果於君前，其有核者懷其核。御食於君，君賜餘，器之溉者不寫，其餘皆寫。

餕餘不祭。父不祭子，夫不祭妻。

御同於長者，雖貳不辭，偶坐不辭。

羹之有菜者用梜，其無菜者不用梜。

為天子削瓜者副之，巾以絺。為國君者華之，巾以綌。為大夫累之，士疐之，庶人齕之。

父母有疾，冠者不櫛，行不翔，言不惰，琴瑟不御，食肉不至變味，飲酒不至變貌，笑不至矧，怒不至詈。疾止復故。

有憂者側席而坐，有喪者專席而坐。

水潦降，不獻魚鼈。獻鳥者佛其首，畜鳥者則勿佛也。獻車馬者執策綏，獻甲者執冑，獻杖者執末。獻民虜者操右袂。獻粟者執右契，獻米者操量鼓。獻孰食者操醬齊。獻田宅者操書致。

凡遺人弓者，張弓尚筋，弛弓尚角，右手執簫，左手承弣，尊卑垂帨。若主人拜，則客還辟，辟拜。主人自受，由客之左，接下承弣，鄉與客並，然後受。進劍者左首，進戈者前其鐏，後其刃，進矛戟者前其鐓。

進几杖者拂之。效馬效羊者右牽之；效犬者左牽之。執禽者左首，飾羔雁者以繢。受珠玉者以掬，受弓劍者以袂。飲玉爵者弗揮。凡以弓劍、苞苴、簞笥問人者，操以受命，如使之容。

凡為君使者，已受命，君言不宿於家。君言至，則主人出拜君言之辱；使者歸，則必拜送于門外。若使人於君所，則必朝服而命之；使者反，則必下堂而受命。

博聞強識而讓，敦善行而不怠，謂之君子。君子不盡人之歡，不竭人之忠，以全交也。

禮曰：「君子抱孫不抱子。」此言孫可以為王父尸，子不可以為父尸。為君尸者，大夫士見之，則下之。君知所以為尸者則自下之。尸必式，乘必以几。

齊者不樂不弔。居喪之禮，毀瘠不形。視聽不衰。升降不由阼階，出入不當門隧。

居喪之禮，頭有創則沐，身有瘍則浴，有疾則飲酒食肉，疾止復初。不勝喪，乃比於不慈不孝。五十不致毀，六十不毀，七十唯衰麻在身，飲酒食肉，處於內。

生與來日，死與往日。知生者弔，知死者傷。知生而不知死，弔而不傷；知死而不知生，傷而不弔。

弔喪弗能賻，不問其所費。問疾弗能遺，不問其所欲。見人弗能館，不問其所舍。賜人者不曰「來取」，與人者不問其所欲。

適墓不登壟，助葬必執紼，臨喪不笑。揖人必違其位。望柩不歌，入臨不翔，當食不歎。鄰有喪，舂不相。里有殯，不巷歌。適墓不歌，哭日不歌。送喪不由徑，送葬不辟塗潦。臨喪則必有哀色，執紼不笑。臨樂不歎，介胄則有不可犯之色。故君子戒慎，不失色於人。

國君撫式，大夫下之。大夫撫式，士下之。禮不下庶人，刑不上大夫。刑人不在君側。兵車不式，武車綏旌，德車結旌。

史載筆，士載言。前有水，則載青旌。前有塵埃，則載鳴鳶。前有車騎，則載飛鴻。前有士師，則載虎皮。前有摯獸，則載貔貅。行，前朱鳥而後玄武，左青龍而右白虎。招搖在上，急繕其怒。進退有度，左右有局，各司其局。

父之讎，弗與共戴天。兄弟之讎不反兵。交遊之讎不同國。

四郊多壘，此卿大夫之辱也。地廣大，荒而不治，此亦士之辱也。

臨祭不惰。祭服敝則焚之，祭器敝則埋之，龜策敝則埋之，牲死則埋之。凡祭於公者，必自徹其俎。

卒哭乃諱。禮，不諱嫌名。二名不偏諱。逮事父母，則諱王父母；不逮事父母，則不諱王父母。君所無私諱，大夫之所有公諱。《詩》、《書》不諱，臨文不諱，廟中不諱。夫人之諱，雖質君之前，臣不諱也，婦諱不出門。大功、小功不諱。入竟而問禁，入國而問俗，入門而問諱。

外事以剛日，內事以柔日。凡卜筮日，旬之外曰「遠某日」，旬之內曰「近某日」。喪事先遠日，吉事先近日。曰：「為日，假爾泰龜有常。」「假爾泰筮有常。」卜、筮不過三，卜、筮不相襲。龜為卜，筴為筮。卜、筮者，先聖王之所以使民信時日，敬鬼神，畏法令也；所以使民決嫌疑，定猶與也。故曰：「疑而筮之，則弗非也。日而行事，則必踐之。」

君車將駕，則僕執策立於馬前。已駕，僕展軨效駕，奮衣由右上，取貳綏跪乘，執策分轡，驅之五步而立。君出就車，則僕并轡授綏。左右攘辟，車驅而騶。至於大門，君撫僕之手而顧，命車右就車。門閭、溝渠，必步。

凡僕人之禮，必授人綏。若僕者降等，則受；不然，則否。若僕者降等，則撫僕之手；不然，則自下拘之。客車不入大門，婦人不立乘，犬馬不上於堂。故君子式黃髮，下卿位，入國不馳，入里必式。君命召，雖賤人，大夫、士必自御之。介者不拜，為其拜而莝拜。祥車曠左，乘君之乘車，不敢曠左，左必式。僕御婦人，則進左手，後右手；御國君，則進右手後左手而俯。國君不乘奇車。車上不廣欬，不妄指。立視五巂，式視馬尾，顧不過轂。國中以策彗卹勿驅，塵不出軌。國君下齊牛，式宗廟。大夫、士下公門，式路馬。乘路馬，必朝服載鞭策，不敢授綏，左必式。步路馬，必中道。以足蹙路馬芻，有誅。齒路馬，有誅。

第二 曲禮下

凡奉者當心，提者當帶。執天子之器則上衡，國君則平衡，大夫則綏之，士則提之。

凡執主器，執輕如不克。執主器，操幣、圭、璧，則尚左手，行不舉足，車輪曳踵。

立則磬折垂佩。主佩倚，則臣佩垂；主佩垂，則臣佩委。執玉，其有藉者則裼；無藉者則襲。

國君不名卿老、世婦，大夫不名世臣、姪、娣，士不名家相、長妾。君大夫之子，不敢自稱曰「余小子」；大夫、士之子，不敢自稱曰「嗣子某」，不敢與世子同名。

君使士射，不能，則辭以疾，言曰：「某有負薪之憂。」侍於君子，不顧望而對，非禮也。

君子行禮，不求變俗。祭祀之禮，居喪之服，哭泣之位，皆如其國之故，謹脩其法而審行之。去國三世，爵祿有列於朝，出入有詔於國，若兄弟宗族猶存，則反告於宗後。去國三世，爵祿無列於朝，出入無詔於國，唯興之日，從新國之法。

君子已孤不更名。已孤暴貴，不為父作謚。居喪，未葬，讀喪禮；既葬，讀祭禮；喪復常，讀樂章。居喪不言樂，祭事不言凶，公庭不言婦女。

振書、端書於君前，有誅。倒筴、側龜於君前，有誅。龜筴、几杖、席蓋、重素。袗絺綌，不入公門。苞屨、扱衽、厭冠，不入公門。書方、衰、凶器，不以告，不入公門。公事不私議。

君子將營宮室，宗廟為先，廄庫為次，居室為後。凡家造，祭器為先，犧、賦為次，養器為後。無田祿者不設祭器，有田祿者先為祭服。君子雖貧，不粥祭器；雖寒，不衣祭服；為宮室，不斬於丘木。

大夫、士去國，祭器不踰竟。大夫寓祭器於大夫，士寓祭器於士。大夫、士去國，踰竟，為壇位，鄉國而哭。素衣、素裳、素冠、徹緣、鞮屨、素簚，乘髦馬，不蚤鬋，不祭食，不說人以無罪，婦人不當御，三月而復服。

大夫、士見於國君，君若勞之，則還辟，再拜稽首。君若迎拜，則還辟，不敢答拜。大夫、士相見，雖貴賤不敵，主人敬客，則先拜客；客敬主人，則先拜主人。凡非弔喪，非見國君，無不答拜者。大夫見於國君，國君拜其辱。士見於大夫，大夫拜其辱。同國始相見，主人拜其辱。君於士，不答拜也；非其臣，則答拜之。大夫於其臣，雖賤，必答拜之。男女相答拜也。

國君春田不圍澤，大夫不掩群，士不取麛卵。歲凶，年穀不登，君膳不祭肺，馬不食穀，馳道不除，祭事不縣。大夫不食粱，士飲酒不樂。君無故，玉不去身；大夫無故不徹縣，士無故不徹琴瑟。

士有獻於國君。他日，君問之曰：「安取彼？」再拜稽首而后對。大夫私行出疆，必請，反，必有獻。士私行出疆，必請，反，必告。君勞之，則拜；問其行，拜而后對。

國君去其國，止之曰：「奈何去社稷也！」大夫，曰：「奈何去宗廟也！」士，曰：「奈何去墳墓也！」國君死社稷，大夫死眾，士死制。

君天下，曰「天子」。朝諸侯，分職授政任功，曰「予一人」。踐阼臨祭祀，內事曰「孝王某」，外事曰「嗣王某」。臨諸侯，畛於鬼神，曰「有天王某甫」。

崩，曰「天王崩」。復，曰「天子復矣」。告喪，曰「天王登假」。措之廟，立之主，曰「帝」。天子未除喪，曰「予小子」。生名之，死亦名之。

天子有后，有夫人，有世婦，有嬪，有妻，有妾。

天子建天官，先六大，曰大宰、大宗、大史、大祝、大士、大卜，典司六典。天子之五官，曰司徒、司馬、司空、司士、司寇，典司五眾。天子之六府，曰司土、司木、司水、司草、司器、司貨，典司六職。天子之六工，曰土工、金工、石工、木工、獸工、草工，典制六材。五官致貢，曰享。

五官之長，曰伯，是職方。其擯於天子也。曰「天子之吏」。天子同姓，謂之「伯父」，異姓謂之「伯舅」。自稱於諸侯，曰「天子之老」，於外曰「公」，於其國曰「君」。九州之長，入天子之國曰「牧」。天子同姓，謂之「叔父」，異姓謂之「叔舅」，於外曰「侯」，於其國曰「君」。其在東夷、北狄、西戎、南蠻，雖大，曰「子」，於內自稱曰「不穀」，於外自稱曰「王老」。庶方小侯，入天子之國曰「某人」，於外曰「子」，自稱曰「孤」。

天子當依而立。諸侯北面而見天子，曰覲。天子當宁而立，諸公東面，諸侯西面，曰朝。諸侯未及期相見曰遇，相見於郤地曰會。諸侯使大夫問於諸侯曰聘，約信曰誓，蒞牲曰盟。諸侯見天子，曰「臣某侯某」。其與民言，自稱曰「寡人」。其在凶服，曰「適子孤」。臨祭祀，內事曰「孝子某侯某」，外事曰「曾孫某侯某」。死曰「薨」，復曰「某甫復矣」。既葬，見天子，曰類見。言謚曰類。諸侯使人使於諸侯，使者自稱曰「寡君之老」。

天子穆穆，諸侯皇皇，大夫濟濟，士蹌蹌，庶人僬僬。

天子之妃曰后，諸侯曰夫人，大夫曰孺人，士曰婦人，庶人曰妻。公、侯有夫人，有世婦，有妻，有妾。夫人自稱於天子，曰「老婦」；自稱於諸侯，曰「寡小君」；自稱於其君，曰「小童」。自世婦以下，自稱曰「婢子」。子於父母則自名也。

列國之大夫，入天子之國曰「某士」，自稱曰「陪臣某」。於外曰「子」，於其國曰「寡君之老」。使者自稱曰「某」。

天子不言出，諸侯不生名。君子不親惡，諸侯失地，名；滅同姓，名。

為人臣之禮，不顯諫。三諫而不聽，則逃之。子之事親也，三諫而不聽，則號泣而隨之。

君有疾，飲藥，臣先嘗之。親有疾，飲藥，子先嘗之。醫不三世，不服其藥。

儗人必於其倫。問天子之年，對曰：「聞之，始服衣若干尺矣。」問國君之年，長，曰：「能從宗廟社稷之事矣。」幼，曰：「未能從宗廟社稷之事也。」問大夫之子，長，曰：「能御矣。」幼，曰：「未能御也。」問士之子，長，曰：「能典謁矣。」幼，曰：「未能典謁也。」問庶人之子，長，曰：「能負薪矣。」幼，曰：「未能負薪也。」問國君之富，數地以對，山澤之所出。問大夫之富，曰：「有宰食力，祭器、衣服不假。」問士之富，以車數對。問庶人之富，數畜以對。

天子祭天地，祭四方，祭山川，祭五祀，歲徧。諸侯方祀。祭山川，祭五祀，歲徧。大夫祭五祀，歲徧。士祭其先。凡祭，有其廢之，莫敢舉也；有其舉之，莫敢廢也。非其所祭而祭之，名曰淫祀。淫祀無福。天子以犧牛，諸侯以肥牛，大夫以索牛，士以羊豕。支子不祭，祭必告于宗子。

凡祭宗廟之禮，牛曰「一元大武」，豕曰「剛鬣」，豚曰「腯肥」，羊曰「柔毛」，雞曰「翰音」，犬曰「羹獻」，雉曰「疏趾」，兔曰「明視」，脯曰「尹祭」，槁魚曰「商祭」，鮮魚曰「脡祭」，水曰「清滌」，酒曰「清酌」，黍曰「薌合」，粱曰「薌萁」，稷曰「明粢」，稻曰「嘉蔬」，韭曰「豐本」，鹽曰「鹹鹺」，玉曰「嘉玉」，幣曰「量幣」。

天子死曰「崩」，諸侯曰「薨」，大夫曰「卒」，士曰「不祿」，庶人曰「死」。在牀曰「尸」，在棺曰「柩」。羽鳥曰「降」，四足曰「漬」。死寇曰「兵」。

祭王父曰「皇祖考」，王母曰「皇祖妣」。父曰「皇考」，母曰「皇妣」。夫曰「皇辟」。生曰「父」，曰「母」，曰「妻」，死曰「考」，曰「妣」，曰「嬪」。壽考曰「卒」，短折曰「不祿」。

天子視，不上於袷，不下於帶；國君，綏視；大夫，衡視；士，視五步。凡視，上於面則敖，下於帶則憂，傾則姦。

君命，大夫與士肄，在官言官，在府言府，在庫言庫，在朝言朝。朝言不及犬馬。輟朝而顧，不有異事，必有異慮。故輟朝而顧，君子謂之固。在朝言禮，問禮，對以禮。

大饗不問卜，不饒富。

凡摯，天子鬯，諸侯圭，卿羔，大夫雁，士雉，庶人之摯匹，童子委摯而退。野外軍中無摯，以纓、拾、矢可也。婦人之摯，椇、榛、脯、脩、棗、栗。

納女於天子，曰「備百姓」；於國君，曰「備酒漿」；於大夫，曰「備埽灑」。

第三 檀弓上

公儀仲子之喪，檀弓免焉。仲子舍其孫而立其子，檀弓曰：「何居？我未之前聞也。」趨而就子服伯子於門右，曰：「仲子舍其孫而立其子，何也？」伯子曰：「仲子亦猶行古之道也。昔者文王舍伯邑考而立武王，微子舍其孫腯而立衍也，夫仲子亦猶行古之道也。」子游問諸孔子，孔子曰：「否！立孫。」

事親有隱而無犯，左右就養無方，服勤至死，致喪三年。事君有犯而無隱，左右就養有方，服勤至死，方喪三年。事師無犯無隱，左右就養無方，服勤至死，心喪三年。

季武子成寢，杜氏之葬在西階之下，請合葬焉，許之。入宮而不敢哭。武子曰：「合葬非古也，自周公以來，未之有改也。吾許其大而不許其細，何居？」命之哭。

子上之母死而不喪。門人問諸子思曰：「昔者子之先君子喪出母乎？」曰：「然。」「子之不使白也喪之，何也？」子思曰：「昔者吾先君子無所失道，道隆則從而隆，道汙則從而汙。伋則安能？為伋也妻者，是為白也母；不為伋也妻者，是不為白也母。」故孔氏之不喪出母，自子思始也。

孔子曰：「拜而后稽顙，頹乎其順也；稽顙而后拜，頎乎其至也。三年之喪，吾從其至者。」

孔子既得合葬於防，曰：「吾聞之，古也墓而不墳。今丘也，東西南北人也，不可以弗識也。」於是封之，崇四尺。孔子先反，門人後。雨甚，至，孔子問焉曰：「爾來何遲也？」曰：「防墓崩。」孔子不應。三，孔子泫然流涕曰：「吾聞之，古不脩墓。」

孔子哭子路於中庭。有人弔者，而夫子拜之。既哭，進使者而問故。使者曰：「醢之矣。」遂命覆醢。

曾子曰：「朋友之墓，有宿草而不哭焉。」

子思曰：「喪三日而殯，凡附於身者，必誠必信，勿之有悔焉耳矣。三月而葬，凡附於棺者，必誠必信，勿之有悔焉耳矣。喪三年以為極，亡則弗之忘矣。故君子有終身之憂，而無一朝之患。故忌日不樂。」

孔子少孤，不知其墓。殯於五父之衢。人之見之者，皆以為葬也，其慎也，蓋殯也。問於郰曼父之母，然後得合葬於防。

鄰有喪，舂不相；里有殯，不巷歌。

喪冠不緌。

有虞氏瓦棺，夏后氏堲周，殷人棺槨，周人牆置翣。

周人以殷人之棺槨葬長殤，以夏后氏之堲周葬中殤、下殤，以有虞氏之瓦棺葬無服之殤。

夏后氏尚黑，大事斂用昏，戎事乘驪，牲用玄。殷人尚白，大事斂用日中，戎事乘翰，牲用白。周人尚赤，大事斂用日出，戎事乘騵，牲用騂。

穆公之母卒，使人問於曾子曰：「如之何？」對曰：「申也聞諸申之父曰：『哭泣之哀，齊、斬之情，饘粥之食，自天子達。布幕，衛也；縿幕，魯也。』」

晉獻公將殺其世子申生，公子重耳謂之曰：「子蓋言子之志於公乎？」世子曰：「不可，君安驪姬，是我傷公之心也。」曰：「然則蓋行乎？」世子曰：「不可，君謂我欲弒君也，天下豈有無父之國哉！吾何行如之？」使人辭於狐突曰：「申生有罪，不念伯氏之言也，以至於死。中生不敢愛其死。雖然，吾君老矣，子少，國家多難，伯氏不出而圖吾君。伯氏苟出而圖吾君，中生受賜而死。」再拜稽首，乃卒。是以為恭世子也。

魯人有朝祥而莫歌者，子路笑之。孔子曰：「由，爾責於人，終無已夫？三年之喪，亦已久矣夫。」子路出，夫子曰：「又多乎哉！踰月則其善也。」

魯莊公及宋人戰于乘丘。縣賁父御，卜國為右。馬驚，敗績，公隊。佐車授綏。公曰：「末之卜也。」縣賁父曰：「他日不敗績，而今敗績，是無勇也。」遂死之。圉人浴馬，有流矢在白肉。公曰：「非其罪也。」

遂誅之。士之有誄，自此始也。

曾子寢疾，病。樂正子春坐於牀下，曾元、曾申坐於足，童子隅坐而執燭。童子曰：「華而睆，大夫之簀與？」子春曰：「止！」曾子聞之，瞿然曰：「呼！」曰：「華而睆，大夫之簀與？」曾子曰：「然，斯季孫之賜也。我未之能易也，元，起易簀。」曾元曰：「夫子之病革矣，不可以變。幸而至旦，請敬易之。」曾子曰：「爾之愛我也不如彼。君子之愛人也以德，細人之愛人也以姑息。吾何求哉？吾得正而斃焉，斯已矣。」舉扶而易之。反席未安而沒。

始死，充充如有窮；既殯，瞿瞿如有求而弗得；既葬，皇皇如有望而弗至。練而慨然，祥而廓然。

邾婁復之以矢，蓋自戰於升陘始也。魯婦人之髽而弔也，自敗於臺鮐始也。

南宮縚之妻之姑之喪，夫子誨之髽，曰：「爾毋從從爾！爾毋扈扈爾！蓋榛以為笄，長尺，而總八寸。」

孟獻子禫，縣而不樂，比御而不入。夫子曰：「獻子加於人一等矣！」

孔子既祥，五日彈琴而不成聲，十日而成笙歌。有子蓋既祥而絲屨、組纓。

死而不弔者三：畏，厭，溺。

子路有姊之喪，可以除之矣，而弗除也。孔子曰：

「何弗除也？」子路曰：「吾寡兄弟而弗忍也。」孔子曰：「先王制禮。行道之人皆弗忍也。」子路聞之，遂除之。

大公封於營丘，比及五世，皆反葬於周。君子曰：「樂樂其所自生，禮不忘其本。」古之人有言曰：「狐死正丘首，仁也。」

伯魚之母死，期而猶哭。夫子聞之曰：「誰與哭者？」門人曰：「鯉也。」夫子曰：「嘻！其甚也。」伯魚聞之，遂除之。

舜葬於蒼梧之野，蓋三妃未之從也。季武子曰：「周公蓋祔。」

曾子之喪，浴於爨室。

大功廢業。或曰：「大功，誦可也。」

子張病，召申祥而語之曰：「君子曰終，小人曰死。吾今日其庶幾乎？」

曾子曰：「始死之奠，其餘閣也與？」

曾子曰：「小功不為位也者，是委巷之禮也。子思之哭嫂也為位，婦人倡踊；申祥之哭言思也亦然。」

古者冠縮縫，今也衡縫。故喪冠之反吉，非古也。

曾子謂子思曰：「伋！吾執親之喪也，水漿不入於口者七日。」子思曰：「先王之制禮也，過之者俯而就之，不至焉者，跂而及之。故君子之執親之喪也，水漿不入於口者三日，杖而后能起。」曾子曰：「小功不稅，則是遠兄弟終無服也，而可乎？」

伯高之喪，孔氏之使者未至，冉子攝束帛、乘馬而將之。孔子曰：「異哉，徒使我不誠於伯高。」

伯高死於衛，赴於孔子。孔子曰：「吾惡乎哭諸？兄弟，吾哭諸廟；父之友，吾哭諸廟門之外；師，吾哭諸寢；朋友，吾哭諸寢門之外；所知，吾哭諸野。於野，則已疏；於寢，則已重。夫由賜也見我，吾哭諸賜氏。」遂命子貢為之主，曰：「為爾哭也來者，拜之；知伯高而來者，勿拜也。」

曾子曰：「『喪有疾，食肉飲酒，必有草木之滋焉。』以為薑、桂之謂也。」

子夏喪其子而喪其明。曾子弔之曰：「吾聞之也，朋友喪明則哭之。」曾子哭，子夏亦哭，曰：「天乎！予之無罪也。」曾子怒曰：「商，女何無罪也？吾與女事夫子於洙、泗之間，退而老於西河之上，使西河之民，疑女於夫子，爾罪一也；喪爾親，使民未有聞焉，爾罪二也；喪爾子，喪爾明，爾罪三也。而曰女何無罪與！」子夏投其杖而拜曰：「吾過矣！吾過矣！吾離群而索居，亦已久矣。」

夫晝居於內，問其疾可也；夜居於外，弔之可也。

是故君子非有大故，不宿於外；非致齊也，非疾也，不晝夜居於內。

高子皐之執親之喪也，泣血三年，未嘗見齒，君子以為難。

衰，與其不當物也，寧無衰。齊衰不以邊坐，大功不以服勤。

孔子之衛，遇舊館人之喪，入而哭之哀。出，使子貢說驂而賻之。子貢曰：「於門人之喪，未有所說驂，說驂於舊館，無乃已重乎？」夫子曰：「予鄉者入而哭之，遇於一哀而出涕。予惡夫涕之無從也。小子行之。」

孔子在衛，有送葬者，而夫子觀之，曰：「善哉為喪乎！足以為法矣，小子識之。」子貢曰：「夫子何善爾也？」曰：「其往也，如慕；其反也，如疑。」子貢曰：「豈若速反而虞乎？」子曰：「小子識之，我未之能行也。」

顏淵之喪，饋祥肉，孔子出受之，入，彈琴而后食之。

孔子與門人立，拱而尚右，二三子亦皆尚右。孔子曰：「二三子之嗜學也，我則有姊之喪故也。」二三子皆尚左。

孔子蚤作，負手曳杖，消搖於門，歌曰：「泰山其頹乎！梁木其壞乎！哲人其萎乎！」既歌而入，當戶而坐。子貢聞之曰：「泰山其頹，則吾將安仰？梁木其壞，哲人其萎，則吾將安放？夫子殆將病也。」遂趨而入。夫子曰：「賜！爾來何遲也？夏后氏殯於東階之上，則猶在阼也；殷人殯於兩楹之間，則與賓主夾之也；周人殯於西階之上，則猶賓之也。而丘也，殷人也。予疇昔之夜，夢坐奠於兩楹之間。夫明王不興，而天下其孰能宗予？予殆將死也。」蓋寢疾七日而沒。

孔子之喪，門人疑所服。子貢曰：「昔者夫子之喪顏淵，若喪子而無服；喪子路亦然。請喪夫子若喪父而無服。」

孔子之喪，公西赤為志焉。飾棺牆，置翣設披，周也。設崇，殷也。綢練設旐，夏也。

子張之喪，公明儀為志焉。褚幕丹質，蟻結于四隅，殷士也。

子夏問於孔子曰：「居父母之仇如之何？」夫子曰：「寢苫枕干，不仕，弗與共天下也。遇諸市朝，不反兵而鬥。」曰：「請問居昆弟之仇如之何？」曰：「仕弗與共國。銜君命而使，雖遇之不鬥。」曰：「請問居從父昆弟之仇如之何？」曰：「不為魁，主人能，則執兵而陪其後。」

孔子之喪，二三子皆絰而出。群居則絰，出則否。

易墓，非古也。

子路曰：「吾聞諸夫子：『喪禮，與其哀不足而禮有餘也，不若禮不足而哀有餘也。祭禮，與其敬不足而禮有餘也，不若禮不足而敬有餘也。』」

曾子弔於負夏，主人既祖，填池推柩而反之，降婦人，而后行禮。從者曰：「禮與？」曾子曰：「夫祖者且也。且，胡為其不可以反宿也？」從者又問諸子游曰：「禮與？」子游曰：「飯於牖下，小斂於戶內，大斂於阼，殯於客位，祖於庭，葬於墓，所以即遠也。故喪事有進而無退。」曾子聞之曰：「多矣乎，予出祖者。」

曾子襲裘而弔，子游裼裘而弔。曾子指子游而示人曰：「夫夫也，為習於禮者，如之何其裼裘而弔也？」主人既小斂，袒、括髮，子游趨而出，襲裘、帶、絰而入。曾子曰：「我過矣，我過矣！夫夫是也。」

子夏既除喪而見，予之琴，和之不和，彈之而不成聲。作而曰：「哀未忘也。先王制禮，而弗敢過也。」子張既除喪而見，予之琴，和之而和，彈之而成聲。作而曰：「先王制禮，不敢不至焉。」

司寇惠子之喪，子游為之麻衰，牡麻絰，文子辭曰：「子辱與彌牟之弟游，又辱為之服，敢辭。」子游曰：「禮也。」文子退，反哭。子游趨而就諸臣之位。

文子又辭曰：「子辱與彌牟之弟游，又辱為之服，又辱臨其喪，敢辭。」子游曰：「固以請。」文子退，扶適子南面而立，曰：「子辱與彌牟之弟游，又辱為之服，又辱臨其喪，虎也敢不復位。」子游趨而就客位。將軍文子之喪，既除喪而后，越人來弔。主人深衣練冠，待于廟，垂涕洟，子游觀之曰：「將軍文氏之子其庶幾乎！亡於禮者之禮也。其動也中。」

幼名，冠字，五十以伯仲，死謚，周道也。

絰也者，實也。

掘中霤而浴，毀竈以綴足；及葬，毀宗躐行，出于大門。殷道也。學者行之。

子柳之母死，子碩請具。子柳曰：「何以哉？」子碩曰：「請粥庶弟之母。」子柳曰：「如之何其粥人之母以葬其母也？不可。」既葬，子碩欲以賻布之餘具祭器。子柳曰：「不可。吾聞之也，君子不家於喪。請班諸兄弟之貧者。」

君子曰：「謀人之軍師，敗則死之。謀人之邦邑，危則亡之。」

公叔文子升於瑕丘，蘧伯玉從。文子曰：「樂哉斯丘也，死則我欲葬焉。」蘧伯玉曰：「吾子樂之，則瑗請前。」

弁人有其母死而孺子泣者，孔子曰：「哀則哀矣，而難為繼也。夫禮，為可傳也，為可繼也。故哭踊有節。」

叔孫武叔之母死，既小斂，舉者出戶。出戶袒，且投其冠，括髮。子游曰：「知禮。」

扶君，卜人師扶右，射人師扶左。君薨以是舉。

從母之夫，舅之妻，二夫人相為服，君子未之言也。或曰：同爨，緦。

喪事，欲其縱縱爾；吉事，欲其折折爾。故喪事雖遽，不陵節；吉事雖止，不怠。故騷騷爾則野。鼎鼎爾則小人，君子蓋猶猶爾。

喪具，君子恥具。一日二日而可為也者，君子弗為也。

喪服，兄弟之子猶子也，蓋引而進之也；嫂叔之無服也，蓋推而遠之也；姑、姊妹之薄也，蓋有受我而厚之者也。

食於有喪者之側，未嘗飽也。

曾子與客立於門側，其徒趨而出。曾子曰：「爾將何之？」曰：「吾父死，將出哭於巷。」曰：「反，哭於爾次。」曾子北面而弔焉。

孔子曰：「之死而致死之，不仁，而不可為也；之死而致生之，不知，而不可為也。是故竹不成用，瓦不成味，木不成斲，琴瑟張而不平，竽笙備而不和，有鐘磬而無簨虡。其曰明器，神明之也。」

有子問於曾子曰：「問喪於夫子乎？」曰：「聞之矣：喪欲速貧，死欲速朽。」有子曰：「是非君子之言也。」曾子曰：「參也聞諸夫子也。」有子又曰：「是非君子之言也。」曾子曰：「參也與子游聞之。」有子曰：「然，然則夫子有為言之也。」曾子以斯言告於子游。子游曰：「甚哉！有子之言似夫子也。昔者夫子居於宋，見桓司馬自為石椁，三年而不成。夫子曰：『若是其靡也，死不如速朽之愈也。』死之欲速朽，為桓司馬言之也。南宮敬叔反，必載寶而朝。夫子曰：『若是其貨也，喪不如速貧之愈也。』喪之欲速貧，為敬叔言之也。」曾子以子游之言告於有子，有子曰：「然。吾固曰非夫子之言也。」曾子曰：「子何以知之？」有子曰：「夫子制於中都，四寸之棺，五寸之椁，以斯知不欲速朽也。昔者夫子失魯司寇，將之荊，蓋先之以子夏，又申之以冉有，以斯知不欲速貧也。」

陳莊子死，赴於魯，魯人欲勿哭，繆公召縣子而問焉。縣子曰：「古之大夫，束脩之問不出竟，雖欲哭之，安得而哭之？今之大夫，交政於中國，雖欲勿哭，焉得而弗哭？且臣聞之，哭有二道：有愛而哭之，有畏而哭之。」公曰：「然。然則如之何而可？」縣子曰：「請哭諸異姓之廟。」於是與哭諸縣氏。

仲憲言於曾子曰：「夏后氏用明器，示民無知也。殷人用祭器，示民有知也；周人兼用之，示民疑也。」曾子曰：「其不然乎！其不然乎！夫明器，鬼器也。祭器，人器也。夫古之人，胡為而死其親乎？」

公叔木有同母異父之昆弟死，問於子游。子游曰：「其大功乎？」狄儀有同母異父之昆弟死，問於子夏。子夏曰：「我未之前聞也。魯人則為之齊衰。」狄儀行齊衰。今之齊衰，狄儀之問也。

子思之母死於衛，柳若謂子思曰：「子，聖人之後也。四方於子乎觀禮，子蓋慎諸！」子思曰：「吾何慎哉！吾聞之：有其禮，無其財，君子弗行也；有其禮，有其財，無其時，君子弗行也。吾何慎哉！」

縣子瑣曰：「吾聞之：古者不降，上下各以其親。滕伯文為孟虎齊衰，其叔父也；為孟皮齊衰，其叔父也。」

后木曰：「喪，吾聞諸縣子曰：『夫喪，不可不深長思也。買棺外內易。』我死則亦然。」

曾子曰：「尸未設飾，故帷堂，小斂而徹帷。」仲梁子曰：「夫婦方亂，故帷堂，小斂而徹帷。」

小斂之奠，子游曰：「於東方。」曾子曰：「於西方。斂斯席矣。」小斂之奠在西方，魯禮之末失也。

縣子曰：「綌衰、繐裳，非古也。」

子蒲卒，哭者呼滅。子皐曰：「若是野哉。」哭者改之。

杜橋之母之喪，宮中無相，以為沽也。

夫子曰：「始死，羔裘、玄冠者，易之而已。」羔裘、玄冠，夫子不以弔。

子游問喪具。夫子曰：「稱家之有亡。」子游曰：「有亡惡乎齊？」夫子曰：「有，毋過禮。苟亡矣，斂首足形，還葬，縣棺而封，人豈有非之者哉？」

司士賁告於子游曰：「請襲於牀。」子游曰：「諾。」縣子聞之曰：「汏哉叔氏！專以禮許人。」

宋襄公葬其夫人，醯醢百甕。曾子曰：「既曰明器矣，而又實之。」

孟獻子之喪，司徒旅歸四布。夫子曰：「可也。」

讀賵，曾子曰：「非古也，是再告也。」

成子高寢疾，慶遺入，請曰：「子之病革矣，如至乎大病，則如之何？」子高曰：「吾聞之也：『生有益於人，死不害於人。』吾縱生無益於人，吾可以死害於人乎哉？我死，則擇不食之地而葬我焉。」

子夏問諸夫子曰：「居君之母與妻之喪？」「居處、言語、飲食衎爾。」

賓客至，無所館。夫子曰：「生於我乎館，死於我乎殯。」

國子高曰：「葬也者，藏也。藏也者，欲人之弗得見也。是故，衣足以飾身，棺周於衣，椁周於棺，土周於椁。反壤樹之哉？」

孔子之喪，有自燕來觀者，舍於子夏氏。子夏曰：「聖人之葬人與？人之葬聖人也，子何觀焉？昔者夫子言之曰：『吾見封之若堂者矣，見若坊者矣，見若覆夏屋者矣，見若斧者矣。從若斧者焉。』馬鬣封之謂也。今一日而三斬板，而已封，尚行夫子之志乎哉。」

婦人不葛帶。

有薦新，如朔奠。

既葬，各以其服除。

池視重霤。

君即位而為椑，歲一漆之，藏焉。

復、楔齒、綴足、飯、設飾、帷堂并作。父兄命赴者。

君復，於小寢、大寢、小祖、大祖、庫門、四郊。

喪不剝，奠也與？祭肉也與？

既殯，旬而布材與明器。

朝奠日出，夕奠逮日。

父母之喪，哭無時，使必知其反也。

練，練衣黃裡、縓緣；葛要絰；繩屨無絇；角瑱；鹿裘衡、長、袪。袪，裼之可也。

有殯，聞遠兄弟之喪，雖緦必往；非兄弟，雖鄰不往。所識，其兄弟不同居者皆弔。

天子之棺四重：水兕革棺被之，其厚三寸；杝棺一；梓棺二。四者皆周。棺束縮二衡三，衽每束一。柏椁以端長六尺。

天子之哭諸侯也，爵弁經，紂衣。或曰：使有司哭之，為之不以樂食。

天子之殯也，菆塗龍輴以椁，加斧于椁上，畢塗屋，天子之禮也。

唯天子之喪，有別姓而哭。

魯哀公誄孔丘曰：「天不遺耆老，莫相予位焉。嗚呼哀哉，尼父！」

國亡大縣邑，公、卿、大夫、士皆厭冠，哭於大廟三日，君不舉。或曰：君舉而哭於后土。

孔子惡野哭者。

未仕者，不敢稅人；如稅人，則以父兄之命。

士備入而后朝夕踊。

祥而縞。是月禫，徙月樂。

君於士有賜帟。

第四 檀弓下

君之適長殤，車三乘；公之庶長殤，車一乘；大夫之適長殤，車一乘。

公之喪，諸達官之長，杖。

君於大夫，將葬，弔於宮。及出，命引之，三步則止。如是者三，君退。朝亦如之，哀次亦如之。

五十無車者，不越疆而弔人。

季武子寢疾，蟜固不說齊衰而入見，曰：「斯道也，將亡矣。士唯公門說齊衰。」武子曰：「不亦善乎，君子表微。」及其喪也，曾點倚其門而歌。

大夫弔，當事而至，則辭焉。

弔於人，是日不樂。婦人不越疆而弔人。行弔之日，不飲酒食肉焉。弔於葬者，必執引；若從柩及壙，皆執紼。

喪，公弔之，必有拜者，雖朋友、州里、舍人可也。弔曰：「寡君承事。」主人曰：「臨。」君遇柩於路，必使人弔之。

大夫之喪，庶子不受弔。

妻之昆弟為父後者死，哭之適室，子為主，袒、免、哭、踊。夫入門右，使人立于門外，告來者，狎則入哭。父在，哭於妻之室。非為父後者，哭諸異室。

有殯，聞遠兄弟之喪，哭于側室；無側室，哭于門內之右；同國，則往哭之。

子張死，曾子有母之喪，齊衰而往哭之。或曰：「齊衰不以弔。」曾子曰：「我弔也與哉！」

有若之喪，悼公弔焉，子游擯，由左。

齊穀王姬之喪，魯莊公為之大功。或曰：「由魯嫁，故為之服姊妹之服。」或曰：「外祖母也，故為之服。」

晉獻公之喪，秦穆公使人弔公子重耳，且曰：「寡人聞之，亡國恆於斯，得國恆於斯。雖吾子儼然在憂服之中，喪亦不可久也，時亦不可失也。孺子其圖之。」以告舅犯，舅犯曰：「孺子其辭焉！喪人無寶，仁親以為寶。父死之謂何？又因以為利，而天下其孰能說之？孺子其辭焉！」公子重耳對客曰：「君惠弔亡臣重耳，身喪父死，不得與於哭泣之哀，以為君憂。父死之謂何？或敢有他志，以辱君義。」稽顙而不拜，哭而起，起而不私。子顯以致命於穆公。穆公曰：「仁夫公子重耳！夫稽顙而不拜，則未為後也，故不成拜。哭而起，則愛父也；起而不私，則遠利也。」

帷殯，非古也，自敬姜之哭穆伯始也。

喪禮，哀戚之至也。節哀，順變也，君子念始之者也。復，盡愛之道也，有禱祠之心焉。望反諸幽，求諸鬼神之道也。北面，求諸幽之義也。拜稽顙，哀戚之至隱也。稽顙，隱之甚也。飯用米、貝，弗忍虛也。不以食道，用美焉爾。銘，明旌也。以死者為不可別已，故以其旗識之。愛之，斯錄之矣；敬之，斯盡其道焉耳。重，主道也。殷主綴重焉，周主重徹焉。奠以素器，以生者有哀素之心也。唯祭祀之禮，主人自盡焉爾，豈知神之所饗，亦以主人有齊敬之心也。辟踊，哀之至也。有筭，為之節文也。袒、括髮，變也。慍，哀之變也。去飾，去美也。袒、括髮，去飾之甚也。有所袒，有所襲，哀之節也。弁絰葛而葬，與神交之道也，有敬心焉。周人弁而葬，殷人冔而葬。歠主人、主婦、室老，為其病也，君命食之也。反哭升堂，反諸其所作也。主婦入于室，反諸其所養也。反哭之弔也，哀之至也。反而亡焉，失之矣，於是為甚。殷既封而弔，周反哭而弔。孔子曰：「殷已慤，吾從周。」葬於北方，北首，三代之達禮也，之幽之故也。既封，主人贈，而祝宿虞尸。既反哭，主人與有司視虞牲，有司以几筵舍奠於墓左，反，日中而虞。葬日虞，弗忍一日離也。是日也，以虞易奠。卒哭曰「成事」。是日也，以吉祭易喪祭，明日，祔於祖父。其變而之吉祭也，比至於祔，必於是日也接，不忍一日末有所歸也。殷練而祔，周卒哭而祔。孔子善殷。

君臨臣喪，以巫、祝、桃、茢、執戈，惡之也，所以異於生也。

喪有死之道焉，先王之所難言也。

喪之朝也，順死者之孝心也。其哀離其室也，故至於祖、考之廟而后行。殷朝而殯於祖，周朝而遂葬。

孔子謂：「為明器者，知喪道矣，備物而不可用也。」哀哉！死者而用生者之器也，不殆於用殉乎哉？「其曰明器，神明之也。」塗車、芻靈，自古有之，明器之道也。孔子謂「為芻靈者善」，謂「為俑者不仁」，不殆於用人乎哉？

穆公問於子思曰：「為舊君反服，古與？」子思曰：「古之君子，進人以禮，退人以禮，故有舊君反服之禮也。今之君子，進人若將加諸膝，退人若將隊諸淵，毋為戎首，不亦善乎！又何反服之禮之有？」

悼公之喪，季昭子問於孟敬子曰：「為君何食？」敬子曰：「食粥，天下之達禮也。吾三臣者之不能居公室也，四方莫不聞矣。勉而為瘠，則吾能，毋乃使人疑夫不以情居瘠者乎哉！我則食食。」

衛司徒敬子死，子夏弔焉，主人未小斂，絰而往。子游弔焉，主人既小斂，子游出，絰，反哭。子夏曰：「聞之也與？」曰：「聞諸夫子：主人未改服，則不絰。」

曾子曰：「晏子可謂知禮也已，恭敬之有焉。」有若曰：「晏子一狐裘三十年，遣車一乘，及墓而反。國君七个，遣車七乘；大夫五个，遣車五乘。晏子焉知禮？」曾子曰：「國無道，君子恥盈禮焉。國奢，則示之以儉；國儉，則示之以禮。」

國昭子之母死，問於子張曰：「葬及墓，男子、婦人安位？」子張曰：「司徒敬子之喪，夫子相；男子西鄉，婦人東鄉。」曰：「噫！毋。」曰：「我喪也斯沾，爾專之！賓為賓焉，主為主焉。」婦人從男子皆西鄉。

穆伯之喪，敬姜晝哭；文伯之喪，晝夜哭。孔子曰：「知禮矣。」

文伯之喪，敬姜據其牀而不哭，曰：「昔者吾有斯子也，吾以將為賢人也，吾未嘗以就公室。今及其死也，朋友諸臣未有出涕者，而內人皆行哭失聲。斯子也，必多曠於禮矣夫。」

季康子之母死，陳褻衣。敬姜曰：「婦人不飾，不敢見舅姑。將有四方之賓來，褻衣何為陳於斯。」命徹之。

有子與子游立，見孺子慕者。有子謂子游曰：「予壹不知夫喪之踊也。予欲去之久矣。情在於斯，其是也夫？」子游曰：「禮，有微情者，有以故興物者。有直情而徑行者，戎狄之道也。禮道則不然。人喜則斯陶，陶斯咏，咏斯猶，猶斯舞，舞斯慍，慍斯戚，戚斯歎，歎斯辟，辟斯踊矣。品節斯，斯之謂禮。人死，斯惡之矣；無能也，斯倍之矣。是故，制絞、衾，設蔞、翣，為使人勿惡也。始死，脯、醢之奠；將行，遣而行之；既葬，而食之；未有見其饗之者也。自上世以來，未之有舍也，為使人勿倍也。故子之所刺於禮者，亦非禮之訾也。」

吳侵陳，斬祀殺厲。師還出竟，陳大宰嚭使於師。夫差謂行人儀曰：「是夫也多言，盍嘗問焉？師必有名，人之稱斯師也者，則謂之何？」大宰嚭曰：「古之侵伐者，不斬祀，不殺厲，不獲二毛。今斯師也，殺厲與？其不謂之殺厲之師與？」曰：「反爾地，歸爾子，則謂之何？」曰：「君王討敝邑之罪，又矜而赦之，師與，有無名乎？」

顏丁善居喪。始死，皇皇焉如有求而弗得；及殯，望望焉如有從而弗及；既葬，慨焉如不及其反而息。

子張問曰：「《書》云：『高宗三年不言。言乃讙。』有諸？」仲尼曰：「胡為其不然也？古者天子崩，王世子聽於冢宰三年。」

知悼子卒，未葬。平公飲酒，師曠、李調侍，鼓鐘。杜蕢自外來，聞鐘聲，曰：「安在？」曰：「在寢。」杜蕢入寢，歷階而升，酌，曰：「曠飲斯。」又酌，曰：「調飲斯。」又酌，堂上北面坐飲之。降，趨而出。平公呼而進之，曰：「蕢，曩者爾心或開予，是以不與爾言。爾飲曠何也？」曰：「子、卯不樂。知悼子在堂，斯其為子、卯也大矣。曠也，大師也，不以詔，是以飲之也。」「爾飲調何也？」曰：「調也，君之褻臣也，為一飲一食，忘君之疾，是以飲之也。」「爾飲何也？」曰：「蕢也，宰夫也，非刀匕是共，又敢與知防，是以飲之也。」平公曰：「寡人亦有過焉。酌而飲寡人。」杜蕢洗而揚觶。公謂侍者曰：「如我死，則必無廢斯爵也。」至于今，既畢獻，斯揚觶，謂之杜舉。

公叔文子卒，其子戍請謚於君曰：「日月有時，將葬矣。請所以易其名者。」君曰：「昔者衛國凶饑，夫子為粥與國之餓者，是不亦惠乎？昔者衛國有難，夫子以其死衛寡人，不亦貞乎？夫子聽衛國之政，脩其班制，以與四鄰交，衛國之社稷不辱，不亦文乎？故謂夫子貞惠文子。」

石駘仲卒，無適子，有庶子六人，卜所以為後者。曰：「沐浴佩玉則兆。」五人者皆沐浴佩玉。石祁子曰：「孰有執親之喪，而沐浴佩玉者乎？」不沐浴佩玉。石祁子兆。衛人以龜為有知也。

陳子車死於衛，其妻與其家大夫謀以殉葬，定而后，陳子亢至。以告曰：「夫子疾，莫養於下，請以殉葬。」子亢曰：「以殉葬，非禮也。雖然，則彼疾當養者，孰若妻與宰？得已，則吾欲已；不得已，則吾欲以二子者之為之也。」於是弗果用。

子路曰：「傷哉貧也！生無以為養，死無以為禮也。」孔子曰：「啜菽飲水，盡其歡，斯之謂孝。斂手足形，還葬而無椁，稱其財，斯之為禮。」

衛獻公出奔，反於衛，及郊，將班邑於從者而后入。柳莊曰：「如皆守社稷，則孰執羈靮而從？如皆從，則孰守社稷？君反其國而有私也，毋乃不可乎？」弗果班。

衛有大史曰柳莊，寢疾。公曰：「若疾革，雖當祭必告。」公再拜稽首請於尸曰：「有臣柳莊也者，非寡人之臣，社稷之臣也。聞之死，請往。」不釋服而往，遂以襚之。與之邑裘氏與縣潘氏，書而納諸棺，曰：「世世萬子孫無變也。」

陳乾昔寢疾，屬其兄弟，而命其子尊己曰：「如我死，則必大為我棺，使吾二婢子夾我。」陳乾昔死，其子曰：「以殉葬，非禮也，況又同棺乎？」弗果殺。

仲遂卒于垂。壬午猶繹，萬入去籥。仲尼曰：「非禮也，卿卒不繹。」

季康子之母死，公輸若方小。斂，般請以機封，將從之。公肩假曰：「不可！夫魯有初：公室視豐碑，三家視桓楹。般，爾以人之母嘗巧，則豈不得以？其母以嘗巧者乎？則病者乎？噫！」弗果從。

戰于郎，公叔禺人遇負杖入保者息，曰：「使之雖病也，任之雖重也，君子不能為謀也，士弗能死也，不可！我則既言矣。」與其鄰重汪踦往，皆死焉。魯人欲勿殤重汪踦，問於仲尼。仲尼曰：「能執干戈以衛社稷，雖欲勿殤也，不亦可乎！」

子路去魯，謂顏淵曰：「何以贈我？」曰：「吾聞之也：去國，則哭于墓而后行；反其國，不哭，展墓而入。」謂子路曰：「何以處我？」子路曰：「吾聞之也：過墓則式，過祀則下。」

工尹商陽與陳棄疾追吳師，及之，陳棄疾謂工尹商陽曰：「王事也，子手弓而可。」手弓。「子射諸。」射之，斃一人，韔弓。又及，謂之，又斃二人。每斃一人，揜其目。止其御曰：「朝不坐，燕不與，殺三人，亦足以反命矣。」孔子曰：「殺人之中，又有禮焉。」

諸侯伐秦，曹桓公卒于會。諸侯請含，使之襲。

襄公朝于荊，康王卒。荊人曰：「必請襲。」魯人曰：「非禮也。」荊人強之。巫先拂柩。荊人悔之。

滕成公之喪，使子叔敬叔弔，進書，子服惠伯為介。及郊，為懿伯之忌，不入。惠伯曰：「政也，不可以叔父之私不將公事。」遂入。

哀公使人弔蕢尚，遇諸道。辟於路，畫宮而受弔焉。曾子曰：「蕢尚不如杞梁之妻之知禮也。齊莊公襲莒于奪，杞梁死焉。其妻迎其柩於路而哭之哀。莊公使人弔之。對曰：『君之臣不免於罪，則將肆諸市朝，而妻妾執。君之臣免於罪，則有先人之敝廬在。君無所辱命。』」

孺子䵒之喪，哀公欲設撥，問於有若。有若曰：「其可也。君之三臣猶設之。」顏柳曰：「天子龍輴而槨幬，諸侯輴而設幬，為榆沉，故設撥。三臣者廢輴而設撥，竊禮之不中者也，而君何學焉？」

悼公之母死，哀公為之齊衰。有若曰：「為妾齊衰，禮與？」公曰：「吾得已乎哉？魯人以妻我。」

季子皐葬其妻，犯人之禾。申祥以告，曰：「請庚之。」子皐曰：「孟氏不以是罪予，朋友不以是棄予，以吾為邑長於斯也。買道而葬，後難繼也。」

仕而未有祿者，君有饋焉曰「獻」，使焉曰「寡君」。違而君薨，弗為服也。

虞而立尸，有几筵。卒哭而諱，生事畢而鬼事始已。既卒哭，宰夫執木鐸以命于宮曰：「舍故而諱新。」自寢門至于庫門。二名不偏諱。夫子之母名徵在，言在不稱徵，言徵不稱在。

軍有憂，則素服哭於庫門之外，赴車不載櫜韔。有焚其先人之室，則三日哭。故曰：「新宮火，亦三日哭。」

孔子過泰山側，有婦人哭於墓者而哀。夫子式而聽之，使子路問之曰：「子之哭也，壹似重有憂者。」而曰：「然，昔者吾舅死於虎，吾夫又死焉，今吾子又死焉。」夫子曰：「何為不去也？」曰：「無苛政。」夫子曰：「小子識之！苛政猛於虎也。」

魯人有周豐也者，哀公執摯請見之。而曰「不可」。公曰：「我其已夫。」使人問焉。曰：「有虞氏未施信於民，而民信之；夏后氏未施敬於民，而民敬之。何施而得斯於民也？」對曰：「墟墓之間，未施哀於民而民哀；社稷宗廟之中，未施敬於民而民敬。殷人作誓而民始畔，周人作會而民始疑。苟無禮義忠信誠慤之心以涖之，雖固結之，民其不解乎？」

喪不慮居，毀不危身。喪不慮居，為無廟也；毀不危身，為無後也。

延陵季子適齊，於其反也，其長子死，葬於嬴、博之間。孔子曰：「延陵季子，吳之習於禮者也。」往而觀其葬焉。其坎深不至於泉，其斂以時服。既葬而封，廣輪揜坎，其高可隱也。既封，左袒，右還其封且號者三，曰：「骨肉歸復于土，命也。若魂氣則無不之也，無不之也。」而遂行。孔子曰：「延陵季子之於禮也，其合矣乎。」

邾婁考公之喪，徐君使容居來弔、含，曰：「寡君使容居坐含，進侯玉，其使容居以含。」有司曰：「諸侯之來辱敝邑者，易則易，于則于，易、于雜者，未之有也。」容居對曰：「容居聞之：事君不敢忘其君，亦不敢遺其祖，昔我先君駒王西討，濟於河，無所不用斯言也。容居，魯人也，不敢忘其祖。」

子思之母死於衛，赴於子思，子思哭於廟。門人至，曰：「庶氏之母死，何為哭於孔氏之廟乎？」子思曰：「吾過矣，吾過矣。」遂哭於他室。

天子崩，三日，祝先服；五日，官長服；七日，國中男女服；三月，天下服。虞人致百祀之木，可以為棺椁者斬之。不至者，廢其祀，刎其人。

齊大饑，黔敖為食於路，以待饑者食之。有饑者蒙袂輯屨，貿貿然來。黔敖左奉食，右執飲，曰：「嗟，來食。」揚其目而視之，曰：「予唯不食嗟來之食，以至於斯也。」從而謝焉。終不食而死。曾子聞之，曰：「微與！其嗟也可去，其謝也可食。」

邾婁定公之時，有弒其父者。有司以告，公瞿然失席曰：「是寡人之罪也。」曰：「寡人嘗學斷斯獄矣：臣弒君，凡在官者，殺無赦；子弒父，凡在宮者，殺無赦。殺其人，壞其室，洿其宮而豬焉。」蓋君踰月而后舉爵。

晉獻文子成室，晉大夫發焉。張老曰：「美哉輪焉，美哉奐焉！歌於斯，哭於斯，聚國族於斯。」文子曰：「武也得歌於斯，哭於斯，聚國族於斯，是全要領以從先大夫於九京也。」北面再拜稽首。君子謂之善頌善禱。

仲尼之畜狗死，使子貢埋之。曰：「吾聞之也，敝帷不棄，為埋馬也；敝蓋不棄，為埋狗也。丘也貧，無蓋，於其封也，亦予之席，毋使其首陷焉。」路馬死，埋之以帷。

季孫之母死，哀公弔焉。曾子與子貢弔焉，閽人為君在，弗內也。曾子與子貢入於其廄而脩容焉。子貢先入，閽人曰：「鄉者已告矣。」曾子後入，閽人辟之。涉內霤，卿大夫皆辟位，公降一等而揖之。君子言之曰：「盡飾之道，斯其行者遠矣。」

陽門之介夫死，司城子罕入而哭之哀。晉人之覘宋者，反報於晉侯曰：「陽門之介夫死，而子罕哭之哀，而民說，殆不可伐也。」孔子聞之曰：「善哉覘國乎！《詩》云：『凡民有喪，扶服救之。』雖微晉而已，天下其孰能當之？」

魯莊公之喪，既葬，而絰不入庫門。士大夫既卒哭，麻不入。

孔子之故人原壤，其母死，夫子助之沐椁。原壤登木曰：「久矣予之不託於音也。」歌曰：「貍首之斑然，執女手之卷然。」夫子為弗聞也者而過之。從者曰：「子未可以已乎？」夫子曰：「丘聞之，親者毋失其為親也，故者毋失其為故也。」

趙文子與叔譽觀乎九原。文子曰：「死者如可作也，吾誰與歸？」叔譽曰：「其陽處父乎？」文子曰：「行并植於晉國，不沒其身，其知不足稱也。」「其舅犯乎？」文子曰：「見利不顧其君，其仁不足稱也。我則隨武子乎！利其君，不忘其身；謀其身，不遺其友。」晉人謂文子知人。文子其中退然如不勝衣，其言吶吶然如不出諸其口。所舉於晉國管庫之士七十有餘家，生不交利，死不屬其子焉。

叔仲皮學子柳。叔仲皮死，其妻魯人也，衣衰而繆經。叔仲衍以告，請總衰而環經。曰：「昔者吾喪姑、姊、妹亦如斯，末吾禁也。」退，使其妻總衰而環經。

成人有其兄死而不為衰者，聞子皐將為成宰，遂為衰。成人曰：「蠶則績而蟹有匡，范則冠而蟬有緌，兄則死而子皐為之衰。」

樂正子春之母死，五日而不食。曰：「吾悔之。自吾母而不得吾情，吾惡乎用吾情。」

歲旱，穆公召縣子而問然，曰：「天久不雨，吾欲暴尪而奚若？」曰：「天久不雨，而暴人之疾子，虐，毋乃不可與？」「然則吾欲暴巫而奚若？」曰：「天則不雨，而望之愚婦人，於以求之，毋乃已疏乎？」「徙市則奚若？」曰：「天子崩，巷市七日；諸侯薨，巷市三日。為之徙市，不亦可乎！」孔子曰：「衛人之祔也，離之。魯人之祔也，合之，善夫。」

第五 王制

王者之制：祿爵：公、侯、伯、子、男，凡五等。諸侯之上大夫卿、下大夫、上士、中士、下士，凡五等。天子之田方千里，公、侯田方百里，伯七十里，子、男五十里。不能五十里者，不合於天子，附於諸侯，曰附庸。天子之三公之田視公、侯，天子之卿視伯，天子之大夫視子、男，天子之元士視附庸。

制：農田百畝，百畝之分，上農夫食九人，其次食八人，其次食七人，其次食六人，下農夫食五人。庶人在官者，其祿以是為差也。諸侯之下士，視上農夫，祿足以代其耕也。中士倍下士，上士倍中士，下大夫倍上士。卿，四大夫祿；君，十卿祿。次國之卿，三大夫祿；君，十卿祿。小國之卿，倍大夫祿，君十卿祿。

次國之上卿，位當大國之中，中當其下，下當其上大夫。小國之上卿，位當大國之下卿，中當其上大夫，下當其下大夫。其有中士、下士者，數各居其上之三分。

凡四海之內九州，州方千里。州，建百里之國三十，七十里之國六十，五十里之國百有二十，凡二百一十國。名山、大澤不以封，其餘以為附庸、閒田。八州，州二百一十國。天子之縣內，方百里之國九，七十里之國二十有一，五十里之國六十有三，凡九十三國。名山、大澤不以盼，其餘以祿士，以為閒田。凡九州，千七百七十三國。天子之元士、諸侯之附庸不與。

天子百里之內以共官，千里之內以為御。千里之外，設方伯。五國以為屬，屬有長。十國以為連，連有帥。三十國以為卒，卒有正。二百一十國以為州，州有伯。八州八伯，五十六正，百六十八帥，三百三十六長。八伯各以其屬，屬於天子之老二人，分天下以為左右，曰二伯。千里之內曰甸，千里之外，曰采，曰流。

天子：三公，九卿，二十七大夫，八十一元士。大國：三卿，皆命於天子，下大夫五人，上士二十七人。

次國：三卿，二卿命於天子，一卿命於其君，下大夫五人，上士二十七人。小國：二卿皆命於其君，下大夫五人，上士二十七人。

天子使其大夫為三監，監於方伯之國，國三人。

天子之縣內諸侯，祿也；外諸侯，嗣也。

制：三公，一命卷。若有加，則賜也，不過九命。次國之君，不過七命。小國之君，不過五命。大國之卿，不過三命，下卿再命。小國之卿與下大夫一命。

凡官民材，必先論之，論辨然後使之，任事然後爵之，位定然後祿之。爵人於朝，與士共之。刑人於市，與眾棄之。是故公家不畜刑人，大夫弗養，士遇之塗，弗與言也。屏之四方，唯其所之，不及以政，亦弗故生也。

諸侯之於天子也，比年一小聘，三年一大聘，五年一朝。天子五年一巡守。歲二月，東巡守，至于岱宗，柴而望祀山川，覲諸侯，問百年者就見之。命大師陳詩，以觀民風；命市納賈，以觀民之所好惡，志淫好辟；命典禮考時、月，定日，同律，禮、樂、制度、衣服正之。山川神祇，有不舉者，為不敬；不敬者，君削以地。宗廟，有不順者，為不孝；不孝者，君絀以爵。變禮易樂者，為不從；不從者，君流。革制度衣服者，為畔，畔者君討。有功德於民者，加地進律。五月，南巡守，至于南嶽，如東巡守之禮。八月，西巡守，至于西嶽，如南巡守之禮。十有一月，北巡守，至于北嶽，如西巡守之禮。歸，假于祖禰，用特。

天子將出，類乎上帝，宜乎社，造乎禰。諸侯將出，宜乎社，造乎禰。

天子無事與諸侯相見曰朝，考禮、正刑、一德，以尊于天子。天子賜諸侯樂則，以柷將之；賜伯、子、男樂則，以鼗將之。

諸侯，賜弓、矢，然後征；賜鈇、鉞，然後殺；賜圭瓚，然後為鬯。未賜圭瓚，則資鬯於天子。天子命之教，然後為學。小學在公宮南之左，大學在郊，天子曰辟廱，諸侯曰頖宮。

天子將出征，類乎上帝，宜乎社，造乎禰，禡於所征之地。受命於祖，受成於學。出征，執有罪，反，釋奠于學，以訊馘告。

天子、諸侯無事則歲三田。一為乾豆，二為賓客，三為充君之庖。無事而不田，曰不敬；田不以禮，曰暴天物。天子不合圍，諸侯不掩群。天子殺則下大綏，諸侯殺則下小綏，大夫殺則止佐車。佐車止，則百姓田獵。獺祭魚，然後虞人入澤梁。豺祭獸，然後田獵。鳩化為鷹，然後設罻羅。草木零落，然後入山林。昆蟲未蟄，不以火田。不麛，不卵，不殺胎，不殀夭，不覆巢。

冢宰制國用，必於歲之杪。五穀皆入，然後制國用。用地小大，視年之豐耗。以三十年之通制國用，量入以為出。祭用數之仂。喪，三年不祭，唯祭天地社稷，為越紼而行事。喪用三年之仂。喪祭，用不足曰暴，有餘曰浩。祭，豐年不奢，凶年不儉。國無九年之蓄，曰不足；無六年之蓄，曰急；無三年之蓄，曰非其國也。三年耕，必有一年之食；九年耕，必有三年之食。以三十年之通，雖有凶旱水溢，民無菜色，然後天子食，日舉以樂。

天子七日而殯，七月而葬。諸侯五日而殯，五月而葬。大夫、士、庶人，三日而殯，三月而葬。三年之喪，自天子達。庶人縣封，葬不為雨止，不封不樹。喪不貳事，自天子達于庶人。喪從死者，祭從生者。支子不祭。

天子七廟，三昭三穆，與大祖之廟而七。諸侯五廟，二昭二穆，與大祖之廟而五。大夫三廟，一昭一穆，與大祖之廟而三。士一廟，庶人祭于寢。

天子、諸侯宗廟之祭，春曰礿，夏曰禘，秋曰嘗，冬曰烝。天子祭天地，諸侯祭社稷，大夫祭五祀。天子祭天下名山大川，五嶽視三公，四瀆視諸侯。諸侯祭名山大川之在其地者。天子諸侯祭因國之在其地而無主後者。

天子犆礿，祫禘、祫嘗，祫烝。諸侯礿則不禘，禘則不嘗，嘗則不烝，烝則不礿。諸侯礿，犆；禘，一犆一祫；嘗，祫；烝，祫。

天子社稷皆大牢，諸侯社稷皆少牢。大夫、士宗廟之祭，有田則祭，無田則薦。庶人春薦韭，夏薦麥，秋薦黍，冬薦稻。韭以卵，麥以魚，黍以豚，稻以雁。祭天地之牛，角繭、栗；宗廟之牛，角握；賓客之牛，角尺。諸侯無故不殺牛，大夫無故不殺羊，士無故不殺犬、豕，庶人無故不食珍。庶羞不踰牲，燕衣不踰祭服，寢不踰廟。

古者公田，藉而不稅；市，廛而不稅；關，譏而不征；林、麓、川、澤，以時入而不禁。夫圭田無征。用民之力，歲不過三日。田里不粥，墓地不請。

司空執度，度地居民，山川沮澤，時四時，量地遠近，興事任力。凡使民，任老者之事，食壯者之食。

凡居民材，必因天地寒煖燥溼。廣谷大川異制，民生其間者異俗，剛柔、輕重、遲速異齊，五味異和，器械異制，衣服異宜。脩其教，不易其俗；齊其政，不易其宜。中國、戎夷，五方之民，皆有性也，不可推移。東方曰夷，被髮文身，有不火食者矣。南方曰蠻，雕題交趾，有不火食者矣。西方曰戎，被髮衣皮，有不粒食者矣。北方曰狄，衣羽毛穴居，有不粒食者矣。中國、夷、蠻、戎、狄，皆有安居、和味、宜服、利用、備器。五方之民，言語不通，嗜欲不同。達其志，通其欲：東方曰寄，南方曰象，西方曰狄鞮，北方曰譯。

凡居民，量地以制邑，度地以居民。地、邑、民居，必參相得也。無曠土，無游民，食節事時，民咸安其居，樂事勸功，尊君親上，然後興學。

司徒脩六禮以節民性，明七教以興民德；齊八政以防淫，一道德以同俗；養耆老以致孝，恤孤獨以逮不足；上賢以崇德，簡不肖以絀惡。

命鄉，簡不帥教者以告。耆老皆朝于庠，元日，習射上功，習鄉上齒。大司徒帥國之俊士與執事焉。不變，命國之右鄉，簡不帥教者移之左，命國之左鄉，簡不帥教者移之右，如初禮。不變，移之郊，如初禮。不變，移之遂，如初禮。不變，屏之遠方，終身不齒。

命鄉，論秀士，升之司徒，曰選士。司徒論選士之秀者而升之學，曰俊士。升於司徒者，不征於鄉，升於學者，不征於司徒，曰造士。樂正崇四術，立四教，順先王詩、書、禮、樂以造士。春、秋教以禮、樂，冬、夏教以詩、書。王大子，王子，群后之大子，卿、大夫、元士之適子，國之俊選，皆造焉。凡入學以齒。

將出學，小胥、大胥、小樂正簡不帥教者以告于大樂正，大樂正以告于王。王命三公、九卿、大夫、元士皆入學。不變，王親視學。不變，王三日不舉，屏之遠方，西方曰棘，東方曰寄，終身不齒。

大樂正論造士之秀者，以告于王，而升諸司馬，曰進士。司馬辨論官材，論進士之賢者，以告於王，而定其論。論定，然後官之；任官，然後爵之；位定，然後祿之。

大夫廢其事，終身不仕，死以士禮葬之。有發，則命大司徒教士以車甲。凡執技論力，適四方，贏股肱，決射御。凡執技以事上者，祝、史、射、御、醫、卜及百工。凡執技以事上者，不貳事，不移官，出鄉不與士齒。仕於家者，出鄉不與士齒。

司寇正刑明辟，以聽獄訟，必三刺。有旨無簡，不聽。附從輕，赦從重。凡制五刑，必即天論，郵罰麗於事。凡聽五刑之訟，必原父子之親，立君臣之義，以權之。意論輕重之序，慎測淺深之量，以別之。悉其聰明，致其忠愛，以盡之。疑獄，汜與眾共之；眾疑，赦之。必察小大之比，以成之。

成獄辭，史以獄成告於正，正聽之。正以獄成告于大司寇，大司寇聽之棘木之下。大司寇以獄之成告於王，王命三公參聽之。三公以獄之成告於王，王三又，然後制刑。凡作刑罰，輕無赦。刑者侀也，侀者成也，一成而不可變，故君子盡心焉。

析言破律，亂名改作，執左道以亂政，殺。作淫聲、異服、奇技、奇器以疑眾，殺。行偽而堅，言偽而辯，學非而博，順非而澤，以疑眾，殺。假於鬼神、時日、卜筮以疑眾，殺。此四誅者，不以聽。凡執禁以齊眾，不赦過。

有圭璧、金璋，不粥於市，命服、命車，不粥於市。宗廟之器，不粥於市。犧牲，不粥於市。戎器，不粥於市。用器不中度，不粥於市。兵車不中度，不粥於市。布帛精麤不中數，幅廣狹不中量，不粥於市。姦色亂正色，不粥於市。錦文、珠玉成器，不粥於市。衣服飲食，不粥於市。五穀不時，果實未熟，不粥於市。木不中伐，不粥於市。禽獸魚鼈不中殺，不粥於市。關執禁以譏，禁異服，識異言。

大史典禮，執簡記，奉諱惡。

天子齊戒受諫。司會以歲之成質於天子，冢宰齊戒受質。大樂正、大司寇、市，三官以其成從質於天子。大司徒、大司馬、大司空齊戒受質，百官各以其成質於三官。大司徒、大司馬、大司空以百官之成質於天子，百官齊戒受質。然後休老勞農，成歲事，制國用。

凡養老，有虞氏以燕禮，夏后氏以饗禮，殷人以食禮，周人脩而兼用之。五十養於鄉，六十養於國，七十養於學，達於諸侯。
八十拜君命，一坐再至，瞽亦如之。九十使人受。
五十異粻，六十宿肉，七十貳膳，八十常珍，九十飲食
不離寢，膳飲從於遊可也。六十歲制，七十時制，八十
月制，九十日脩。唯絞、紟、衾、冒，死而後制。五十
始衰，六十非肉不飽，七十非帛不煖，八十非人不煖，
九十雖得人不煖矣。五十杖於家，六十杖於鄉，七十杖
於國，八十杖於朝，九十者，天子欲有問焉，則就其
室，以珍從。七十不俟朝，八十月告存，九十日有秩。
五十不從力政，六十不與服戎，七十不與賓客之事，
八十齊喪之事弗及也。五十而爵，六十不親學，七十致

政，唯衰麻為喪。

有虞氏養國老於上庠，養庶老於下庠。夏后氏養國老於東序，養庶老於西序。殷人養國老於右學，養庶老於左學。周人養國老於東膠，養庶老於虞庠。虞庠在國之西郊。有虞氏皇而祭，深衣而養老。夏后氏收而祭，燕衣而養老。殷人冔而祭，縞衣而養老。周人冕而祭，玄衣而養老。凡三王養老，皆引年。

八十者，一子不從政。九十者，其家不從政。廢疾非人不養者，一人不從政。父母之喪，三年不從政。齊衰、大功之喪，三月不從政。將徙於諸侯，三月不從政。自諸侯來徙家，期不從政。

少而無父者謂之孤，老而無子者謂之獨，老而無妻者謂之矜，老而無夫者謂之寡。此四者，天民之窮而無告者也，皆有常餼。瘖、聾、跛躃、斷者，侏儒、百工各以其器食之。

道路，男子由右，婦人由左，車從中央。父之齒隨行，兄之齒雁行，朋友不相踰。輕任并，重任分，斑白者不提挈。君子耆老不徒行，庶人耆老不徒食。

大夫祭器不假。祭器未成，不造燕器。

方一里者，為田九百畝。方十里者，為方一里者百，為田九萬畝。方百里者，為方十里者百，為田九十億畝。方千里者，為方百里者百，為田九萬億畝。

自恆山至於南河，千里而近。自南河至於江，千里而近。自江至於衡山，千里而遙。自東河至於東海，千里而遙。自東河至於西河，千里而近。自西河至於流沙，千里而遙。西不盡流沙，南不盡衡山，東不近東海，北不盡恆山，凡四海之內，斷長補短，方三千里，為田八十萬億一萬億畝。方百里者，為田九十億畝，山陵、林麓、川澤、溝瀆、城郭、宮室、塗巷三分去一，其餘六十億畝。

古者以周尺八尺為步，今以周尺六尺四寸為步。古者百畝，當今東田百四十六畝三十步。古者百里，當今百二十一里六十步四尺二寸二分。

方千里者，為方百里者百，封方百里者三十國，其餘方百里者七十。又封方七十里者六十，為方百里者二十九，方十里者四十。其餘方百里者四十，方十里者六十。又封方五十里者百二十，為方百里者三十。其餘方百里者十，方十里者六十。名山大澤不以封。其餘以為附庸閒田。諸侯之有功者，取於閒田以祿之。其有削地者，歸之閒田。

天子之縣內，方千里者，為方百里者百。封方百里者九，其餘方百里者九十一。又封方七十里者二十一，為方百里者十，方十里者二十九。其餘方百里者八十，方十里者七十一。又封方五十里者六十三，為方百里者十五，方十里者七十五。其餘方百里者六十四，方十里者九十六。

諸侯之下士祿食九人，中士食十八人，上士食三十六人。下大夫食七十二人，卿食二百八十八人，君食二千八百八十人。次國之卿食二百一十六人，君食二千一百六十人。小國之卿食百四十四人，君食千四百四十人。次國之卿，命於其君者。如小國之卿。

天子之大夫為三監，監於諸侯之國者，其祿視諸侯之卿，其爵視次國之君，其祿取之於方伯之地。方伯為朝天子，皆有湯沐之邑於天子之縣內，視元士。諸侯世子世國，大夫不世爵。使以德，爵以功。未賜爵，視天子之元士，以君其國，諸侯之大夫，不世爵、祿。六禮：冠、昏、喪、祭、鄉、相見。七教：父子、兄弟、夫婦、君臣、長幼、朋友、賓客。八政：飲食、衣服、事為、異別、度、量、數、制。

第六 月令

孟春之月，日在營室，昏參中，旦尾中。其日甲乙。其帝大皞，其神句芒。其蟲鱗。其音角，律中大簇。其數八。其味酸，其臭羶。其祀戶，祭先脾。

東風解凍，蟄蟲始振，魚上冰，獺祭魚，鴻鴈來。

天子居青陽左个。乘鸞路，駕蒼龍，載青旂，衣青衣，服倉玉。食麥與羊，其器疏以達。

是月也，以立春。先立春三日，大史謁之天子曰：「某日立春，盛德在木。」天子乃齊。立春之日，天子親帥三公、九卿、諸侯、大夫以迎春於東郊。還反，賞公、卿、大夫於朝。命相布德和令，行慶施惠，下及兆民，慶賜遂行，毋有不當。乃命大史守典奉法，司天日月星辰之行，宿離不貸，毋失經紀，以初為常。

是月也，天子乃以元日祈穀于上帝。乃擇元辰，天子親載耒耜，措之于參保介之御間，帥三公、九卿、諸侯、大夫躬耕帝藉。天子三推，三公五推，卿、諸侯九推。反，執爵于大寢，三公、九卿、諸侯、大夫皆御，命曰勞酒。

是月也，天氣下降，地氣上騰，天地和同，草木萌動。王命布農事，命田舍東郊，皆脩封疆，審端徑、術，善相丘陵、阪險、原隰土地所宜。五穀所殖，以教道民，必躬親之。田事既飭，先定準直，農乃不惑。

是月也，命樂正入學習舞。乃脩祭典。命祀山林川澤，犧牲毋用牝。禁止伐木，毋覆巢，毋殺孩蟲、胎、夭、飛鳥。毋麛、毋卵。毋聚大眾，毋置城郭。掩骼埋胔。

是月也，不可以稱兵，稱兵必天殃。兵戎不起，不可從我始。毋變天之道，毋絕地之理，毋亂人之紀。

孟春行夏令，則雨水不時，草木蚤落，國時有恐。行秋令，則民其大疫，猋風暴雨總至，藜莠蓬蒿並興。行冬令，則水潦為敗，雪霜大摯，首種不入。

仲春之月，日在奎，昏弧中，旦建星中。其日甲乙，其帝大皞，其神句芒。其蟲鱗。其音角，律中夾鍾。其數八。其味酸，其臭羶。其祀戶，祭先脾。始雨水，桃始華，倉庚鳴，鷹化為鳩。天子居青陽大廟，乘鸞路，駕倉龍，載青旂，衣青衣，服倉玉，食麥與羊，其器疏以達。

是月也，安萌芽，養幼少，存諸孤。擇元日，命民社。命有司省囹圄，去桎梏，毋肆掠，止獄訟。

是月也，玄鳥至。至之日，以大牢祠于高禖。天子親往，后妃帥九嬪御。乃禮天子所御，帶以弓韣，授以弓矢，于高禖之前。

是月也，日夜分。雷乃發聲，始電，蟄蟲咸動，啟戶始出。先雷三日，奮木鐸以令兆民曰：「雷将發聲，有不戒其容止者，生子不備，必有凶災。」日夜分，則同度、量，鈞衡、石，角斗甬，正權、概。

是月也，耕者少舍，乃脩闔、扇，寢廟畢備。毋作大事，以妨農之事。

是月也，毋竭川澤，毋漉陂池，毋焚山林。天子乃鮮羔開冰，先薦寢廟。上丁，命樂正習舞，釋菜。天子乃帥三公、九卿、諸侯、大夫親往視之。仲丁，又命樂正入學，習舞。是月也，祀不用犧牲，用圭璧，更皮幣。

仲春行秋令，則其國大水，寒氣總至，寇戎來征。行冬令，則陽氣不勝，麥乃不熟，民多相掠。行夏令，則國乃大旱，煖氣早來，蟲螟為害。

季春之月，日在胃，昏七星中，旦牽牛中。其日甲乙。其帝大皞，其神句芒。其蟲鱗。其音角，律中姑洗。其數八。其味酸，其臭羶。其祀戶，祭先脾。桐始華，田鼠化為鴽，虹始見，蓱始生。天子居青陽右个，乘鸞路，駕倉龍，載青旂，衣青衣，服倉玉。食麥與羊。其器疏以達。

是月也，天子乃薦鞠衣于先帝。命舟牧覆舟，五覆五反，乃告「舟備具」於天子焉。天子始乘舟，薦鮪于寢廟。乃為麥祈實。

是月也，生氣方盛，陽氣發泄，句者畢出，萌者盡達，不可以內。天子布德行惠，命有司發倉廩，賜貧窮，振乏絕；開府庫，出幣帛，周天下；勉諸侯，聘名士，禮賢者。

是月也，命司空曰：「時雨將降，下水上騰，循行國邑，周視原野，修利隄防，道達溝瀆，開通道路，毋有障塞。田獵、罝罘、羅罔、畢翳、餧獸之藥，毋出九門。」

是月也，命野虞毋伐桑柘。鳴鳩拂其羽，戴勝降于桑。具曲、植、籧、筐，后妃齊戒，親東鄉躬桑。禁婦女毋觀，省婦使，以勸蠶事。蠶事既登，分繭稱絲效功，以共郊廟之服，毋有敢惰。

是月也，命工師令百工審五庫之量，金、鐵、皮、革、筋、角、齒，羽、箭、幹，脂、膠、丹、漆，毋或不良。百工咸理，監工日號：「毋悖于時，毋或作為淫巧，以蕩上心。」

是月之末，擇吉日，大合樂，天子乃帥三公、九卿、諸侯、大夫親往視之。是月也，乃合累牛、騰馬，遊牝於牧。犧牲、駒、犢，舉，書其數。命國難，九門磔攘，以畢春氣。

季春行冬令，則寒氣時發，草木皆肅，國有大恐。行夏令，則民多疾疫，時雨不降，山陵不收。行秋令，則天多沉陰，淫雨蚤降，兵革並起。

孟夏之月，日在畢，昏翼中，旦婺女中。其日丙丁。其帝炎帝，其神祝融。其蟲羽。其音徵，律中中呂。其數七。其味苦，其臭焦。其祀竈，祭先肺。螻蟈鳴，蚯蚓出，王瓜生，苦菜秀。天子居明堂左个，乘朱路，駕赤騮，載赤旂，衣朱衣，服赤玉，食菽與雞，其器高以粗。

是月也，以立夏。先立夏三日，大史謁之天子曰：「某日立夏，盛德在火。」天子乃齊。立夏之日，天子親帥三公、九卿、大夫以迎夏於南郊。還反，行賞，封諸侯。慶賜遂行，無不欣說。乃命樂師，習合禮樂。命大尉，贊桀俊，遂賢良，舉長大。行爵出祿，必當其位。

是月也，繼長增高，毋有壞墮。毋起土功，毋發大眾，毋伐大樹。是月也，天子始絺。命野虞出行田原，為天子勞農勸民，毋或失時。命司徒巡行縣、鄙，命農勉作，毋休于都。

是月也，驅獸毋害五穀，毋大田獵。農乃登麥，天子乃以彘嘗麥，先薦寢廟。是月也，聚畜百藥。靡草死，麥秋至。斷薄刑，決小罪，出輕繫。蠶事畢，后妃獻繭。乃收繭稅，以桑為均，貴賤長幼如一，以給郊廟之服。是月也，天子飲酎，用禮樂。

孟夏行秋令，則苦雨數來，五穀不滋，四鄙入保。行冬令，則草木蚤枯，後乃大水，敗其城郭。行春令，則蝗蟲為災，暴風來格，秀草不實。

仲夏之月，日在東井，昏亢中，旦危中。其日丙丁。其帝炎帝，其神祝融。其蟲羽。其音徵，律中蕤賓。其數七。其味苦，其臭焦。其祀竈，祭先肺。小暑至，螳螂生。鵙始鳴，反舌無聲。天子居明堂大廟，乘朱路，駕赤騮，載青旂，衣朱衣，服赤玉，食菽與雞，其器高以粗。養壯佼。

是月也，命樂師脩鞀、鞞、鼓，均琴、瑟、管、簫，執干、戚、戈、羽，調竽、笙、篪、簧，飭鐘、磬、柷、敔。命有司為民祈祀山川百源，大雩帝，用盛樂。乃命百縣，雩祀百辟卿士有益於民者，以祈穀實。農乃登黍。是月也，天子乃以雛嘗黍，羞以含桃，先薦寢廟。令民毋艾藍以染，毋燒灰，毋暴布。門閭毋閉，關市毋索。挺重囚，益其食。遊牝別群，則縶騰駒，班馬政。

是月也，日長至，陰陽爭，死生分。君子齊戒，處必掩身，毋躁。止聲色，毋或進。薄滋味，毋致和。節耆欲，定心氣。百官靜事毋刑，以定晏陰之所成。鹿角解，蟬始鳴。半夏生，木堇榮。是月也，毋用火南方。可以居高明，可以遠眺望，可以升山陵，可以處臺榭。

仲夏行冬令，則雹凍傷穀，道路不通，暴兵來至。行春令，則五穀晚熟，百螣時起，其國乃饑。行秋令，則草木零落，果實早成，民殃於疫。

季夏之月，日在柳，昏火中，旦奎中。其日丙丁。其帝炎帝，其神祝融。其蟲羽。其音徵，律中林鍾。其數七。其味苦，其臭焦。其祀竈，祭先肺。溫風始至，蟋蟀居壁，鷹乃學習，腐草為螢。天子居明堂右个，乘朱路，駕赤騮，載朱旂，衣朱衣，服赤玉，食菽與雞，其器高以粗。

命漁師伐蛟、取鼉，登龜、取黿。命澤人納材葦。

是月也，命四監大合百縣之秩芻，以養犧牲。令民無不咸出其力，以共皇天上帝、名山大川、四方之神，以祠宗廟社稷之靈，以為民祈福。

是月也，命婦官染采，黼、黻、文、章必以法故，無或差貸。黑、黃、倉、赤莫不質良，無敢詐偽。以給郊廟祭祀之服，以為旗章，以別貴賤等級之度。

是月也，樹木方盛，乃命虞人入山行木，毋有斬伐。不可以興土功，不可以合諸侯，不可以起兵動眾，毋舉大事，以搖養氣。毋發令而待，以妨神農之事也。水潦盛昌，神農將持功，舉大事則有天殃。

是月也，土潤溽暑，大雨時行。燒薙行水，利以殺草，如以熱湯。可以糞田疇，可以美土疆。

季夏行春令，則穀實鮮落，國多風欬，民乃遷徙。行秋令則丘隰水潦，禾稼不熟，乃多女災。行冬令，則風寒不時，鷹隼蚤鷙，四鄙入保。

中央土。其日戊巳，其帝黃帝，其神后土。其蟲倮，其音宮，律中黃鍾之宮。其數五。其味甘，其臭香。其祀中霤，祭先心。天子居大廟大室。乘大路，駕黃騮，載黃旂，衣黃衣，服黃玉。食稷與牛。其器圜以閎。

孟秋之月，日在翼，昏建星中，旦畢中。其日庚辛。其帝少皞，其神蓐收。其蟲毛。其音商，律中夷則。其數九。其味辛，其臭腥。其祀門，祭先肝。涼風至，白露降，寒蟬鳴。鷹乃祭鳥，用始行戮。天子居總章左个，乘戎路，駕白駱，載白旂，衣白衣，服白玉，食麻與犬，其器廉以深。

是月也，以立秋。先立秋三日，大史謁之天子曰：「某日立秋，盛德在金。」天子乃齊。立秋之日，天子親帥三公、九卿、諸侯、大夫，以迎秋於西郊。還反，賞軍帥武人於朝。天子乃命將帥，選士厲兵，簡練桀俊，專任有功，以征不義，詰誅暴慢，以明好惡，順彼遠方。

是月也，命有司脩法制，繕囹圄，具桎梏，禁止姦，慎罪邪，務搏執。命理瞻傷，察創，視折，審斷。決獄訟，必端平。戮有罪，嚴斷刑。天地始肅，不可以贏。

是月也，農乃登穀。天子嘗新，先薦寢廟。命百官，始收斂，完隄防，謹壅塞，以備水潦；脩宮室，坏牆垣，補城郭。是月也，毋以封諸侯，立大官。毋以割地，行大使，出大幣。

孟秋行冬令，則陰氣大勝，介蟲敗穀，戎兵乃來。行春令，則其國乃旱，陽氣復還，五穀無實。行夏令，則國多火災，寒熱不節，民多虐疾。

仲秋之月，日在角，昏牽牛中，旦觜觽中。其日庚辛。其帝少皞，其神蓐收。其蟲毛。其音商，律中南呂。其數九。其味辛，其臭腥。其祀門，祭先肝。盲風至，鴻鴈來，玄鳥歸，群鳥養羞。天子居總章大廟，乘戎路，駕白駱，載白旂，衣白衣，服白玉，食麻與犬，其器廉以深。

是月也，養衰老，授几杖，行糜粥飲食。乃命司服，具飭衣裳，文繡有恆，制有小大，度有長短，衣服有量，必循其故，冠帶有常。乃命有司，申嚴百刑，斬殺必當，毋或枉橈。枉橈不當，反受其殃。

是月也，乃命宰、祝，循行犧牲，視全具，案芻豢，瞻肥瘠，察物色。必比類，量小大，視長短，皆中度。五者備當，上帝其饗。天子乃難，以達秋氣。以犬嘗麻，先薦寢廟。

是月也，可以築城郭，建都邑，穿竇窖，脩囷倉。乃命有司，趣民收斂，務畜菜，多積聚。乃勸種麥，毋或失時，其有失時，行罪無疑。

是月也，日夜分，雷始收聲。蟄蟲坏戶，殺氣浸盛，陽氣日衰，水始涸。日夜分，則同度、量，平權、衡，正鈞、石，角斗、甬。

是月也，易關市，來商旅，納貨賄，以便民事。四方來集，遠鄉皆至，則財不匱，上無乏用，百事乃遂。凡舉大事，毋逆大數，必須其時，慎因其類。

仲秋行春令，則秋雨不降，草木生榮，國乃有恐。行夏令，則其國乃旱，蟄蟲不藏，五穀復生。行冬令，則風災數起，收雷先行，草木蚤死。

季秋之月，日在房，昏虛中，旦柳中。其日庚辛。其帝少皞，其神蓐收。其蟲毛。其音商，律中無射。其數九。其味辛，其臭腥。其祀門，祭先肝。鴻鴈來賓，爵入大水為蛤。鞠有黃華，豺乃祭獸戮禽。天子居總章右个，乘戎路，駕白駱，載白旂，衣白衣，服白玉，食麻與犬，其器廉以深。

是月也，申嚴號令，命百官貴賤無不務內，以會天地之藏，無有宣出。乃命冢宰，農事備收，舉五穀之要，藏帝藉之收於神倉，祗敬必飭。

是月也，霜始降，則百工休。乃命有司曰：「寒氣總至，民力不堪，其皆入室。」上丁，命樂正入學，習吹。是月也，大饗帝，嘗，犧牲告備于天子。合諸侯，制百縣，為來歲受朔日，與諸侯所稅於民輕重之法，貢職之數，以遠近土地所宜為度，以給郊廟之事，無有所私。

是月也，天子乃教於田獵，以習五戎，班馬政。命僕及七騶咸駕，載旌旐，授車以級，整設于屏外。司徒搢扑，北面誓之。天子乃厲飾，執弓挾矢以獵，命主祠祭禽于四方。

是月也，草木黃落，乃伐薪為炭。蟄蟲咸俯在內，皆墐其戶。乃趣獄刑，毋留有罪。收祿秩之不當、供養之不宜者。

是月也，天子乃以犬嘗稻，先薦寢廟。

季秋行夏令，則其國大水，冬藏殃敗，民兵鼽嚏。行冬令，則國多盜賊，邊竟不寧，土地分裂。行春令，則煖風來至，民氣解惰，師興不居。

孟冬之月，日在尾，昏危中，旦七星中。其日壬癸。其帝顓頊，其神玄冥。其蟲介。其音羽，律中應鍾。其數六。其味鹹，其臭朽。其祀行，祭先腎。水始冰，地始凍。雉入大水為蜃。虹藏不見。天子居玄堂左个，乘玄路，駕鐵驪，載玄旂，衣黑衣，服玄玉。食黍與彘。其器閎以奄。

是月也，以立冬。先立冬三日，大史謁之天子曰：「某日立冬，盛德在水。」天子乃齊。立冬之日，天子親帥三公、九卿、大夫以迎冬於北郊。還反，賞死事，恤孤寡。

是月也，命大史釁龜、筴，占兆，審卦，吉凶是察。阿黨則罪，無有掩蔽。是月也，天子始裘。命有司曰：「天氣上騰，地氣下降，天地不通，閉塞而成冬。」命百官謹蓋藏。命司徒循行積聚，無有不斂。坏城郭，戒門閭，脩鍵閉，慎管籥，固封疆，備邊竟。完要塞，謹關梁，塞徯徑。飭喪紀，辨衣裳，審棺槨之厚薄，塋丘壟之大小、高卑、厚薄之度，貴賤之等級。

是月也，命工師效功，陳祭器，按度程。毋或作為淫巧，以蕩上心。必功致為上。物勒工名，以考其誠。功有不當，必行其罪，以窮其情。

是月也，大飲烝，天子乃祈來年於天宗，大割祠于公社及門閭，臘先祖五祀，勞農以休息之。天子乃命將帥講武，習射御，角力。是月也，乃命水虞、漁師收水泉池澤之賦，毋或敢侵削眾庶兆民，以為天子取怨于下。其有若此者，行罪無赦。

孟冬行春令，則凍閉不密，地氣上泄，民多流亡。行夏令，則國多暴風，方冬不寒，蟄蟲復出。行秋令，則雪霜不時，小兵時起，土地侵削。

仲冬之月，日在斗，昏東壁中，旦軫中。其日壬癸。其帝顓頊，其神玄冥。其蟲介。其音羽，律中黃鍾。其數六。其味鹹，其臭朽。其祀行，祭先腎。冰益壯，地始坼，鶡旦不鳴，虎始交。天子居玄堂大廟，乘玄路，駕鐵驪，載玄旂，衣黑衣，服玄玉。食黍與彘，其器閎以奄。

飭死事。命有司曰：「土事毋作，慎毋發蓋，毋發室屋及起大眾，以固而閉。地氣沮泄，是謂發天地之房，諸蟄則死，民必疾疫，又隨以喪。命之曰暢月。」

是月也，命奄尹申宮令，審門閭，謹房室，必重閉，省婦事，毋得淫。雖有貴戚近習，毋有不禁。乃命大酋，秫稻必齊，麴櫱必時，湛熾必絜，水泉必香，陶器必良，火齊必得。兼用六物，大酋監之，毋有差貸。天子命有司祈祀四海、大川、名源、淵澤、井泉。

是月也，農有不收藏積聚者，馬牛畜獸有放佚者，取之不詰。山林藪澤，有能取蔬食、田獵禽獸者，野虞教道之。其相侵奪者，罪之不赦。

是月也，日短至。陰陽爭，諸生蕩。君子齊戒，處必掩身。身欲寧，去聲色，禁耆慾，安形性。事欲靜，以待陰陽之所定。芸始生，荔挺出，蚯蚓結，麋角解，水泉動。日短至，則伐木，取竹箭。是月也，可以罷官之無事，去器之無用者。塗闕廷、門閭，築囹圄，此以助天地之閉藏也。

仲冬行夏令，則其國乃旱，氛霧冥冥，雷乃發聲。行秋令，則天時雨汁，瓜瓠不成，國有大兵。行春令，則蝗蟲為敗，水泉咸竭，民多疥癘。

季冬之月，日在婺女，昏婁中，旦氐中。其日壬癸。其帝顓頊，其神玄冥。其蟲介。其音羽，律中大呂。其數六。其味鹹，其臭朽。其祀行，祭先腎。鴈北鄉，鵲始巢，雉雊，雞乳。天子居玄堂右个，乘玄路，駕鐵驪，載玄旂，衣黑衣，服玄玉，食黍與彘，其器閎以奄。

命有司大難，旁磔，出土牛，以送寒氣。征鳥厲疾。乃畢山川之祀，及帝之大臣，天之神祇。是月也，命漁師始漁。天子親往，乃嘗魚，先薦寢廟。冰方盛，水澤腹堅，命取冰，冰以入。令告民，出五種。命農計耦耕事，脩耒耜，具田器。命樂師大合吹而罷。乃命四監收秩薪柴，以共郊廟及百祀之薪燎。

是月也，日窮于次，月窮于紀，星回于天，數將幾終，歲且更始。「專而農民，毋有所使。」天子乃與公、卿、大夫共飭國典，論時令，以待來歲之宜。乃命大史次諸侯之列，賦之犧牲，以共皇天、上帝、社稷之饗。乃命同姓之邦，共寢廟之芻豢。命宰歷卿、大夫至于庶民土田之數，而賦犧牲，以共山林名川之祀。凡在天下九州之民者，無不咸獻其力，以共皇天、上帝、社稷、寢廟、山林、名川之祀。

季冬行秋令，則白露蚤降，介蟲為妖，四鄙入保。

行春令，則胎夭多傷，國多固疾，命之曰逆。行夏令，則水潦敗國，時雪不降，冰凍消釋。

第七 曾子問

曾子問曰：「君薨而世子生，如之何？」孔子曰：「卿、大夫、士，從攝主，北面，於西階南。大祝裨冕，執束帛，升自西階，盡等，不升堂，命毋哭。祝聲三，告曰：『某之子生，敢告。』升，奠幣于殯東几上，哭，降。眾主人、卿、大夫、士，房中皆哭，不踊。盡一哀，反位，遂朝奠。小宰升，舉幣。三日，眾主人、卿、大夫、士，如初位，北面。大宰、大宗、大祝皆裨冕，少師奉子以衰。祝先，子從，宰、宗人從。入門，哭者止。子升自西階，殯前，北面，祝立于殯東南隅。祝聲三，曰：『某之子某，從執事，敢見。』子拜稽顙，哭。祝、宰、宗人、眾主人、卿、大夫、士，哭、踊三者三，降，東反位，皆袒。子踊，房中亦踊三者三。襲，衰，杖，奠，出。大宰命祝、史，以名徧告于五祀、山川。」

曾子問曰：「如已葬而世子生，則如之何？」孔子曰：「大宰、大宗從大祝而告于禰。三月，乃名于禰。以名徧告及社稷、宗廟、山川。」

孔子曰：「諸侯適天子，必告于祖，奠于禰，冕而出視朝，命祝、史告於社稷、宗廟、山川，乃命國家五官而後行，道而出。告者，五日而徧，過是，非禮也。凡告，用牲、幣。反，亦如之。諸侯相見，必告于禰。朝服而出視朝，命祝、史告于五廟、所過山川。亦命國家五官，道而出。反，必親告于祖、禰，乃命祝、史告至于前所告者，而后聽朝而入。」

曾子問曰：「並有喪，如之何？何先何後？」孔子曰：「葬，先輕而後重；其奠也，先重而後輕；禮也。自啟及葬，不奠，行葬不哀次；反葬奠，而後辭於殯，遂脩葬事。其虞也，先重而後輕，禮也。」

孔子曰：「宗子雖七十，無無主婦；非宗子，雖無主婦可也。」

曾子問曰：「將冠子，冠者至，揖讓而入，聞齊衰、大功之喪，如之何？」孔子曰：「內喪則廢。外喪則冠而不醴，徹饌而埽，即位而哭。如冠者未至，則廢。如將冠子而未及期日，而有齊衰、大功、小功之喪，則因喪服而冠。」「除喪不改冠乎？」孔子曰：「天子賜諸侯、大夫冕弁服於大廟，歸設奠，服賜服。於斯乎有冠醮，無冠醴。父沒而冠，則已冠埽地，而祭於禰。已祭，而見伯父、叔父，而后饗冠者。」

曾子問曰：「祭，如之何則不行旅酬之事矣？」孔子曰：「聞之，小祥者，主人練祭而不旅。奠酬於賓，賓弗舉，禮也。昔者，魯昭公練而舉酬行旅，非禮也；孝公大祥，奠酬弗舉，亦非禮也。」

曾子問曰：「大功之喪，可以與於饋奠之事乎？」孔子曰：「豈大功耳！自斬衰以下皆可，禮也。」曾子曰：「不以輕服而重相為乎？」孔子曰：「非此之謂也。天子、諸侯之喪，斬衰者奠；大夫，齊衰者奠；士，則朋友奠，不足，則取於大功以下者；不足，則反之。」曾子問曰：「小功可以與於祭乎？」孔子曰：「何必小功耳！自斬衰以下與奠，禮也。」曾子曰：「不以輕喪而重祭乎？」孔子曰：「天子、諸侯之喪，祭也，不斬衰者不與祭。大夫，齊衰者與祭；士，祭不足，則取於兄弟大功以下者。」曾子問曰：「相識，有喪服可以與於祭乎？」孔子曰：「緦不祭，又何助於人？」曾子問曰：「廢喪服，可以與於饋奠之事乎？」孔子曰：「說衰與奠，非禮也；以擯相可也。」

曾子問曰：「昏禮既納幣，有吉日，女之父母死，則如之何？」孔子曰：「壻使人弔。如壻之父母死，則女之家亦使人弔。父喪稱父，母喪稱母。父母不在，則稱伯父世母。壻，已葬，壻之伯父致命女氏曰：『某之子有父母之喪，不得嗣為兄弟，使某致命。』女氏許諾，而弗敢嫁，禮也。壻，免喪，女之父母使人請，壻弗取，而后嫁之，禮也。女之父母死，壻亦如之。」

曾子問曰：「親迎，女在塗，而壻之父母死，如之何？」孔子曰：「女改服布深衣，縞總以趨喪。女在塗，而女之父母死，則女反。」「如壻親迎，女未至，而有齊衰、大功之喪，則如之何？」孔子曰：「男不入，改服於外次；女入，改服於內次；然後即位而哭。」曾子問曰：「除喪則不復昏禮乎？」孔子曰：「祭，過時不祭，禮也；又何反於初？」

孔子曰：「嫁女之家，三夜不息燭，思相離也。取婦之家，三日不舉樂，思嗣親也。三月而廟見，稱『來婦』也。擇日而祭於禰，成婦之義也。」曾子問曰：「女未廟見而死，則如之何？」孔子曰：「不遷於祖，不祔於皇姑，壻不杖、不菲、不次，歸葬于女氏之黨，示未成婦也。」

曾子問曰：「取女，有吉日，而女死，如之何？」孔子曰：「壻齊衰而弔，既葬而除之。夫死，亦如之。」

曾子問曰：「喪有二孤，廟有二主，禮與？」孔子曰：「天無二日，土無二王。嘗、禘、郊、社，尊無二上。未知其為禮也。昔者齊桓公亟舉兵，作偽主以行，及反，藏諸祖廟。廟有二主，自桓公始也。喪之二孤，則昔者衛靈公適魯，遭季桓子之喪，衛君請弔。哀公辭，不得命。公為主，客入弔。康子立於門右，北面。

公揖讓，升自東階，西鄉；客升自西階弔。公拜，與，哭；康子拜稽顙於位。有司弗辯也。今之二孤，自季康子之過也。」

曾子問曰：「古者師行，必以遷廟主行乎？」孔子曰：「天子巡守，以遷廟主行，載于齊車，言必有尊也。今也，取七廟之主以行，則失之矣。當七廟、五廟無虛主。虛主者，唯天子崩，諸侯薨，與去其國，與祫祭於祖，為無主耳。吾聞諸老聃曰：『天子崩，國君薨，則祝取群廟之主而藏諸祖廟，禮也。卒哭成事，而后主各反其廟。君去其國，大宰取群廟之主以從，禮也。祫祭於祖，則祝迎四廟之主。主，出廟入廟，必蹕。』老聃云。」曾子問曰：「古者師行，無遷主，則何主？」孔子曰：「主命。」問曰：「何謂也？」孔子曰：「天子諸侯將出，必以幣、帛、皮、圭告于祖、禰，遂奉以出，載于齊車以行。每舍，奠焉而后就舍。反必告，設奠、卒，斂幣、玉，藏諸兩階之間，乃出。蓋貴命也。」

子游問曰：「喪慈母如母，禮與？」孔子曰：「非禮也。古者，男子外有傅，內有慈母，君命所使教子也，何服之有？昔者，魯昭公少喪其母，有慈母良，及其死也，公弗忍也，欲喪之。有司以聞，曰：『古之禮，慈母無服。今也君為之服，是逆古之禮而亂國法也。若終行之，則有司將書之，以遺後世。無乃不可乎？』公曰：『古者天子練冠以燕居。』公弗忍也。遂練冠以喪慈母。喪慈母，自魯昭公始也。」

曾子問曰：「諸侯旅見天子，入門，不得終禮，廢者幾？」孔子曰：「四。」請問之。曰：「大廟火，日食，后之喪，雨霑服失容，則廢。如諸侯皆在而日食，則從天子救日，各以其方色與其兵。大廟火，則從天子救火，不以方色與兵。」曾子問曰：「諸侯相見，揖讓入門，不得終禮，廢者幾？」孔子曰：「六。」請問之。曰：「天子崩，大廟火，日食，后、夫人之喪，雨霑服失容，則廢。」

曾子問曰：「天子嘗、禘、郊、社、五祀之祭，簠、簋既陳，天子崩，后之喪，如之何？」孔子曰：「廢。」曾子問曰：「當祭而日食，大廟火，其祭也如之何？」孔子曰：「接祭而已矣。如牲至未殺，則廢。天子崩，未殯，五祀之祭不行，既殯而祭。其祭也，尸入，三飯，不侑，酳不酢而已矣。自啟至于反哭，五祀之祭不行，已葬而祭，祝畢獻而已。」

曾子問曰：「諸侯之祭社稷，俎、豆既陳，聞天子崩，后之喪，君薨，夫人之喪，如之何？」孔子曰：「廢。自薨比至于殯，自啟至于反哭，奉帥天子。」

曾子問曰：「大夫之祭，鼎、俎既陳，籩、豆既設，不得成禮，廢者幾？」孔子曰：「九。」請問之。曰：「天子崩，后之喪，君薨，夫人之喪，君之大廟火，日食，三年之喪，齊衰，大功，皆廢。外喪自齊衰以下行也。其齊衰之祭也，尸入，三飯，不侑，酳不酢而已矣。大功，酢而已矣。小功、緦，室中之事而已矣。士之所以異者，緦不祭，所祭，於死者無服，則祭。」

曾子問曰：「三年之喪弔乎？」孔子曰：「三年之喪，練不群立，不旅行。君子禮以飾情，三年之喪而弔哭，不亦虛乎？」

曾子問曰：「大夫、士有私喪，可以除之矣。而有君服焉，其除之也如之何？」孔子曰：「有君喪，服於身，不敢私服，又何除焉？於是乎有過時而弗除也。君之喪服除而后殷祭，禮也。」曾子問曰：「父母之喪，弗除可乎？」孔子曰：「先王制禮，過時弗舉，禮也。非弗能勿除也，患其過於制也，故君子過時不祭，禮也。」

曾子問曰：「君薨，既殯，而臣有父、母之喪，則如之何？」孔子曰：「歸居于家，有殷事則之君所，朝夕否。」曰：「君既啟，而臣有父、母之喪，則如之何？」孔子曰：「歸哭，而反送君。」曰：「君未殯，而臣有父、母之喪，則如之何？」孔子曰：「歸殯，反于君所，有殷事則歸，朝夕否。大夫，室老行事；士，則子孫行事。大夫內子，有殷事，亦之君所，朝夕否。」

賤不誄貴，幼不誄長，禮也。唯天子稱天以誄之。諸侯相誄，非禮也。

曾子問曰：「君出疆，以三年之戒，以椑從。君薨，其入如之何？」孔子曰：「共殯服，則子麻弁絰、疏衰、菲、杖，入自闕，升自西階。如小斂，則子免而從柩，入自門，升自阼階。君、大夫、士一節也。」

曾子問曰：「君之喪既引，聞父、母之喪，如之何？」孔子曰：「遂。既封而歸，不俟子。」曾子問曰：「父、母之喪既引及塗，聞君薨，如之何？」孔子曰：「遂。既封，改服而往。」

曾子問曰：「宗子為士，庶子為大夫，其祭也如之何？」孔子曰：「以上牲祭於宗子之家，祝曰：『孝子某，為介子某薦其常事。』若宗子有罪，居于他國，庶子為大夫，其祭也，祝曰：『孝子某，使介子某執其常事。』攝主不厭祭，不旅，不假，不綏祭，不配，布奠於賓，賓奠而不舉，不歸肉。其辭於賓曰：『宗兄、宗弟、宗子在他國，使某辭。』」

曾子問曰：「宗子去在他國，庶子無爵而居者，可以祭乎？」孔子曰：「祭哉！」「請問其祭如之何？」孔子曰：「望墓而為壇，以時祭。若宗子死，告於墓，而后祭於家。宗子死，稱名不言『孝』，身沒而已。」子游之徒，有庶子祭者，以此，若義也。今之祭者，不首其義，故誣於祭也。

曾子問曰：「祭必有尸乎？若厭祭，亦可乎？」孔子曰：「祭成喪者必有尸，尸必以孫，孫幼則使人抱之，無孫，則取於同姓可也。祭殤必厭，蓋弗成也。祭成喪而無尸，是殤之也。」

孔子曰：「有陰厭，有陽厭。」曾子問曰：「殤不祔祭，何謂陰厭、陽厭？」孔子曰：「宗子為殤而死，庶子弗為後也，其吉祭特牲，祭殤不舉肺，無肵俎，無玄酒，不告利成，是謂陰厭。凡殤與無後者，祭於宗子之家，當室之白，尊于東房，是謂陽厭。」

曾子問曰：「葬引至于堩，日有食之，則有變乎，且不乎？」孔子曰：「昔者吾從老聃助葬於巷黨，及堩，日有食之，老聃曰：『丘！止柩就道右，止哭以聽變。』既明反，而后行，曰：『禮也。』反葬，而丘問之曰：『夫柩不可以反者也。日有食之，不知其已之遲數，則豈如行哉？』老聃曰：『諸侯朝天子，見日而行，逮日而舍奠。大夫使，見日而行，逮日而舍。夫柩不蚤出，不莫宿。見星而行者，唯罪人與奔父、母之喪者乎！日有食之，安知其不見星也？且君子行禮，不以人之親痁患。』吾聞諸老聃云。」

曾子問曰：「為君使而卒於舍，禮曰：『公館復，私館不復。』凡所使之國，有司所授舍，則公館已。何謂私館不復也？」孔子曰：「善乎問之也！自卿、大夫之家，曰私館；公館與公所為，曰公館。公館復，此之謂也。」

曾子問曰：「下殤，土周葬于園，遂輿機而往，塗邇故也。今墓遠，則其葬也如之何？」孔子曰：「吾聞諸老聃曰：『昔者史佚有子而死，下殤也，墓遠。召公謂之曰：「何以不棺斂於宮中？」史佚曰：「吾敢乎哉！」召公言於周公。周公曰：「豈不可？」史佚行之。』下殤用棺衣棺，自史佚始也。」

曾子問曰：「卿、大夫將為尸於公，受宿矣，而有齊衰內喪，則如之何？」孔子曰：「出舍於公館以待事，禮也。」孔子曰：「尸弁冕而出，卿、大夫、士皆下之，尸必式，必有前驅。」

子夏問曰：「三年之喪卒哭，金革之事無辟也者，禮與？初有司與？」孔子曰：「夏后氏三年之喪，既殯而致事，殷人既葬而致事。記曰：『君子不奪人之親，亦不可奪親也。』此之謂乎！」子夏曰：「金革之事無辟也者，非與？」孔子曰：「吾聞諸老聃曰：『昔者魯公伯禽有為為之也。今以三年之喪從其利者，吾弗知也。』」

第八 文王世子

文王之為世子，朝於王季，日三。雞初鳴而衣服，至於寢門外，問內豎之御者曰：「今日安否何如？」內豎曰：「安。」文王乃喜。乃日中又至，亦如之；及莫又至，亦如之。其有不安節，則內豎以告文王。文王色憂，行不能正履；王季復膳，然後亦復初。食上，必在，視寒煖之節；食下，問所膳。命膳宰曰：「末有原！」應曰：「諾。」然後退。

武王帥而行之，不敢有加焉。文王有疾，武王不說冠帶而養。文王一飯，亦一飯；文王再飯，亦再飯。旬有二日乃間。文王謂武王曰：「女何夢矣？」武王對曰：「夢帝與我九齡。」文王曰：「女以為何也？」武王曰：「西方有九國焉，君王其終撫諸？」文王曰：「非也。古者謂年齡，齒亦齡也。我百，爾九十，吾與爾三焉。」文王九十七乃終，武王九十三而終。

成王幼，不能涖阼。周公相，踐阼而治。抗世子法於伯禽，欲令成王之知父子、君臣、長幼之道也。成王有過，則撻伯禽，所以示成王世子之道也。文王之為世子也。

凡學世子及學士，必時。春夏學干戈，秋冬學羽籥，皆於東序。小樂正學干，大胥贊之；籥師學戈，籥師丞贊之。胥鼓南。春誦夏弦，大師詔之；瞽宗秋學《禮》，執《禮》者詔之；冬讀《書》，典《書》者詔之。《禮》在瞽宗，《書》在上庠。凡祭與養老乞言、合語之禮，皆小樂正詔之於東序。大樂正學舞干、戚，語說、命乞言，皆大樂正授數，大司成論說在東序。凡侍坐於大司成者，遠近間三席，可以問，終則負牆。列事未盡，不問。

凡學，春官釋奠于其先師，秋冬亦如之。凡始立學者，必釋奠于先聖、先師，及行事，必以幣。凡釋奠者，必有合也。有國故則否。凡大合樂，必遂養老。凡語于郊者，必取賢斂才焉。或以德進，或以事舉，或以言揚。曲藝皆誓之，以待又語。三而有一焉，乃進其等，以其序，謂之郊人，遠之於成均，以及取爵於上尊也。始立學者，既興器用幣，然後釋菜。不舞不授器，乃退，儐于東序，一獻，無介、語可也。教世子。

凡三王教世子，必以禮樂。樂，所以脩內也；禮，所以脩外也。禮樂交錯於中，發形於外，是故其成也懌，恭敬而溫文。立大傅、少傅以養之，欲其知父子、君臣之道也。大傅審父子、君臣之道以示之，少傅奉世子以觀大傅之德行而審喻之。大傅在前，少傅在後；入則有保，出則有師，是以教喻而德成也。師也者，教之以事而喻諸德者也；保也者，慎其身以輔翼之而歸諸道者也。記曰：「虞、夏、商、周，有師、保，有疑、丞，設四輔及三公，不必備，唯其人。」語使能也。君子曰德，德成而教尊，教尊而官正，官正而國治。君之謂也。

仲尼曰：「昔者周公攝政，踐阼而治，抗世子法於伯禽，所以善成王也。聞之曰：『為人臣者，殺其身有益於君則為之。』況于其身以善其君乎！周公優為之。」是故知為人子，然後可以為人父；知為人臣，然後可以為人君；知事人，然後能使人。成王幼，不能涖阼，以為世子則無為也。是故抗世子法於伯禽，使之與成王居，欲令成王之知父子、君臣、長幼之義也。君之於世子也，親則父也，尊則君也。有父之親，有君之尊，然後兼天下而有之。是故養世子不可不慎也。行一物而三善皆得者，唯世子而已，其齒於學之謂也。故世子齒於學，國人觀之，曰：「將君我而與我齒讓，何也？」曰：「有父在，則禮然。」然而眾知父子之道矣。其二曰：「將君我而與我齒讓，何也？」曰：「有君在，則禮然。」然而眾著於君臣之義也。其三曰：「將君我而與我齒讓，何也？」曰：「長長也。」然而眾知長幼之節矣。故父在斯為子，君在斯謂之臣，居子與臣之節，所以尊君親親也。故學之為父子焉，學之為君臣焉，學之為長幼焉。父子、君臣、長幼之道得而國治。語曰：「樂正司業，父師司成，一有元良，萬國以貞。」世子之謂也。周公踐阼。

庶子之正於公族者，教之以孝弟、睦友、子愛，明父子之義，長幼之序。其朝于公，內朝則東面北上，臣有貴者以齒。其在外朝，則以官，司士為之。其在宗廟之中，則如外朝之位。宗人授事，以爵以官。其登餕、獻、受爵，則以上嗣。庶子治之，雖有三命，不踰父兄。其公大事，則以其喪服之精麤為序，雖於公族之喪亦如之，以次主人。若公之族燕，則異姓為賓，膳宰為主人，公與父兄齒。族食，世降一等。其在軍，則守於公禰。公若有出疆之政，庶子以公族之無事者守於公宮，正室守大廟，諸父守貴宮、貴室，諸子諸孫守下宮、下室。五廟之孫，祖廟未毀，雖為庶人，冠、取妻必告，死必赴，練、祥則告。族之相為也，宜弔不弔，宜免不免，有司罰之。至於賵、賻、承、含，皆有正焉。

公族其有死罪，則磬于甸人；其刑罪則纖剸，亦告于甸人。公族無宮刑。獄成，有司讞于公。其死罪，則曰：「某之罪在大辟。」其刑罪，則曰：「某之罪在小辟。」公曰：「宥之。」有司又曰：「在辟。」公又曰：「宥之。」有司又曰：「在辟。」及三宥，不對，走出，致刑于甸人。公又使人追之，曰：「雖然，必赦之。」有司對曰：「無及也。」反命于公。公素服不舉，為之變，如其倫之喪。無服，親哭之。

公族朝于內朝，內親也。雖有貴者以齒，明父子也。外朝以官，體異姓也。宗廟之中，以爵為位，崇德也。宗人授事以官，尊賢也。登餕受爵以上嗣，尊祖之道也。喪紀以服之輕重為序，不奪人親也。公與族燕則以齒，而孝弟之道達矣。其族食世降一等，親親之殺也。戰則守於公禰，孝愛之深也。正室守大廟，尊宗室，而君臣之道著矣。諸父諸兄守貴室，子弟守下室，而讓道達矣。五廟之孫，祖廟未毀，雖及庶人，冠、取妻必告，死必赴，不忘親也。親未絕而列於庶人，賤無能也。敬弔、臨、賻、賵，睦友之道也。古者，庶子之官治而邦國有倫，邦國有倫而眾鄉方矣。公族之罪，雖親，不以犯有司，正術也，所以體百姓也。刑于隱者，不與國人慮兄弟也。弗弔弗為服，哭于異姓之廟，為忝祖，遠之也。素服居外，不聽樂，私喪之也，骨肉之親無絕也。公族無宮刑，不翦其類也。

天子視學，大昕鼓徵，所以警眾也。眾至，然後天子至，乃命有司行事，興秩節，祭先師、先聖焉。有司卒事，反命。始之養也，適東序，釋奠於先老，遂設三老、五更、群老之席次焉，適饌省醴。養老之珍具，遂發咏焉。退，脩之以孝養也。反，登歌〈清廟〉。既歌而語，以成之也。言父子、君臣、長幼之道，合德音之致，禮之大者也。下管象，舞大武，大合眾以事，達有神，興有德也。正君臣之位、貴賤之等焉，而上下之義行矣。有司告以樂闋，王乃命公、侯、伯、子、男及群吏曰：「反，養老幼于東序。」終之以仁也。是故聖人之記事也，慮之以大，愛之以敬，行之以禮，脩之以孝養，紀之以義，終之以仁。是故古之人一舉事而眾皆知其德之備也。古之君子，舉大事必慎其終始，而眾安得不喻焉？〈兑命〉曰：「念終始典于學。」

〈世子之記〉曰：「朝夕至于大寢之門外，問於內豎曰：『今日安否何如？』內豎曰：『今日安。』世子乃有喜色。其有不安節，則內豎以告世子，世子色憂不滿容。內豎言『復初』，然後亦復初。朝夕之食上，世子必在，視寒煖之節；食下，問所膳羞。必知所進，以命膳宰，然後退。若內豎言『疾』，則世子親齊玄而養，膳宰之饌，必敬視之，疾之藥，必親嘗之。嘗，則世子亦能食。嘗饌寡，世子亦不能飽；以至于復初，然後亦復初。」

第九 禮運

昔者仲尼與於蜡賓，事畢，出遊於觀之上，喟然而嘆。仲尼之嘆，蓋嘆魯也。言偃在側，曰：「君子何嘆？」孔子曰：「大道之行也，與三代之英，丘未之逮也，而有志焉。大道之行也，天下為公，選賢與能，講信脩睦。故人不獨親其親，不獨子其子，使老有所終，壯有所用，幼有所長，矜、寡、孤、獨、廢、疾者皆有所養，男有分，女有歸。貨，惡其棄於地也，不必藏於己；力，惡其不出於身也，不必為己。是故謀閉而不興，盜竊亂賊而不作，故外戶而不閉。是謂大同。今大道既隱，天下為家，各親其親，各子其子，貨、力為己，大人世及以為禮，城郭溝池以為固，禮義以為紀。以正君臣，以篤父子，以睦兄弟，以和夫婦，以設制度，以立田里，以賢勇、知，以功為己。故謀用是作，而兵由此起。禹、湯、文、武、成王、周公，由此其選也。此六君子者，未有不謹於禮者也。以著其義，以考其信，著有過，刑仁講讓，示民有常。如有不由此者，在埶者去，眾以為殃。是謂小康。」

言偃復問曰：「如此乎禮之急也？」孔子曰：「夫禮，先王以承天之道，以治人之情，故失之者死，得之者生。《詩》曰：『相鼠有體，人而無禮。人而無禮，胡不遄死？』是故夫禮必本於天，殽於地，列於鬼神，達於喪、祭、射、御、冠、昏、朝、聘。故聖人以禮示之，故天下國家可得而正也。」

言偃復問曰：「夫子之極言禮也，可得而聞與？」

孔子曰：「我欲觀夏道，是故之杞，而不足徵也，吾得《夏時》焉。我欲觀殷道，是故之宋，而不足徵也，吾得《坤乾》焉。《坤乾》之義，《夏時》之等，吾以是觀之。

「夫禮之初，始諸飲食。其燔黍捭豚，汙尊而抔飲，蕢桴而土鼓，猶若可以致其敬於鬼神。及其死也，升屋而號，告曰：『皐某復！』然後飯腥而苴孰。故天望而地藏也，體魄則降，知氣在上。故死者北首，生者南鄉，皆從其初。

「昔者先王未有宮室，冬則居營窟，夏則居橧巢。未有火化，食草木之實，鳥獸之肉，飲其血，茹其毛；未有麻絲，衣其羽皮。後聖有作，然後脩火之利，范金，合土，以為臺榭、宮室、牖戶。以炮以燔，以亨以炙，以為醴酪；治其麻絲，以為布帛。以養生送死，以事鬼神上帝，皆從其朔。故玄酒在室，醴、醆在戶，粢醍在堂，澄酒在下。陳其犧牲，備其鼎俎，列其琴、瑟、管、磬、鍾、鼓，脩其祝、嘏，以降上神與其先祖，以正君臣，以篤父子，以睦兄弟，以齊上下，夫婦有所。是謂承天之祜。作其祝號，玄酒以祭，薦其血、毛，腥其俎，孰其殽，與其越席，疏布以冪，衣其澣帛，醴、醆以獻，薦其燔、炙，君與夫人交獻，以嘉魂魄，是謂合莫。然後退而合亨，體其犬、豕、牛、羊，實其簠、簋、籩、豆、鉶羹，祝以孝告，嘏以慈告，是謂大祥。此禮之大成也。」

孔子曰：「於呼哀哉！我觀周道，幽、厲傷之，吾舍魯何適矣？魯之郊、禘，非禮也。周公其衰矣！杞之郊也禹也，宋之郊也契也，是天子之事守也。故天子祭天地，諸侯祭社稷。

「祝、嘏莫敢易其常古，是謂大假。祝、嘏辭說，藏於宗、祝、巫、史，非禮也，是謂幽國。醆、斝及尸君，非禮也，是謂僭君。冕、弁、兵、革藏於私家，非禮也，是謂脅君。大夫具官，祭器不假，聲樂皆具，非禮也，是謂亂國。故仕於公曰臣，仕於家曰僕，三年之喪，與新有昏者，期不使，以衰裳入朝，與家僕雜居齊齒，非禮也，是謂君與臣同國。故天子有田以處其子孫，諸侯有國以處其子孫，大夫有采以處其子孫，是謂制度，故天子適諸侯，必舍其祖廟，而不以禮籍入，是謂天子壞法亂紀，諸侯非問疾弔喪，而入諸臣之家，是謂君臣為謔。是故禮者，君之大柄也，所以別嫌明微，儐鬼神，考制度，別仁義，所以治政安君也。故政不正則君位危，君位危則大臣倍，小臣竊。刑肅而俗敝，則法無常，法無常而禮無列，禮無列則士不事也，刑肅而俗敝則民弗歸也，是謂疵國。

「故政者，君之所以藏身也。是故夫政必本於天，殽以降命。命降于社之謂殽地，降于祖廟之謂仁義，降於山川之謂興作，降於五祀之謂制度，此聖人所以藏身之固也。故聖人參於天地，並於鬼神，以治政也。處其所存，禮之序也；玩其所樂，民之治也。故天生時而地生財，人，其父生而師教之，四者君以正用之。故君者，立於無過之地也。

「故君者所明也，非明人者也；君者所養也，非養人者也；君者所事也，非事人者也。故君明人則有過，養人則不足，事人則失位。故百姓則君以自治也，養君以自安也，事君以自顯也。故禮達而分定，故人皆愛其死而患其生。故用人之知，去其詐；用人之勇，去其怒；用人之仁，去其貪。故國有患，君死社稷謂之義，大夫死宗廟謂之變。

「故聖人耐以天下為一家，以中國為一人者，非意之也，必知其情，辟於其義，明於其利，達於其患，然後能為之。

「何謂人情？喜、怒、哀、懼、愛、惡、欲，七者弗學而能。何謂人義？父慈、子孝、兄良、弟弟、夫義、婦聽、長惠、幼順、君仁、臣忠，十者謂之人義。

講信脩睦，謂之人利。爭奪相殺，謂之人患。故聖人所以治人七情，脩十義，講信脩睦，尚辭讓，去爭奪，舍禮何以治之？

「飲食男女，人之大欲存焉。死亡貧苦，人之大惡存焉。故欲、惡者，心之大端也。人藏其心，不可測度也。美惡皆在其心，不見其色也，欲一以窮之，舍禮何以哉？

「故人者，其天地之德，陰陽之交，鬼神之會，五行之秀氣也。故天秉陽，垂日星，地秉陰，竅於山川，播五行於四時，和而后月生也，是以三五而盈，三五而闕。五行之動，迭相竭也：五行、四時、十二月，還相為本也；五聲、六律、十二管，還相為宮也；五味、六和、十二食，還相為質也；五色、六章、十二衣，還相為質也。故人者，天地之心也，五行之端也，食味、別聲、被色而生者也，故聖人作則，必以天地為本，以陰陽為端，以四時為柄，以日星為紀，月以為量，鬼神以為徒，五行以為質，禮義以為器，人情以為田，四靈以為畜。以天地為本，故物可舉也；以陰陽為端，故情可睹也；以四時為柄，故事可勸也；以日星為紀，故事可列也；月以為量，故功有藝也；鬼神以為徒，故事有守也；五行以為質，故事可復也；禮義以為器，故事行有考也；人情以為田，故人以為奧也；四靈以為畜，故飲食有由也。何謂四靈？麟、鳳、龜、龍，謂之四靈。故龍以為畜，故魚鮪不淰；鳳以為畜，故鳥不獝；麟以為畜，故獸不狘；龜以為畜，故人情不失。故先王秉蓍龜，列祭祀，瘞繒，宣祝嘏辭說，設制度。故國有禮，官有御，事有職，禮有序。

「故先王患禮之不達於下也，故祭帝於郊，所以定天位也；祀社於國，所以列地利也；祖廟，所以本仁也；山川，所以儐鬼神也；五祀，所以本事也。故宗、祝在廟，三公在朝，三老在學，王前巫而後史，卜筮瞽侑皆在左右，王中，心無為也，以守至正。故禮行於郊而百神受職焉，禮行於社而百貨可極焉，禮行於祖廟而孝慈服焉，禮行於五祀而正法則焉。故自郊、社、祖廟、山川、五祀，義之脩而禮之藏也。

「是故夫禮，必本於大一，分而為天地，轉而為陰陽，變而為四時，列而為鬼神。其降曰命，其官於天也。夫禮必本於天，動而之地，列而之事，變而從時，協於分藝。其居人也曰養，其行之以貨、力、辭讓、飲食、冠、昏、喪、祭、射、御、朝、聘。

「故禮義也者，人之大端也：所以講信脩睦，而固人之肌膚之會、筋骸之束也；所以養生送死，事鬼神之大端也；所以達天道、順人情之大竇也。故唯聖人為知禮之不可以已也。故壞國、喪家、亡人，必先去其禮。

故禮之於人也，猶酒之有蘖也；君子以厚，小人以薄。故聖人脩義之柄，禮之序，以治人情。故人情者，聖王之田也，脩禮以耕之，陳義以種之，講學以耨之，本仁以聚之，播樂以安之。

「故禮也者，義之實也。協諸義而協，則禮雖先王未之有，可以義起也。義者，藝之分，仁之節也。協於藝，講於仁，得之者強。仁者，義之本也，順之體也，得之者尊。故治國不以禮，猶無耜而耕也；為禮不本於義，猶耕而弗種也；為義而不講之以學，猶種而弗耨也；講之以學而不合之以仁，猶耨而弗獲也；合之以仁而不安之以樂，猶穫而弗食也；安之以樂而不達於順，猶食而弗肥也。

「四體既正，膚革充盈，人之肥也。父子篤，兄弟睦，夫婦和，家之肥也。大臣法，小臣廉，官職相序，君臣相正，國之肥也。天子以德為車，以樂為御，諸侯以禮相與，大夫以法相序，士以信相考，百姓以睦相守，天下之肥也。是謂大順。大順者，所以養生送死、事鬼神之常也。

「故事大積焉而不苑，並行而不繆，細行而不失，深而通，茂而有間，連而不相及也，動而不相害也，此順之至也。故明於順，然後能守危也。故禮之不同也，不豐也，不殺也，所以持情而合危也。故聖王所以順，山者不使居川，不使渚者居中原，而弗敝也。用水、火、金、木、飲食必時，合男女、頒爵位必當年、德，用民必順，故無水、旱、昆蟲之災，民無凶、饑、妖孽之疾。故天不愛其道，地不愛其寶，人不愛其情，故天降膏露，地出醴泉，山出器、車，河出馬、圖，鳳凰、麒麟皆在郊棷，龜、龍在宮沼，其餘鳥獸之卵胎，皆可俯而闚也。則是無故，先王能脩禮以達義，體信以達順故。此順之實也。」

第十 禮器

禮器，是故大備。大備，盛德也。禮釋回，增美質，措則正，施則行。其在人也，如竹、箭之有筠也，如松、柏之有心也，二者居天下之大端矣，故貫四時而不改柯易葉。故君子有禮，則外諧而內無怨，故物無不懷仁，鬼神饗德。

先王之立禮也，有本有文。忠信，禮之本也；義理，禮之文也。無本不正，無文不行。禮也者，合於天時，設於地財，順於鬼神，合於人心，理萬物者也。是故天時有生也，地理有宜也，人官有能也，物曲有利也，故天不生，地不養，君子不以為禮，鬼神弗饗也。

居山以魚鼈為禮，居澤以鹿豕為禮，君子謂之不知禮。故必舉其定國之數，以為禮之大經。禮之大倫，以地廣狹；禮之薄厚，與年之上下，是故年雖大殺，眾不匡懼，則上之制禮也節矣。

禮，時為大，順次之，體次之，宜次之，稱次之。堯授舜，舜授禹，湯放桀，武王伐紂，時也，《詩》云：「匪革其猶，聿追來孝。」天地之祭，宗廟之事，父子之道，君臣之義，倫也；社稷、山川之事，鬼神之祭，體也；喪祭之用，賓客之交，義也；羔、豚而祭，百官皆足，大牢而祭，不必有餘，此之謂稱也；諸侯以龜為寶，以圭為瑞，家不寶龜，不藏圭，不臺門，言有稱也。

禮，有以多為貴者：天子七廟，諸侯五，大夫三，士一；天子之豆二十有六，諸公十有六，諸侯十有二，上大夫八，下大夫六；諸侯七介、七牢，大夫五介、五牢；天子之席五重，諸侯之席三重，大夫再重；天子崩七月而葬，五重八翣，諸侯五月而葬，三重六翣，大夫三月而葬，再重四翣。此以多為貴也。有以少為貴者：天子無介；祭天特牲；天子適諸侯，諸侯膳以犢；諸侯相朝，灌用鬱鬯，無籩、豆之薦，大夫聘禮以脯、醢；天子一食，諸侯再，大夫、士三，食力無數；大路繁纓一就，次路繁纓七就；圭、璋特，琥、璜爵；鬼神之祭單席；諸侯視朝，大夫特，士旅之。此以少為貴也。有以大為貴者：宮室之量，器皿之度，棺椁之厚，丘封之大，此以大為貴也。有以小為貴者：宗廟之祭，貴者獻以爵，賤者獻以散，尊者舉觶，卑者舉角；五獻之尊，門外缶，門內壺；君尊瓦甒。此以小為貴也。有以高為貴者：天子之堂九尺，諸侯七尺，大夫五尺，士三尺；天子、諸侯臺門，此以高為貴也。有以下為貴者：至敬不壇，埽地而祭；天子、諸侯之尊廢禁，大夫、士棜、禁。此以下為貴也。禮有以文為貴者：天子龍袞，諸侯黼，大夫黻，士玄衣纁裳；天子之冕，朱綠藻；十有二旒，諸侯九，上大夫七，下大夫五，士三。此以文為貴也。有以素為貴者：至敬無文，父黨無容；大圭不琢，大羹不和，大路素而越席，犧尊疏布鼏，樿杓。此以素為貴也。孔子曰：「禮不可不省也。禮不同，不豐、不殺。」此之謂也。蓋言稱也。禮之以多為貴者，以其外心者也。德發揚，詡萬物，大理物博，如此，則得不以多為貴乎？故君子樂其發也。禮之以少為貴者，以其內心者也。德產之致也精微，觀天下之物無可以稱其德者，如此，則得不以少為貴乎？是故君子慎其獨也。古之聖人，內之為尊，外之為樂，少之為貴，多之為美。是故先王之制禮也，不可多也，不可寡也，唯其稱也。是故君子大牢而祭謂之禮，匹夫大牢而祭謂之攘。管仲鏤簋、朱紘、山節、藻梲，君子以為濫矣；晏平仲祀其先人，豚肩不揜豆，澣衣濯冠以朝，君子以為隘矣。是故君子之行禮也，不可不慎也，眾之紀也，紀散而眾亂。孔子曰：「我戰則克，祭則受福，蓋得其道矣。」君子曰：「祭祀不祈，不麾蚤，不樂葆大，不善嘉事，牲不及肥大，薦不美多品。」孔子曰：「臧文仲安知禮？夏父弗綦逆祀，而弗止也。燔柴於奧，夫奧者，老婦之祭也，盛於盆，尊於瓶。」禮也者，猶體也，體不備，君子謂之不成人，設之不當，猶不備也。禮有大有小，有顯有微，大者不可損，小者不可益，顯者不可揜，微者不可大也。故經禮三百，曲禮三千，其致一也。未有入室而不由戶者。君子之於禮也，有所竭情盡慎，致其敬而誠若，有美而文而誠若。君子之於禮也，有直而行也，有曲而殺也，有經而等也，有順而討也，有摲而播也，有推而進也，有放而文也，有放而不致也，有順而摭也。三代之禮一也，民共由之。或素或青，夏造殷因。周坐尸，詔侑武方。其禮亦然，其道一也。夏立尸而卒祭，殷坐尸。周旅酬六尸，曾子曰：「周禮其猶醵與！」

君子曰：「禮之近人情者，非其至者也。郊血，大饗腥，三獻爓，一獻孰。」是故君子之於禮也，非作而致其情也，此有由始也。是故七介以相見也，不然則已愨；三辭三讓而至，不然則已蹙。故魯人將有事於上帝，必先有事於頖宮；晉人將有事於河，必先有事於惡池；齊人將有事於泰山，必先有事於配林。三月繫，七日戒，三日宿，慎之至也。故禮有擯詔，樂有相步，溫之至也。

禮也者，反本脩古，不忘其初者也。故凶事不詔，朝事以樂；醴酒之用，玄酒之尚；割刀之用，鸞刀之貴；莞簟之安，而稾鞂之設。是故先王之制禮也，必有主也，故可述而多學也。

君子曰：「無節於內者，觀物弗之察矣。欲察物而不由禮，弗之得矣；故作事不以禮，弗之敬矣；出言不以禮，弗之信矣。故曰：禮也者，物之致也。」是故昔先王之制禮也，因其財物而致其義焉爾。故作大事，必順天時；為朝夕，必放於日月；為高，必因丘陵；為下，必因川澤。是故天時雨澤，君子達亹亹焉。是故，昔先王，尚有德，尊有道，任有能，舉賢而置之，聚眾而誓之。是故因天事天，因地事地，因名山升中于天，因吉土以饗帝于郊。升中于天，而鳳凰降，龜龍假；饗帝於郊，而風雨節，寒暑時。是故聖人南面而立，而天下大治。

天道至教，聖人至德。廟堂之上，罍尊在阼，犧尊在西；廟堂之下，縣鼓在西，應鼓在東；君在阼，夫人在房，大明生於東，月生於西；此陰陽之分，夫婦之位也。君西酌犧、象，夫人東酌罍尊，禮交動乎上，樂交應乎下，和之至也。禮也者，反其所自生；樂也者，樂其所自成。是故先王之制禮也以節事，脩樂以道志，故觀其禮樂而治亂可知也。蘧伯玉曰：「君子之人達。」故觀其器，而知其工之巧；觀其發，而知其人之知。故曰：君子慎其所以與人者。

大廟之內敬矣！君親牽牲，大夫贊幣而從；君親制祭，夫人薦盎；君親割牲，夫人薦酒。卿、大夫從君，命婦從夫人。洞洞乎其敬也，屬屬乎其忠也，勿勿乎其欲其饗之也！納牲詔於庭，血毛詔於室，羹定詔於堂，三詔皆不同位，蓋道求而未得也。設祭于堂，為祊乎外，故曰：於彼乎！於此乎！一獻質，三獻文，五獻察，七獻神。大饗，其王事與？三牲、魚、腊，四海九州之美味也；籩、豆之薦，四時之和氣也。內金，示和也。束帛加璧，尊德也。龜為前列，先知也；金次之，見情也；丹、漆、絲、纊、竹、箭，與眾共財也；其餘無常貨，各以其國之所有，則致遠物也。其出也，〈肆夏〉而送之，蓋重禮也。祀帝於郊，敬之至也。宗廟之祭，仁之至也。喪禮，忠之至也。備服器，仁之至也。賓客之用幣，義之至也。故君子欲觀仁義之道，禮其本也。

君子曰：「甘受和，白受采。忠信之人，可以學禮。苟無忠信之人，則禮不虛道。是以得其人之為貴也。」孔子曰：「誦《詩》三百，不足以一獻；一獻之禮，不足以大饗；大饗之禮，不足以大旅；大旅具矣，不足以饗帝。毋輕議禮！」子路為季氏宰，季氏祭，逮闇而祭，日不足，繼之以燭，雖有強力之容，肅敬之心，皆倦怠矣。有司跛倚以臨祭，其為不敬大矣。他日祭，子路與，室事交乎戶，堂事交乎階，質明而始行事，晏朝而退。孔子聞之，曰：「誰謂由也而不知禮乎！」

第十一 郊特牲

郊特牲，而社稷大牢。天子適諸侯，諸侯膳用犢；諸侯適天子，天子賜之禮大牢。貴誠之義也，故天子牲孕弗食也，祭帝弗用也。大路繁纓一就，先路三就，次路五就。郊，血；大饗，腥；三獻，爓；一獻，孰；至敬不饗味而貴氣臭也。諸侯為賓，灌用鬱鬯，灌用臭也。大饗，尚腶脩而已矣。大饗，君三重席而酢焉；三獻之介，君專席而酢焉，此降尊以就卑也。饗、禘有樂，而食、嘗無樂，陰陽之義也。凡飲，養陽氣也；凡食，養陰氣也。故春禘而秋嘗，春饗孤子，秋食耆老，其義一也，而食、嘗無樂。飲，養陽氣也，故有樂；

食，養陰氣也，故無聲。凡聲，陽也。鼎、俎奇而籩、豆偶，陰陽之義也。籩、豆之實，水土之品也。不敢用褻味而貴多品，所以交於旦明之義也。賓入大門而奏〈肆夏〉，示易以敬也，卒爵而樂闋。孔子屢歎之。奠酬而工升歌，發德也。歌者在上，匏、竹在下，貴人聲也。樂由陽來者也，禮由陰作者也，陰陽和而萬物得。旅幣無方，所以別土地之宜，而節遠邇之期也。龜為前列，先知也；以鐘次之；以和居參之也。虎豹之皮，示服猛也；束帛加璧，往德也。

庭燎之百，由齊桓公始也。大夫之奏〈肆夏〉也，由趙文子始也。朝覲，大夫之私覿，非禮也。大夫執圭而使，所以申信也；不敢私覿，所以致敬也。而庭實私覿何為乎諸侯之庭？為人臣者無外交，不敢貳君也。大夫而饗君，非禮也。大夫強而君殺之，義也，由三桓始也。天子無客禮，莫敢為主焉。君適其臣，升自階阼，不敢有其室也。覲禮，天子不下堂而見諸侯，下堂而見諸侯，天子之失禮也，由夷王以下。諸侯之宮縣，而祭以白牡，擊玉磬，朱干、設錫，冕而舞大武，乘大路，諸侯之僭禮也。臺門而旅樹，反坫，繡黼丹朱中衣，大夫之僭禮也。故天子微，諸侯僭；大夫強，諸侯脅。於此相貴以等，相覿以貨，相賂以利，而天下之禮亂矣。諸侯不敢祖天子，大夫不敢祖諸侯。而公廟之設於私家，非禮也，由三桓始也。天子存二代之後，猶尊賢也。尊賢不過二代。諸侯不臣寓公，故古者寓公不繼世。君之南鄉，荅陽之義也；臣之北面，荅君也。大夫之臣不稽首，非尊家臣，以辟君也。大夫有獻弗親，君有賜不面拜，為君之荅己也。鄉人裼，孔子朝服立于阼，存室神也。孔子曰：「射之以樂也，何以聽？何以射？」孔子曰：「士使之射，不能則辭以疾，縣弧之義也。」孔子曰：「三日齊，一日用之，猶恐不敬。二日伐鼓，何居？」孔子曰：「繹之於庫門內，祊之於東方，朝市之於西方，失之矣。」

社祭土而主陰氣也，君南鄉於北墉下，荅陰之義也。日用甲，用日之始也。天子大社，必受霜露風雨，以達天地之氣也。是故喪國之社屋之，不受天陽也。薄社北牖，使陰明也。社所以神地之道也。地載萬物，天垂象，取財於地，取法於天，是以尊天而親地也。故教民美報焉。家主中霤而國主社，示本也。唯為社事，單出里。唯為社田，國人畢作。唯社，丘乘共粢盛，所以報本反始也。季春出火，為焚也。然後簡其車賦，而歷其卒伍，而君親誓社，以習軍旅。左之右之，坐之起之，以觀其習變也；而流示之禽，而鹽諸利，以觀其不犯也。求服其志，不貪其得，故以戰則克，以祭則受福。

天子適四方，先柴。郊之祭也，迎長日之至也，大報天而主日也。兆於南郊，就陽位也；埽地而祭，於其質也；器有陶、匏，以象天地之性也。於郊，故謂之郊。牲用騂，尚赤也。用犢，貴誠也。郊之用辛也，周之始郊日以至。卜郊，受命于祖廟，作龜于禰宮，尊祖親考之義也。卜之日，王立于澤，親聽誓命，受教諫之義也。獻命庫門之內，戒百官也；大廟之命，戒百姓也。祭之日，王皮弁以聽祭報，示民嚴上也。喪者不哭，不敢凶服，氾埽反道，鄉為田燭，弗命而民聽上。祭之日，王被袞以象天。戴冕璪十有二旒，則天數也。乘素車，貴其質也。旂十有二旒，龍章而設日月，以象天也。天垂象，聖人則之，郊所以明天道也。帝牛不吉，以為稷牛。帝牛必在滌三月，稷牛唯具，所以別事天神與人鬼也。萬物本乎天，人本乎祖，此所以配上帝也。郊之祭也，大報本反始也。

天子大蜡八。伊耆氏始為蜡。蜡也者，索也，歲十二月，合聚萬物而索饗之也。蜡之祭也，主先嗇而祭司嗇也，祭百種以報嗇也。饗農及郵表畷、禽獸，仁之至，義之盡也。古之君子，使之必報之；迎貓，為其食田鼠也，迎虎，為其田豕也，迎而祭之也。祭坊與水庸，事也。曰：「土反其宅，水歸其壑，昆蟲毋作，草木歸其澤。」皮弁、素服而祭。素服，以送終也。葛帶、榛杖，喪殺也。蜡之祭，仁之至，義之盡也。黃衣、黃冠而祭，息田夫也。野夫黃冠，黃冠，草服也。大羅氏，天子之掌鳥獸者也，諸侯貢屬焉。草笠而至，尊野服也。羅氏致鹿與女，而詔客告也，以戒諸侯曰：「好田、好女者亡其國。」天子樹瓜華，不斂藏之種也。八蜡以記四方。四方年不順成，八蜡不通，以謹民財也。順成之方，其蜡乃通，以移民也。既蜡而收，民息已。故既蜡，君子不興功。

恒豆之菹，水草之和氣也，其醢，陸產之物也；加豆，陸產也，其醢，水物也。籩、豆之薦，水土之品也，不敢用常褻味而貴多品，所以交於神明之義也，非食味之道也。先王之薦，可食也，而不可耆也；卷冕、路車，可陳也，而不可好也；武，壯，而不可樂也；宗廟之威，而不可安也；宗廟之器，可用也，而不可便其利也。所以交於神明者，不可同於所安樂之義也。酒醴之美，玄酒、明水之尚，貴五味之本也；黼黻、文繡之美，疏布之尚，反女功之始也；莞簟之安，而蒲越、稾鞂之尚，明之也；大羹不和，貴其質也；大圭不琢，美其質也；丹漆雕幾之美，素車之乘，尊其樸也，貴其質而已矣。所以交於神明者，不可同於所安褻之甚也。如是而后宜。鼎、俎奇而籩、豆偶，陰陽之義也。黃目，鬱氣之上尊也。黃者，中也；目者，氣之清明者也，言酌於中而清明於外也。祭天掃地而祭焉，於其質而已矣。醯醢之美，而煎鹽之尚，貴天產也。割刀之用，而鸞刀之貴，貴其義也，聲和而后斷也。

冠義：始冠之，緇布之冠也。大古冠布，齊則緇之。其緌也，孔子曰：「吾未之聞也，冠而敝之可也。」適子冠於阼，以著代也；醮於客位，加有成也；三加彌尊，喻其志也。冠而字之，敬其名也。委貌，周道也；章甫，殷道也；毋追，夏后氏之道也。周弁，殷冔，夏收，三王共皮弁素積。無大夫冠禮，而有其昏禮。古者五十而后爵，何大夫冠禮之有？諸侯之有冠禮，夏之末造也。天子之元子，士也。天下無生而貴者也。繼世以立諸侯，象賢也；以官爵人，德之殺也。死而謚，今也，古者生無爵，死無謚。禮之所尊，尊其義也。失其義，陳其數，祝、史之事也。故其數可陳也，其義難知也。知其義而敬守之，天子之所以治天下也。

天地合而后萬物興焉。夫昏禮，萬世之始也。取於異姓，所以附遠厚別也。幣必誠，辭無不腆，告之以直信。信，事人也；信，婦德也。壹與之齊，終身不改，故夫死不嫁。男子親迎，男先於女，剛柔之義也。天先乎地，君先乎臣，其義一也。執摯以相見，敬章別也。男女有別，然後父子親，父子親，然後義生，義生然後禮作，禮作然後萬物安。無別無義，禽獸之道也。壻親御授綏，親之也。親之也者，親之也。敬而親之，先王之所以得天下也。出乎大門而先，男帥女，女從男，夫婦之義由此始也。婦人，從人者也：幼從父兄，嫁從夫，夫死從子。夫也者，夫也；夫也者，以知帥人者也。玄冕齊戒，鬼神陰陽也。將以為社稷主，為先祖後，而可以不致敬乎？共牢而食，同尊卑也。故婦人無爵，從夫之爵，坐以夫之齒。器用陶、匏，尚禮然也。三王作牢用陶、匏，厥明，婦盥饋，舅姑卒食，婦餕餘，私之也。舅姑降自西階，婦降自阼階，授之室也。昏禮不用樂，幽陰之義也。樂，陽氣也。昏禮不賀，人之序也。

有虞氏之祭也，尚用氣。血、腥、爓祭，用氣也。殷人尚聲，臭味未成，滌蕩其聲。樂三闋，然後出迎牲。聲音之號，所以詔告於天地之間也。周人尚臭：灌用鬯臭，鬱合鬯，臭陰達於淵泉；灌以圭、璋，用玉氣也；既灌，然後迎牲，致陰氣也；蕭合黍、稷，臭陽達於牆屋；故既奠，然後焫蕭合羶、薌。凡祭慎諸此。魂氣歸于天，形魄歸于地，故祭，求諸陰陽之義也。殷人先求諸陽，周人先求諸陰。詔祝於室，坐尸於堂，用牲於庭，升首於室。直祭祝于主，索祭祝于祊。不知神之所在，於彼乎？於此乎？或諸遠人乎？祭于祊，尚曰求諸遠者與！祊之為言倞也，肵之為言敬也。富也者，福也；首也者，直也；相，饗之也；嘏，長也，大也；尸，陳也。毛、血，告幽全之物也。告幽全之物者，貴純之道也。血祭，盛氣也；祭肺、肝、心，貴氣主也。祭黍、稷加肺，祭齊加明水，報陰也；取膟、膋燔燎，升首，報陽也。明水涚齊，貴新也。凡涚，新之也；其謂之明水也，由主人之絜著此水也。君再拜稽首，肉袒親割，敬之至也。敬之至也，服也；拜，服也；稽首，服之甚也；肉袒，服之盡也。祭稱「孝孫」、「孝子」，以其義稱也；稱「曾孫某」，謂國家也。祭祀之相，主人自致其敬，盡其嘉，而無與讓也。腥、肆、爓、腍祭，豈知神之所饗也？主人自盡其敬而已矣。

舉斝、角，詔妥尸。古者尸無事則立，有事而后坐也。尸，神象也；祝，將命也。縮酌用茅，明酌也。醆酒涚于清，汁獻涚于醆酒，猶明、清與醆酒于舊澤之酒也。祭有祈焉，有報焉，有由辟焉。齊之玄也，以陰幽思也。故君子三日齊，必見其所祭者。

第十二　內則

后王命冢宰，降德于眾兆民。子事父母，雞初鳴，咸盥、漱，櫛、縰、笄、總，拂髦，冠、緌、纓，端、韠、紳，搢笏，左右佩用；左佩紛、帨、刀、礪、小觽、金燧；右佩玦、捍、管、遰、大觽、木燧。逼，屨著綦。婦事舅姑，如事父母；雞初鳴，咸盥、漱，櫛、縰、笄、總，衣紳，左佩紛、帨、刀、礪、小觿、金燧，右佩箴、管、線、纊，施縏袠，大觿、木燧、衿纓，綦屨。以適父母舅姑之所，及所，下氣怡聲，問衣燠寒，疾痛苛癢，而敬抑、搔之。出入，則或先或後，而敬扶持之。進盥，少者奉槃，長者奉水，請沃盥，盥卒，授巾。問所欲而敬進之，柔色以溫之，饘、酏、酒、醴、芼、羹、菽、麥、蕡、稻、黍、粱、秫唯所欲。棗、栗、飴、蜜以甘之，堇、荁、枌、榆、免、薧、滫、瀡以滑之，脂、膏以膏之，父母舅姑必嘗之而后退。男女未冠笄者，雞初鳴，咸盥、漱、櫛、縰，拂髦，總角，衿纓，皆佩容臭。昧爽而朝，問：「何食飲矣？」若已食則退，若未食，則佐長者視具。凡內外，雞初鳴，咸盥、漱，衣服，斂枕、簟，灑掃室堂及庭，布席，各從其事。孺子蚤寢晏起，唯所欲，食無時。

由命士以上，父子皆異宮。昧爽而朝，慈以旨甘；日出而退，各從其事；日入而夕，慈以旨甘。父、母、舅、姑將坐，奉席，請何鄉？將衽，長者奉席，請何趾？少者執牀與坐，御者舉几，斂席與簟，縣衾篋枕，斂簟而襡之。父、母、舅、姑之衣、衾、簟、席、枕、几不傳，杖、屨祗敬之，勿敢近。敦、牟、卮、匜，非餕莫敢用，與恒食飲，非餕莫之敢飲食。父、母在，朝夕恒食，子婦佐餕，既食恒餕。父沒母存，冢子御食，群子婦佐餕如初。旨甘柔滑，孺子餕。在父、母、舅、姑之所，有命之，應唯敬對。進退、周旋慎齊，升降、出入，揖遊，不敢噦、噫、嚏、咳、欠、伸、跛、倚、睇視，不敢唾、洟。寒不敢襲，癢不敢搔，不有敬事，不敢袒裼，不涉不撅，褻衣衾不見裡。父、母唾、洟不見。冠帶垢，和灰請漱；衣裳垢，和灰請澣；衣裳綻裂，紉箴請補綴。五日則燂湯請浴，三日具沐。其間面垢，燂潘請靧；足垢，燂湯請洗。少事長，賤事貴，共帥時。

男不言內，女不言外。非祭非喪，不相授器，其相授，則女受以篚，其無篚，則皆坐，奠之而后取之。外內不共井，不共湢浴，不通寢席，不通乞假。男女不通衣裳。內言不出，外言不入。男子入內，不嘯不指，夜行以燭，無燭則止。女子出門，必擁蔽其面，夜行以燭，無燭則止。道路，男子由右，女子由左。子、婦孝者敬者，父、母、舅、姑之命勿逆勿怠。若飲食之，雖不耆，必嘗而待；加之衣服，雖不欲，必服而待；加之事，人代之，己雖弗欲，姑與之而姑使之，而後復之。子、婦有勤勞之事，雖甚愛之，姑縱之而寧數休之。子、婦未孝未敬，勿庸疾怨，姑教之；若不可教，而後怒之；不可怒，子放、婦出，而不表禮焉。父、母有過，下氣怡色，柔聲以諫。諫若不入，起敬起孝，說則復諫；不說，與其得罪於鄉、黨、州、閭，寧孰諫；父、母怒，不說，而撻之流血，不敢疾怨，起敬起孝。父、母有婢子若庶子、庶孫，甚愛之，雖父、母沒，沒身敬之不衰。子有二妾，父、母愛一人焉，子愛一人焉，由衣服飲食，由執事，毋敢視父、母所愛，雖父、母沒不衰。子甚宜其妻，父、母不說，出。子不宜其妻，父、母曰：「是善事我。」子行夫婦之禮焉，沒身不衰。父、母雖沒，將為善，思貽父、母令名，必果；將為不善，思貽父、母羞辱，必不果。舅沒則姑老，冢婦所祭祀、賓客，每事必請於姑，介婦請於冢婦。舅、姑使冢婦，毋怠、不友、無禮於介婦。舅、姑若使介婦，毋敢敵耦於冢婦，不敢並行，不敢並命，不敢並坐。凡婦不命適私室，不敢退。婦將有事，大小必請於舅姑。子、婦無私貨，無私畜，無私器，不敢私假，不敢私與。婦或賜之飲食、衣服、布帛、佩帨、茝蘭，則受而獻諸舅、姑，舅、姑受之則喜，如新受賜；若反賜之，則辭；不得命，如更受賜，藏以待乏。婦若有私親兄弟，將與之，則必復請其故，賜而后與之。適子、庶子祇事宗子、宗婦，雖貴富，不敢以貴富入宗子之家，雖眾車徒，舍於外，以寡約入。子弟猶歸器、衣服、裘衾、車馬，則必獻其上，而后敢服用其次也。若非所獻，則不敢以入於宗子之門，不敢以貴富加於父兄宗族，若富，則具二牲，獻其賢者於宗子，夫婦皆齊而宗敬焉，終事而后敢私祭。

飯：黍、稷、稻、粱、白黍、黃粱，稰、穛。膳：膷、臐、膮、醢、牛炙；醢、牛胾、醢、牛膾；羊炙、羊胾、醢、豕炙；醢、豕胾、芥醬、魚膾；雉、兔、鶉、鷃。飲：重醴，稻醴清、糟，黍醴清、糟，粱醴清、糟。或以酏為醴，黍酏、漿、水、醷、濫。酒：清、白。羞：糗餌、粉酏。食：蝸醢而苽食、雉羹，麥食、脯羹、雞羹，析稌、犬羹、兔羹，和糝不蓼，濡豚包苦實蓼，濡雞醢醬實蓼，濡魚卵醬實蓼，濡鱉醢醬實蓼，腶脩、蚳醢、脯羹、兔醢、麋膚、魚醢、魚膾、芥醬、麋腥、醢、醬、桃諸、梅諸、卵鹽。凡食齊視春時，羹齊視夏時，醬齊視秋時，飲齊視冬時。凡和，春多酸，夏多苦，秋多辛，冬多鹹，調以滑甘。牛宜稌，羊宜黍，豕宜稷，犬宜粱，鴈宜麥，魚宜苽。春宜羔、豚，膳膏薌；夏宜腒、鱐，膳膏臊；秋宜犢、麛，膳膏腥；冬宜鮮、羽，膳膏羶。牛脩、鹿脯、田豕脯、麋脯、麕脯，麋、鹿、田豕、麕皆有軒，雉、兔皆有芼，爵、鷃、蜩、范、芝、栭、蔆、椇、棗、栗、榛、柿、瓜、桃、李、梅、杏、樝、梨、薑、桂。大夫燕食，有膾無脯，有脯無膾。士不貳羹、胾；庶人耆老不徒食。

膾，春用蔥，秋用芥。豚，春用韭，秋用蓼。脂用蔥，膏用薤，三牲用藙，和用醯，獸用梅。鶉羹、雞羹、鴽，釀之蓼；魴、鱮烝，雛燒，雉，薌，無蓼。不食雛鼈。狼去腸，狗去腎，狸去正脊，兔去尻，狐去首，豚去腦，魚去乙，鼈去醜。肉曰脫之，魚曰作之，棗曰新之，栗曰撰之，桃曰膽之，柤、梨曰攢之。牛夜鳴則庮；羊泠毛而毳，羶；狗赤股而躁，臊；鳥皫色而沙鳴，鬱；豕望視而交睫，腥；馬黑脊而般臂，漏。雛尾不盈握弗食；舒鴈翠，鵠、鴞胖，舒鳧翠，雞肝、鴈腎、鴇奧、鹿胃。肉腥，細者為膾，大者為軒。或曰：麋、鹿、魚為菹，麕為辟雞，野豕為軒，兔為宛脾，切蔥若薤，實諸醯以柔之。羹食，自諸侯以下至於庶人，無等。大夫無秩膳，大夫七十而有閣。天子之閣，左達五，右達五。公、侯、伯於房中五，大夫於閣三，士於坫一。

凡養老：有虞氏以燕禮，夏后氏以饗禮，殷人以食禮，周人脩而兼用之。凡五十養於鄉；六十養於國；七十養於學，達於諸侯；八十拜君命，一坐再至，瞽亦如之；九十者使人受。五十異粻，六十宿肉，七十貳膳，八十常珍，九十飲食不違寢，膳飲從於遊可也。六十歲制，七十時制，八十月制，九十日脩，唯絞、紟、衾、冒，死而后制。五十始衰，六十非肉不飽，七十非帛不煖，八十非人不煖，九十雖得人不煖矣。五十杖於家，六十杖於鄉，七十杖於國，八十杖於朝，九十者，天子欲有問焉，則就其室，以珍從。七十不俟朝，八十月告存，九十日有秩。五十不從力政，六十不與服戎，七十不與賓客之事，八十齊喪之弗及也。五十而爵，六十不親學，七十致政。凡自七十以上，唯衰麻為喪。凡三王養老，皆引年。八十者一子不從政；九十者其家不從政；瞽亦如之。凡父、母在，子雖老不坐。有虞氏養國老於上庠，養庶老於下庠；夏后氏養國老於東序，養庶老於西序；殷人養國老於右學，養庶老於左學；周人養國老於東膠，養庶老於虞庠，虞庠在國之西郊。有虞氏皇而祭，深衣而養老；夏后氏收而祭，燕衣而養老；殷人冔而祭，縞衣而養老；周人冕而祭，玄衣而養老。曾子曰：「孝子之養老也，樂其心，不違其志，樂其耳目，安其寢處，以其飲食忠養之孝子之身終。終身也者，非終父母之身，終其身也。是故父、母之所愛亦愛之，父、母之所敬亦敬之，至於犬馬盡然，而況於人乎！」凡養老，五帝憲，三王有乞言。五帝憲，養氣體而不乞言，有善則記之為惇史。三王亦憲，既養老而后乞言，亦微其禮，皆有惇史。

淳熬：煎醢加于陸稻上，沃之以膏，曰淳熬。淳毋：煎醢加于黍食上，沃之以膏，曰淳毋。炮：取豚若將，封之刳之，實棗於其腹中，編萑以苴之，塗之以謹塗，炮之，塗皆乾，擘之，濯手以摩之，去其皽。為稻粉，糔、溲之以為酏，以付豚，煎諸膏，膏必滅之。鉅鑊湯，以小鼎，薌脯於其中，使其湯毋滅鼎，三日三夜毋絕火，而后調之以醯醢。擣珍：取牛、羊、麋、鹿、麕之肉，必脄，每物與牛若一，捶反側之，去其餌，孰，出之，去其皽，柔其肉。漬：取牛肉，必新殺者，薄切之，必絕其理，湛諸美酒，期朝而食之以醢若醯、醷。為熬：捶之，去其皽，編萑，布牛肉焉。屑桂與薑，以洒諸上而鹽之，乾而食之。施羊亦如之，施麋、施鹿、施麕，皆如牛、羊。欲濡肉，則釋而煎之以醢；

欲乾肉，則捶而食之。糝：取牛、羊、豕之肉，三如一，小切之，與稻米，稻米二，肉一，合以為餌，煎之。肝膋：取狗肝一，幪之以其膋，濡炙之，舉燋其膋，不蓼。取稻米，舉糔、溲之，小切狼臅膏，以與稻米為酏。

禮始於謹夫婦。為宮室，辨外內，男子居外，女子居內。深宮固門，閽、寺守之，男不入，女不出。男女不同椸枷，不敢縣於夫之楎、椸，不敢藏於夫之篋、笥，不敢共湢浴。夫不在，斂枕篋，簟、席襡器而藏之。少事長，賤事貴，咸如之。夫婦之禮，唯及七十，同藏無間。故妾雖老，年未滿五十，必與五日之御。

將御者，齊，漱、澣，慎衣服，櫛、縰、笄、總角，拂髦，衿纓，綦屨。雖婢妾，衣服飲食必後長者。妻不在，妾御莫敢當夕。

妻將生子，及月辰，居側室。夫使人日再問之，作而自問之。妻不敢見，使姆衣服而對。至于子生，夫復使人日再問之。夫齊，則不入側室之門。子生，男子，設弧於門左；女子，設帨於門右。三日，始負子，男射女否。國君世子生，告于君，接以大牢，宰掌具。三日，卜士負之，吉者宿齊，朝服寢門外，詩負之。射人以桑弧，蓬矢六，射天地四方，保受，乃負之。宰醴負子，賜之束帛。卜士之妻，大夫之妾，使食子。凡接子擇日，冢子則大牢，庶人特豚，士特豕，大夫少牢，國君世子大牢。其非冢子，則皆降一等。異為孺子室於宮中，擇於諸母與可者，必求其寬裕、慈惠、溫良、恭敬、慎而寡言者，使為子師，其次為慈母，其次為保母，皆居子室。他人無事不往。三月之末，擇日翦髮為鬌，男角女羈，否則男左女右。是日也，妻以子見於父，貴人則為衣服，自命士以下皆漱、澣，男女夙興，沐浴衣服，具視朔食。夫入門，升自阼階，立于阼西鄉。妻抱子出自房，當楣立，東面，姆先，相曰：「母某敢用時日祗見孺子。」夫對曰：「欽有帥。」父執子之右手，咳而名之。妻對曰：「記有成。」遂左還授師子，師辯告諸婦、諸母名，妻遂適寢。夫告宰名，宰辯告諸男名，書曰：「某年某月某日某生。」而藏之。宰告閭史，閭史書為二：其一藏諸閭府，其一獻諸州史。州史獻諸州伯，州伯命藏諸州府。夫入食，如養禮。世子生，則君沐浴朝服，夫人亦如之，皆立于阼階，西鄉。世婦抱子升自西階，君名之，乃降。適子庶子見於外寢，撫其首，咳而名之，禮帥初，無辭。凡名子，不以日月，不以國，不以隱疾。大夫、士之子，不敢與世子同名。妾將生子，及月辰，夫使人日一問之。子生三月之末，漱、澣、夙齊，見於內寢，禮之如始入室。君已食，徹焉，使之特餕，遂入御。公庶子生，就側室。

三月之末，其母沐浴，朝服見於君，擯者以其子見，君所有賜，君名之。眾子則使有司名之。庶人無側室者，及月辰，夫出居群室。其問之也，與子見父之禮，無以異也。凡父在，孫見於祖，祖亦名之，禮如子見父，無辭。食子者三年而出，見於公宮則劬。大夫之子有食母，士之妻自養其子。由命士以上及大夫之子，旬而見。冢子未食而見，必執其右手；適子庶子已食而見，必循其首。

子能食食，教以右手。能言，男唯女俞。男鞶革，女鞶絲。六年，教之數與方名。七年，男女不同席，不共食。八年，出入門戶，及即席飲食，必後長者，始教之讓。九年，教之數日。十年，出就外傅，居宿於外，學書計。衣不帛襦袴，禮帥初，朝夕學幼儀，請肄簡諒。十有三年，學樂，誦詩，舞勺。成童，舞象，學射、御。二十而冠，始學禮，可以衣裘帛，舞大夏，惇行孝弟，博學不教，內而不出。三十而有室，始理男事，博學無方，孫友視志。四十始仕，方物出謀發慮，道合則服從，不可則去。五十命為大夫，服官政。七十致事。凡男拜，尚左手。女子十年不出，姆教婉、娩、聽從，執麻枲，治絲繭，織紝組紃，學女事以共衣服，觀於祭祀，納酒漿、籩豆、菹醢，禮相助奠。十有五年而笄，二十而嫁，有故，二十三年而嫁。聘則為妻，奔則為妾。凡女拜，尚右手。

第十三玉藻

天子玉藻，十有二旒，前後邃延，龍卷以祭。玄端而朝日於東門之外，聽朔於南門之外，閏月則闔門左扉，立于其中。皮弁以日視朝，遂以食，日中而餕，奏而食。日少牢，朔月大牢。五飲：上水，漿，酒，醴，酏。卒食，玄端而居。動則左史書之，言則右史書之，御瞽幾聲之上下。年不順成，則天子素服，乘素車，食無樂。

諸侯玄端以祭，裨冕以朝，皮弁以聽朔於大廟，朝服以日視朝於內朝。朝，辨色始入；君日出而視之，退適路寢聽政，使人視大夫，大夫退，然後適小寢釋服。又朝服以食，特牲、三俎、祭肺；夕深衣，祭牢肉。朔月少牢，五俎四簋。子卯稷食菜羹。夫人與君同庖。

君無故不殺牛，大夫無故不殺羊，士無故不殺犬、豕。君子遠庖廚，凡有血氣之類，弗身踐也。至于八月不雨，君不舉。年不順成，君衣布搢本，關梁不租，山澤列而不賦，土功不興，大夫不得造車馬。

卜人定龜，史定墨，君定體。君羔幦虎犆。大夫齊車，鹿幦豹犆；朝車，士齊車，鹿幦豹犆。

君子之居恒當戶，寢恒東首。若有疾風、迅雷、甚雨，則必變，雖夜必興，衣服冠而坐。日五盥，沐稷而靧粱，櫛用樿櫛，髮晞用象櫛，進禨進羞，工乃升歌。浴用二巾，上絺下綌。出杅，履蒯席，連用湯，履蒲席，衣布晞身，乃屨，進飲。將適公所，宿齊戒，居外寢，沐浴。史進象笏，書思對命。既服，習容觀、玉聲，乃出，揖私朝，煇如也，登車則有光矣。

天子搢珽，方正於天下也。諸侯荼，前詘後直，讓於天子也。大夫前詘後詘，無所不讓也。侍坐，則必退席；不退，則必引而去君之黨。登席不由前，為躐席。徒坐不盡席尺。讀書，食，則齊，豆去席尺。若賜之食而君客之，則命之祭然後祭，先飯，辯嘗羞，飲而俟。

若有嘗羞者，則俟君之食，然後食，飯，飲而俟。君命之羞，羞近者，命之品嘗之，然後唯所欲。凡嘗遠食，必順近食。君未覆手，不敢飧；君既食，又飯飧。飯飧者，三飯也。君既徹，執飯與醬，乃出授從者。凡侑食，不盡食；食於人不飽。唯水漿不祭，若祭，為已傣卑。君若賜之爵，則越席再拜稽首受，登席祭之，飲，卒爵而俟，君卒爵，然後授虛爵。君子之飲酒也，受一爵而色洒如也，二爵而言言斯，禮已三爵，而油油以退。退則坐取屨，隱辟而后屨，坐左納右，坐右納左。凡尊，必上玄酒。唯君面尊。唯饗野人皆酒。大夫側尊用棜；士側尊用禁。

始冠緇布冠，自諸侯下達，冠而敝之可也。玄冠朱組纓，天子之冠也。緇布冠繢緌，諸侯之冠也。玄冠丹組纓，諸侯之齊冠也。玄冠綦組纓，士之齊冠也。縞冠玄武，子姓之冠也。縞冠素紕，即祥之冠也。垂緌五寸，惰游之士也。玄冠縞武，不齒之服也。居冠屬武，自天子下達，有事然後緌。五十不散送。親沒不髦。大帛不緌。玄冠紫緌，自魯桓公始也。

朝玄端，夕深衣。深衣三袪，縫齊倍要，衽當旁，袂可以回肘。長、中，繼揜尺，袷二寸，袪尺二寸，緣廣寸半。以帛裹布，非禮也。士不衣織。無君者不貳采。衣正色，裳間色。非列采不入公門，振絺、綌不入公門，表裘不入公門，襲裘不入公門。纊為繭，縕為袍，禪為絅，帛為褶。朝服之以縞也，自季康子始也。孔子曰：「朝服而朝，卒朔然後服之。」曰：「國家未道，則不充其服焉。」唯君有黼裘以誓省，大裘非古也。君衣狐白裘，錦衣以裼之。君之右虎裘，厥左狼裘。士不衣狐白。君子狐青裘豹褎，玄綃衣以裼之；麛裘青豻褎，絞衣以裼之；羔裘豹飾，緇衣以裼之；狐裘，黃衣以裼之。錦衣狐裘，諸侯之服也。犬、羊之裘不裼，不文飾也不裼。裘之裼也，見美也。弔則襲，不盡飾也。君在則裼，盡飾也。服之襲也，充美也。是故尸襲，執玉、龜襲。無事則裼，弗敢充也。

笏：天子以球玉，諸侯以象，大夫以魚須文竹，士竹。本，象可也。見於天子與射，無說笏。入大廟說笏，非古也。小功不說笏，當事免則說之。既搢必盥，雖有執於朝，弗有盥矣。凡有指畫於君前，用笏；造受命於君前，則書於笏。笏，畢用也，因飾焉。笏度二尺有六寸，其中博三寸，其殺六分而去一。

韠：君朱，大夫素，士爵韋。圜、殺、直：天子直，公、侯前後方，大夫前方後挫角，士前後正。韠，下廣二尺，上廣一尺，長三尺，其頸五寸，肩，革帶、博二寸。一命縕韍幽衡，再命赤韍幽衡，三命赤韍蔥衡。天子素帶，朱裏，終辟。而素帶，終辟。大夫素帶，辟垂。士練帶，率，下辟。居士錦帶，弟子縞帶。并紐約，用組三寸，長齊于帶。紳長制：士三尺，有司二尺有五寸。子游曰：「參分帶下，紳居二焉。」紳、韠、結三齊。大夫大帶四寸。雜帶，君朱綠，大夫玄華，士緇，辟二寸，再繚四寸。凡帶有率，無箴功。肆束及帶，勤者有事則收之，走則擁之。王后褘衣，夫人揄狄，君命屈狄。再命褘衣，一命襢衣，士褖衣。唯世婦命於奠繭，其他則皆從男子。

凡侍於君，紳垂，足如履齊，頤霤，垂拱，視下而聽上，視帶以及袷，聽鄉任左。凡君召，以三節，二節以走，一節以趨，在官不俟屨，在外不俟車。士於大夫，不敢拜迎，而拜送。士於尊者，先拜，進面，荅之拜則走。士於君所言，大夫沒矣，則稱謚若字，名士。與大夫言，名士，字大夫。於大夫所，有公諱，無私諱。凡祭不諱，廟中不諱，教學臨文不諱。

古之君子必佩玉，右徵、角，左宮、羽，趨以〈采齊〉，行以〈肆夏〉，周還中規，折還中矩，進則揖之，退則揚之，然後玉鏘鳴也。故君子在車則聞鸞和之聲，行則鳴佩玉，是以非辟之心無自入也。君在不佩玉，左結佩，右設佩；居則設佩，朝則結佩，齊則綪結佩，而爵韠。凡帶必有佩玉，唯喪否。佩玉有衝牙。君子無故玉不去身，君子於玉比德焉。天子佩白玉而玄組綬，公、侯佩山玄玉而朱組綬，大夫佩水蒼玉而純組綬，世子佩瑜玉而綦組綬，士佩瓀玟而緼組綬。孔子佩象環五寸而綦組綬。

童子之節也，緇布衣，錦緣，錦紳并紐，錦束髮，皆朱錦也。童子不裘不帛，不屨絇。無緦服，聽事不麻，無事則立主人之北，南面。見先生，從人而入。

侍食於先生、異爵者，後祭先飯。客祭，主人辭曰：「不足祭也。」客飧，主人辭以「疏」。主人自置其醬，則客自徹之。一室之人，非賓客，一人徹。壹食之人，一人徹。凡燕食，婦人不徹。

食棗、桃、李，弗致于核。瓜祭上環，食中，棄所操。凡食果實者後君子，火孰者先君子。有慶，非君賜不賀。有憂者。勤者有事則收之，走則擁之。

孔子食於季氏，不辭，不食肉而飧。

君賜車馬，乘以拜賜；衣服，服以拜賜。君未有命，弗敢即乘、服也。君賜，稽首，據掌，致諸地。酒肉之賜，弗再拜。凡賜，君子與小人不同日。凡獻於君，大夫使宰，士親，皆再拜稽首送之。膳於君，有葷、桃、茢，於大夫去茢，於士去葷，皆造於膳宰。大夫不親拜，為君之荅己也。大夫拜賜而退；士待諾而退，又拜，弗荅拜。大夫親賜士，士拜受，又拜於其室。衣服，弗服以拜。敵者不在，拜於其室。凡於尊者有獻，而弗敢以聞。士於大夫不承賀。下大夫於上大夫承賀。親在，行禮於人稱父；人或賜之，則稱父拜之。

禮不盛，服不充。故大裘不裼，乘路車不式。

父命呼，唯而不諾，手執業則投之，食在口則吐之，走而不趨。親老，出不易方，復不過時。親癠，色容不盛，此孝子之疏節也。父沒而不能讀父之書，手澤存焉爾。母沒而杯、圈不能飲焉，口澤之氣存焉爾。

君入門，介拂闑，大夫中棖與闑之間，士介拂棖。

賓入不中門，不履閾，公事自闑西，私事自闑東。

君與尸行接武，大夫繼武，士中武，徐、趨皆用是。疾趨則欲發，而手足毋移。圈豚行，不舉足，齊如流，席上亦然。端行，頤霤如矢。弁行，剡剡起屨。執龜、玉，舉前曳踵，蹜蹜如也。凡行，容惕惕，廟中齊齊，朝庭濟濟翔翔。

君子之容舒遲，見所尊者齊遬。足容重，手容恭，目容端，口容止，聲容靜，頭容直，氣容肅，立容德，色容莊，坐如尸，燕居告溫溫。凡祭，容貌顏色如見所祭者。喪容纍纍，色容顛顛，視容瞿瞿梅梅，言容繭繭。戎容暨暨，言容詻詻，色容厲肅，視容清明。立容辨，卑毋諂，頭頸必中。山立，時行，盛氣顛實揚休，玉色。

凡自稱，天子曰「予一人」，伯曰「天子之力臣」。諸侯之於天子，曰「某土之守臣某」，其在邊邑，曰「某屏之臣某」；其於敵、以下，曰「寡人」。小國之君曰「孤」，擯者亦曰「孤」。上大夫曰「下臣」，擯者曰「寡君之老」。下大夫自名，擯者曰「寡大夫」。世子自名，擯者曰「寡君之適」。公子曰「臣孽」。士曰「傳遽之臣」，於大夫曰「外私」。大夫私事使，私人擯則稱名，公士擯則曰「寡大夫」、「寡君之老」。大夫有所往，必與公士為賓也。

第十四　明堂位

昔者周公朝諸侯于明堂之位：天子負斧依，南鄉而立；三公，中階之前，北面，東上；諸侯之位，阼階之東，西面，北上；諸伯之國，西階之西，東面，北上；諸子之國，門東，北面，東上；諸男之國，門西，北面，東上；九夷之國，東門之外，西面，北上；八蠻之國，南門之外，北面，東上；六戎之國，西門之外，東面，南上；五狄之國，北門之外，南面，東上；九采之國，應門之外，北面，東上。四塞，世告至。此周公明堂之位也。明堂也者，明諸侯之尊卑也。

昔殷紂亂天下，脯鬼侯以饗諸侯，是以周公相武王以伐紂。武王崩，成王幼弱，周公踐天子之位，以治天下。六年，朝諸侯於明堂，制禮作樂，頒度量，而天下大服。七年，致政於成王。成王以周公為有勳勞於天下，是以封周公於曲阜，地方七百里，革車千乘，命魯公世世祀周公以天子之禮樂。

是以魯君孟春乘大路，載弧韣，旂十有二旒，日月之章，祀帝于郊，配以后稷，天子之禮也。季夏六月，以禘禮祀周公於大廟，牲用白牡，尊用犧、象、山罍，鬱尊用黃目，灌用玉瓚大圭，薦用玉豆、雕篹，爵用玉琖仍雕，加以璧散、璧角，俎用梡嶡。升歌〈清廟〉，下管象；朱干玉戚，冕而舞〈大武〉；皮弁素積，裼而舞〈大夏〉。〈昧〉，東夷之樂也；〈任〉，南蠻之樂也；納夷蠻之樂於大廟，言廣魯於天下也。

君卷冕立于阼，夫人副褘立于房中。君肉袒迎牲于門，夫人薦豆、籩，卿、大夫贊君，命婦贊夫人，各揚其職。百官廢職，服大刑，而天下大服。是故夏礿、秋嘗、冬烝、春社、秋省而遂大蜡，天子之祭也。

大廟，天子明堂。庫門，天子皐門；雉門，天子應門。振木鐸於朝，天子之政也。山節，藻梲，復廟，重檐，刮楹，達鄉，反坫，出尊，崇坫，康圭，疏屏，天子之廟飾也。

鸞車，有虞氏之路也；鉤車，夏后氏之路也；大路，殷路也；乘路，周路也。有虞氏之旂，夏后氏之綏，殷之大白，周之大赤。夏后氏駱馬黑鬣，殷人白馬黑首，周人黃馬蕃鬣。夏后氏牲尚黑，殷白牡，周騂剛。泰，有虞氏之尊也；山罍，夏后氏之尊也；著，殷尊也；犧、象，周尊也。爵，夏后氏以琖，殷以斝，周以爵。灌尊，夏后氏以雞夷，殷以斝，周以黃目。其勺，夏后氏以龍勺，殷以疏勺，周以蒲勺。

土鼓、蕢桴、葦籥，伊耆氏之樂也。拊搏、玉磬、揩擊，大琴、大瑟，中琴、小瑟，四代之樂器也。

魯公之廟，文世室也；武公之廟，武世室也。

米廩，有虞氏之庠也；序，夏后氏之序也；瞽宗，殷學也；頖宮，周學也。

崇鼎、貫鼎、大璜、封父龜，天子之器也。越棘、大弓，天子之戎器也。

夏后氏之鼓足，殷楹鼓，周縣鼓。垂之和鍾，叔之離磬，女媧之笙簧。夏后氏之龍簨虡，殷之崇牙，周之壁翣。有虞氏之兩敦，夏后氏之四璉，殷之六瑚，周之八簋。俎，有虞氏以梡，夏后氏以嶡，殷以椇，周以房俎。夏后氏以楬豆，殷玉豆，周獻豆。有虞氏服韍，夏后氏山，殷火，周龍章。有虞氏祭首，夏后氏祭心，殷祭肝，周祭肺。夏后氏尚明水，殷尚醴，周尚酒。有虞氏官五十，夏后氏官百，殷二百，周三百。有虞氏之綏，夏后氏之綢練，殷之崇牙，周之壁翣。凡四代之服、器、官，魯兼用之。是故，魯，王禮也。天下傳之久矣，君臣未嘗相弒也，禮樂、刑法、政俗未嘗相變也。天下以為有道之國，是故天下資禮樂焉。

第十五 喪服小記

斬衰：括髮以麻。為母，括髮以麻，免而以布。齊衰：惡笄以終喪。男子冠而婦人笄，男子免而婦人髽。其義：為男子則免，為婦人則髽。苴杖，竹也；削杖，桐也。

祖父卒，而后為祖母後者三年。

為父、母，長子稽顙。大夫弔之，雖緦必稽顙。婦人為夫與長子稽顙，其餘則否。

男主必使同姓，婦主必使異姓。

為父後者，為出母無服。

親親以三為五，以五為九，上殺、下殺、旁殺而親畢矣。

王者禘其祖之所自出，以其祖配之，而立四廟，庶子王亦如之。

別子為祖，繼別為宗，繼禰者為小宗。有五世而遷之宗，其繼高祖者也。是故祖遷於上，宗易於下。尊祖故敬宗，敬宗所以尊祖、禰也。庶子不祭祖者，明其宗也。庶子不為長子斬，不繼祖與禰故也。庶子不祭殤與無後者，殤與無後者從祖祔食。庶子不祭禰者，明其宗也。

親親、尊尊、長長，男女之有別，人道之大者也。

從服者，所從亡則已。屬從者，所從雖沒也服。妾從女君而出，則不為女君之子服。禮：不王不禘。世子不降妻之父、母；其為妻也，與大夫之適子同。父為士，子為天子、諸侯，則祭以天子、諸侯，其尸服以士服。父為天子、諸侯，子為士，祭以士，其尸服以士服。

婦當喪而出，則除之；為父、母喪，未練而出，則三年；既練而出，則已；未練而反，則期；既練而反，則遂之。再期之喪，三年也；期之喪，二年也。九月、七月之喪，三時也。五月之喪，二時也。三月之喪，一時也。故期而祭，禮也。期而除喪，道也。祭不為除喪也。三年而后葬者必再祭，其祭之間不同時，而除喪。大功者主人之喪，有三年者，則必為之再祭。朋友，虞、祔而已。士妾有子，而為之緦，無子則已。生不及祖父母、諸父、昆弟，而父稅喪，己則否。降而在緦、小功者則稅之。為君之父、母、妻、長子，君已除喪而后聞喪，則不稅。近臣，君服斯服矣；其餘從而服，不從而稅。君雖未知喪，臣服已。

虞，杖不入於室；祔，杖不升於堂。

為君母後者，君母卒，則不為君母之黨服。

絰殺，五分而去一。杖大如絰。

妾為君之長子，與女君同。

除喪者，先重者；易服者，易輕者。

無事不辟廟門，哭皆於其次。

復與書銘，自天子達於士，其辭一也：男子稱名，婦人書姓與伯仲，如不知姓，則書氏。

斬衰之葛，與齊衰之麻同；齊衰之葛，與大功之麻同；麻同，皆兼服之。

報葬者報虞，三月而後卒哭。父、母之喪偕，先葬者不虞、祔，待後事。其葬，服斬衰。

大夫降其庶子，其孫不降其父。大夫不主士之喪。

為慈母之父母，無服。

夫為人後者，其妻為舅、姑大功。

士祔於大夫則易牲。

繼父不同居也者，必嘗同居。皆無主、後，同財而祭其祖、禰，為同居；有主、後者為異居。

哭朋友者，於門外之右，南面。

祔葬者不筮宅。士、大夫不得祔於諸侯，祔於諸祖父之為士、大夫者，其妻祔於諸祖姑，妾祔於妾祖姑。亡則中一以上而祔。祔必以其昭、穆。諸侯不得祔於天子，天子、諸侯、大夫可以祔於士。

為母之君母，母卒則不服。宗子母在為妻禫。為慈母後者，為庶母可也，為祖庶母可也。為父、母、妻、長子禫。慈母與妾母，不世祭也。

丈夫冠而不為殤，婦人笄而不為殤。為殤後者，以其服服之。久而不葬者，唯主喪者不除；其餘以麻終月數者，除喪則已。箭笄終喪三年。齊衰三月與大功同者，繩屨。

練，筮日、筮尸、視濯，皆要經、杖、繩屨，有司告具而后去杖。筮日、筮尸，有司告事畢，而后杖拜送賓。大祥，吉服而筮尸。

庶子在父之室，則為其母不禫。庶子不以杖即位。父不主庶子之喪，則孫以杖即位可也。父在，庶子為妻，以杖即位可也。

諸侯弔於異國之臣，則其君為主。諸侯弔，必皮弁錫衰。所弔雖已葬，主人必免。主人未喪服，則君亦不錫衰。

養有疾者不喪服；遂以主其喪。非養者入主人之喪，則不易己之喪服。養尊者必易服，養卑者否。

妾無妾祖姑者，易牲而祔於女君可也。

婦之喪、虞，卒哭，其夫若子主之；祔，則舅主之。士不攝大夫，士攝大夫唯宗子。主人未除喪，有兄弟自他國至，則主人不免而為主。

陳器之道：多陳之而省納之可也；省陳之而盡納之可也。

奔兄弟之喪，先之墓而後之家，為位而哭。所知之喪，則哭於宮而后之墓。

父不為眾子次於外。

與諸侯為兄弟者服斬。

下殤小功，帶澡麻不絕本，詘而反以報之。

婦祔於祖姑。祖姑有三人，則祔於親者。其妻，為大夫而卒，而后其夫不為大夫而祔於其妻，則不易牲。妻卒而后夫為大夫，而祔於其妻，則以大夫牲。

為父後者，為出母無服。無服也者，喪者不祭故也。

婦人不為主而杖者：姑在，為夫杖；母為長子削杖。女子子在室，為父、母，其主喪者不杖，則子一人杖。

緦、小功，虞、卒哭則免。既葬而不報虞，則雖主人皆冠，及虞則皆免。為兄弟，既除喪已，及其葬也，反服其服，報虞，卒哭則免，如不報虞則除之。遠葬者，比反，哭者皆冠，及郊而后免，反哭。君弔，雖不當免時也，主人必免，不散麻。雖異國之君，免也，親者皆免。

除殤之喪者，其祭也必玄。除成喪者，其祭也朝服縞冠。

奔父之喪，括髮於堂上，袒，降、踊，襲絰于東方。奔母之喪，不括髮，袒於堂上，降、踊，襲免于東方。絰即位，成踊，出門，哭止。三日而五哭三袒。

適婦不為舅、姑後者，則姑為之小功。

第十六 大傳

禮，不王不禘。王者禘其祖之所自出，以其祖配之。諸侯及其大祖。大夫、士有大事，省於其君，干祫，及其高祖。

牧之野，武王之大事也。既事而退，柴於上帝，祈於社，設奠於牧室。遂率天下諸侯執豆、籩、邃奔走，追王大王亶父、王季歷、文王昌，不以卑臨尊也。上治祖禰，尊尊也；下治子孫，親親也；旁治昆弟，合族以食，序以昭繆，別之以禮義，人道竭矣。

聖人南面而聽天下，所且先者五，民不與焉：一曰治親；二曰報功；三曰舉賢；四曰使能；五曰存愛。五者一得於天下，民無不足，無不贍者。五者一物紕繆，民莫得其死。聖人南面而治天下，必自人道始矣。立權、度、量，考文章，改正、朔，易服色，殊徽號，異器械，別衣服，此其所得與民變革者也。其不可得變革者則有矣：親親也，尊尊也，長長也，男女有別，此其不可得與民變革者也。

同姓從宗，合族屬。異姓主名，治際會，名著而男女有別：其夫屬乎父道者，妻皆母道也；其夫屬乎子道者，妻皆婦道也。謂弟之妻「婦」者，是嫂亦可謂之「母」乎？名者，人治之大者也，可無慎乎！

四世而緦，服之窮也。五世袒、免，殺同姓也。六世，親屬竭矣。其庶姓別於上，而戚單於下，昏姻可以通乎？繫之以姓而弗別，綴之以食而弗殊，雖百世而昏姻不通者，周道然也。

服術有六：一曰親親；二曰尊尊；三曰名；四曰出入；五曰長幼；六曰從服。從服有六：有屬從；有徒從；有從有服而無服；有從無服而有服；有從重而輕；有從輕而重。自仁率親，等而上之至于祖，名曰輕；自義率祖，順而下之至于禰，名曰重。一輕一重，其義然也。

君有合族之道，族人不得以其戚戚君，位也。

庶子不祭，明其宗也。庶子不得為長子三年，不繼祖也。別子為祖，繼別為宗，繼禰者為小宗。有百世不遷之宗，有五世則遷之宗。百世不遷者，別子之後也；宗其繼別子者，百世不遷者也。宗其繼高祖者，五世則遷者也。尊祖，故敬宗；敬宗，尊祖之義也。有小宗而無大宗者，有大宗而無小宗者，有無宗亦莫之宗者，公子是也。公子有宗道：公子之公，為其士、大夫之庶者，宗其士、大夫之適者，公子之宗道也。絕族無移服，親者屬也。

自仁率親，等而上之至于祖；自義率祖，順而下之至于禰；是故，人道親親也。親親故尊祖，尊祖故敬宗，敬宗故收族，收族故宗廟嚴，宗廟嚴故重社稷，重社稷故愛百姓，愛百姓故刑罰中，刑罰中故庶民安，庶民安故財用足，財用足故百志成，百志成故禮俗刑，禮俗刑然後樂。《詩》云：「不顯不承，無斁於人斯。」此之謂也。

第十七 少儀

聞始見君子者辭，曰：「某固願聞名於將命者。」不得階主。敵者，曰：「某固願見。」罕見曰「聞名」，亟見曰「朝夕」。瞽曰「聞名」。適有喪者曰「比」，童子曰「聽事」；適公卿之喪，則曰「聽役於司徒」。

君將適他，臣如致金玉貨貝於君，則曰：「致馬資於有司。」敵者曰：「贈從者。」臣致襚於君，則曰：「致廢衣於賈人」。敵者曰：「襚。」親者、兄弟不，以襚進。臣為君喪，納貨貝於君，則曰：「納甸於有司。」賵馬入廟門。賻馬與其幣，大白兵車，不入廟門。賻者既致命，坐委之，擯者舉之，主人無親受也。

受立授立，不坐。性之直者，則有之矣。始入而辭，曰：「辭矣」。即席，曰：「可矣。」排闔脫屨於戶內者，一人而已矣。有尊長在，則否。問品味，曰：「子亟食於某乎？」問道藝，曰：「子習於某乎？子善於某乎？」不疑在躬，不度民械，不願於大家，不訾重器。

氾埽曰埽，埽席前曰拚。拚席不以鬣，執箕膺擖。不貳問。問卜、筮，曰：「義與？志與？」義，則可問；志，則否。

尊長於己踰等，不敢問其年。燕見，不將命。遇於道，見則面，不請所之。喪俟事，不犆弔。侍坐，弗使，不執琴瑟，不畫地，手無容，不翣也。寢，則坐而將命。侍射，則約矢；侍投，則擁矢。勝則洗而以請，客亦如之。不角，不擢馬。

執君之乘車則坐。僕者右帶劍，負良綏，申之面，拖諸幦。以散綏升，執轡，然後步。

請見不請退。朝廷曰退，燕遊曰歸，師役曰罷。侍坐於君子，君子欠伸，運笏，澤劍首，還屨，問日之蚤莫，雖請退可也。

事君者量而后入，不入而后量。凡乞假於人，為人從事者亦然。然，故上無怨而下遠罪也。

不窺密，不旁狎，不道舊故，不戲色。

為人臣下者，有諫而無訕，有亡而無疾，頌而無讇，諫而無驕，怠則張而相之，廢則埽而更之，謂之社稷之役。

毋拔來，毋報往，毋瀆神，毋循枉，毋測未至。士依於德，游於藝。工依於法，游於說。毋訾衣服成器，毋身質言語。

言語之美，穆穆皇皇。朝廷之美，濟濟翔翔。祭祀之美，齊齊皇皇。車馬之美，匪匪翼翼。鸞和之美，肅肅雍雍。

問國君之子長幼。長，則曰：「能從社稷之事矣。」幼，則曰：「能御。」「未能御。」問大夫之子長幼。長，則曰：「能從樂人之事矣。」幼，則曰：「能正於樂人。」「未能正於樂人。」問士之子長幼。長，則曰：「能耕矣。」幼，則曰：「能負薪。」「未能負薪。」

執玉、執龜筴不趨，堂上不趨，城上不趨。武車不式，介者不拜。婦人吉事，雖有君賜，肅拜。為尸坐，則不手拜，肅拜。為喪主，則不手拜。葛經而麻帶。取俎、進俎不坐。執虛如執盈，入虛如有人。凡祭，於室中、堂上無跣，燕則有之。未嘗，不食新。僕於君子，君子升、下，則授綏；始乘則式；君子下行，然後還立。

乘貳車則式，佐車則否。貳車者，諸侯七乘，上大夫五乘，下大夫三乘。有貳車者之乘馬服車不齒。觀君子之衣服，服劍，乘馬，弗賈。

其以乘壺酒、束脩、一犬賜人；若獻人，則陳酒、執脩以將命，亦曰「乘壺酒、束脩、一犬」。其以鼎肉，則執以將命。其禽加於一雙，則執一雙以將命，委其餘。犬則執緤；守犬、田犬則授擯者；既受，乃問犬名。牛則執紖，馬則執靮，皆右之；臣則左之。車則說綏，執以將命。甲，若有以前之，則執以將命；無以前之，則袒櫜奉冑。器則執蓋。弓，則以左手屈韣執拊。劍則啟櫝蓋襲之，加夫橈與劍焉。笏、書、脩、苞苴、弓、茵、席、枕、几、穎、杖、琴、瑟，戈有刃者櫝，筴、籥，其執之皆尚左手。刀，卻刃授穎，削授拊。凡有刺刃者，以授人則辟刃。

乘兵車，出先刃，入後刃。軍尚左，卒尚右。

賓客主恭，祭祀主敬，喪事主哀，會同主詡。軍旅思險，隱情以虞。

燕侍食於君子，則先飯而後已；毋放飯，毋流歠；小飯而亟之，數噍，毋為口容。客自徹，辭焉則止。客爵居左，其飲居右；介爵、酢爵、僎爵皆居右。羞濡魚者進尾；冬右腴，夏右鰭；祭膴。凡齊，執之以右，居之於左。

贊幣自左，詔辭自右。

酌尸之僕，如君之僕。其在車，則左執轡，右受爵，祭左右軌、范，乃飲。

凡羞有俎者，則於俎內祭。君子不食圂腴。小子走而不趨，舉爵則坐祭立飲。凡洗必盥。牛、羊之肺，離而不提心。凡羞有湇者，不以齊。為君子擇蔥薤，則絕其本末。羞首者，進喙，祭耳。尊者以酌者之左為上尊。尊壺者面其鼻。飲酒者，禨者、醮者，有折俎不坐。未步爵，不嘗羞。牛與羊、魚之腥，聶而切之為膾。麇鹿為菹；野豕為軒，皆聶而不切。麕為辟雞，兔為宛脾，皆聶而切之，切蔥若薤，實之醯以柔之。其有折俎者，取祭肺反之，不坐；燔亦如之。尸則坐。

衣服在躬，而不知其名為罔。

其未有燭而有後至者，則以在者告。道瞽亦然。凡飲酒，為獻主者執燭抱燋，客作而辭，然後以授人。執燭，不讓、不辭、不歌。洗、盥、執食飲者勿氣，有問焉，則辟咡而對。

為人祭曰致福；為己祭而致膳於君子曰膳；祔、練曰告。凡膳告於君子，主人展之，以授使者于阼階之南，南面，再拜稽首送；反命，主人又再拜稽首。其禮，大牢則以牛左肩、臂、臑折九箇，少牢則以羊左肩七箇，犆豕則以豕左肩五箇。

國家靡敝，則車不雕幾，甲不組縢，食器不刻鏤，君子不履絲屨，馬不常秣。

第十八　學記

發慮憲，求善良，足以謏聞，不足以動眾。就賢體遠，足以動眾，未足以化民。君子如欲化民成俗，其必由學乎！

玉不琢，不成器；人不學，不知道。是故古之王者建國君民，教學為先。〈兌命〉曰：「念終始典于學。」其此之謂乎！

雖有嘉肴，弗食，不知其旨也；雖有至道，弗學，不知其善也。是故學然後知不足，教然後知困。知不足，然後能自反也；知困，然後能自強也。故曰：教學相長也。〈兌命〉曰：「學學半。」其此之謂乎！

古之教者，家有塾，黨有庠，術有序，國有學。比年入學，中年考校：一年視離經辨志；三年視敬業樂群；五年視博習親師；七年視論學取友，謂之小成；九年知類通達，強立而不反，謂之大成。夫然後足以化民易俗，近者說服，而遠者懷之。此大學之道也。記曰：「蛾子時術之。」其此之謂乎！

大學始教，皮弁祭菜，示敬道也。〈宵雅〉肄三，官其始也。入學鼓篋，孫其業也。夏、楚二物，收其威也。未卜禘不視學，游其志也。時觀而弗語，存其心也。幼者聽而弗問，學不躐等也。此七者，教之大倫也。記曰：「凡學：官，先事；士，先志。」其此之謂乎！

大學之教也，時教必有正業，退息必有居學。不學操縵，不能安弦；不學博依，不能安詩；不學雜服，不能安禮。不興其藝，不能樂學。故君子之於學也，藏焉，脩焉，息焉，游焉。夫然，故安其學而親其師，樂其友而信其道。是以雖離師輔而不反。〈兌命〉曰：「敬孫務時敏，厥脩乃來。」其此之謂乎！

今之教者，呻其佔畢，多其訊言，及于數進，而不顧其安，使人不由其誠，教人不盡其材，其施之也悖，其求之也佛。夫然，故隱其學而疾其師，苦其難而不知其益也。雖終其業，其去之必速。教之不刑，其此之由乎！

大學之法，禁於未發之謂豫，當其可之謂時，不陵節而施之謂孫，相觀而善之謂摩。此四者，教之所由興也。

發然後禁，則扞格而不勝；時過然後學，則勤苦而難成；雜施而不孫，則壞亂而不脩；獨學而無友，則孤陋而寡聞；燕朋逆其師；燕辟廢其學。此六者，教之所由廢也。

君子既知教之所由興，又知教之所由廢，然後可以為人師也。故君子之教，喻也，道而弗牽，強而弗抑，開而弗達。道而弗牽則和，強而弗抑則易，開而弗達則思。和、易以思，可謂善喻矣。學者有四失，教者必知之。人之學也，或失則多，或失則寡，或失則易，或失則止。此四者，心之莫同也。知其心，然後能救其失也。教也者，長善而救其失者也。

善歌者，使人繼其聲；善教者，使人繼其志。其言也約而達，微而臧，罕譬而喻，可謂繼志矣。

君子知至學之難易，而知其美惡，然後能博喻；能博喻然後能為師，能為師然後能為長，能為長然後能為君。故師也者，所以學為君也。是故擇師不可不慎也。記曰：「三王、四代唯其師。」此之謂乎！

凡學之道，嚴師為難。師嚴然後道尊，道尊然後民知敬學。是故君之所不臣於其臣者二：當其為尸，則弗臣也；當其為師，則弗臣也。大學之禮，雖詔於天子，無北面，所以尊師也。

善學者，師逸而功倍，又從而庸之；不善學者，師勤而功半，又從而怨之。善問者，如攻堅木，先其易者，後其節目，及其久也，相說以解；不善問者反此。善待問者如撞鐘，叩之以小者則小鳴，叩之以大者則大鳴，待其從容，然後盡其聲；不善答問者反此。此皆進學之道也。

記問之學，不足以為人師。必也其聽語乎！力不能問，然後語之。語之而不知，雖舍之可也。良冶之子，必學為裘；良弓之子，必學為箕；始駕馬者反之，車在馬前。君子察於此三者，可以有志於學矣。

古之學者，比物醜類。鼓無當於五聲，五聲弗得不和；水無當於五色，五色弗得不章；學無當於五官，五官弗得不治。師無當於五服，五服弗得不親。

君子曰：「大德不官，大道不器，大信不約，大時不齊。」察於此四者，可以有志於本矣。三王之祭川也，皆先河而後海，或源也，或委也。此之謂務本。

第十九 樂記

凡音之起，由人心生也；人心之動，物使之然也。感於物而動，故形於聲。聲相應，故生變，變成方，謂之音。比音而樂之，及干戚、羽旄，謂之樂。樂者，音之所由生也，其本在人心之感於物也。是故其哀心感者，其聲噍以殺；其樂心感者，其聲嘽以緩；其喜心感者，其聲發以散；其怒心感者，其聲粗以厲；其敬心感者，其聲直以廉；其愛心感者，其聲和以柔。六者，非性也，感於物而后動。是故先王慎所以感之者。故禮以道其志，樂以和其聲，政以一其行，刑以防其姦。禮、樂、刑、政，其極一也，所以同民心而出治道也。

凡音者，生人心者也。情動於中，故形於聲，聲成文，謂之音。是故治世之音安以樂，其政和；亂世之音怨以怒，其政乖；亡國之音哀以思，其民困。聲音之道，與政通矣。宮為君，商為臣，角為民，徵為事，羽為物。五者不亂，則無怗懘之音矣。宮亂則荒，其君驕；商亂則陂，其官壞；角亂則憂，其民怨；徵亂則哀，其事勤；羽亂則危，其財匱。五者皆亂，迭相陵，謂之慢。如此，則國之滅亡無日矣。鄭、衛之音，亂世之音也，比於慢矣。桑間、濮上之音，亡國之音也，其政散，其民流，誣上行私而不可止也。

凡音者，生於人心者也。樂者，通倫理者也。是故知聲而不知音者，禽獸是也；知音而不知樂者，眾庶是也；唯君子為能知樂。是故審聲以知音，審音以知樂，審樂以知政，而治道備矣。是故不知聲者不可與言音，不知音者不可與言樂，知樂，則幾於禮矣。禮、樂皆得，謂之有德。德者，得也。是故樂之隆，非極音也。食饗之禮，非致味也。〈清廟〉之瑟，朱弦而疏越，壹倡而三歎，有遺音者矣。大饗之禮，尚玄酒而俎腥魚，大羹不和，有遺味者矣。是故先王之制禮、樂也，非以極口腹耳目之欲也，將以教民平好惡而反人道之正也。

人生而靜，天之性也；感於物而動，性之欲也。物至知知，然後好惡形焉。好惡無節於內，知誘於外，不能反躬，天理滅矣。夫物之感人無窮，而人之好惡無節，則是物至而人化物也。人化物也者，滅天理而窮人欲者也。於是有悖逆詐偽之心，有淫泆作亂之事。是故，強者脅弱，眾者暴寡，知者詐愚，勇者苦怯，疾病不養，老幼孤獨不得其所，此大亂之道也。是故先王之制禮樂，人為之節。衰麻哭泣，所以節喪紀也；鐘鼓、干戚，所以和安樂也；昏姻冠笄，所以別男女也；射鄉食饗，所以正交接也。禮節民心，樂和民聲，政以行之，刑以防之。禮、樂、刑、政，四達而不悖，則王道備矣。

樂者為同，禮者為異。同則相親，異則相敬。樂勝則流，禮勝則離。合情飾貌者，禮、樂之事也。禮、義立，則貴賤等矣。樂、文同，則上下和矣。好、惡著，則賢、不肖別矣。刑禁暴，爵舉賢，則政均矣。仁以愛之，義以正之。如此，則民治行矣。

樂由中出，禮自外作。樂由中出，故靜；禮自外作，故文。大樂必易，大禮必簡。樂至則無怨，禮至則不爭。揖讓而治天下者，禮樂之謂也。暴民不作，諸侯賓服，兵革不試，五刑不用，百姓無患，天子不怒，如此，則樂達矣。合父子之親，明長幼之序，以敬四海之內，天子如此，則禮行矣。

大樂與天地同和，大禮與天地同節。和，故百物不失；節，故祀天祭地。明則有禮樂，幽則有鬼神，如此，則四海之內合敬同愛矣。禮者，殊事合敬者也；樂者，異文合愛者也。禮樂之情同，故明王以相沿也，故事與時並，名與功偕。

故鐘、鼓、管、磬，羽、籥、干、戚，樂之器也。屈、伸、俯、仰，綴、兆、舒、疾，樂之文也。簠、簋、俎、豆，制度、文章，禮之器也。升、降、上、下，周、還、裼、襲，禮之文也。故知禮、樂之情者能作，識禮、樂之文者能述。作者之謂聖，述者之謂明。明聖者，述作之謂也。

樂者，天地之和也；禮者，天地之序也。和，故百物皆化；序，故群物皆別。樂由天作，禮以地制。過制則亂，過作則暴；明於天地，然後能興禮樂也。論倫無患，樂之情也；欣喜歡愛，樂之官也。中正無邪，禮之質也；莊敬恭順，禮之制也。若夫禮樂之施於金石，越於聲音，用於宗廟社稷，事乎山川鬼神，則此所與民同也。

王者功成作樂，治定制禮，其功大者其樂備，其治辯者其禮具。干戚之舞，非備樂也；孰亨而祀，非達禮也。五帝殊時，不相沿樂；三王異世，不相襲禮。樂極則憂，禮粗則偏矣。及夫敦樂而無憂，禮備而不偏者，其唯大聖乎！天高地下，萬物散殊，而禮制行矣。流而不息，合同而化，而樂興焉。春作夏長，仁也。秋斂冬藏，義也。仁近於樂，義近於禮。樂者敦和，率神而從天；禮者別宜，居鬼而從地。故聖人作樂以應天，制禮以配地。禮樂明備，天地官矣。

天尊地卑，君臣定矣。卑高已陳，貴賤位矣。動靜有常，小大殊矣。方以類聚，物以群分，則性命不同矣。在天成象，在地成形，如此，則禮者，天地之別也。地氣上齊，天氣下降，陰陽相摩，天地相蕩，鼓之以雷霆，奮之以風雨，動之以四時，煖之以日月，而百化興焉。如此，則樂者，天地之和也。化不時則不生，男女無辨則亂升，天地之情也。及夫禮樂之極乎天而蟠乎地，行乎陰陽而通乎鬼神，窮高極遠而測深厚，樂著大始，而禮居成物。著不息者，天也；著不動者，地也；一動一靜者，天地之間也。故聖人曰禮樂云。

昔者舜作五弦之琴以歌南風，夔始制樂以賞諸侯。故天子之為樂也，以賞諸侯之有德者也。德盛而教尊，五穀時孰，然後賞之以樂。故其治民勞者，其舞行綴遠；其治民逸者，其舞行綴短。故觀其舞，知其德；聞其謚，知其行也。

〈大章〉，章之也。〈咸池〉，備矣。〈韶〉，繼也。〈夏〉，大也。殷、周之樂，盡矣。

天地之道，寒暑不時則疾，風雨不節則饑。教者，民之寒暑也，教不時則傷世；事者，民之風雨也，事不節則無功。然則先王之為樂也，以法治也，善則行象德矣。夫豢豕、為酒，非以為禍也，而獄訟益繁，則酒之流生禍也。是故先王因為酒禮。壹獻之禮，賓主百拜，終日飲酒而不得醉焉。此先王之所以備酒禍也。故酒食者，所以合歡也；樂者，所以象德也；禮者，所以綴淫也。是故先王有大事，必有禮以哀之；有大福，必有禮以樂之。哀樂之分，皆以禮終。樂也者，聖人之所樂也，而可以善民心。其感人深，其移風易俗，故先王著其教焉。

夫民有血氣心知之性，而無哀樂喜怒之常，應感起物而動，然後心術形焉。是故志微、噍殺之音作，而民思憂；嘽諧、慢易、繁文、簡節之音作，而民康樂；粗厲、猛起、奮末、廣賁之音作，而民剛毅；廉直、勁正、莊誠之音作，而民肅敬；寬裕、肉好、順成、和動之音作，而民慈愛；流辟、邪散、狄成、滌濫之音作，而民淫亂。

是故先王本之情性，稽之度數，制之禮義，合生氣之和，道五常之行，使之陽而不散，陰而不密，剛氣不怒，柔氣不懾，四暢交於中而發作於外，皆安其位而不相奪也。然後立之學等，廣其節奏，省其文采，以繩德厚，律小大之稱，比終始之序，以象事行，使親疏、貴賤、長幼、男女之理皆形見於樂，故曰：「樂觀其深矣。」

土敝則草木不長，水煩則魚鼈不大，氣衰則生物不遂，世亂則禮慝而樂淫。是故其聲哀而不莊，樂而不安，慢易以犯節，流湎以忘本，廣則容姦，狹則思欲，感條暢之氣，而滅平如之德。是以君子賤之也。

凡姦聲感人而逆氣應之，逆氣成象而淫樂興焉。正聲感人而順氣應之，順氣成象而和樂興焉。倡和有應，回邪曲直各歸其分，而萬物之理各以類相動也。是故君子反情以和其志，比類以成其行，姦聲、亂色不留聰明，淫樂、慝禮不接心術，惰慢、邪辟之氣不設於身體，使耳、目、鼻、口、心知、百體皆由順正以行其義。

然後發以聲音，而文以琴瑟，動以干戚，飾以羽旄，從以簫管，奮至德之光，動四氣之和，以著萬物之理。是故清明象天，廣大象地，終始象四時，周還象風雨，五色成文而不亂，八風從律而不姦，百度得數而有常，小大相成，終始相生，倡和清濁，迭相為經。故樂行而倫清，耳目聰明，血氣和平，移風易俗，天下皆寧。

故曰：「樂者，樂也。」君子樂得其道，小人樂得其欲。以道制欲，則樂而不亂；以欲忘道，則惑而不樂。是故君子反情以和其志，廣樂以成其教。樂行，而民鄉方，可以觀德矣。

德者，性之端也；樂者，德之華也；金、石、絲、竹，樂之器也。詩，言其志也；歌，詠其聲也；舞，動其容也。三者本於心，然後樂氣從之。是故情深而文明，氣盛而化神。和順積中而英華發外，唯樂不可以為偽。

樂者，心之動也；聲者，樂之象也；文采節奏，聲之飾也。君子動其本，樂其象，然後治其飾。是故先鼓以警戒，三步以見方，再始以著往，復亂以飭歸，奮疾而不拔，極幽而不隱。獨樂其志，不厭其道；備舉其道，不私其欲。是故情見而義立，樂終而德尊，君子以好善，小人以聽過。故曰：「生民之道，樂為大焉。」

樂也者，施也。禮也者，報也。樂，樂其所自生，而禮反其所自始。樂章德，禮報情，反始也。

所謂大輅者，天子之車也；龍旂九旒，天子之旌也；青黑緣者，天子之寶龜也；從之以牛羊之群，則所以贈諸侯也。

樂也者，情之不可變者也。禮也者，理之不可易者也。樂統同，禮辨異。禮樂之說，管乎人情矣。窮本知變，樂之情也。著誠去偽，禮之經也。禮樂偩天地之情，達神明之德，降興上下之神，而凝是精粗之體，領父子、君臣之節。

是故大人舉禮樂，則天地將為昭焉。天地訢合，陰陽相得，煦嫗覆育萬物，然後草木茂，區萌達，羽翼奮，角觡生，蟄蟲昭蘇，羽者嫗伏，毛者孕鬻，胎生者不殰，而卵生者不殈，則樂之道歸焉耳。

樂者，非謂黃鐘、大呂、弦、歌、干、揚也，樂之末節也，故童者舞之。鋪筵、席，陳尊、俎，列籩、豆，以升降為禮者，禮之末節也，故有司掌之。樂師辨乎聲詩，故北面而弦；宗、祝辨乎宗廟之禮，故後尸；商祝辨乎喪禮，故後主人。是故德成而上，藝成而下，行成而先，事成而後。是故先王有上有下，有先有後，然後可以有制於天下也。

魏文侯問於子夏曰：「吾端冕而聽古樂，則唯恐臥；聽鄭、衛之音，則不知倦。敢問古樂之如彼何也？新樂之如此何也？」子夏對曰：「今夫古樂，進旅退旅，和正以廣，弦、匏、笙、簧，會守拊、鼓，始奏以文，復亂以〈武〉，治亂以相，訊疾以雅。君子於是語，於是道古，脩身及家，平均天下。此古樂之發也。今夫新樂，進俯退俯，姦聲以濫，溺而不止，及優、侏儒，獶雜子女，不知父子。樂終，不可以語，不可以道古。此新樂之發也。今君之所問者樂也，所好者音也。夫樂者，與音相近而不同。」

文侯曰：「敢問何如？」子夏對曰：「夫古者，天地順而四時當，民有德而五穀昌，疾疢不作而無祅祥，此之謂大當。然後聖人作為父子、君臣以為紀綱，紀綱既正，天下大定。天下大定，然後正六律，和五聲，弦歌詩、頌，此之謂德音，德音之謂樂。《詩》云：『莫其德音，其德克明。克明克類，克長克君。王此大邦，克順克俾。俾于文王，其德靡悔。既受帝祉，施于孫子。』此之謂也。今君之所好者，其溺音乎！」

文侯曰：「敢問溺音何從出也？」子夏對曰：「鄭音好濫淫志，宋音燕女溺志，衛音趨數煩志，齊音敖辟喬志。此四者，皆淫於色而害於德，是以祭祀弗用也。

《詩》云：『肅雍和鳴，先祖是聽。』夫肅肅，敬也。雍雍，和也。夫敬以和，何事不行？為人君者，謹其所好惡而已矣。君好之，則臣為之；上行之，則民從之。《詩》云：『誘民孔易。』此之謂也。然後聖人作為鞉、鼓、椌、楬、壎、篪，此六者，德音之音也。然後鍾、磬、竽、瑟以和之，干、戚、旄、狄以舞之。此所以祭先王之廟也，所以獻、酬、酳、酢也，所以官序貴賤各得其宜也，所以示後世有尊卑長幼之序也。鐘聲鏗，鏗以立號，號以立橫，橫以立武。君子聽鐘聲，則思武臣。石聲磬，磬以立辨，辨以致死。君子聽磬聲，則思死封疆之臣。絲聲哀，哀以立廉，廉以立志。君子聽琴瑟之聲，則思志義之臣。竹聲濫，濫以立會，會以聚眾。君子聽竽、笙、簫、管之聲，則思畜聚之臣。鼓鼙之聲讙，讙以立動，動以進眾。君子聽鼓鼙之聲，則思將帥之臣。君子之聽音，非聽其鏗鎗而已也，彼亦有所合之也。」

賓牟賈侍坐於孔子，孔子與之言，及樂，曰：「夫〈武〉之備戒之已久，何也？」對曰：「病不得其眾也。」「詠歎之，淫液之，何也？」對曰：「恐不逮事也。」「發揚蹈厲之已蚤，何也？」對曰：「及時事也。」「〈武〉坐，致右憲左，何也？」對曰：「非〈武〉坐也。」「聲淫及商，何也？」對曰：「非

〈武〉音也。」子曰：「若非〈武〉音，則何音也？」對曰：「有司失其傳也。若非有司失其傳，則武王之志荒矣。」子曰：「唯。丘之聞諸萇弘，亦若吾子之言是也。」

賓牟賈起，免席而請曰：「夫〈武〉之備戒之已久，則既聞命矣，敢問遲之遲而又久，何也？」子曰：「居！吾語女。夫樂者，象成者也。總干而山立，武王之事也。發揚蹈厲，大公之志也。〈武〉亂皆坐，周、召之治也。且夫〈武〉，始而北出，再成而滅商，三成而南，四成而南國是疆，五成而分周公左、召公右，六成復綴，以崇天子。夾振之而駟伐，盛威於中國也。分夾而進，事蚤濟也。久立於綴，以待諸侯之至也。且女獨未聞牧野之語乎？武王克殷反商，未及下車而封黃帝之後於薊，封帝堯之後於祝，封帝舜之後於陳；下車而封夏后氏之後於杞，投殷之後於宋，封王子比干之墓，釋箕子之囚，使之行商容而復其位。庶民弛政，庶士倍祿。濟河而西，馬散之華山之陽，而弗復乘；牛散之桃林之野，而弗復服；車甲衅而藏之府庫，而弗復用；倒載干戈，包之以虎皮；將帥之士使為諸侯，名之曰『建櫜』。然後天下知武王之不復用兵也。散軍而郊射，左射〈貍首〉，右射〈騶虞〉，而貫革之射息也。裨冕搢笏，而虎賁之士說劍也。祀乎明堂，而民知孝。朝覲，然後諸侯知所以臣。耕藉，然後諸侯知所以敬。五者，天下之大教也。食三老、五更於大學，天子袒而割牲，執醬而饋，執爵而酳，冕而總干，所以教諸侯之弟也。若此，則周道四達，禮樂交通，則夫〈武〉之遲久，不亦宜乎！」

君子曰：「禮樂不可斯須去身。」致樂以治心，則易、直、子、諒之心油然生矣。易、直、子、諒之心生，則樂，樂則安，安則久，久則天，天則神。天則不言而信，神則不怒而威。致樂，以治心者也；致禮，以治躬，則莊敬，莊敬則嚴威。心中斯須不和不樂，而鄙詐之心入之矣。外貌斯須不莊不敬，而易慢之心入之矣。故樂也者，動於內者也。禮也者，動於外者也。樂極和，禮極順，內和而外順，則民瞻其顏色，而弗與爭也；望其容貌，而民不生易慢焉。故德煇動於內，而民莫不承聽；理發諸外，而民莫不承順。故曰：「致禮樂之道，舉而錯之，天下無難矣。」

樂也者，動於內者也；禮也者，動於外者也。故禮主其減，樂主其盈。禮減而進，以進為文；樂盈而反，以反為文。禮減而不進則銷，樂盈而不反則放。故禮有報而樂有反。禮得其報則樂，樂得其反則安。禮之報，樂之反，其義一也。

夫樂者，樂也，人情之所不能免也。樂必發於聲音，形於動靜，人之道也。聲音動靜，性術之變盡於此矣。故人不耐無樂，樂不耐無形。形而不為道，不耐無亂。先王恥其亂，故制雅、頌之聲以道之，使其聲足樂而不流，使其文足論而不息，使其曲直、繁瘠、廉肉、節奏足以感動人之善心而已矣，不使放心邪氣得接焉。是先王立樂之方也。是故樂在宗廟之中，君臣上下同聽之則莫不和敬；在族長鄉里之中，長幼同聽之則莫不和順；在閨門之內，父子兄弟同聽之則莫不和親。故樂者，審一以定和，比物以飾節，節奏合以成文，所以合和父子君臣，附親萬民也。是先王立樂之方也。故聽其雅、頌之聲，志意得廣焉。執其干、戚，習其俯仰詘伸，容貌得莊焉。行其綴兆，要其節奏，行列得正焉，進退得齊焉。故樂者，天地之命，中和之紀，人情之所不能免也。

夫樂者，先王之所以飾喜也；軍、旅、鈇、鉞者，先王之所以飾怒也。故先王之喜怒皆得其儕焉。喜則天下和之，怒則暴亂者畏之。先王之道，禮樂可謂盛矣。

子贛見師乙而問焉，曰：「賜聞聲歌各有宜也。如賜者宜何歌也？」師乙曰：「乙，賤工也，何足以問所宜？請誦其所聞，而吾子自執焉。寬而靜、柔而正者，宜歌頌；廣大而靜、疏達而信者，宜歌大雅；恭儉而好禮者，宜歌小雅；正直而靜、廉而謙者，宜歌風；

肆直而慈愛者，宜歌商；溫良而能斷者，宜歌齊。夫歌者，直己而陳德也。動己而天地應焉，四時和焉，星辰理焉，萬物育焉。故商者，五帝之遺聲也，商之遺聲也，商人識之，故謂之商。齊者，三代之遺聲也，齊人識之，故謂之齊。明乎商之音者，臨事而屢斷；明乎齊之音者，見利而讓。臨事而屢斷，勇也；見利而讓，義也。有勇有義，非歌孰能保此？故歌者，上如抗，下如隊，曲如折，止如槀木，倨中矩，句中鉤，纍纍乎端如貫珠。故歌之為言也，長言之也。說之，故言之；言之不足，故長言之；長言之不足，故嗟歎之；嗟歎之不足，故不知手之舞之，足之蹈之也。」

第二十 雜記上

諸侯行而死於館，則其復如於其國，如於道，則升其乘車之左轂，以其綏復。其輤有裧，緇布裳帷，素錦以為屋而行。至於廟門，不毀牆，遂入，適所殯，唯輤為說於廟門外。大夫、士死於道，則升其乘車之左轂，以其綏復。如於館死，則其復如於家。大夫以布為輤而行，至於家而說輤，載以輲車，入自門，至於阼階下而說車，舉自阼階，升適所殯。士輤，葦席以為屋，蒲席以為裳帷。

凡訃於其君，曰：「君之臣某死。」父、母、妻、長子，曰：「君之臣某之某死。」君訃於他國之君，曰：「寡君不祿，敢告於執事。」夫人，曰：「寡小君不祿。」大子之喪，曰：「寡君之適子某死。」大夫訃於同國，適者，曰：「某不祿。」訃於士，亦曰：「某不祿。」訃於他國之君，曰：「君之外臣寡大夫某死。」訃於適者，曰：「吾子之外私寡大夫某不祿，使某實。」訃於士，亦曰：「吾子之外私寡大夫某不祿，使某實。」士訃於同國，大夫，曰：「某死。」訃於士，亦曰：「某死。」訃於他國之君，曰：「君之外臣某死。」訃於大夫，曰：「吾子之外私某死。」訃於士，亦曰：「吾子之外私某死。」

大夫次於公館以終喪，士練而歸。士次於公館，大夫居廬，士居堊室。

大夫為其父、母、兄、弟之未為大夫者之喪，服如士服；士為其父、母、兄、弟之為大夫者之喪，服如士服。大夫之適子，服大夫之服。大夫之庶子為大夫，則為其父、母服大夫服，其位與未為大夫者齒。士之子為大夫，則其父、母弗能主也，使其子主之，無子，則為之置後。

大夫卜宅與葬日，有司麻衣、布衰、布帶，因喪屨，緇布冠不蕤，占者皮弁。如筮，則史練冠、長衣以筮，占者朝服。大夫之喪，既薦馬，薦馬者哭踊，出，乃包奠，而讀書。大夫之喪，大宗人相，小宗人命龜，卜人作龜。

復，諸侯以褒衣、冕服、爵弁服。夫人稅衣、揄狄，狄、稅素沙。內子以鞠衣、褒衣、素沙。下大夫以襢衣。其餘如士。復西上。大夫不揄絞，屬於池下。

大夫附於士。士不附於大夫，附於大夫之昆弟，無昆弟則從其昭穆。雖王父母在，亦然。婦附於其夫之所附之妃，無妃，則亦從其昭穆之妃。妾附於妾祖姑，無妾祖姑，則亦從其昭穆之妾。男子附於王父則配，女子附於王母則不配。公子附於公子。君薨，大子號稱「子」，待猶君也。

有三年之練冠，則以大功之麻易之，唯杖、屨不

易。有父、母之喪，尚功衰，而附兄弟之殤，則練冠，

附於殤，稱「陽童某甫」，不名，神也。

凡異居，始聞兄弟之喪，唯以哭對可也。其始麻，散帶絰。未服麻而奔喪，及主人之未成絰也，疏者與主人皆成之，親者終其麻帶絰之日數。

主妾之喪，則自祔，至於練、祥，皆使其子主之，其殯、祭不於正室。君不撫僕、妾。女君死，則妾為女君之黨服，攝女君則不為先女君之黨服。

聞兄弟之喪，大功以上，見喪者之鄉而哭。適兄弟之送葬者弗及，遇主人於道，則遂之於墓。凡主兄弟之喪，雖疏亦虞之。凡喪服未畢，有弔者，則為位而哭，

拜踊。大夫之哭大夫，弁絰。大夫與殯，亦弁絰。大夫有私喪之葛，則於其兄弟之輕喪，則弁絰。

為長子杖，則其子不以杖即位。為妻，父、母在，不杖，不稽顙。母在，不稽顙。稽顙者，其贈也拜。

違諸侯之大夫，不反服。違大夫之諸侯，不反服。

喪冠條屬，以別吉凶。三年之練冠，亦條屬，右縫。小功以下左。緦冠繰纓。

大功以上散帶。朝服十五升，去其半而緦，加灰，錫也。

諸侯相襚，以後路與冕服，先路與褒衣不以為襚。

遣車視牢具，疏布輤，四面有章。置於四隅。載粻，有子曰：「非禮也。喪奠脯、醢而已。」祭稱「孝子」、「孝孫」，喪稱「哀子」、「哀孫」。端衰，喪車，皆無等。

大白冠，緇布之冠，皆不蕤。委武玄、縞而後蕤。大夫冕而祭於公，弁而祭於己。士弁而祭於公，冠而祭於己。士弁而親迎，然則士弁而祭於己可也。

暢，臼以椈，杵以梧。枇以桑，長三尺，或曰五尺。畢用桑，長三尺，刊其柄與末。率帶，諸侯、大夫皆五采，士二采。醴者，稻醴也。甕、甒、筲、衡，實見間，而后折入。重，既虞而埋之。

凡婦人，從其夫之爵位。小斂、大斂、啟，皆辯拜。朝夕哭，不帷。無柩者不帷。君若載而后弔之，則主人東面而拜，門右北而踊，出待，反而后奠。

子羔之襲也，繭衣裳與稅衣、纁袡為一，素端一，皮弁一，爵弁一，玄冕一。曾子曰：「不襲婦服。」

為君使而死，公館復，私館不復。公館者，公宮與公所為也。私館者，自卿大夫以下之家也。

公七踊，大夫五踊，婦人居間；士三踊，婦人皆居間。

公襲：卷衣一，玄端一，朝服一，素積一，纁裳一，爵弁二，玄冕一，褒衣一。朱綠帶，申加大帶於上。

小斂環絰，公、大夫、士一也。

公視大斂，公升，商祝鋪席，乃斂。

魯人之贈也，三玄二纁，廣尺，長終幅。

弔者即位于門西，東面。其介在其東南，北面，西上；西於門。主孤西面。相者受命曰：「孤某使某請事。」客曰：「寡君使某，如何不淑！」相者入告，出曰：「孤某須矣。」弔者入，主人升堂，西面。弔者升自西階，東面，致命曰：「寡君聞君之喪，寡君使某，如何不淑！」子拜稽顙，弔者降，反位。

含者執璧將命，曰：「寡君使某含。」相者入告，出曰：「孤某須矣。」含者入，升堂致命，子拜稽顙。

含者坐委于殯東南，有葦席，既葬蒲席。降，出反位。宰夫朝服，即喪屨，升自西階，西面坐取璧，降自西階，以東。

襚者曰：「孤某須矣。」襚者執冕服，左執領，右執要，入，升堂致命曰：「寡君使某襚。」子拜稽顙。委衣于殯東。襚者降，受爵弁服於門內霤，將命，子拜稽顙，如初。受皮弁服於中庭，自西階受朝服，自堂受玄端，將命，子拜稽顙，皆如初。襚者降，出，反位。宰夫五人舉以東，降自西階，其舉亦西面。

上介賵，執圭將命，曰：「寡君使某賵。」相者入告，反命曰：「孤某須矣。」陳乘黃、大路於中庭，北輈，執圭將命。客使自下，由路西。子拜稽顙。坐委於殯東南隅，宰舉以東。凡將命，鄉殯將命，子拜稽顙，西面而坐委之。宰舉璧與圭，宰夫舉襚，升自西階，西面坐取之，降自西階。賵者出，反位于門外。

上客臨，曰：「寡君有宗廟之事，不得承事，使一介老某相執綍。」相者反命，曰：「孤某須矣。」臨者入門右，介者皆從之，立于其左，東上。宗人納賓，升，受命于君，降曰：「孤敢辭吾子之辱。請吾子之復位。」客對曰：「寡君命，某毋敢視賓客，敢辭。」宗人反命曰：「孤敢固辭吾子之辱。請吾子之復位。」客對曰：「寡君命，某毋敢視賓客，敢固辭。」宗人反命曰：「孤敢固辭吾子之辱。請吾子之復位。」客對曰：「寡君命，使臣某毋敢視賓客，是以敢固辭。固辭不獲命，敢不敬從。」客立于門西，介立于其左，東上。孤降自阼階，拜之，升，哭。與客拾踊三。客出，送于門外，拜稽顙。其國有君喪，不敢受弔。

外宗房中南面，小臣鋪席，商祝鋪絞、紟、衾，士盥于盤北，舉遷尸于斂上。卒斂，宰告，子馮之踊，夫人東面坐馮之，興踊。

士喪有與天子同者三：其終夜燎，及乘人，專道而行。

第二十一 雜記下

有父之喪，如未沒喪而母死，其除父之喪也，服其除服，卒事，反喪服。雖諸父昆弟之喪，如當父母之喪，其除諸父昆弟之喪也，皆服其除服之服，卒事，反喪服。如三年之喪，則既穎，其練、祥皆行。王父死未練、祥，而孫又死，猶是附於王父也。

有殯，聞外喪，哭之他室。入奠，卒奠出，改服即位，如始即位之禮。

大夫、士將與祭於公，既視濯而父、母死，則猶是與祭也，次於異宮。既祭，釋服，出公門外哭而歸。其它如奔喪之禮。如未視濯，則使人告，告者反而后哭。

如諸父、昆弟、姑、姊妹之喪，則既宿則與祭，卒事，出公門，釋服而后歸。其它如奔喪之禮。如同宮，則次于異宮。

曾子問曰：「卿大夫將為尸於公，受宿矣，而有齊衰內喪，則如之何？」孔子曰：「出舍乎公宮以待事，禮也。」孔子曰：「尸弁、冕而出，卿、大夫、士皆下之。尸必式，必有前驅。」

父、母之喪，將祭，而昆弟死，既殯而祭。如同宮，則雖臣妾，葬而后祭。祭，主人之升降散等，執事者亦散等。雖虞、附亦然。

自諸侯達諸士，小祥之祭，主人之酢也嚌之，眾賓、兄弟則皆啐之。大祥，主人啐之，眾賓、兄弟皆飲之可也。

凡侍祭喪者，告賓祭薦而不食。

子貢問喪。子曰：「敬為上，哀次之，瘠為下。顏色稱其情，戚容稱其服。」「請問兄弟之喪？」子曰：「兄弟之喪，則存乎書策矣。」君子不奪人之喪，亦不可奪喪也。

孔子曰：「少連、大連善居喪，三日不怠，三月不解，期悲哀，三年憂。東夷之子也。」三年之喪，言而不語，對而不問。廬、堊室之中，不與人坐焉。在堊室之中，非時見乎母也不入門。疏衰皆居堊室，不廬。

廬，嚴者也。

妻，視叔父母；姑、姊妹，視兄弟；長、中、下殤，視成人。親喪外除，兄弟之喪內除。視君之母與妻，比之兄弟。發諸顏色者，亦不飲食也。免喪之外，行於道路，見似目瞿，聞名心瞿。弔死而問疾，顏色戚容必有以異於人也。如此而后，可以服三年之喪。其餘，則直道而行之是也。

祥，主人之除也，於夕為期，朝服。祥因其故服。

子游曰：「既祥，雖不當縞者必縞，然後反服。」

當袒，大夫至，雖當踊，絕踊而拜之，反改成踊，乃襲。於士，既事成踊，襲而后拜之，不改成踊。

上大夫之虞也，少牢；卒哭成事、附，皆大牢。下大夫之虞也，犆牲；卒哭成事、附，皆少牢。

祝稱卜葬、虞，子孫曰「哀」，夫曰「乃」，兄弟曰「某」。卜葬其兄，弟曰「伯子某」。

古者，貴賤皆杖。叔孫武叔朝，見輪人，以其杖關轂而輠輪者，於是有爵而后杖也。鑿巾以飯，公羊賈為之也。

冒者何也？所以揜形也。自襲以至小斂，不設冒則形，是以襲而后設冒也。

或問於曾子曰：「夫既遣而包其餘，猶既食而裹其餘與？君子既食則裹其餘乎？」曾子曰：「吾子不見大饗乎？夫大饗，既饗，卷三牲之俎，歸于賓館。父母而賓客之，所以為哀也。子不見大饗乎？」

非為人喪，問與？賜與？三年之喪，以其喪拜；非三年之喪，以吉拜。三年之喪，如或遺之酒肉，則受之，必三辭。主人衰絰而受之。如君命，則不敢辭，受而薦之。喪者不遺人。人遺之，雖酒肉，受也。從父、昆弟以下，既卒哭，遺人可也。

縣子曰：「三年之喪如斬，期之喪如剡。」三年之喪，雖功衰，不弔，自諸侯達諸士。如有服而將往哭之，則服其服而往。期之喪，十一月而練，十三月而祥，十五月而禫。練則弔。既葬，大功弔，哭而退，不聽事焉。期之喪未葬，弔於鄉人，哭而退，不聽事焉。功衰弔，待事，不執事。小功、緦，執事，不與於禮。相趨也，出宮而退。相揖也，哀次而退。相問也，既封而退。相見也，反哭而退。朋友，虞、附而退。弔，非從主人也，四十者執綍。鄉人五十者從反哭，四十者待盈坎。

喪食雖惡，必充飢。飢而廢事，非禮也；飽而忘哀，亦非禮也。視不明，聽不聽，行不正，不知哀，君子病之。故有疾，飲酒食肉。五十不致毀，六十不毀，七十飲酒食肉，皆為疑死。有服，人召之食，不往。大功以下，既葬，適人，人食之，其黨也食之，非其黨弗食也。功衰，食菜果，飲水漿，無鹽、酪。不能食食，鹽、酪可也。孔子曰：「身有瘍則浴，首有創則沐，病則飲酒食肉。毀瘠為病，君子弗為也。毀而死，君子謂之無子。」

非從柩與反哭，無免於堩。凡喪，小功以上，非虞、附、練、祥，無沐浴。

疏衰之喪，既葬，人請見之則見，不請見人。小功，請見人可也。大功不以執摯。唯父母之喪，不辟涕泣而見人。

三年之喪，祥而從政。期之喪，卒哭而從政。九月之喪，既葬而從政。小功、緦之喪，既殯而從政。

曾申問於曾子曰：「哭父母有常聲乎？」曰：「中路嬰兒失其母焉，何常聲之有？」

卒哭而諱。王父母、兄弟、世父、叔父、姑、姊妹，子與父同諱。母之諱，宮中諱。妻之諱，不舉諸其側。與從祖昆弟同名，則諱。

以喪冠者，雖三年之喪可也。即冠於次，入哭踊三者三，乃出。大功之末，可以冠子，可以嫁子。父，小功之末，可以冠子，可以嫁子，可以取婦。己雖小功，既卒哭，可以冠、取妻，下殤之小功則不可。

凡弁經，其衰侈袂。

父有服，宮中子不與於樂。母有服，聲聞焉，不舉樂。妻有服，不舉樂於其側。大功將至，辟琴瑟。小功至，不絕樂。

姑、姊妹，其夫死，而夫黨無兄弟，使夫之族人主喪。妻之黨，雖親弗主。夫若無族矣，則前後家，東西家；無有，則里尹主之。或曰：主之，而附於夫之黨。

麻者不紳，執玉不麻，麻不加於采。

國禁哭，則止，朝夕之奠即位自因也。童子哭不偯，不踊不杖，不菲不廬。孔子曰：「伯母、叔母疏衰，踊不絕地。姑、姊妹之大功，踊絕於地。如知此者，由文矣哉！由文矣哉！」

泄柳之母死，相者由左；泄柳死，其徒由右相。由右相，泄柳之徒為之也。

天子飯九貝，諸侯七，大夫五，士三。士三月而葬，是月也卒哭。大夫三月而葬，五月而卒哭。諸侯五月而葬，七月而卒哭。士三虞，大夫五，諸侯七。諸侯使人弔，其次含、襚、賵、臨，皆同日而畢事者也。其次如此也。卿大夫疾，君問之無算；士，壹問之。君於卿大夫，比葬不食肉，比卒哭不舉樂；為士，比殯不舉樂。升正柩，諸侯執紼者五百人，四紼，皆銜枚，司馬執鐸，左八人，右八人，匠人執羽葆御柩。大夫之喪，其升正柩也，執引者三百人，執鐸者左右各四人，御柩以茅。

孔子曰：「管仲鏤簋而朱紘，旅樹而反坫，山節而藻棁，賢大夫也，而難為上也。晏平仲祀其先人，豚肩不揜豆，賢大夫也，而難為下也。君子上不僭上，下不偪下。」

婦人非三年之喪，不踰封而弔；如三年之喪，則君夫人歸。夫人，其歸也以諸侯之弔禮，其待之也若待諸侯然。夫人至，入自闈門，升自側階，君在阼。其他如奔喪禮然。嫂不撫叔，叔不撫嫂。

君子有三患：未之聞，患弗得聞也。既聞之，患弗得學也。既學之，患弗能行也。君子有五恥：居其位，無其言，君子恥之；有其言，無其行，君子恥之；既得之，而又失之，君子恥之；地有餘，而民不足，君子恥之；眾寡均，而倍焉，君子恥之。

孔子曰：「凶年則乘駑馬，祀以下牲。」恤由之喪，哀公使孺悲之孔子學士喪禮，〈士喪禮〉於是乎書。

子貢觀於蜡，孔子曰：「賜也樂乎？」對曰：「一國之人皆若狂，賜未知其樂也。」子曰：「百日之蜡，一日之澤，非爾所知也。張而不弛，文、武弗能也。弛而不張，文、武弗為也。一張一弛，文、武之道也。」

孟獻子曰：「正月日至，可以有事於上帝；七月日至，可以有事於祖。」七月而禘，獻子為之也。夫人之不命於天子，自魯昭公始也。外宗為君夫人，猶內宗也。

廄焚，孔子拜鄉人為火來者。拜之，士壹，大夫再。亦相弔之道也。

孔子曰：「管仲遇盜，取二人焉，上以為公臣，曰：『其所與遊，辟也，可人也。』管仲死，桓公使為之服。宦於大夫者之為之服也，自管仲始也，有君命焉爾也。」

過而舉君之諱則起。與君之諱同則稱字。內亂不與焉，外患弗辟也。

〈贊大行〉曰：「圭，公九寸，侯、伯七寸，子、男五寸，博三寸，厚半寸，剡上，左右各寸半，玉也。

藻，三采六等。」

哀公問子羔曰：「子之食奚當？」對曰：「文公之下執事也。」

成廟則釁之。其禮：祝、宗人、宰夫、雍人皆爵弁、純衣。雍人拭羊，宗人祝之，宰夫北面于碑南，東上。雍人舉羊升屋，自中，中屋南面封羊，血流于前，乃降。門、夾室皆用雞，先門而後夾室。其衈皆于屋下。割雞：門當門，夾室中室。有司皆鄉室而立，門則有司當門，北面。既事，宗人告事畢，乃皆退。反命于君曰：「釁某廟事畢。」反命于寢，君南鄉于門內，朝服。既反命，乃退。路寢成，則考之而不釁。釁屋者，交神明之道也。凡宗廟之器，其名者成，則釁之以豭豚。

諸侯出夫人，夫人比至于其國，以夫人之禮行。至，以夫人入，使者將命曰：「寡君不敏，不能從而事社稷、宗廟，使使臣某敢告於執事。」主人對曰：「寡君固前辭『不教』矣，寡君敢不敬須以俟命。」有司官陳器皿，主人有司亦官受之。妻出，夫使人致之，曰：「某不敏，不能從而共粢盛，使某也敢告於侍者。」主人對曰：「某之子不肖，不敢辟誅，敢不敬須以俟命。」使者退，主人拜送之。如舅在則稱舅，舅沒則稱兄，無兄則稱夫。主人之辭曰：「某之子不肖。」如姑、姊妹亦皆稱之。

孔子曰：「吾食於少施氏而飽，少施氏食我以禮。吾祭，作而辭曰：『疏食不足祭也。』吾飧，作而辭曰：『疏食也，不敢以傷吾子。』」

納幣一束，束五兩，兩五尋。婦見舅、姑、兄弟、姑、姊妹皆立于堂下，西面，北上，是見已。見諸父，各就其寢。女雖未許嫁，年二十而笄，禮之，婦人執其禮，燕則鬈首。韠，長三尺，下廣二尺，上廣一尺，會去上五寸。紕以爵韋六寸，不至下五寸。純以素，紃以五采。

第二十二 喪大記

疾病，外內皆埽。君、大夫徹縣，士去琴瑟。寢東首於北牖下。廢牀，徹褻衣，加新衣，體一人。男女改服。屬纊以俟絕氣。男子不死於婦人之手，婦人不死於男子之手。

君夫人卒於路寢，大夫世婦卒於適寢。內子未命則死於下室，遷尸于寢。士之妻皆死于寢。

復，有林麓，則虞人設階。無林麓，則狄人設階。小臣復，復者朝服。君以卷，夫人以屈狄；大夫以玄赬，世婦以為禮衣；士以爵弁，士妻以稅衣。皆升自東榮，中屋履危，北面三號，卷衣投于前，司服受之，降自西北榮。其為賓，則公館復，私館不復。其在野，則升其乘車之左轂而復。復衣不以衣尸，不以斂。婦人復，不以袡。凡復，男子稱名，婦人稱字。唯哭先復，復而後行死事。

始卒，主人啼，兄弟哭，婦人哭踊。既正尸，子坐於東方，卿、大夫、父、兄、子姓立於東方，有司、庶士哭於堂下，北面；夫人坐於西方；內命婦、姑、姊、妹、子姓立於西方，外命婦率外宗哭於堂上，北面。大夫之喪，主人坐於東方，主婦坐於西方，其有命夫、命婦則坐，無則皆立。士之喪，主人、父、兄、子姓皆坐於東方，主婦、姑、姊、妹、子姓皆坐於西方。凡哭尸於室者，主人二手承衾而哭。

君子喪，未小斂，為寄公、國賓出；大夫之喪，未小斂，為君命出；士之喪，於大夫，不當斂而出。凡主人之出也，徒跣，扱衽，拊心，降自西階。君拜寄公、國賓于位。大夫於君命，迎于寢門外，使者升堂致命，主人拜于下。士於大夫親弔，則與之哭，不逆於門外。夫人為寄公夫人出，命婦為夫人之命出，士妻不當斂則為命婦出。

小斂，主人即位于戶內，主婦東面，乃斂。卒斂，主人馮之踊，主婦亦如之。主人袒，說髦，括髮以麻；婦人髽，帶、麻于房中。徹帷，男女奉尸夷于堂，降拜。君拜寄公、國賓，大夫、士，拜卿大夫於位，於士旁三拜。夫人亦拜寄公夫人於堂上，大夫內子、士妻特拜命婦、氾拜眾賓於堂上。主人即位，襲、帶、絰、踊。母之喪，即位而免，乃奠。弔者襲裘，加武，帶、絰，與主人拾踊。君喪，虞人出木、角，狄人出壺，雍人出鼎，司馬縣之，乃官代哭。大夫官代哭，不縣壺。士代哭不以官。君堂上二燭、下二燭，大夫堂上一燭、下二燭。士堂上一燭、下一燭。賓出，徹帷。哭尸于堂上，主人在東方，由外來者在西方，諸婦南鄉。婦人迎客、送客不下堂，下堂不哭。男子出寢門外見人，不哭。其無女主，則男主拜女賓于寢門內；其無男主，則女主拜男賓於阼階下。子幼，則以衰抱之，人為之拜。為後者不在，則有爵者辭，無爵者人為之拜。在竟內則俟之，在竟外則殯、葬可也。喪有無後，無無主。

君之喪，三日，子、夫人杖；五日既殯，授大夫、世婦杖。子、大夫寢門之外杖，寢門之內輯之；夫人、世婦在其次則杖，即位則使人執之。子有王命則去杖，國君之命則輯杖，聽卜、有事於尸則去杖。大夫於君所則輯杖，於大夫所則杖。大夫之喪，三日之朝既殯，主人、主婦、室老皆杖。大夫有君命則去杖，大夫之命則輯杖。內子為夫人之命去杖，為世婦之命授人杖。士之喪，二日而殯，三日而朝，主人杖，婦人皆杖。於君命、夫人之命如大夫，於大夫、世婦之命如大夫。子皆杖，不以即位。大夫、士哭殯則杖，哭柩則輯杖。弃杖者，斷而弃之於隱者。

始死，遷尸于牀，幠用斂衾，去死衣，小臣楔齒用角柶，綴足用燕几，君、大夫、士一也。管人汲，不說繘，屈之，盡階不升堂，授御者，御者入浴。小臣四人抗衾，御者二人浴，浴水用盆，沃水用枓，浴用絺巾，挋用浴衣，如它日。小臣爪足。浴餘水棄于坎。其母之喪，則內御者抗衾而浴。管人汲，授御者，御者差沐于堂上。君沐粱，大夫沐稷，士沐粱。甸人為垼于西牆下，陶人出重鬲。管人受沐，乃煮之；甸人取所徹廟之西北厞薪，用爨之。管人授御者沐，乃沐。沐用瓦盤，挋用巾，如它日。小臣爪手，翦須。濡濯棄于坎。君設大盤，造冰焉。大夫設夷盤，造冰焉。士併瓦盤，無冰。設牀，襢笫，有枕。含一牀，襲一牀，遷尸于堂又一牀，皆有枕席，君、大夫、士一也。

君之喪，子、大夫、公子、眾士皆三日不食。子、大夫、公子、眾士食粥，納財，朝一溢米，莫一溢米，食之無算。士疏食水飲，食之無算。夫人、世婦、諸妻皆疏食水飲，食之無算。大夫之喪，主人、室老、子姓皆食粥，眾士疏食水飲，妻妾疏食水飲。士亦如之。既葬，主人疏食水飲，不食菜果，婦人亦如之，君、大夫、士一也。練而食菜果，祥而食肉。食粥於盛，不盥，食於篹者盥。食菜以醯、醬。始食肉者先食乾肉，始飲酒者先飲醴酒。期之喪，三不食，食疏食，水飲，不食菜果。三月既葬，食肉飲酒。期，終喪不食肉，不飲酒，父在，為母、為妻。九月之喪，食飲猶期之喪也。食肉飲酒，不與人樂之。五月、三月之喪，壹不食、再不食可也。比葬，食肉飲酒，不與人樂之。叔母、世母、故主、宗子，食肉飲酒。不能食粥，羹之以菜可也。有疾，食肉飲酒可也。五十不成喪，七十唯衰麻在身。既葬，若君食之則食之，大夫、父之友食之則食之矣。不辟粱肉，若有酒、醴則辭。

小斂於戶內，大斂於阼。君以簟席，大夫以蒲席，士以葦席。

小斂，布絞，縮者一，橫者三。君錦衾，大夫縞衾，士緇衾，皆一。衣十有九稱。君陳衣于序東，大夫、士陳衣于房中，皆西領，北上，絞紟不在列。大斂，布絞，縮者三，橫者五，布紟，二衾，君、大夫、士一也。君陳衣于庭，百稱，北領，西上。大夫陳衣于序東，五十稱，西領，南上。士陳衣于序東，三十稱，西領，南上。絞、紟如朝服。絞一幅為三，不辟。紟五幅、無紞。小斂之衣，祭服不倒。君無襚。大夫、士畢主人之祭服，親戚之衣受之，不以即陳。小斂，君、大夫、士皆用複衣、複衾。大斂，君、大夫、士祭服無算，君褶衣、褶衾，大夫、士猶小斂也。袍必有表，不禪，衣必有裳，謂之一稱。凡陳衣者實之篋，取衣者亦以篋，升降者自西階。凡陳衣不詘，非列采不入，絺、綌、紵不入。

凡斂者袒，遷尸者襲。君之喪，大胥是斂，眾胥佐之。大夫之喪，大胥侍之，眾胥是斂。士之喪，胥為侍，士是斂。小斂、大斂，祭服不倒，皆左衽，結絞不紐。斂者既斂必哭。士與其執事則斂，斂焉則為之壹不食。凡斂者六人。

君錦冒，黼殺，綴旁七。大夫玄冒，黼殺，綴旁五。士緇冒，赬殺，綴旁三。凡冒，質長與手齊，殺三尺。自小斂以往用夷衾，夷衾質、殺之裁猶冒也。

君將大斂，子弁絰，即位于序端；卿大夫即位于堂廉，楹西，北面，東上；父兄堂下，北面；夫人、命婦尸西，東面；外宗房中南面。小臣鋪席，商祝鋪絞、紟、衾、衣，士盥于盤上。士舉遷尸于斂上。卒斂，宰告，子馮之踊，夫人東面亦如之。大夫之喪，將大斂，既鋪絞、紟、衾、衣，君至，主人迎，先入門右，巫止于門外。君釋菜，祝先入，升堂。君即位于序端；卿大夫即位于堂廉，楹西，北面，東上；主人房外南面；主婦尸西，東面。遷尸。卒斂，宰告，主人降，北面于堂下，君撫之，主人拜稽顙。君降，升主人馮之，命主婦馮之。士之喪，將大斂，君不在，其餘禮猶大夫也。鋪絞紟踊，鋪衾踊，鋪衣踊，遷尸踊。斂衣踊，斂衾踊，斂絞紟踊。君撫大夫，撫內命婦。大夫撫室老，撫姪、娣。君、大夫馮父、母、妻、長子，不馮庶子。士馮父、母、妻、長子、庶子。庶子有子，則父、母不馮其尸。凡馮尸者，父、母先，妻、子後。君於臣撫之，父母於子執之。子於父、母馮之，婦於舅、姑奉之，舅、姑於婦撫之。妻於夫拘之，夫於妻、於昆弟執之。馮尸不當君所。凡馮尸，興必踊。

父母之喪，居倚廬，不塗，寢苫枕凷，非喪事不言。君為廬，宮之，大夫、士襢之。既葬，柱楣，塗廬，不於顯者。君、大夫、士皆宮之。凡非適子者，自未葬，以於隱者為廬。既葬，與人立，君言王事，不言國事，大夫、士言公事，不言家事。君既葬，王政入於國，既卒哭而服王事。大夫、士既葬，公政入於家，既卒哭，弁、絰、帶，金革之事無辟也。既練，居堊室，不與人居，君謀國政，大夫、士謀家事。既祥，黝堊。祥而外無哭者，禫而內無哭者，樂作矣故也。禫而從御，吉祭而復寢。期，居廬，終喪不御於內者，父在為母為妻。齊衰期者，大功布衰九月者，皆三月不御於內。婦人不居廬，不寢苫；喪父母，既練而歸；期、九月者，既葬而歸。公之喪，大夫俟練，士卒哭而歸。大夫、士父母之喪，既練而歸，朔月、忌日，則歸哭于宗室。諸父、兄弟之喪，既卒哭而歸。父不次於子，兄不次於弟。

君於大夫、世婦，大斂焉；為之賜，則小斂焉。於外命婦，既加蓋而君至；於士，既殯而往；為之賜，大斂焉。夫人於世婦，大斂焉；為之賜，小斂焉；於諸妻，為之賜，大斂焉；於大夫、外命婦，既殯而往。大夫、士既殯而君往焉，使人戒之，主人具殷奠之禮，俟于門外，見馬首，先入門右。巫止于門外，祝代之先，君釋菜于門內，祝先升自阼階，負墉南面。君即位于阼，小臣二人執戈立于前，二人立于後。擯者進，主人拜稽顙。君稱言，視祝而踊，主人踊。大夫則奠可也，士則出俟于門外，命之反奠乃反奠。卒奠，主人先俟于門外。君退，主人送于門外，拜稽顙。君於大夫疾，三問之；在殯，三往焉。士疾，壹問之；在殯，壹往焉。君弔，則復殯服。夫人弔於大夫、士，主人出迎于門外，見馬首，先入門右。夫人入，升堂即位。主婦降自西階，拜稽顙于下。夫人視世子而踊，奠如君至之禮。夫人退，主婦送于門內，拜稽顙，主人送于大門之外，不拜。大夫君不迎于門外，入即位于堂下。主人北面，眾主人南面；婦人即位于房中。若有君命，命夫、命婦之命，四鄰賓客，其君後主人而拜。君弔，見尸、柩而后踊。大夫、士，若君不戒而往，不具殷奠；君退必奠。

君大棺八寸，屬六寸，椑四寸。上大夫大棺八寸，屬六寸。下大夫大棺六寸，屬四寸。士棺六寸。君裏棺用朱、綠，用雜金鐕。大夫裏棺用玄、綠，用牛骨鐕。士不綠。君蓋用漆，三衽三束。大夫蓋用漆，二衽二束。士蓋不用漆，二衽二束。君、大夫鬊、爪實于綠中，士埋之。

君殯用輴，欑至于上，畢塗屋。大夫殯以幬，欑置于西序，塗不暨于棺。士殯見衽，塗上，帷之。熬，君四種八筐，大夫三種六筐，士二種四筐，加魚、腊焉。

飾棺：君龍帷，三池，振容；黼荒，火三列，黻三列；素錦褚，加偽荒，纁紐六，齊，五采，五貝，黼翣二，黻翣二，畫翣二，皆戴圭；魚躍拂池。君纁戴六，纁披六。大夫畫帷，二池，不振容；畫荒，火三列，黻三列；素錦褚，纁紐二，玄紐二；齊，三采，三貝；黻翣二，畫翣二，皆戴綏，魚躍拂池。大夫戴前纁後玄，披亦如之。士布帷，布荒，一池，揄絞，纁紐二，緇紐二；齊，三采，一貝，畫翣二，皆戴綏。士戴前纁後緇，二披，用纁。

君葬用輴，四綍，二碑，御棺用羽葆。大夫葬用輴，二綍，二碑，御棺用茅。士葬用國車，二綍，無碑，比出宮，御棺用功布。凡封，用綍去碑負引。君封以衡，大夫、士以咸。君，命毋譁，以鼓封；大夫，命毋哭；士，哭者相止也。

君松椁，大夫柏椁，士雜木椁。棺、椁之間，君容柷，大夫容壺，士容甒。君裏椁、虞筐，大夫不裏椁，士不虞筐。

第二十三　祭法

祭法：有虞氏禘黃帝而郊嚳，祖顓頊而宗堯。夏后氏亦禘黃帝而郊鯀，祖顓頊而宗禹。殷人禘嚳而郊冥，祖契而宗湯。周人禘嚳而郊稷，祖文王而宗武王。

燔柴於泰壇，祭天也。瘞埋於泰折，祭地也。用騂、犢。埋少牢於泰昭，祭時也；相近於坎壇，祭寒暑也。王宮，祭日也。夜明，祭月也。幽宗，祭星也。雩宗，祭水旱也。四坎、壇，祭四方也。山林、川谷、丘陵能出雲，為風雨，見怪物，皆曰神。有天下者祭百神。諸侯在其地則祭之，亡其地則不祭。

大凡生於天地之間者皆曰命，其萬物死皆曰折，人死曰鬼，此五代之所不變也。七代之所更立者，禘、郊、宗、祖，其餘不變也。

天下有王，分地建國，置都立邑，設廟、祧、壇、墠而祭之，乃為親疏多少之數。是故王立七廟、一壇、一墠。曰考廟，曰王考廟，曰皇考廟，曰顯考廟，曰祖考廟，皆月祭之；遠廟為祧，有二祧，享嘗乃止。去祧為壇，去壇為墠。壇、墠，有禱焉祭之，無禱乃止。去墠曰鬼。諸侯立五廟、一壇、一墠。曰考廟，曰王考廟，曰皇考廟，皆月祭之；顯考廟，祖考廟，享嘗乃止。去祖為壇，去壇為墠。壇、墠，有禱焉祭之，無禱乃止。去墠為鬼。大夫立三廟、二壇。曰考廟，曰王考廟，曰皇考廟，享嘗乃止。顯考、祖考無廟，有禱焉，為壇祭之。去壇為鬼。適士二廟，一壇。曰考廟，曰王考廟，享嘗乃止。顯考無廟，有禱焉，為壇祭之。去壇為鬼。官師一廟，曰考廟。王考無廟而祭之。去王考為鬼。庶士、庶人無廟，死曰鬼。

王為群姓立社，曰大社。王自為立社，曰王社。諸侯為百姓立社，曰國社。諸侯自為立社，曰侯社。大夫以下，成群立社，曰置社。

王為群姓立七祀：曰司命，曰中霤，曰國門，曰國行，曰泰厲，曰戶，曰竈；王自為立七祀。諸侯為國立五祀：曰司命，曰中霤，曰國門，曰國行，曰公厲；諸侯自為立五祀。大夫立三祀；曰族厲，曰門，曰行。適士立二祀：曰門，曰行。庶士、庶人立一祀：或立戶，或立竈。

王下祭殤五：適子、適孫、適曾孫、適玄孫、適來孫。諸侯下祭三，大夫下祭二，適士及庶人祭子而止。

夫聖王之制祭祀也：法施於民則祀之，以死勤事則祀之，以勞定國則祀之，能禦大菑則祀之，能捍大患則祀之。是故厲山氏之有天下也，其子曰農，能殖百穀，夏之衰也，周棄繼之，故祀以為稷。共工氏之霸九州也，其子曰后土，能平九州，故祀以為社。帝嚳能序星辰以著眾，堯能賞均、刑法、以義終，舜勤眾事而野死，鯀鄣鴻水而殛死，禹能脩鯀之功，黃帝正名百物以明民共財，顓頊能脩之，契為司徒而民成，冥勤其官而水死，湯以寬治民而除其虐，文王以文治，武王以武功去民之菑，此皆有功烈於民者也。及夫日、月、星、辰，民所瞻仰也，山林、川谷、丘陵，民所取材用也。非此族也，不在祀典。

第二十四 祭義

祭不欲數，數則煩，煩則不敬。祭不欲疏，疏則怠，怠則忘。是故君子合諸天道，春禘、秋嘗。霜露既降，君子履之，必有悽愴之心，非其寒之謂也。春雨露既濡，君子履之，必有怵惕之心，如將見之。樂以迎來，哀以送往，故禘有樂而嘗無樂。

致齊於內，散齊於外。齊之日，思其居處，思其笑語，思其志意，思其所樂，思其所嗜。齊三日，乃見其所為齊者。

祭之日，入室，僾然必有見乎其位；周還出戶，肅然必有聞乎其容聲；出戶而聽，愾然必有聞乎其嘆息之聲。是故先王之孝也，色不忘乎目，聲不絕乎耳，心志嗜欲不忘乎心。致愛則存，致愨則著。著、存不忘乎心，夫安得不敬乎？

君子生則敬養，死則敬享，思終身弗辱也。君子有終身之喪，忌日之謂也。忌日不用，非不祥也，言夫日，志有所至，而不敢盡其私也。

唯聖人為能饗帝，孝子為能饗親。饗者，鄉也，鄉之，然後能饗焉。是故孝子臨尸而不怍。君牽牲，夫人奠盎；君獻尸，夫人薦豆。卿大夫相君，命婦相夫人。齊齊乎其敬也！愉愉乎其忠也！勿勿諸其欲其饗之也！

文王之祭也，事死者如事生，思死者如不欲生，忌日必哀，稱諱如見親。祀之忠也，如見親之所愛，如欲色然，其文王與？《詩》云：「明發不寐，有懷二人。」文王之詩也。祭之明日，明發不寐，饗而致之，又從而思之。祭之日，樂與哀半，饗之必樂，已之必哀。

仲尼嘗，奉薦而進，其親也慤，其行也趨趨以數。已祭，子贛問曰：「子之言祭，濟濟漆漆然。今子之祭，無濟濟漆漆，何也？」子曰：「濟濟者，容也遠也。漆漆者，容也自反也。容以遠，若容以自反也，夫何神明之及交？夫何濟濟漆漆之有乎？反饋樂成，薦其薦、俎，序其禮、樂，備其百官，君子致其濟濟漆漆，夫何慌惚之有乎？夫言豈一端而已，夫各有所當也。」

孝子將祭，慮事不可以不豫，比時，具物不可以不備，虛中以治之。宮室既脩，牆屋既設，百物既備，夫婦齊戒、沐浴、盛服，奉承而進之。洞洞乎！屬屬乎！如弗勝，如將失之，其孝敬之心至也與！薦其薦、俎，序其禮、樂，備其百官，奉承而進之。於是，諭其志意，以其慌惚以與神明交，庶或饗之。庶或饗之，孝子之志也。孝子之祭也，盡其信而信焉，盡其慤而慤焉，盡其敬而敬焉，盡其禮而不過失焉。進退必敬，如親聽命，則或使之也。孝子之祭可知也；其立之也敬以詘，其進之也敬以愉，其薦之也敬以欲。退而立，如將受命，已徹而退，敬齊之色不絕於面，孝子之祭也。立而不詘，固也。進而不愉，疏也。薦而不欲，不愛也。退立而不如受命，敖也。已徹而退，無敬齊之色，而忘本也。如是而祭，失之矣。孝子之有深愛者必有和氣，有和氣者必有愉色，有愉色者必有婉容。孝子如執玉，如奉盈，洞洞屬屬然如弗勝，如將失之。嚴威儼恪，非所以事親也，成人之道也。

先王之所以治天下者五：貴有德，貴貴，貴老，敬長，慈幼。此五者，先王之所以定天下也。貴有德何為也？為其近於道也。貴貴，為其近於君也。貴老，為其近於親也。敬長，為其近於兄也。慈幼，為其近於子也。是故至孝近乎王，至弟近乎霸。至孝近乎王，雖天子必有父；至弟近乎霸，雖諸侯必有兄。先王之教，因而弗改，所以領天下國家也。子曰：「立愛自親始，教民睦也。立敬自長始，教民順也。教以慈睦，而民貴有親；教以敬長，而民貴用命。孝以事親，順以聽命，錯諸天下，無所不行。」

郊之祭也，喪者不敢哭，凶服者不敢入國門，敬之至也。祭之日，君牽牲，穆荅君，卿大夫序從。既入廟門，麗于碑，卿大夫袒，而毛牛，尚耳，鸞刀以封取膟、膋，乃退。爓祭，祭腥而退，敬之至也。

郊之祭，大報天而主日，配以月。夏后氏祭其闇，殷人祭其陽，周人祭日以朝及闇。祭日於壇，祭月於坎，以別幽明，以制上下。祭日於東，祭月於西，以別外內，以端其位。日出於東，月生於西。陰陽長短，終始相巡，以致天下之和。

天下之禮，致反始也，致鬼神也，致和用也，致義也，致讓也。致反始，以厚其本也。致鬼神，以尊上也。致物用，以立民紀也。致義，則上下不悖逆矣。致讓，以去爭也。合此五者以治天下之禮也，雖有奇邪，而不治者則微矣。

宰我曰：「吾聞鬼神之名，不知其所謂。」子曰：「氣也者，神之盛也。魄也者，鬼之盛也。合鬼與神，教之至也。」眾生必死，死必歸土，此之謂鬼。骨肉斃于下，陰為野土。其氣發揚于上，為昭明，焄蒿、悽愴，此百物之精也，神之著也。因物之精，制為之極，明命鬼神，以為黔首則，百眾以畏，萬民以服。聖人以是為未足也，築為宮室，設為宗、祧，以別親疏遠邇，教民反古復始，不忘其所由生也。眾之服自此，故聽且速也。

二端既立，報以二禮。建設朝事，燔燎羶、薌，見以蕭光，以報氣也，此教眾反始也。薦黍、稷，羞肝、肺、首、心，見間以俠甒，加以鬱鬯，以報魄也。教民相愛，上下用情，禮之至也。

君子反古復始，不忘其所由生也，是以致其敬，發其情，竭力從事以報其親，不敢弗盡也。是故昔者天子為藉千畝，冕而朱紘，躬秉耒，諸侯為藉百畝，冕而青紘，躬秉耒，以事天地、山川、社稷、先古，以為醴、酪、齊盛，於是乎取之，敬之至也。

古者天子、諸侯必有養獸之官，及歲時，齊戒沐浴而躬朝之，犧、牷、祭牲必於是取之，敬之至也。君召牛，納而視之，擇其毛而卜之，吉然後養之。君皮弁、素積，朔月、月半，君巡牲。所以致力，孝之至也。古者天子、諸侯必有公桑、蠶室。近川而為之，築宮，仞有三尺，棘牆而外閉之。及大昕之朝，君皮弁、素積，卜三宮之夫人、世婦之吉者，使入蠶于蠶室，奉種浴于川，桑于公桑，風戾以食之。歲既單矣，世婦卒蠶，奉繭以示于君，遂獻繭于夫人。夫人曰：「此所以為君服與？」遂副、褘而受之，因少牢以禮之。古之獻繭者，其率用此與？及良日，夫人繅，三盆手，遂布于三宮夫人、世婦之吉者，使繅，遂朱、綠之，玄、黃之，以為黼黻、文章。服既成，君服以祀先王、先公，敬之至也。

君子曰：「禮、樂不可斯須去身。」致樂以治心，則易、直、子、諒之心油然生矣。易、直、子、諒之心生則樂，樂則安，安則久，久則天，天則神。天則不言而信，神則不怒而威。致樂，以治心者也；致禮，以治躬，則莊敬，莊敬則嚴威。心中斯須不和不樂，而鄙詐之心入之矣。外貌斯須不莊不敬，而慢易之心入之矣。故樂也者，動於內者也；禮也者，動於外者也。樂極和，禮極順，內和而外順，則民瞻其顏色，而不與爭也，望其容貌，而眾不生慢易焉。故德煇動乎內，而民莫不承聽；理發乎外，而眾莫不承順。故曰：「致禮、樂之道，而天下塞焉，舉而錯之無難矣。」樂也者，動於內者也。禮也者，動於外者也。故禮主其減，樂主其盈。禮減而進，以進為文；樂盈而反，以反為文。禮減而不進則銷，樂盈而不反則放，故禮有報而樂有反。禮得其報則樂，樂得其反則安。禮之報，樂之反，其義一也。

曾子曰：「孝有三：大孝尊親，其次弗辱，其下能養。」公明儀問於曾子曰：「夫子可以為孝乎？」曾子曰：「是何言與！是何言與！君子之所謂孝者，先意承志，諭父母於道。參直養者也，安能為孝乎？」曾子曰：「身也者，父母之遺體也。行父母之遺體，敢不敬乎？居處不莊，非孝也。事君不忠，非孝也。涖官不敬，非孝也。朋友不信，非孝也。戰陳無勇，非孝也。五者不遂，烖及於親，敢不敬乎？亨、熟、羶、薌，嘗而薦之，非孝也，養也。君子之所謂孝也者，國人稱願然曰：『幸哉有子！』如此所謂孝也已。眾之本教曰孝，其行曰養。養可能也，敬為難；敬可能也，安為難；安可能也，卒為難。父母既沒，慎行其身，不遺父母惡名，可謂能終矣。仁者，仁此者也。禮者，履此者也。義者，宜此者也。信者，信此者也。強者，強此者也。樂自順此生，刑自反此作。」曾子曰：「夫孝，置之而塞乎天地，溥之而橫乎四海，施諸後世而無朝夕，推而放諸東海而準，推而放諸西海而準，推而放諸南海而準，推而放諸北海而準。《詩》云：『自西自東，自南自北，無思不服。』此之謂也。」曾子曰：「樹木以時伐焉，禽獸以時殺焉。夫子曰：『斷一樹，殺一獸，不以其時，非孝也。』孝有三：小孝用力，中孝用勞，大孝不匱。思慈愛忘勞，可謂用力矣。尊仁、安義，可謂用勞矣。博施、備物，可謂不匱矣。父母愛之，喜而弗忘；父母惡之，懼而無怨。父母有過，諫而不逆；父母既沒，必求仁者之粟以祀之。此之謂禮終。」

樂正子春下堂而傷其足，數月不出，猶有憂色。門弟子曰：「夫子之足瘳矣，數月不出，猶有憂色，何也？」樂正子春曰：「善如爾之問也！善如爾之問也！吾聞諸曾子，曾子聞諸夫子，曰：『天之所生，地之所養，無人為大。父母全而生之，子全而歸之，可謂孝矣。不虧其體，不辱其身，可謂全矣。故君子頃步而弗敢忘孝也。』今予忘孝之道，予是以有憂色也。壹舉足而不敢忘父母，壹出言而不敢忘父母。壹舉足而不敢忘父母，是故道而不徑，舟而不游，不敢以先父母之遺體行殆。壹出言而不敢忘父母，是故惡言不出於口，忿言不反於身。不辱其身，不羞其親，可謂孝矣。」

昔者有虞氏貴德而尚齒，夏后氏貴爵而尚齒，殷人貴富而尚齒，周人貴親而尚齒。虞、夏、殷、周，天下之盛王也，未有遺年者。年之貴乎天下久矣，次乎事親也。是故朝廷同爵則尚齒，七十杖於朝，君問則席，八十不俟朝，君問則就之，而弟達乎朝廷矣。行，肩而不併，不錯則隨，見老者則車、徒辟，斑白者不以其任行乎道路，而弟達乎道路矣。居鄉以齒，而老、窮不遺，強不犯弱，眾不暴寡，而弟達乎州、巷矣。古之道，五十不為甸徒，頒禽隆諸長者，而弟達乎獀狩矣。軍旅什伍，同爵則尚齒，而弟達乎軍旅矣。孝弟發乎朝廷，行乎道路，至乎州、巷，放乎獀狩，脩乎軍旅，眾以義死之而弗敢犯也。

祀乎明堂，所以教諸侯之孝也。食三老、五更於大學，所以教諸侯之弟也。祀先賢於西學，所以教諸侯之德也。耕藉，所以教諸侯之養也。朝覲，所以教諸侯之臣也。五者，天下之大教也。

食三老、五更於大學，天子袒而割牲，執醬而饋，執爵而酳，冕而總干，所以教諸侯之弟也。是故鄉里有齒，而老、窮不遺，強不犯弱，衆不暴寡，此由大學來者也。

天子設四學，當入學而大子齒。天子巡守，諸侯待于竟，天子先見百年者。八十、九十者，東行，西行者弗敢過，西行，東行者弗敢過。欲言政者，君就之可也。壹命齒于鄉里，再命齒于族，三命不齒，族有七十者弗敢先。七十者，不有大故不入朝，若有大故而入，君必與之揖讓而后及爵者。

天子有善，讓德於天。諸侯有善，歸諸天子。卿大夫有善，薦於諸侯。士、庶人有善，本諸父母，存諸長老。祿爵慶賞，成諸宗廟，所以示順也。昔者聖人建陰陽天地之情，立以為易。易抱龜南面，天子卷冕北面，雖有明知之心，必進斷其志焉，示不敢專，以尊天也。善則稱人，過則稱己，教不伐，以尊賢也。

孝子將祭祀，必有齊莊之心以慮事，以具服物，以脩宮室，以治百事。及祭之日，顏色必溫，行必恐，如懼不及愛然。其奠之也，容貌必溫，身必詘，如語焉而未之然。宿者皆出，其立卑靜以正，如將弗見然。及祭之後，陶陶遂遂，如將復入然。是故慤善不違身，耳目不違心，思慮不違親。結諸心，形諸色，而術省之，孝子之志也。

建國之神位，右社稷，而左宗廟。

第二十五 祭統

凡治人之道，莫急於禮；禮有五經，莫重於祭。夫祭者，非物自外至者也，自中出，生於心也，心怵而奉之以禮。是故唯賢者能盡祭之義。

賢者之祭也，必受其福。非世所謂福也。福者，備也；備者，百順之名也。無所不順者謂之備。言內盡於己而外順於道也。忠臣以事其君，孝子以事其親，其本一也。上則順於鬼神，外則順於君長，內則以孝於親，如此之謂備。唯賢者能備，能備然後能祭。是故賢者之祭也，致其誠信與其忠敬，奉之以物，道之以禮，安之以樂，參之以時，明薦之而已矣，不求其為。此孝子之心也。

祭者，所以追養繼孝也。孝者，畜也。順於道，不逆於倫，是之謂畜。是故孝子之事親也，有三道焉：生則養，沒則喪，喪畢則祭。養則觀其順也，喪則觀其哀也，祭則觀其敬而時也。盡此三道者，孝子之行也。

既內自盡，又外求助，昏禮是也。故國君取夫人之辭曰：「請君之玉女與寡人共有敝邑，事宗廟、社稷。」此求助之本也。夫祭也者，必夫婦親之，所以備外內之官也。官備則具備。水草之菹，陸產之醢，小物備矣；三牲之俎，八簋之實，美物備矣；昆蟲之異，草木之實，陰陽之物備矣。凡天之所生，地之所長，苟可薦者，莫不咸在，示盡物也。外則盡物，內則盡志，此祭之心也。是故天子親耕於南郊以共齊盛，王后蠶於北郊以共純服；諸侯耕於東郊亦以共齊盛，夫人蠶於北郊以共冕服。天子、諸侯非莫耕也，王后、夫人非莫蠶也，身致其誠信，誠信之謂盡，盡之謂敬，敬盡然後可以事神明。此祭之道也。

及時將祭，君子乃齊。齊之為言齊也，齊不齊以致齊者也。是以君子非有大事也，非有恭敬也，則不齊。不齊則於物無防也，耆欲無止也。及其將齊也，防其邪物，訖其耆欲，耳不聽樂。故記曰：「齊者不樂。」言不敢散其志也。心不苟慮，必依於道；手足不苟動，必依於禮。是故君子之齊也，專致其精明之德也。故散齊七日以定之，致齊三日以齊之。定之之謂齊，齊者，精明之至也，然後可以交於神明也。是故先期旬有一日，宮宰宿夫人，夫人亦散齊七日，致齊三日。君致齊於外，夫人致齊於內，然後會於大廟。君純冕立於阼，夫人副、褘立於東房。君執圭瓚祼尸，大宗執璋瓚亞祼。及迎牲，君執紖，卿大夫從，士執芻，宗婦執盎從，夫人薦涗水。君執鸞刀，羞嚌，夫人薦豆。此之謂夫婦親之。

及入舞，君執干戚就舞位。君為東上，冕而總干。率其群臣以樂皇尸。是故天子之祭也，與天下樂之；諸侯祭也，與竟內樂之。冕而總干，率其群臣以樂皇尸，此與竟內樂之之義也。

夫祭有三重焉：獻之屬莫重於祼，聲莫重於升歌，舞莫重於〈武宿夜〉。此周道也。凡三道者，所以假於外而以增君子之志也，故與志進退，志輕則亦輕，志重則亦重。輕其志而求外之重也，雖聖人弗能得也。是故君子之祭也，必身自盡也，所以明重也。道之以禮，以奉三重而薦諸皇尸，此聖人之道也。

夫祭有餕。餕者，祭之末也，不可不知也。是故古之君之人有言曰：「善終者如始。」餕其是已。是故古之君子曰：「尸亦餕鬼神之餘也。」惠術也，可以觀政矣。是故尸謖，君與卿四人餕。君起，大夫六人餕，臣餕君之餘也。大夫起，士八人餕，賤餕貴之餘也。士起，各執其具以出，陳于堂下，百官進，徹之，下餕上之餘也。凡餕之道，每變以眾，所以別貴賤之等，而興施惠之象也。是故以四簋黍，見其脩於廟中也。廟中者，竟內之象也。祭者，澤之大者也。是故上有大澤，則惠必及下，顧上先下後耳，非上積重而下有凍餒之民也。是故上有大澤，則民夫人待于下流，知惠之必將至也，由餕見之矣。故曰：「可以觀政矣。」

夫祭之為物大矣，其興物備矣。順以備者也，其教之本與！是故君子之教也，外則教之以尊其君長，內則教之以孝於其親。是故明君在上，則諸臣服從；崇祀宗廟、社稷，則子孫順孝。盡其道，端其義，而教生焉。是故君子之事君也，必身行之，所不安於上，則不以使下，所惡於下，則不以事上。非諸人，行諸己，非教之道也。是故君子之教也，必由其本，順之至也，祭其是與！故曰：「祭者，教之本也已。」

夫祭有十倫焉：見事鬼神之道焉；見君臣之義焉；見父子之倫焉；見貴賤之等焉；見親疏之殺焉；見爵賞之施焉；見夫婦之別焉；見政事之均焉；見長幼之序焉；見上下之際焉；此之謂十倫。鋪筵，設同几，為依神也；詔、祝於室，而出于祊，此交神明之道也。君迎牲而不迎尸，別嫌也；尸在廟門外則疑於臣，在廟中則全於君，君在廟門外則疑於君，入廟門則全於臣，全於子，是故不出者，明君臣之義也。夫祭之道，孫為王父尸，所使為尸者，於祭者子行也，父北面而事之，所以明子事父之道也，此父子之倫也。尸飲五，君洗玉爵獻卿；尸飲七，以瑤爵獻大夫；尸飲九，以散爵獻士及群有司，皆以齒，明尊卑之等也。夫祭有昭穆，昭穆者，所以別父子、遠近、長幼、親疏之序而無亂也！是故有事於大廟，則群昭群穆咸在而不失其倫，此之謂親疏之殺也。古者明君爵有德而祿有功，必賜爵祿於大廟，示不敢專也；故祭之日，一獻，君降立于阼階之南，南鄉，所命北面，史由君右執策命之。再拜稽首，受書以歸，而舍奠于其廟，此爵賞之施也。君卷冕立于阼，夫人副、褘立于東房，夫人薦豆執校，執醴授之執鐙，尸酢夫人執柄，夫人受尸執足，夫婦相授受，不相襲處，酢必易爵，明夫婦之別也。凡為俎者，以骨為主；骨有貴賤，殷人貴髀，周人貴肩，凡前貴於後；俎者，所以明祭之必有惠也，是故貴者取貴骨，賤者取賤骨，貴者不重，賤者不虛，示均也；惠均則政行，政行則事成，事成則功立，功之所以立者不可不知也；俎者，所以明惠之必均也，善為政者如此，故曰：「見政事之均焉。」凡賜爵，昭為一，穆為一，昭與昭齒，穆與穆齒，凡群有司皆以齒，此之謂長幼有序。夫祭有畀煇、胞、翟、閽者，惠下之道也，唯有德之君為能行此，明足以見之，仁足以與之。畀之為言與也，能以其餘畀其下者也；煇者，甲吏之賤者也；胞者，肉吏之賤者也；翟者，樂吏之賤者也；閽者，守門之賤者也，古者不使刑人守門；此四守者，吏之至賤者也，尸又至尊，以至尊既祭之末而不忘至賤，而以其餘畀之，是故明君在上，則竟內之民無凍餒者矣，此之謂上下之際。

凡祭有四時：春祭曰礿，夏祭曰禘，秋祭曰嘗，冬祭曰烝。礿、禘，陽義也；嘗、烝，陰義也。禘者，陽之盛也；嘗者，陰之盛也。故曰：「莫重於禘、嘗。」古者於禘也，發爵賜服，順陽義也；於嘗也，出田邑，發秋政，順陰義也。故記曰：「嘗之日，發公室，示賞也。」草艾則墨，未發秋政，則民弗敢草也。故曰：「禘、嘗之義大矣，治國之本也，不可不知也。」明其義者，君也。能其事者，臣也。不明其義，君人不全；

不能其事，為臣不全。夫義者，所以濟志也，諸德之發也。是故其德盛者其志厚，其志厚者其義章，其義章者其祭也敬，祭敬則竟內之子孫莫敢不敬矣。是故君子之祭也，必身親涖之，有故，則使人可也。雖使人也，君不失其義者，君明其義故也。其德薄者其志輕，疑於其義而求祭，使之必敬也弗可得已。祭而不敬，何以為民父母矣！

夫鼎有銘，銘者，自名也，自名以稱揚其先祖之美，而明著之後世者也。為先祖者，莫不有美焉，莫不有惡焉，銘之義，稱美而不稱惡。此孝子孝孫之心也，唯賢者能之。銘者，論譔其先祖之有德善、功烈、勳勞、慶賞、聲名，列於天下，而酌之祭器，自成其名焉，以祀其先祖者也。顯揚先祖，所以崇孝也。身比焉，順也。明示後世，教也。夫銘者，壹稱而上下皆得焉耳矣。是故君子之觀於銘也，既美其所稱，又美其所為。為之者，明足以見之，仁足以與之，知足以利之，可謂賢矣。賢而勿伐，可謂恭矣。故衛孔悝之鼎銘曰：「六月丁亥，公假于大廟。公曰：『叔舅！乃祖莊叔，左右成公。成公乃命莊叔，隨難于漢陽，即宮于宗周，奔走無射。啟右獻公，獻公乃命成叔纂乃祖服。乃考文叔，興舊耆欲，作率慶士，躬恤衛國。其勤公家，夙夜不解。民咸曰：休哉！』公曰：『叔舅！予女銘，若纂乃考服。』悝拜稽首，曰：『對揚以辟之勤大命施于烝彝鼎。』」此衛孔悝之鼎銘也。古之君子，論譔其先祖之美，而明著之後世者也，以比其身，以重其國家如此。子孫之守宗廟、社稷者，其先祖無美而稱之，是誣也；有善而弗知，不明也；知而弗傳，不仁也。此三者，君子之所恥也。

昔者周公旦有勳勞於天下，周公既沒，成王、康王追念周公之所以勳勞者，而欲尊魯，故賜之以重祭。外祭則郊、社是也，內祭則大嘗、禘是也。夫大嘗、禘，升歌〈清廟〉，下而管象，朱干玉戚以舞大武，八佾以舞大夏，此天子之樂也，康周公，故以賜魯也。子孫纂之，至于今不廢，所以明周公之德，而又以重其國也。

第二十六 經解

孔子曰：「入其國，其教可知也。其為人也，溫柔、敦厚，《詩》教也；疏通、知遠，《書》教也；廣博、易良，《樂》教也；絜靜、精微，《易》教也；恭儉、莊敬，《禮》教也；屬辭、比事，《春秋》教也。故《詩》之失，愚；《書》之失，誣；《樂》之失，奢；《易》之失，賊；《禮》之失，煩；《春秋》之失，亂。其為人也，溫柔、敦厚而不愚，則深於《詩》者也；疏通、知遠而不誣，則深於《書》者也；廣博、易良而不奢，則深於《樂》者也；絜靜、精微而不賊，則深於《易》者也；恭儉、莊敬而不煩，則深於《禮》者也；屬辭、比事而不亂，則深於《春秋》者也。」

天子者，與天地參，故德配天地，兼利萬物；與日月並明，明照四海，而不遺微小。其在朝廷則道仁聖禮義之序，燕處則聽雅、頌之音，行步則有環佩之聲，升車則有鸞和之音。居處有禮，進退有度，百官得其宜，萬事得其序。《詩》云：「淑人君子，其儀不忒。其儀不忒，正是四國。」此之謂也。發號出令而民說，謂之和；上下相親，謂之仁；民不求其所欲而得之，謂之信；除去天地之害，謂之義。義與信，和與仁，霸王之器也。有治民之意而無其器，則不成。

禮之於正國也，猶衡之於輕重也，繩墨之於曲直也，規矩之於方圜也。故衡誠縣，不可欺以輕重；繩墨誠陳，不可欺以曲直；規矩誠設，不可欺以方圜；君子審禮，不可誣以姦詐。是故隆禮、由禮，謂之有方之士，不隆禮、不由禮，謂之無方之民，敬讓之道也。故以奉宗廟，則敬；以入朝廷，則貴賤有位；以處室家，則父子親，兄弟和；以處鄉里，則長幼有序。孔子曰：「安上治民，莫善於禮。」此之謂也。故朝覲之禮，所以明君臣之義也；聘問之禮，所以使諸侯相尊敬也；喪祭之禮，所以明臣、子之恩也；鄉飲酒之禮，所以明長幼之序也；昏姻之禮，所以明男女之別也。夫禮，禁亂之所由生，猶坊止水之所自來也。故以舊坊為無所用而壞之者，必有水敗；以舊禮為無所用而去之者，必有亂患。故昏姻之禮廢，則夫婦之道苦，而淫辟之罪多矣；鄉飲酒之禮廢，則長幼之序失，而爭鬬之獄繁矣；喪祭之禮廢，則臣、子之恩薄，而倍死、忘生者眾矣；聘、覲之禮廢，則君臣之位失，諸侯之行惡，而倍畔、侵陵之敗起矣。故禮之教化也微，其止邪也於未形，使人日徙善遠罪而不自知也，是以先王隆之也。《易》曰：「君子慎始。差若豪氂，繆以千里。」此之謂也。

第二十七 哀公問

哀公問於孔子曰：「大禮何如？君子之言禮，何其尊也？」孔子曰：「丘也，小人也，不足以知禮。」君曰：「否。吾子言之也。」孔子曰：「丘聞之，民之所由生，禮為大。非禮無以節事天地之神也；非禮無以辨君臣、上下、長幼之位也；非禮無以別男女、父子、兄弟之親，昏姻、疏數之交也。君子以此之為尊敬然，然後以其所能教百姓，不廢其會節。有成事，然後治其雕鏤、文章、黼黻以嗣。其順之，然後言其喪筭，備其鼎、俎，設其豕、腊，脩其宗廟，歲時以敬祭祀，以序宗族。即安其居，節醜其衣服，卑其宮室，車不雕幾，器不刻鏤，食不貳味，以與民同利。昔之君子之行禮者如此。」公曰：「今之君子，胡莫之行也？」孔子曰：「今之君子，好實無厭，淫德不倦，荒怠敖慢，固民是盡，午其眾以伐有道，求得當欲，不以其所。昔之用民者由前，今之用民者由後。今之君子莫為禮也。」

孔子侍坐於哀公，哀公曰：「敢問人道誰為大？」孔子愀然作色而對曰：「君之及此言也，百姓之德也。固臣敢無辭而對！人道，政為大。」公曰：「敢問何謂為政？」孔子對曰：「政者，正也。君為正，則百姓從政矣。君之所為，百姓之所從也。君所不為，百姓何從？」公曰：「敢問為政如之何？」孔子對曰：「夫婦別，父子親，君臣嚴，三者正，則庶物從之矣。」公曰：「寡人雖無似也，願聞所以行三言之道。可得聞乎？」孔子對曰：「古之為政，愛人為大。所以治愛人，禮為大。所以治禮，敬為大。敬之至矣，大昏為大。大昏至矣！大昏既至，冕而親迎，親之也。親之也者，親之也。是故君子興敬為親，舍敬，是遺親也。弗愛不親，弗敬不正。愛與敬，其政之本與？」

公曰：「寡人願有言然。冕而親迎，不已重乎？」孔子愀然作色而對曰：「合二姓之好，以繼先聖之後，以為天地、宗廟、社稷之主，君何謂已重乎？」公曰：「寡人固。不固，焉得聞此言也？寡人欲問，不得其辭。請少進！」孔子曰：「天地不合，萬物不生。大昏，萬世之嗣也，君何謂已重焉？」孔子遂言曰：「內以治宗廟之禮，足以配天地之神明；出以治直言之禮，足以立上下之敬。物恥足以振之，國恥足以興之。為政先禮，禮，其政之本與？」孔子遂言曰：「昔三代明王之政，必敬其妻、子也，有道。妻也者，親之主也，敢不敬與？子也者，親之後也，敢不敬與？君子無不敬也，敬身為大。身也者，親之枝也，敢不敬與？不能敬其身，是傷其親；傷其親，是傷其本；傷其本，枝從而亡。三者，百姓之象也。身以及身，子以及子，妃以及妃，君行此三者，則愾乎天下矣，大王之道也。如此，則國家順矣。」

公曰：「敢問何謂敬身？」孔子對曰：「君子過言，則民作辭；過動，則民作則。君子言不過辭，動不過則，百姓不命而敬恭。如是，則能敬其身。能敬其身，則能成其親矣。」公曰：「敢問何謂成親？」孔子對曰：「君子也者，人之成名也。百姓歸之名，謂之君子之子，是使其親為君子也，是為成其親之名也已。」孔子遂言曰：「古之為政，愛人為大。不能愛人，不能有其身；不能有其身，不能安土；不能安土，不能樂天；不能樂天，不能成其身。」公曰：「敢問何謂成身？」孔子對曰：「不過乎物。」公曰：「敢問君子何貴乎天道也？」孔子對曰：「貴其不已。如日月東西相從而不已也，是天道也；不閉其久，是天道也；無為而物成，是天道也；已成而明，是天道也。」公曰：「寡人惷愚冥煩，子志之心也。」孔子蹴然辟席而對曰：「仁人不過乎物，孝子不過乎物。是故仁人之事親也如事天，事天如事親。是故孝子成身。」公曰：「寡人既聞此言也，無如後罪何？」孔子對曰：「君之及此言也，是臣之福也。」

第二十八　仲尼燕居

仲尼燕居，子張、子貢、言游侍，縱言至於禮。子曰：「居！女三人者。吾語女禮，使女以禮周流，無不徧也。」子貢越席而對曰：「敢問何如？」子曰：「敬而不中禮謂之野，恭而不中禮謂之給，勇而不中禮謂之逆。」子曰：「給奪慈仁。」子曰：「師！爾過，而商也不及。子產猶眾人之母也，能食之，不能教也。」子貢越席而對曰：「敢問將何以為此中者也？」子曰：「禮乎禮。夫禮，所以制中也。」

子貢退，言游進曰：「敢問禮也者，領惡而全好者與？」子曰：「然。」「然則何如？」子曰：「郊、社之義，所以仁鬼神也。嘗、禘之禮，所以仁昭穆也。饋、奠之禮，所以仁死喪也。射、鄉之禮，所以仁鄉黨也。食、饗之禮，所以仁賓客也。」子曰：「明乎郊、社之義，嘗、禘之禮，治國其如指諸掌而已乎！是故以之居處有禮，故長幼辨也。以之閨門之內有禮，故三族和也。以之朝廷有禮，故官爵序也。以之田獵有禮，故戎事閑也。以之軍旅有禮，故武功成也。是故宮室得其度，量、鼎得其象，味得其時，樂得其節，車得其式，鬼神得其饗，喪紀得其哀，辨說得其黨，官得其體，政事得其施，加於身而錯於前，凡眾之動得其宜。」子曰：「禮者何也？即事之治也。君子有其事必有其治。治國而無禮，譬猶瞽之無相與，倀倀乎其何之？譬如終夜有求於幽室之中，非燭何見？若無禮，則手足無所錯，耳目無所加，進退、揖讓無所制。是故以之居處，長幼失其別；閨門，三族失其和；朝廷，官爵失其序；田獵，戎事失其策；軍旅，武功失其制。宮室失其度，量、鼎失其象，味失其時，樂失其節，車失其式，鬼神失其饗，喪紀失其哀，辨說失其黨，官失其體，政事失其施，加於身而錯於前，凡眾之動失其宜。如此，則無以祖洽於眾也。」

子曰：「慎聽之！女三人者。吾語女，禮猶有九焉，大饗有四焉。苟知此矣，雖在畎畝之中，事之，聖人已。兩君相見，揖讓而入門，入門而縣興；揖讓而升堂，升堂而樂闋，下管象、武；夏籥序興。陳其薦、俎，序其禮樂，備其百官。如此而后君子知仁焉。行中規，還中矩，和、鸞中〈采齊〉，客出以〈雍〉，徹以〈振羽〉。是故君子無物而不在禮矣。入門而金作，示情也。升歌〈清廟〉，示德也。下而管象，示事也。是故古之君子，不必親相與言也，以禮樂相示而已。」子曰：「禮也者，理也。樂也者，節也。君子無理不動，無節不作。不能詩，於禮繆。不能樂，於禮素。薄於德，於禮虛。」子曰：「制度在禮，文為在禮，行之其在人乎！」子貢越席而對曰：「敢問夔其窮與？」子曰：「古之人與？古之人也。達於禮而不達於樂，謂之素；達於樂而不達於禮，謂之偏。夫夔達於樂而不達於禮，是以傳於此名也，古之人也。」

子張問政。子曰：「師乎，前，吾語女乎？君子明於禮樂，舉而錯之而已。」子張復問，子曰：「師，爾以為必鋪几筵，升降、酌、獻、酬、酢，然後謂之禮乎？爾以為必行綴兆，興羽籥，作鐘鼓，然後謂之樂乎？言而履之，禮也。行而樂之，樂也。君子力此二者，以南面而立，夫是以天下大平也，諸侯朝，萬物服體，而百官莫敢不承事矣。禮之所興，眾之所治也；禮之所廢，眾之所亂也。目巧之室，則有奧阼，席則有上下，車則有左右，行則有隨，立則有序，古之義也。室而無奧阼，則亂於堂室也：席而無上下，則亂於席上也；車而無左右，則亂於車也；行而無隨，則亂於塗也；立而無序，則亂於位也。昔聖帝、明王、諸侯，辨貴賤、長幼、遠近、男女、外內，莫敢相踰越，皆由此塗出也。」三子者既得聞此言也於夫子，昭然若發矇矣。

第二十九　孔子閒居

孔子閒居，子夏侍。子夏曰：「敢問《詩》云『凱弟君子，民之父母』，何如斯可謂民之父母矣？」孔子曰：「夫民之父母乎？必達於禮樂之原，以致五至，而行三無，以橫於天下，四方有敗，必先知之，此之謂民之父母矣。」

子夏曰：「民之父母，既得而聞之矣，敢問何謂五至？」孔子曰：「志之所至，詩亦至焉；詩之所至，禮亦至焉；禮之所至，樂亦至焉；樂之所至，哀亦至焉，哀樂相生。是故正明目而視之，不可得而見也，傾耳而聽之，不可得而聞也。志氣塞乎天地，此之謂五至。」

子夏曰：「五至既得而聞之矣，敢問何謂『三無』？」孔子曰：「無聲之樂，無體之禮，無服之喪，此之謂『三無』。」子夏曰：「『三無』既得略而聞之矣，敢問何詩近之？」孔子曰：「『夙夜其命宥密』，無聲之樂也。『威儀逮逮，不可選也』，無體之禮也。

『凡民有喪，匍匐救之』，無服之喪也。」子夏曰：「言則大矣！美矣！盛矣！言盡於此而已乎？」孔子曰：「何為其然也？君子之服之也，猶有五起焉。」子夏曰：「何如？」子曰：「無聲之樂，氣志不違；無體之禮，威儀遲遲；無服之喪，內恕孔悲。無聲之樂，氣志既得；無體之禮，威儀翼翼；無服之喪，施及四國。無聲之樂，氣志既從；無體之禮，上下和同；無服之喪，以畜萬邦。無聲之樂，日聞四方；無體之禮，日就月將；無服之喪，純德孔明。無聲之樂，氣志既起；無體之禮，施及四海；無服之喪，施于孫子。」

子夏曰：「三王之德，參於天地，敢問何如斯可謂參於天地矣？」孔子曰：「奉三無私以勞天下。」子夏曰：「敢問何謂三無私？」孔子曰：「天無私覆，地無私載，日月無私照，奉斯三者以勞天下，此之謂三無私。其在《詩》曰：『帝命不違，至於湯齊。湯降不遲，聖敬日齊。昭假遲遲，上帝是祗。帝命式于九圍。』是湯之德也。天有四時，春秋冬夏，風雨霜露，無非教也。地載神氣，神氣風霆，風霆流形，庶物露生，無非教也。清明在躬，氣志如神，耆欲將至，有開必先。天降時雨，山川出雲。其在《詩》曰：『嵩高維嶽，峻極于天。維嶽降神，生甫及申。維申及甫，維周之翰。四國于蕃，四方于宣。』此文、武之德也。三代之王也，必先其令聞。《詩》云：『明明天子，令聞不已。』三代之德也。『弛其文德，協此四國。』大王之德也。」子夏蹶然而起，負牆而立，曰：「弟子敢不承乎！」

第三十　坊記

子言之：「君子之道，辟則坊與？坊民之所不足者也。大為之坊，民猶踰之，故君子禮以坊德，刑以坊淫，命以坊欲。」

子云：「小人貧斯約，富斯驕，約斯盜，驕斯亂。

禮者，因人之情而為之節文，以為民坊者也。故聖人之制富貴也，使民富不足以驕，貧不至於約，貴不慊於上，故亂益亡。

子云：「貧而好樂，富而好禮，眾而以寧者，天下其幾矣！《詩》云：『民之貪亂，寧為荼毒。』故制國不過千乘，都城不過百雉，家富不過百乘。以此坊民，諸侯猶有畔者。」

子云：「夫禮者，所以章疑別微，以為民坊者也。故貴賤有等，衣服有別，朝廷有位，則民有所讓。」

子云：「天無二日，土無二王，家無二主，尊無二上，示民有君臣之別也。《春秋》不稱楚、越之王喪；

禮：君不稱天，大夫不稱君；恐民之惑也。《詩》云：『相彼盍旦，尚猶患之。』」

子云：「君不與同姓同車，與異姓同車不同服，示民不嫌也。以此坊民，民猶得同姓以弒其君。」

子云：「君子辭貴不辭賤，辭富不辭貧，則亂益亡。故君子與其使食浮於人也，寧使人浮於食。」

子云：「觴酒、豆肉，讓而受惡，民猶犯齒。衽席之上，讓而坐下，民猶犯貴。朝廷之位，讓而就賤，民猶犯君。《詩》云：『民之無良，相怨一方。受爵不讓，至于己斯亡。』」

子云：「君子貴人而賤己，先人而後己，則民作讓。故稱人之君曰君，自稱其君曰寡君。」

子云：「利祿，先死者而後生者，則民不偝；先亡者而後存者，則民可以託。《詩》云：『先君之思，以畜寡人。』以此坊民，民猶偝死而號無告。」

子云：「有國家者，貴人而賤祿，則民興讓；尚技而賤車，則民興藝。故君子約言，小人先言。」

子云：「上酌民言，則下天上施。上不酌民言，則犯也；下不天上施，則亂也。故君子信讓以涖百姓，則民之報禮重。《詩》云：『先民有言，詢于芻蕘。』」

子云：「善則稱人，過則稱己，則民不爭。善則稱人，過則稱己，則怨益亡。《詩》云：『爾卜爾筮，履無咎言。』」子云：「善則稱人，過則稱己，則民讓善。《詩》云：『考卜惟王，度是鎬京。惟龜正之，武王成之。』」

子云：「善則稱君，過則稱己，則民作忠。〈君陳〉曰：『爾有嘉謀嘉猷，入告爾君于內，女乃順之于外，曰：此謀此猷，惟我君之德。於乎！是惟良顯哉！』」

子云：「善則稱親，過則稱己，則民作孝。〈大誓〉曰：『予克紂，非予武，惟朕文考無罪。紂克予，非朕文考有罪，惟予小子無良。』」

子云：「君子弛其親之過，而敬其美。《論語》

曰：『三年無改於父之道，可謂孝矣。』高宗云：『三年其惟不言，言乃讙。』」

子云：「從命不忿，微諫不倦，勞而不怨，可謂孝矣。《詩》云：『孝子不匱。』」

子云：「睦於父母之黨，可謂孝矣。故君子因睦以合族。《詩》云：『此令兄弟，綽綽有裕；不令兄弟，交相為瘉。』」

子云：「於父之執，可以乘其車，不可以衣其衣。君子廣孝也。」

子云：「小人皆能養其親，君子不敬，何以辨？」

子云：「父子不同位，以厚敬也。《書》云：『厥辟不辟，忝厥祖。』」子云：「父母在，不稱老，言孝不言慈，閨門之內，戲而不歎。君子以此坊民，民猶薄於孝而厚於慈。」子云：「長民者，朝廷敬老，則民作孝。」子云：「祭祀之有尸也，宗廟之主也，示民有事也。脩宗廟，敬祀事，教民追孝也。以此坊民，民猶忘其親。」子云：「敬則用祭器。故君子不以菲廢禮，不以美沒禮。故食禮，主人親饋則客祭，主人不親饋則客不祭。故君子苟無禮，雖美不食焉。《易》曰：『東鄰殺牛，不如西鄰之禴祭實受其福。』《詩》云：『既醉以酒，既飽以德。』以此示民，民猶爭利而忘義。」

子云：「七日戒，三日齊，承一人焉以為尸，過之者趨走，以教敬也。醴酒在室，醍酒在堂，澄酒在下，示民不淫也。尸飲三，眾賓飲一，示民有上下也。因其酒肉，聚其宗族，以教民睦也。故堂上觀乎室，堂下觀乎上。《詩》云：『禮儀卒度，笑語卒獲。』」

子云：「賓禮每進以讓，喪禮每加以遠。浴於中霤，飯於牖下，小斂於戶內，大斂於阼，殯於客位，祖於庭，葬於墓，所以示遠也。殷人弔於壙，周人弔於家，示民不偝也。」子云：「死，民之卒事也，吾從周。以此坊民，諸侯猶有薨而不葬者。」

子云：「升自客階，受弔於賓位，教民追孝也。未沒喪不稱君，示民不爭也。故魯《春秋》記晉喪曰：『殺其君之子奚齊，及其君卓。』以此坊民，子猶有弒其父者。」

子云：「孝以事君，弟以事長，示民不貳也。故君子有君不謀仕，唯卜之日稱二君。喪父三年，喪君三年，示民不疑也。父母在，不敢有其身，不敢私其財，示民有上下也。故天子四海之內無客禮，莫敢為主焉。故君適其臣，升自阼階，即位於堂，示民不敢有其室也。父母在，饋獻不及車馬，示民不敢專也。以此坊民，民猶忘其親而貳其君。」

子云：「禮之先幣帛也，欲民之先事而後祿也。先財而後禮則民利，無辭而行情則民爭，故君子於有饋者弗能見，則不視其饋。《易》曰：『不耕穫，不菑畬，凶。』以此坊民，民猶貴祿而賤行。」

子云：「君子不盡利，以遺民。《詩》云：『彼有遺秉，此有不斂穧，伊寡婦之利。』故君子仕則不稼，田則不漁，食時不力珍。大夫不坐羊，士不坐犬。《詩》云：『采葑采菲，無以下體。德音莫違，及爾同死。』以此坊民，民猶忘義而爭利，以亡其身。」

子云：「夫禮，坊民所淫，章民之別，使民無嫌，以為民紀者也。故男女無媒不交，無幣不相見，恐男女之無別也。以此坊民，民猶有自獻其身。《詩》

云：『伐柯如之何？匪斧不克。取妻如之何？匪媒不得。』『蓺麻如之何？横從其畝。取妻如之何？必告父母。』」

子云：「取妻不同姓，以厚別也。故買妾不知其姓，則卜之。以此坊民，《魯春秋》猶去夫人之姓，曰『吳』，其死，曰『孟子卒』。」

子云：「禮，非祭，男女不交爵。以此坊民，陽侯猶殺繆侯而竊其夫人，故大饗廢夫人之禮。」

子云：「寡婦之子，不有見焉，則弗友也，君子以辟遠也。故朋友之交，主人不在，不有大故則不入其門。以此坊民，民猶以色厚於德。」

子云：「好德如好色，諸侯不下漁色，故君子遠色，以為民紀。故男女授受不親，御婦人則進左手，姑、姊妹、女子子已嫁而反，男子不與同席而坐。寡婦不夜哭。婦人疾，問之，不問其疾。以此坊民，民猶淫佚而亂於族。」

子云：「昏禮，壻親迎，見於舅姑，舅姑承子以授壻，恐事之違也。以此坊民，婦猶有不至者。」

第三十一 中庸

天命之謂性，率性之謂道，脩道之謂教。道也者，不可須臾離也；可離，非道也。是故君子戒慎乎其所不睹，恐懼乎其所不聞。莫見乎隱，莫顯乎微，故君子慎其獨也。喜怒哀樂之未發，謂之中；發而皆中節，謂之和。中也者，天下之大本也；和也者，天下之達道也，致中和，天地位焉，萬物育焉。

仲尼曰：「君子中庸，小人反中庸。君子之中庸也，君子而時中；小人之反中庸也，小人而無忌憚也。」

子曰：「中庸其至矣乎！民鮮能久矣。」子曰：「道之不行也，我知之矣：知者過之，愚者不及也。道之不明也，我知之矣：賢者過之，不肖者不及也。人莫不飲食也，鮮能知味也。」子曰：「道其不行矣夫！」

子曰：「舜其大知也與！舜好問而好察邇言，隱惡而揚善。執其兩端，用其中於民，其斯以為舜乎！」

子曰：「人皆曰『予知』，驅而納諸罟、擭、陷阱之中，而莫之知辟也。人皆曰『予知』，擇乎中庸，而不能期月守也。」

子曰：「回之為人也，擇乎中庸，得一善，則拳拳服膺而弗失之矣。」

子曰：「天下國家可均也，爵祿可辭也，白刃可蹈也，中庸不可能也。」

子路問強。子曰：「南方之強與？北方之強與？抑而強與？寬柔以教，不報無道，南方之強也，君子居之；衽金革，死而不厭，北方之強也，而強者居之。故君子和而不流，強哉矯！中立而不倚，強哉矯！國有道，不變塞焉，強哉矯！國無道，至死不變，強哉矯！」

子曰：「素隱行怪，後世有述焉，吾弗為之矣。君子遵道而行，半途而廢，吾弗能已矣。君子依乎中庸，遯世不見知而不悔，唯聖者能之。」

「君子之道，費而隱。夫婦之愚，可以與知焉；及其至也，雖聖人亦有所不知焉。夫婦之不肖，可以能行焉；及其至也，雖聖人亦有所不能焉。天地之大也，人猶有所憾。故君子語大，天下莫能載焉；語小，天下莫能破焉。《詩》云：『鳶飛戾天，魚躍于淵。』言其上下察也。君子之道，造端乎夫婦；及其至也，察乎天地。」

子曰：「道不遠人，人之為道而遠人，不可以為道。《詩》云：『伐柯伐柯，其則不遠。』執柯以伐柯，睨而視之，猶以為遠。故君子以人治人，改而止。忠恕違道不遠，施諸己而不願，亦勿施於人。君子之道四，丘未能一焉，所求乎子以事父，未能也；所求乎臣以事君，未能也；所求乎弟以事兄，未能也；所求乎朋友先施之，未能也。庸德之行，庸言之謹，有所不足，不敢不勉，有餘不敢盡。言顧行，行顧言，君子胡不慥慥爾？君子素其位而行，不願乎其外。素富貴，行乎富貴；素貧賤，行乎貧賤；素夷狄，行乎夷狄；素患難，行乎患難。君子無入而不自得焉。在上位不陵下，在下位不援上，正己而不求於人，則無怨。上不怨天，下不尤人。故君子居易以俟命，小人行險以徼幸。」

子曰：「射有似乎君子，失諸正鵠，反求諸其身。君子之道，辟如行遠必自邇，辟如登高必自卑。《詩》曰：『妻子好合，如鼓瑟琴；兄弟既翕，和樂且耽；宜爾室家，樂爾妻孥。』」子曰：「父母其順矣乎！」

子曰：「鬼神之為德，其盛矣乎！視之而弗見，聽之而弗聞，體物而不可遺。使天下之人，齊明盛服，以承祭祀，洋洋乎如在其上，如在其左右。《詩》曰：『神之格思，不可度思，矧可射思。』夫微之顯，誠之不可揜如此夫！」

子曰：「舜其大孝也與！德為聖人，尊為天子，富有四海之內，宗廟饗之，子孫保之。故大德必得其位，必得其祿，必得其名，必得其壽。故天之生物，必因其材而篤焉，故栽者培之，傾者覆之。《詩》曰：『嘉樂君子，憲憲令德，宜民宜人，受祿于天。保佑命之，自天申之。』故大德者必受命。」

子曰：「無憂者，其惟文王乎！以王季為父，以武王為子，父作之，子述之。武王纘大王、王季、文王之緒，壹戎衣而有天下，身不失天下之顯名，尊為天子，富有四海之內，宗廟饗之，子孫保之。武王末受命，周公成文、武之德，追王大王、王季，上祀先公以天子之禮。斯禮也，達乎諸侯、大夫及士、庶人。父為大夫，子為士，葬以大夫，祭以士。父為士，子為大夫，葬以士，祭以大夫。期之喪，達乎大夫；三年之喪，達乎天子；父母之喪，無貴賤一也。」

子曰：「武王、周公其達孝矣乎！夫孝者，善繼人之志，善述人之事者也。春、秋脩其祖廟，陳其宗器，設其裳衣，薦其時食。宗廟之禮，所以序昭穆也；序爵，所以辨貴賤也；序事，所以辨賢也；旅酬下為上，所以逮賤也；燕毛，所以序齒也。踐其位，行其禮，奏其樂，敬其所尊，愛其所親，事死如事生，事亡如事存，孝之至也。郊社之禮，所以事上帝也；宗廟之禮，所以祀乎其先也。明乎郊社之禮。禘嘗之義，治國其如示諸掌乎！」

哀公問政。子曰：「文、武之政，布在方策。其人存，則其政舉；其人亡，則其政息。人道敏政，地道敏樹。夫政也者，蒲盧也。故為政在人，取人以身，脩身以道，脩道以仁。仁者，人也。親親為大。義者，宜也，尊賢為大。親親之殺，尊賢之等，禮所生也。在下位，不獲乎上，民不可得而治矣。故君子不可以不脩身；思脩身，不可以不事親；思事親，不可以不知人；思知人，不可以不知天。天下之達道五，所以行之者三。曰：君臣也，父子也，夫婦也，昆弟也，朋友之交也，五者，天下之達道也。知、仁、勇三者，天下之達德也。所以行之者，一也。或生而知之，或學而知之，或困而知之，及其知之，一也。或安而行之，或利而行之，或勉強而行之，及其成功，一也。」

子曰：「好學近乎知，力行近乎仁，知恥近乎勇。知斯三者，則知所以脩身。知所以脩身，則知所以治人。知所以治人，則知所以治天下國家矣。凡為天下國家有九經，曰：脩身也。尊賢也，親親也，敬大臣也，體群臣也，子庶民也，來百工也，柔遠人也，懷諸侯也。脩身，則道立；尊賢，則不惑；親親，則諸父、昆弟不怨；敬大臣，則不眩；體群臣，則士之報禮重；子庶民，則百姓勸；來百工，則財用足；柔遠人，則四方歸之；懷諸侯，則天下畏之。齊明盛服，非禮不動，所以脩身也；去讒遠色，賤貨而貴德，所以勸賢也；尊其位，重其祿，同其好惡，所以勸親親也；官盛任使，所以勸大臣也；忠信重祿，所以勸士也；時使薄斂，所以勸百姓也；日省月試，既稟稱事，所以勸百工也；送往迎來，嘉善而矜不能，所以柔遠人也；繼絕世，舉廢國，治亂持危，朝聘以時，厚往而薄來，所以懷諸侯也。凡為天下國家有九經，所以行之者，一也。」「凡事豫則立，不豫則廢。言前定，則不跲；事前定，則不困；行前定，則不疚；道前定，則不窮。在下位，不獲乎上，民不可得而治矣。獲乎上有道，不信乎朋友，不獲乎上矣；信乎朋友有道，不順乎親，不信乎朋友矣；順乎親有道，反諸身不誠，不順乎親矣；誠身有道，不明乎善，不誠乎身矣。誠者，天之道也；誠之者，人之道也。誠者，不勉而中，不思而得，從容中道，聖人也！誠之者，擇善而固執之者也。」「博學之，審問之，慎思之，明辨之，篤行之。有弗學，學之弗能弗措也；有弗問，問之弗知弗措也；有弗思，思之弗得弗措也；有弗辨，辨之弗明弗措也；有弗行，行之弗篤弗措也。人一能之，己百之；人十能之，己千之；果能此道矣，雖愚必明，雖柔必強。」

自誠明，謂之性；自明誠，謂之教。誠則明矣，明則誠矣。唯天下至誠為能盡其性；能盡其性，則能盡人之性；能盡人之性，則能盡物之性；能盡物之性，則可以贊天地之化育；可以贊天地之化育，則可以與天地參矣。其次致曲，曲能有誠。誠則形，形則著，著則明，明則動，動則變，變則化，唯天下至誠為能化。至誠之道，可以前知。國家將興，必有禎祥；國家將亡，必有妖孽；見乎蓍龜，動乎四體。禍福將至，善，必先知之；不善，必先知之。故至誠如神。

誠者，自成也；而道，自道也。誠者，物之終始；不誠無物。是故君子誠之為貴。誠者，非自成己而已也，所以成物也。成己，仁也；成物，知也；性之德也，合外內之道也，故時措之宜也。故至誠無息，不息則久，久則徵，徵則悠遠，悠遠則博厚，博厚則高明。博厚所以載物也，高明所以覆物也，悠久所以成物也。博厚配地，高明配天，悠久無疆。如此者，不見而章，不動而變，無為而成。

天地之道，可一言而盡也：「其為物不貳，則其生物不測。」天地之道，博也，厚也，高也，明也，悠也，久也。今夫天，斯昭昭之多，及其無窮也，日月星辰繫焉，萬物覆焉。今夫地，一撮土之多，及其廣厚，載華嶽而不重，振河海而不洩，萬物載焉。今夫山，一卷石之多，及其廣大，草木生之，禽獸居之，寶藏興焉。今夫水，一勺之多，及其不測，黿、鼉、蛟、龍、魚、鼈生焉，貨財殖焉。《詩》云：「維天之命，於穆不已。」蓋曰天之所以為天也。「於乎不顯，文王之德之純。」蓋曰文王之所以為文也，純亦不已。

大哉聖人之道！洋洋乎，發育萬物，峻極於天。優優大哉！禮儀三百，威儀三千，待其人然後行。故曰：「苟不至德，至道不凝焉。」故君子尊德性而道問學，致廣大而盡精微，極高明而道中庸，溫故而知新，敦厚以崇禮。是故居上不驕，為下不倍。國有道，其言足以興；國無道，其默足以容。《詩》曰：「既明且哲，以保其身。」其此之謂與？

子曰：「愚而好自用，賤而好自專，生乎今之世，反古之道，如此者，烖及其身者也。」非天子不議禮，不制度，不考文。今天下，車同軌，書同文，行同倫。雖有其位，苟無其德，不敢作禮樂焉；雖有其德，苟無其位，亦不敢作禮樂焉。子曰：「吾說夏禮，杞不足徵也；吾學殷禮，有宋存焉；吾學周禮，今用之，吾從周。」

「王天下有三重焉，其寡過矣乎！上焉者，雖善無徵，無徵不信，不信民弗從。下焉者，雖善不尊，不尊不信，不信民弗從。故君子之道，本諸身，徵諸庶民，考諸三王而不繆，建諸天地而不悖，質諸鬼神而無疑，百世以俟聖人而不惑。質諸鬼神而無疑，知天也；百世以俟聖人而不惑，知人也。是故君子動而世為天下道，行而世為天下法，言而世為天下則；遠之則有望，近之則不厭。《詩》曰：『在彼無惡，在此無射；庶幾夙夜，以永終譽。』君子未有不如此而蚤有譽於天下者也。」

仲尼祖述堯、舜，憲章文、武，上律天時，下襲水土，辟如天地之無不持載，無不覆幬；辟如四時之錯行，如日月之代明。萬物並育而不相害，道並行而不相悖，小德川流，大德敦化，此天地之所以為大也。唯天下至聖，為能聰明睿知，足以有臨也；寬裕溫柔，足以有容也；發強剛毅，足以有執也；齊莊中正，足以有敬也；文理密察，足以有別也。溥博淵泉，而時出之。溥博如天，淵泉如淵。見而民莫不敬，言而民莫不信，行而民莫不說。是以聲名洋溢乎中國，施及蠻貊。舟車所至，人力所通，天之所覆，地之所載，日月所照，霜露所隊，凡有血氣者，莫不尊親，故曰配天。

唯天下至誠，為能經綸天下之大經，立天下之大本，知天地之化育。夫焉有所倚？肫肫其仁，淵淵其淵，浩浩其天。苟不固聰明聖知達天德者，其孰能知之？《詩》曰：「衣錦尚絅。」惡其文之著也。故君子之道，闇然而日章；小人之道，的然而日亡。君子之道，淡而不厭，簡而文，溫而理，知遠之近，知風之自，知微之顯，可與入德矣。《詩》云：「潛雖伏矣，亦孔之昭。」故君子內省不疚，無惡於志。君子之所不可及者，其唯人之所不見乎？《詩》云：「相在爾室，尚不愧于屋漏。」故君子不動而敬，不言而信。《詩》曰：「奏假無言，時靡有爭。」是故君子不賞而民勸，不怒而民威於鈇鉞。《詩》曰：「不顯惟德，百辟其刑之。」是故君子篤恭而天下平。《詩》云：「予懷明德，不大聲以色。」子曰：「聲色之於以化民，末也。《詩》曰：『德輶如毛。』毛猶有倫。『上天之載，無聲無臭。』至矣。」

第三十二表記

子言之：「歸乎！君子隱而顯，不矜而莊，不厲而威，不言而信。」

子曰：「君子不失足於人，不失色於人，不失口於人，是故君子貌足畏也，色足憚也，言足信也。〈甫刑〉曰：『敬、忌而罔有擇言在躬。』」

子曰：「裼、襲之不相因也，欲民之毋相瀆也。」子曰：「祭極敬，不繼之以樂；朝極辨，不繼之以倦。」

子曰：「君子慎以辟禍，篤以不揜，恭以遠恥。」

子曰：「君子莊敬日強，安肆日偷。君子不以一日使其躬儳焉如不終日。」

子曰：「齊戒以事鬼神，擇日月以見君，恐民之不敬也。」子曰：「狎侮，死焉而不畏也。」

子曰：「無辭不相接也，無禮不相見也，欲民之毋相褻也。《易》曰：『初筮告。再、三，瀆，瀆則不告。』」

子言之：「仁者，天下之表也；義者，天下之制也；報者，天下之利也。」

子曰：「以德報德，則民有所勸；以怨報怨，則民有所懲。《詩》曰：『無言不讎，無德不報。』〈大甲〉曰：『民非后，無能胥以寧；后非民，無以辟四方。』」子曰：「以德報怨，則寬身之仁也。以怨報德，則刑戮之民也。」

子曰：「無欲而好仁者，無畏而惡不仁者，天下一人而已矣。是故君子議道自己，而置法以民。」

子曰：「仁有三，與仁同功而異情。與仁同功，其仁未可知也。與仁同過，然後其仁可知也。仁者安仁，知者利仁，畏罪者強仁。仁者右也，道者左也。仁者人也，道者義也。厚於仁者薄於義，親而不尊；厚於義者薄於仁，尊而不親。道有至有義有考。至道以王，義道以霸，考道以為無失。」

子言之：「仁有數，義有長短小大。中心憯怛，愛人之仁也。率法而強之，資仁者也。《詩》云：『豐水有芑，武王豈不仕？詒厥孫謀，以燕翼子，武王烝哉。』數世之仁也。〈國風〉曰：『我今不閱，皇恤我後。』終身之仁也。」

子曰：「仁之為器重，其為道遠，舉者莫能勝也，行者莫能致也。取數多者，仁也。夫勉於仁者，不亦難乎？是故君子以義度人，則難為人；以人望人，則賢者可知已矣。」

子曰：「中心安仁者，天下一人而已矣。〈大雅〉曰：『德輶如毛，民鮮克舉之，我儀圖之。惟仲山甫舉之，愛莫助之。』〈小雅〉曰：『高山仰止，景行行止。』子曰：「詩之好仁如此。鄉道而行，中道而廢，忘身之老也。不知年數之不足也，俛焉日有孳孳，斃而后已。」

子曰：「仁之難成久矣。人人失其所好，故仁者之過易辭也。」

子曰：「恭近禮，儉近仁，信近情，敬讓以行，此雖有過，其不甚矣。夫恭寡過，情可信，儉易容也。以此失之者，不亦鮮乎？《詩》曰：『溫溫恭人，惟德之基。』」

子曰：「仁之難成久矣，惟君子能之。是故君子不以其所能者病人，不以人之所不能者愧人。是故聖人之制行也，不制以己，使民有所勸勉愧恥，以行其言，禮以節之，信以結之，容貌以文之，衣服以移之，朋友以極之，欲民之有壹也。〈小雅〉曰：『不愧于人，不畏于天。』是故君子服其服，則文以君子之容；有其容，則文以君子之辭；遂其辭，則實以君子之德。是故君子恥服其服而無其容，恥有其容而無其辭，恥有其辭而無其德，恥有其德而無其行。是故君子衰絰則有哀色，端冕則有敬色，甲冑則有不可辱之色。《詩》云：『維鵜在梁，不濡其翼。彼記之子，不稱其服。』」

子言之：「君子之所謂義者，貴賤皆有事於天下。天子親耕、粢盛、秬鬯以事上帝，故諸侯勤以輔事於天子。」

子曰：「下之事上也，雖有庇民之大德，不敢有君民之心，仁之厚也。是故君子恭儉以求役仁，信讓以求役禮，不自尚其事，不自尊其身，儉於位而寡於欲，讓於賢，卑己而尊人，小心而畏義，求以事君，得之自是，不得自是，以聽天命。《詩》云：『莫莫葛藟，施于條枚。凱弟君子，求福不回。』其舜、禹、文王、周公之謂與？有君民之大德，有事君之小心。《詩》云：『惟此文王，小心翼翼，昭事上帝，聿懷多福。厥德不回，以受方國。』」

子曰：「先王謚以尊名，節以壹惠，恥名之浮於行也。是故君子不自大其事，不自尚其功，以求處情；過行弗率，以求處厚；彰人之善，而美人之功，以求下賢。是故君子雖自卑而民敬尊之。」

子曰：「后稷，天下之為烈也，豈一手一足哉！唯欲行之浮於名也，故自謂便人。」

子言之：「君子之所謂仁者，其難乎！《詩》云：

『凱弟君子，民之父母。』凱以強教之，弟以說安之，樂而毋荒，有禮而親，威莊而安，孝慈而敬，使民有父之尊，有母之親。如此而后可以為民父母矣。非至德其孰能如此乎？今父之親子也，親賢而下無能；母之親子也，賢則親之，無能則憐之。母親而不尊，父尊而不親。水之於民也，親而不尊，火尊而不親。土之於民也，親而不尊，天尊而不親。命之於民也，親而不尊，鬼尊而不親。」

子曰：「夏道尊命，事鬼敬神而遠之，近人而忠焉。先祿而後威，先賞而後罰，親而不尊。其民之敝，惷而愚，喬而野，朴而不文。殷人尊神，率民以事神，先鬼而後禮，先罰而後賞，尊而不親。其民之敝，蕩而不靜，勝而無恥。周人尊禮尚施，事鬼敬神而遠之，近人而忠焉。其賞罰用爵列，親而不尊。其民之敝，利而巧，文而不慚，賊而蔽。」

子曰：「夏道未瀆辭，不求備，不大望於民，民未厭其親。殷人未瀆禮，而求備於民。周人強民，未瀆神，而賞爵、刑罰窮矣。」

子曰：「虞、夏之道，寡怨於民；殷、周之道，不勝其敝。」子曰：「虞、夏之質，殷、周之文，至矣。虞、夏之文不勝其質，殷、周之質不勝其文。」

子言之曰：「後世雖有作者，虞帝弗可及也已矣。

君天下，生無私，死不厚其子，子民如父母，有憯怛之愛，有忠利之教，親而尊，安而敬，威而愛，富而有禮，惠而能散。其君子尊仁畏義，恥費輕實，忠而不犯，義而順，文而靜，寬而有辨。〈甫刑〉曰：『德威惟威，德明惟明。』非虞帝其孰能如此乎？」

子言之：「事君先資其言，拜自獻其身，以成其信。是故君有責於其臣，臣有死於其言。故其受祿不誣，其受罪益寡。」

子曰：「事君，大言入則望大利，小言入則望小利。故君子不以小言受大祿，不以大言受小祿。《易》曰：『不家食吉。』」

子曰：「事君不下達，不尚辭，非其人弗自。〈小雅〉曰：『靖共爾位，正直是與。神之聽之，式穀以女。』」

子曰：「事君遠而諫，則讇也，近而不諫，則尸利也。」子曰：「邇臣守和，宰正百官，大臣慮四方。」子曰：「事君欲諫不欲陳。《詩》云：『心乎愛矣，瑕不謂矣？中心藏之，何日忘之？』」

子曰：「事君難進而易退，則位有序；易進而難退，則亂也。故君子三揖而進，一辭而退，以遠亂也。」子曰：「事君三違而不出竟，則利祿也。人雖曰不要，吾弗信也。」子曰：「事君慎始而敬終。」子曰：「事君可貴可賤，可富可貧，可生可殺，而不可使為亂。」

子曰：「事君，軍旅不辟難，朝廷不辭賤。處其位而不履其事，則亂也。故君使其臣，得志則慎慮而從之，否則孰慮而從之，終事而退，臣之厚也。《易》曰：『不事王侯，高尚其事。』」

子曰：「唯天子受命于天，士受命于君。故君命順則臣有順命，君命逆則臣有逆命。《詩》曰：『鵲之姜姜，鶉之賁賁，人之無良，我以為君。』」

子曰：「君子不以辭盡人。故天下有道，則行有枝葉；天下無道，則辭有枝葉。是故君子於有喪者之側，不能賻焉，則不問其所費；於有病者之側，不能饋焉，則不問其所欲；有客不能館，則不問其所舍。故君子之接如水，小人之接如醴。君子淡以成，小人甘以壞。〈小雅〉曰：『盜言孔甘，亂是用餤。』」

子曰：「君子不以口譽人，則民作忠。故君子問人之寒則衣之，問人之飢則食之，稱人之美則爵之。〈國風〉曰：『心之憂矣，於我歸說。』」子曰：「口惠而實不至，怨菑及其身。是故君子與其有諾責也，寧有已怨。〈國風〉曰：『言笑晏晏，信誓旦旦，不思其反。反是不思，亦已焉哉！』」

子曰：「君子不以色親人。親疏而貌親，在小人則穿窬之盜也與？」子曰：「情欲信，辭欲巧。」

子言之：「昔三代明王，皆事天地之神明，無非卜、筮之用，不敢以其私褻事上帝。是故不犯日月，不違卜、筮。卜、筮不相襲也。大事有時日，小事無時日，有筮。外事用剛日，內事用柔日。不違龜、筮。」

子曰：「牲牷、禮樂、齊盛，是以無害乎鬼神，無怨乎百姓。」

子曰：「后稷之祀易富也。其辭恭，其欲儉，其祿及子孫。《詩》曰：『后稷兆祀，庶無罪悔，以迄于今。』」

子曰：「大人之器威敬。天子無筮，諸侯有守筮。

天子道以筮，諸侯非其國不以筮。卜宅寢室，天子不卜，處大廟。」子曰：「君子敬則用祭器。是以不廢日月，不違龜、筮，以敬事其君長。是以上不瀆於民，下不褻於上。」

第三十三 緇衣

子言之：「為上易事也，為下易知也，則刑不煩矣。」

子曰：「好賢如〈緇衣〉，惡惡如〈巷伯〉，則爵不瀆而民作愿，刑不試而民咸服。〈大雅〉曰：『儀刑文王，萬國作孚。』」

子曰：「夫民，教之以德，齊之以禮，則民有格心；教之以政，齊之以刑，則民有遯心。故君民者子以愛之，則民親之；信以結之，則民不倍；恭以涖之，則民有孫心。〈甫刑〉曰：『苗民匪用命，制以刑，惟作五虐之刑，曰法。』是以民有惡德，而遂絕其世也。」

子曰：「下之事上也，不從其所令，從其所行。上好是物，下必有甚者矣。故上之所好惡，不可不慎也，是民之表也。」

子曰：「禹立三年，百姓以仁遂焉，豈必盡仁？《詩》云：『赫赫師尹，民具爾瞻。』〈甫刑〉曰：『一人有慶，兆民賴之。』〈大雅〉曰：『成王之孚，下土之式。』」

子曰：「上好仁，則下之為仁爭先人。故長民者章志、貞教、尊仁，以子愛百姓，民致行己以說其上矣。《詩》云：『有梏德行，四國順之。』」

子曰：「王言如絲，其出如綸；王言如綸，其出如綍。故大人不倡游言。可言也不可行，君子弗言也；可行也不可言，君子弗行也。則民言不危行，而行不危言矣。《詩》云：『淑慎爾止，不諐于儀。』」

子曰：「君子道人以言，而禁人以行，故言必慮其所終，而行必稽其所敝，則民謹於言而慎於行。《詩》云：『慎爾出話，敬爾威儀。』〈大雅〉曰：『穆穆文王，於緝熙敬止。』」

子曰：「長民者衣服不貳，從容有常，以齊其民，則民德壹。《詩》云：『彼都人士，狐裘黃黃，其容不改，出言有章。行歸于周，萬民所望。』」

子曰：「為上可望而知也，為下可述而志也，則君不疑於其臣，而臣不惑於其君矣。尹吉曰：『惟尹躬及湯，咸有壹德。』《詩》云：『淑人君子，其儀不忒。』」

子曰：「有國家者章善擅惡，以示民厚，則民情不貳。《詩》云：『靖共爾位，好是正直。』」

子曰：「上人疑，則百姓惑，下難知，則君長勞。

故君民者章好以示民俗，慎惡以御民之淫，則民不惑矣。臣儀行，不重辭，不援其所不及，不煩其所不知，則君不勞矣。《詩》云：『上帝板板，下民卒癉。』〈小雅〉曰：『匪其止共，惟王之邛。』」

子曰：「政之不行也，教之不成也，爵祿不足勸也，刑罰不足恥也。故上不可以褻刑而輕爵。〈康誥〉曰：『敬明乃罰。』〈甫刑〉曰：『播刑之不迪。』」

子曰：「大臣不親，百姓不寧，則忠敬不足，而富貴已過也。大臣不治，而邇臣比矣。故大臣不可不敬也，是民之表也；邇臣不可不慎也，是民之道也。君毋以小謀大，毋以遠言近，毋以內圖外，則大臣不怨，邇臣不疾，而遠臣不蔽矣。葉公之顧命曰：『毋以小謀敗大作，毋以嬖御人疾莊后，毋以嬖御士疾莊士大夫、卿、士。』」

子曰：「大人不親其所賢，而信其所賤，民是以親失，而教是以煩。《詩》云：『彼求我則，如不我得。執我仇仇，亦不我力。』〈君陳〉曰：『未見聖，若己弗克見；既見聖，亦不克由聖。』」

子曰：「小人溺於水，君子溺於口，大人溺於民，皆在其所褻也。夫水近於人而溺人，德易狎而難親也，易以溺人。口費而煩，易出難悔，易以溺人。夫民閉於人而有鄙心，可敬不可慢，易以溺人。故君子不可以不慎也。〈大甲〉曰：『毋越厥命以自覆也。』『若虞機張，往省括于厥度則釋。』〈兌命〉曰：『惟口起羞，惟甲胄起兵，惟衣裳在笥，惟干戈省厥躬。』〈大甲〉曰：『天作孽，可違也；自作孽，不可以逭。』〈尹吉〉曰：『惟尹躬天見于西邑夏，自周有終，相亦惟終。』」

子曰：「民以君為心，君以民為體，心莊則體舒，心肅則容敬。心好之，身必安之；君好之，民必欲之。心以體全，亦以體傷；君以民存，亦以民亡。《詩》云：『昔吾有先正，其言明且清，國家以寧，都邑以成，庶民以生。誰能秉國成？不自為正，卒勞百姓。』

〈君雅〉曰：『夏日暑雨，小民惟曰怨。資冬祁寒，小民亦惟曰怨。』」

子曰：「下之事上也，身不正，言不信，則義不壹，行無類也。」

子曰：「言有物而行有格也，是以生則不可奪志，死則不可奪名。故君子多聞，質而守之；多志，質而親之；精知，略而行之。〈君陳〉曰：『出入自爾師虞，庶言同。』《詩》云：『淑人君子，其儀一也。』」

子曰：「唯君子能好其正，小人毒其正。故君子之朋友有鄉，其惡有方。是故邇者不惑，而遠者不疑也。《詩》云：『君子好仇。』」

子曰：「輕絕貧賤，而重絕富貴，則好賢不堅，而惡惡不著也。人雖曰『不利』，吾不信也。《詩》云：『朋友攸攝，攝以威儀。』」

子曰：「私惠不歸德，君子不自留焉。《詩》云：『人之好我，示我周行。』」

子曰：「苟有車，必見其軾；苟有衣，必見其敝。人苟或言之，必聞其聲；苟或行之，必見其成。〈葛覃〉云：『服之無射。』」

子曰：「言從而行之，則言不可飾也。行從而言之，則行不可飾也。故君子寡言而行，以成其信，則民不得大其美而小其惡。《詩》云：『白圭之玷，尚可磨也。斯言之玷，不可為也。』〈小雅〉曰：『允也君子，展也大成。』〈君奭〉曰：『在昔上帝，周田觀文王之德，其集大命于厥躬。』」

子曰：「南人有言曰：『人而無恒，不可以為卜、筮。』古之遺言與？龜、筮猶不能知也，而況於人乎？《詩》云：『我龜既厭，不我告猶。』〈兌命〉曰：『爵無及惡德，民立而正事。』『純而祭祀，是為不敬。事煩則亂，事神則難。』《易》曰：『不恒其德，或承之羞。』『恒其德偵，婦人吉，夫子凶。』」

第三十四 奔喪

奔喪之禮：始聞親喪，以哭答使者，盡哀；問故，又哭盡哀。遂行，日行百里，不以夜行；唯父母之喪見星而行，見星而舍。若未得行，則成服而后行。過國至竟，哭，盡哀而止。哭辟市朝，望其國竟哭。至於家，入門左，升自西階，殯東，西面坐，哭盡哀，括髮，袒，降，堂東即位，西鄉哭，成踊，襲、經于序東，絞帶，反位，拜賓，成踊，送賓，反位。有賓後至者，則拜之，成踊、送賓皆如初。眾主人、兄弟皆出門，出門哭止，闔門，相者告就次。於又哭，括髮，袒，成踊。於三哭，猶括髮、袒，成踊。三日成服，拜賓送賓皆如初。奔喪者非主人，則主人為之拜賓送賓。奔喪者自齊衰以下，入門左，中庭北面，哭盡哀，免、麻于序東，即位袒，與主人哭，成踊。於又哭、三哭，皆免、袒。有賓，則主人拜賓、送賓。丈夫、婦人之待之也，皆如朝夕哭位，無變也。

奔母之喪，西面哭盡哀，括髮，袒，降，堂東即位，西鄉哭，成踊，襲、免、絰于序東。拜賓、送賓，皆如奔父之禮。於又哭，不括髮。

婦人奔喪，升自東階，殯東，西面坐，哭盡哀，東髽，即位，與主人拾踊。

奔喪者不及殯，先之墓，北面坐，哭盡哀。主人之待之也，即位於墓左，婦人墓右，成踊，盡哀。括髮，東即主人位，絰、絞帶，哭、成踊。拜賓，反位，成踊。相者告事畢。遂冠，歸入門左，北面，哭盡哀，括髮，袒，成踊，東即位，拜賓，成踊。賓出，主人拜送。有賓後至者，則拜之、成踊、送賓如初。眾主人、兄弟皆出門，出門哭止。相者告就次。於又哭，括髮，成踊。於三哭，猶括髮、成踊。三日成服。於五哭，相者告事畢。為母所以異於父者，壹括髮，其餘免以終事。他如奔父之禮。

齊衰以下不及殯，先之墓，西面哭盡哀，免、麻于東方，即位，與主人哭，成踊，襲。有賓則主人拜賓、送賓。賓有後至者，拜之如初。相者告事畢。遂冠，歸入門左，北面，哭盡哀，免、袒，成踊，東即位，拜賓，成踊。賓出，主人拜送。於又哭，免、袒，成踊。於三哭，猶免、袒、成踊。三日成服，於五哭，相者告事畢。

聞喪不得奔喪，哭盡哀；問故，又哭盡哀；乃為位，括髮，袒，成踊，襲，絰，絞帶，即位，拜賓，反位，成踊。賓出，主人拜送于門外，反位。若有賓後至者，拜之，成踊、送賓如初。於又哭，括髮，袒，成踊。於三哭，猶括髮、袒、成踊。三日成服。於五哭，拜賓、送賓如初。

若除喪而后歸，則之墓，哭，成踊，東括髮、袒、經，拜賓，成踊，送賓，反位，又哭盡哀，遂除。於家不哭。主人之待之也，無變於服，與之哭，不踊。自齊衰以下，所以異者免、麻。

凡為位，非親喪，齊衰以下皆即位，哭盡哀，而東免、經，即位，袒，成踊，襲，拜賓，反位，哭，成踊，送賓，反位。相者告就次。三日五哭，卒。主人出送賓，眾主人、兄弟皆出門，哭止。相者告事畢，成服，拜賓。若所為位家遠，則成服而往。

齊衰望鄉而哭，大功望門而哭，小功至門而哭，緦麻即位而哭。

哭父之黨於廟，母、妻之黨於寢，師於廟門外，朋友於寢門外，所識於野張帷。

凡為位不奠。哭天子九，諸侯七，卿大夫五，士三。大夫哭諸侯，不敢拜賓。諸臣在他國，為位而哭，不敢拜賓；與諸侯為兄弟，亦為位而哭。凡為位者壹袒。

所識者弔，先哭于家而後之墓，皆為之成踊，從主人北面而踊。

凡喪，父在，父為主；父沒，兄弟同居，各主其喪；親同，長者主之；不同，親者主之。

聞遠兄弟之喪，既除喪而后聞喪，免，袒，成踊，拜賓則尚左手。

無服而為位者，唯嫂叔及婦人降而無服者麻。

凡奔喪，有大夫至，袒，拜之，成踊而后襲；於士，襲而后拜之。

第三十五 問喪

親始死，雞斯，徒跣，扱上衽，交手哭。惻怛之心，痛疾之意，傷腎、乾肝、焦肺，水漿不入口，三日不舉火，故鄰里為之糜粥以飲食之。夫悲哀在中，故形變於外也，痛疾在心，故口不甘味，身不安美也。

三日而斂，在牀曰尸，在棺曰柩。動尸舉柩，哭踊無數。惻怛之心，痛疾之意，悲哀志懣氣盛，故袒而踊之，所以動體、安心、下氣也。婦人不宜袒，故發胸、擊心、爵踊，殷殷田田，如壞牆然，悲哀痛疾之至也。故曰「辟踊哭泣，哀以送之，送形而往，迎精而反」也。

其送往也，望望然，汲汲然，如有追而弗及也。其反哭也，皇皇然，若有求而弗得也。故其送往也如慕，其反也如疑。求而無所得之也，入門而弗見也，上堂又弗見也，入室又弗見也，亡矣喪矣，不可復見已矣！故哭泣辟踊，盡哀而止矣。心悵焉愴焉，惚焉愾焉，心絕志悲而已矣。祭之宗廟，以鬼享之，徼幸復反也。

成壙而歸，不敢入處室，居於倚廬，哀親之在外也；寢苫枕塊，哀親之在土也。故哭泣無時，服勤三年，思慕之心，孝子之志也，人情之實也。

或問曰：「死三日而后斂者何也？」曰：「孝子親死，悲哀志懣，故匍匐而哭之，若將復生然，安可得奪而斂之也？故曰：三日而后斂者，以俟其生也。三日而不生，亦不生矣，孝子之心亦益衰矣，家室之計，衣服之具，亦可以成矣，親戚之遠者亦可以至矣。是故聖人為之斷決，以三日為之禮制也。」

或問曰：「冠者不肉袒，何也？」曰：「冠，至尊也，不居肉袒之體也，故為之免以代之也。然則禿者不免，傴者不袒，跛者不踊，非不悲也，身有錮疾，不可以備禮也。故曰：『喪禮唯哀為主矣。』女子哭泣悲哀，擊胸傷心，男子哭泣悲哀，稽顙觸地無容，哀之至也。」

或問曰：「免者以何為也？」曰：「不冠者之所服也。《禮》曰：『童子不緦，唯當室緦。』緦者其免也，當室則免而杖矣。」

或問曰：「杖者何也？」曰：「竹、桐一也。故為父苴杖，苴杖，竹也。為母削杖，削杖，桐也。」

或問曰：「杖者以何為也？」曰：「孝子喪親，哭泣無數，服勤三年，身病體羸，以杖扶病也。則父在不敢杖矣，尊者在故也。堂上不杖，辟尊者之處也。堂上不趨，示不遽也。此孝子之志也，人情之實也，禮義之經也。非從天降也，非從地出也，人情而已矣。」

第三十六 服問

傳曰：「有從輕而重。」公子之妻為其皇姑。「有從重而輕。」為妻之父母。「有從無服而有服。」公子之妻為公子之外兄弟。「有從有服而無服。」公子為其妻之父母。傳曰：「母出，則為繼母之黨服；母死，則為其母之黨服。」為其母之黨服，則不為繼母之黨服。

三年之喪，既練矣，有期之喪，既葬矣，則帶其故葛帶，絰期之絰，服其功衰。有大功之喪，亦如之。小功，無變也。麻之有本者，變三年之葛。既練，遇麻斷本者，於免，絰之；既免，去絰。每可以絰必絰；既絰，則去之。小功不易喪之練冠，如免，則絰其緦、小功之絰，因其初葛帶。緦之麻不變小功之葛，小功之麻不變大功之葛，以有本為稅。殤長、中，變三年之葛，終殤之月筭，而反三年之葛。是非重麻，為其無卒哭之稅。下殤則否。

君為天子三年，夫人如外宗之為君也。世子不為天子服。

君所主：夫人妻、大子、適婦。

大夫之適子為君、夫人、大子如士服。君之母非夫人，則群臣無服，唯近臣及僕驂乘從服，唯君所服服也。

公為卿大夫錫衰以居，出亦如之，當事則弁絰。大夫相為亦然。為其妻，往則服之，出則否。

凡見人無免絰，雖朝於君無免絰，唯公門有稅齊衰。傳曰：「君子不奪人之喪，亦不可奪喪也。」傳曰：「罪多而刑五，喪多而服五，上附下附，列也。」

第三十七 間傳

斬衰何以服苴？苴，惡貌也，所以首其內而見諸外也。斬衰貌若苴，齊衰貌若枲，大功貌若止，小功、緦麻容貌可也。此哀之發於容體者也。

斬衰之哭若往而不反，齊衰之哭若往而反，大功之哭三曲而偯，小功、緦麻哀容可也。此哀之發於聲音者也。

斬衰唯而不對，齊衰對而不言，大功言而不議，小功、緦麻議而不及樂。此哀之發於言語者也。

斬衰三日不食，齊衰二日不食，大功三不食，小功、緦麻再不食，士與斂焉則壹不食。故父母之喪既殯食粥，朝一溢米，莫一溢米；齊衰之喪疏食水飲，不食菜果；大功之喪不食醯、醬；小功、緦麻不飲醴酒。此哀之發於飲食者也。

父母之喪，既虞、卒哭，疏食水飲，不食菜果；期而小祥，食菜果；又期而大祥，有醯醬；中月而禫，禫而飲醴酒。始飲酒者先飲醴酒，始食肉者先食乾肉。

父母之喪，居倚廬，寢苫枕塊，不說絰、帶；齊衰之喪，居堊室，芐翦不納；大功之喪，寢有席；小功、緦麻，牀可也。此哀之發於居處者也。

父母之喪，既虞、卒哭，柱楣翦屏，芐翦不納；期而小祥，居堊室，寢有席；又期而大祥，居復寢；中月而禫，禫而牀。

斬衰三升，齊衰四升、五升、六升，大功七升、八升、九升，小功十升、十一升、十二升，緦麻十五升去其半。有事其縷，無事其布，曰緦。此哀之發於衣服者也。

斬衰三升，既虞、卒哭，受以成布六升，冠七升。為母疏衰四升，受以成布七升，冠八升。去麻服葛，葛帶三重。期而小祥，練冠、縓緣，要絰不除。男子除乎首，婦人除乎帶。男子何為除乎首也？婦人何為除乎帶也？男子重首，婦人重帶。除服者先重者，易服者易輕者。又期而大祥，素縞、麻衣。中月而禫，禫而纖，無所不佩。

易服者，何為易輕者也？斬衰之喪，既虞、卒哭，遭齊衰之喪，輕者包，重者特；既練，遭大功之喪，麻、葛重。齊衰之喪，既虞、卒哭，遭大功之喪，麻、葛兼服之。斬衰之葛，與齊衰之麻同；齊衰之葛，與大功之麻同；大功之葛，與小功之麻同；小功之葛，與緦之麻同。麻同則兼服之。兼服之，服重者則易輕者也。

第三十八 三年問

三年之喪何也？曰：稱情而立文，因以飾群，別親疏、貴賤之節，而弗可損益也。故曰：「無易之道也。」──創鉅者其日久，痛甚者其愈遲。三年者，稱情而立文，所以為至痛極也。斬衰，苴杖，居倚廬，食粥，寢苫枕塊，所以為至痛飾也。三年之喪，二十五月而畢，哀痛未盡，思慕未忘，然而服以是斷之者，豈不送死有已，復生有節也哉！

凡生天地之間者，有血氣之屬，必有知，有知之屬，莫不知愛其類。今是大鳥獸則失喪其群匹，越月踰時焉，則必反巡過其故鄉，翔回焉，鳴號焉，蹢躅焉，踟躕焉，然後乃能去之。小者至於燕雀，猶有啁噍之頃焉，然後乃能去之。故有血氣之屬者莫知於人，故人於其親也，至死不窮。

將由夫患邪淫之人與？則彼朝死而夕忘之，然而從之，則是曾鳥獸之不若也。夫焉能相與群居而不亂乎？將由夫脩飾之君子與？則三年之喪，二十五月而畢，若駟之過隙，然而遂之，則是無窮也。故先王焉為之立中、制節，壹使足以成文理，則釋之矣。

然則何以至期也？曰：至親以期斷。是何也？曰：天地則已易矣，四時則已變矣，其在天地之中者，莫不更始焉，以是象之也。然則何以三年也？曰：加隆焉爾也。焉使倍之，故再期也。由九月以下何也？曰：焉使弗及也。故三年以為隆，緦、小功以為殺，期、九月以為間。上取象於天，下取法於地，中取則於人，人之所以群居和壹之理盡矣。故三年之喪，人道之至文者也。夫是之謂至隆。是百王之所同，古今之所壹也，未有知其所由來者也。孔子曰：「子生三年，然後免於父母之懷。」夫三年之喪，天下之達喪也。

第三十九　深衣

古者深衣蓋有制度，以應規、矩、繩、權、衡。短毋見膚，長毋被土。續衽鉤邊，要縫半下。袼之高下，可以運肘；袂之長短，反詘之及肘。帶，下毋厭髀，上毋厭脅，當無骨者。

制十有二幅，以應十有二月，袂圜以應規，曲袷如矩以應方，負繩及踝以應直，下齊如權、衡以應平。故規者，行舉手以為容，負繩、抱方者，以直其政，方其義也。故《易》曰：「坤六二之動，直以方也。」下齊如權、衡者，以安志而平心也。五法已施，故聖人服之。故規、矩取其無私，繩取其直，權、衡取其平，故先王貴之。故可以為文，可以為武，可以擯、相，可以治軍旅。完且弗費，善衣之次也。

具父母、大父母，衣純以繢。具父母，衣純以青。如孤子，衣純以素。純袂、緣、純邊，廣各寸半。

第四十　投壺

投壺之禮，主人奉矢，司射奉中，使人執壺。主人請曰：「某有枉矢、哨壺，請以樂賓。」賓曰：「子有旨酒、嘉肴，某既賜矣，又重以樂，敢辭。」主人曰：「枉矢、哨壺不足辭也，敢固以請。」賓曰：「某既賜矣，又重以樂，敢固辭。」主人曰：「枉矢、哨壺不足辭也，敢固以請。」賓曰：「某固辭不得命，敢不敬從。」賓再拜受，主人般還，曰：「辟。」主人阼階上拜送，賓般還，曰：「辟。」已拜，受矢，進即兩楹間，退反位，揖賓就筵。

司射進度壺，間以二矢半，反位，設中，東面，執八筭興。請賓曰：「順投為入，比投不釋，勝飲不勝者。正爵既行，請為勝者立馬，一馬從二馬。三馬既立，請慶多馬。」請主人亦如之。命弦者曰：「請奏〈貍首〉，間若一。」大師曰：「諾。」

左右告矢具，請拾投。有入者，則司射坐而釋一筭焉。賓黨於右，主黨於左。卒投，司射執筭曰：「左右卒投，請數。」二筭為純，一純以取，一筭為奇。遂以奇筭告，曰：「某賢於某若干純。」奇則曰「奇」，鈞則曰「左右鈞」。

命酌曰：「請行觴。」酌者曰：「諾。」當飲者皆跪，奉觴曰：「賜灌。」勝者跪曰：「敬養。」

正爵既行，請立馬。馬各直其筭。一馬從二馬，以慶。慶禮曰：「三馬既備，請慶多馬。」賓主皆曰：「諾。」正爵既行，請徹馬。

筭多少視其坐。籌，室中五扶，堂上七扶，庭中九扶。筭長尺二寸。壺，頸脩七寸，腹脩五寸，口徑二寸半，容斗五升。壺中實小豆焉，為其矢之躍而出也。壺去席二矢半。矢以柘若棘，毋去其皮。

魯令弟子辭曰：「毋幠，毋敖，毋偝立，毋踰言！偝立、踰言有常爵。」薛令弟子辭曰：「毋幠，毋敖，毋偝立，毋踰言！若是者浮。」

鼓：○□○○□□○□○○□。半：○□○□○○○□□○□○。魯鼓。○□○○○□□○□○○□□○□○○□□○。半：○□○○○□□○。薛鼓。取半以下為投壺禮，盡用之為射禮。

司射、庭長及冠士立者皆屬賓黨，樂人及使者、童子皆屬主黨。

魯鼓：○□○○□□○○；半：○□○○□○○○○□○□○。薛鼓：○□○○○○□○□○□○○○□○□○○□○。半：○□○□○○○○□○。

第四十一　儒行

魯哀公問於孔子曰：「夫子之服，其儒服與？」孔子對曰：「丘少居魯，衣逢掖之衣；長居宋，冠章甫之冠。丘聞之也，君子之學也博，其服也鄉。丘不知儒服。」哀公曰：「敢問儒行？」孔子對曰：「遽數之不能終其物，悉數之乃留。更僕，未可終也。」哀公命席。

孔子侍曰：「儒有席上之珍以待聘，夙夜強學以待問，懷忠信以待舉，力行以待取。其自立有如此者。

「儒有衣冠中，動作慎；其大讓如慢，小讓如偽；大則如威，小則如愧；其難進而易退也，粥粥若無能也。其容貌有如此者。

「儒有居處齊難，其坐起恭敬；言必先信，行必中正；道塗不爭險易之利，冬夏不爭陰陽之和；愛其死以有待也，養其身以有為也。其備豫有如此者。

「儒有不寶金玉，而忠信以為寶；不祈土地，立義以為土地；不祈多積，多文以為富；難得而易祿也，易祿而難畜也。非時不見，不亦難得乎？非義不合，不亦難畜乎？先勞而後祿，不亦易祿乎？其近人有如此者。

「儒有委之以貨財，淹之以樂好，見利不虧其義；劫之以眾，沮之以兵，見死不更其守；鷙蟲攫搏，不程勇者；引重鼎，不程其力；往者不悔，來者不豫；過言不再，流言不極；不斷其威，不習其謀。其特立有如此者。

「儒有可親而不可劫也，可近而不可迫也，可殺而不可辱也。其居處不淫，其飲食不溽，其過失可微辨而不可面數也。其剛毅有如此者。

「儒有忠信以為甲胄，禮義以為干櫓，戴仁而行，抱義而處，雖有暴政，不更其所。其自立有如此者。

「儒有一畝之宮，環堵之室，篳門圭窬，蓬戶甕牖；易衣而出，并日而食；上荅之不敢以疑，上不荅不敢以諂。其仕有如此者。

「儒有今人與居，古人與稽；今世行之，後世以為楷。適弗逢世，上弗援，下弗推，讒諂之民，有比黨而危之者，身可危也，而志不可奪也；雖危，起居竟信其志，猶將不忘百姓之病也。其憂思有如此者。

「儒有博學而不窮，篤行而不倦；幽居而不淫，上通而不困；禮之以和為貴，忠信之美，優游之法；慕賢而容眾，毀方而瓦合。其寬裕有如此者。

「儒有內稱不辟親，外舉不辟怨，程功積事，推賢而進達之，不望其報，君得其志，苟利國家，不求富貴。其舉賢援能有如此者。

「儒有聞善以相告也，見善以相示也，爵位相先也，患難相死也，久相待也，遠相致也。其任舉有如此者。

「儒有澡身而浴德，陳言而伏；靜而正之，上弗知也；麤而翹之，又不急為也；不臨深而為高，不加少而為多；世治不輕，世亂不沮；同弗與，異弗非也。其特立獨行有如此者。

「儒有上不臣天子，下不事諸侯，慎靜而尚寬，強毅以與人，博學以知服；近文章，砥厲廉隅；雖分國，如錙銖，不臣不仕。其規為有如此者。

「儒有合志同方，營道同術；竝立則樂，相下不厭；久不相見，聞流言不信。其行本方立義，同而進，不同而退。其交友有如此者。

「溫良者，仁之本也；敬慎者，仁之地也；寬裕者，仁之作也；孫接者，仁之能也；禮節者，仁之貌也；言談者，仁之文也；歌樂者，仁之和也；分散者，仁之施也。儒者兼此而有之，猶且不敢言仁也。其尊讓有如此者。

「儒有不隕穫於貧賤，不充詘於富貴，不慁君王，不累長上，不閔有司，故曰儒。今眾人之命儒也妄，常以儒相詬病。」

孔子至舍，哀公館之。聞此言也，言加信，行加義：「終沒吾世，不敢以儒為戲。」

第四十二　大學

大學之道，在明明德，在親民，在止於至善。知止而后有定，定而后能靜，靜而后能安，安而后能慮，慮而后能得。物有本末，事有終始，知所先後，則近道矣。

古之欲明明德於天下者，先治其國；欲治其國，先齊其家；欲齊其家者，先脩其身；欲脩其身者，先正其心；欲正其心者，先誠其意；欲誠其意者，先致其知；致知在格物。物格而后知至，知至而后意誠，意誠而后心正，心正而后身脩，身脩而后家齊，家齊而后國治，國治而后天下平。自天子以至於庶人，壹是皆以脩身為本。其本亂而末治者否矣；其所厚者薄，而其所薄者厚，未之有也。此謂知本，此謂知之至也。

所謂誠其意者，毋自欺也。如惡惡臭，如好好色，此之謂自謙。故君子必慎其獨也。小人閒居為不善，無所不至；見君子，而后厭然揜其不善而著其善。人之視己，如見其肺肝然，則何益矣？此謂誠於中，形於外，故君子必慎其獨也。曾子曰：「十目所視，十手所指，其嚴乎！」富潤屋，德潤身，心廣體胖，故君子必誠其意。

《詩》云：「瞻彼淇澳，菉竹猗猗！有斐君子，如切如磋，如琢如磨；瑟兮僩兮，赫兮喧兮；有斐君子，終不可諠兮。」如切如磋者，道學也；如琢如磨者，自修也；瑟兮僩兮者，恂慄也；赫兮喧兮者，威儀也；有斐君子，終不可諠兮者，道盛德至善，民之不能忘也。《詩》云：「於戲！前王不忘。」君子賢其賢而親其親，小人樂其樂而利其利，此以沒世不忘也。〈康誥〉曰：「克明德。」〈大甲〉曰：「顧諟天之明命。」帝典曰：「克明峻德。」皆自明也。湯之盤銘曰：「苟日新，日日新，又日新。」〈康誥〉曰：「作新民。」《詩》曰：「周雖舊邦，其命維新。」是故君子無所不用其極。《詩》云：「邦畿千里，惟民所止。」《詩》云：「緡蠻黃鳥，止于丘隅。」子曰：「於止，知其所止，可以人而不如鳥乎？」《詩》云：「穆穆文王，於緝熙敬止。」為人君，止於仁；為人臣，止於敬；為人子，止於孝；為人父，止於慈；與國人交，止於信。

子曰：「聽訟，吾猶人也，必也使無訟乎！」無情者不得盡其辭，大畏民志，此謂知本。

所謂脩身在正其心者，身有所忿懥，則不得其正；有所恐懼，則不得其正；有所好樂，則不得其正；有所憂患，則不得其正。心不在焉，視而不見，聽而不聞，食而不知其味。此謂脩身在正其心。

所謂齊其家在脩其身者，人之其所親愛而辟焉，之其所賤惡而辟焉，之其所畏敬而辟焉，之其所哀矜而辟焉，之其所敖惰而辟焉。故好而知其惡，惡而知其美者，天下鮮矣。故諺有之曰：「人莫知其子之惡，莫知其苗之碩。」此謂身不脩不可以齊其家。所謂治國必先齊其家者，其家不可教，而能教人者，無之。故君子不出家，而成教於國。孝者，所以事君也；弟者，所以事長也；慈者，所以使眾也。〈康誥〉曰：「如保赤子。」心誠求之，雖不中，不遠矣。未有學養子而后嫁者也。一家仁，一國興仁；一家讓，一國興讓；一人貪戾，一國作亂。其機如此，此謂一言僨事、一人定國。堯、舜帥天下以仁，而民從之；桀、紂帥天下以暴，而民從之。其所令反其所好，而民不從。是故君子有諸己，而后求諸人；無諸己，而后非諸人。所藏乎身不恕，而能喻諸人者，未之有也。故治國在齊其家。《詩》云：「桃之夭夭，其葉蓁蓁，之子于歸，宜其家人。」宜其家人，而后可以教國人。《詩》云：「宜兄宜弟。」宜兄宜弟，而后可以教國人。《詩》云：「其儀不忒，正是四國。」其為父、子、兄、弟足法，而后民法之也。此謂治國在齊其家。

所謂平天下在治其國者，上老老而民興孝，上長長而民興弟，上恤孤而民不倍。是以君子有絜矩之道也。所惡於上，毋以使下；所惡於下，毋以事上；所惡於前，毋以先後；所惡於後，毋以從前；所惡於右，毋以交於左；所惡於左，毋以交於右。此之謂絜矩之道。《詩》云：「樂只君子，民之父母。」民之所好好之，民之所惡惡之，此之謂民之父母。《詩》云：「節彼南山，維石巖巖；赫赫師尹，民具爾瞻。」有國者不可以不慎，辟則為天下僇矣！《詩》云：「殷之未喪師，克配上帝；儀監于殷，峻命不易。」道得眾則得國，失眾則失國。是故君子先慎乎德。有德此有人，有人此有土，有土此有財，有財此有用。德者，本也；財者，末也。外本內末，爭民施奪。是故財聚則民散，財散則民聚。是故言悖而出者，亦悖而入；貨悖而入者，亦悖而出。〈康誥〉曰：「惟命不于常。」道善則得之，不善則失之矣。楚書曰：「楚國無以為寶，惟善以為寶。」舅犯曰：「亡人無以為寶，仁親以為寶。」

〈秦誓〉曰：「若有一个臣，斷斷兮無他技，其心休休焉，其如有容焉，人之有技，若己有之；人之彥聖，其心好之；不啻若自其口出，實能容之，以能保我子孫黎民，尚亦有利哉！人之有技，媢嫉以惡之；人之彥聖，而違之俾不通；實不能容，以不能保我子孫黎民，亦曰殆哉！」唯仁人放流之，迸諸四夷，不與同中國。此謂唯仁人為能愛人，能惡人。見賢而不能舉，舉而不能先，命也；見不善而不能退，退而不能遠，過也。好人之所惡，惡人之所好，是謂拂人之性，菑必逮夫身。是故君子有大道，必忠信以得之，驕泰以失之。

生財有大道：生之者眾，食之者寡，為之者疾，用之者舒，則財恆足矣。仁者以財發身，不仁者以身發財。未有上好仁而下不好義者也，未有好義其事不終者也，未有府庫財非其財者也。

孟獻子曰：「畜馬乘，不察於雞豚；伐冰之家，不畜牛羊；百乘之家，不畜聚斂之臣；與其有聚斂之臣，寧有盜臣。」此謂國不以利為利，以義為利也。長國家而務財用者，必自小人矣，彼為善之。小人之使為國家，菑害並至，雖有善者，亦無如之何矣。此謂國不以利為利，以義為利也。

第四十三冠義

凡人之所以為人者，禮義也。禮義之始，在於正容體，齊顏色，順辭令。容體正，顏色齊，辭令順，而后禮義備，以正君臣，親父子，和長幼。君臣正，父子親，長幼和，而后禮義立。故冠而后服備，服備而后容體正，顏色齊，辭令順。故曰：「冠者，禮之始也。」是故古者聖王重冠。

古者冠禮筮日、筮賓，所以敬冠事。敬冠事所以重禮，重禮所以為國本也。故冠於阼，以著代也。醮於客位。三加彌尊，加有成也。已冠而字之，成人之道也。見於母，母拜之，見於兄弟，兄弟拜之，成人而與為禮也。玄冠、玄端，奠摯於君，遂以摯見於鄉大夫、鄉先生，以成人見也。

成人之者，將責成人禮焉也。責成人禮焉者，將責為人子、為人弟、為人臣、為人少者之禮行焉。將責四者之行於人，其禮可不重與？故孝、弟、忠、順之行立，而后可以為人，可以為人，而后可以治人也。故聖王重禮，故曰：「冠者，禮之始也，嘉事之重者也。」

是故古者重冠。重冠故行之於廟。行之於廟者，所以尊重事。尊重事而不敢擅重事。不敢擅重事，所以自卑而尊先祖也。

第四十四 昏義

昏禮者，將合二姓之好，上以事宗廟，而下以繼後世也。故君子重之。是以昏禮納采、問名、納吉、納徵、請期，皆主人筵几於廟，而拜迎於門外，入揖讓而升，聽命於廟，所以敬慎、重正昏禮也。

父親醮子而命之迎，男先於女也。子承命以迎，主人筵几於廟，而拜迎于門外。婿執鴈入，揖讓升堂，再拜奠鴈，蓋親受之於父母也。降出，御婦車，而婿授綏，御輪三周。先俟于門外，婦至，婿揖婦以入，共牢而食，合巹而酳，所以合體、同尊卑，以親之也。

敬慎重正，而后親之，禮之大體，而所以成男女之別，而立夫婦之義也。男女有別，而后夫婦有義；夫婦有義，而后父子有親；父子有親，而后君臣有正。故曰：「昏禮者，禮之本也。」

夫禮始於冠，本於昏，重於喪、祭，尊於朝、聘，和於鄉、射。此禮之大體也。

夙興，婦沐浴以俟見；質明，贊見婦於舅、姑，婦執笲、棗、栗、段脩以見。贊醴婦，婦祭脯、醢，祭醴，成婦禮也。舅、姑入室，婦以特豚饋，明婦順也。厥明，舅、姑共饗婦以一獻之禮，奠酬，舅、姑先降自西階，婦降自阼階，以著代也。

成婦禮，明婦順，又申之以著代，所以重責婦順焉也。婦順者，順於舅、姑，和於室人，而后當於夫，以成絲麻、布帛之事，以審守委積、蓋藏。是故婦順備而后內和理，內和理而后家可長久也。故聖王重之。

是以古者婦人先嫁三月，祖廟未毀，教于公宮，祖廟既毀，教于宗室，教以婦德、婦言、婦容、婦功。教成，祭之，牲用魚，芼之以蘋藻，所以成婦順也。

古者天子后立六宮、三夫人、九嬪、二十七世婦、八十一御妻，以聽天下之內治，以明章婦順，故天下內和而家理。天子立六官、三公、九卿、二十七大夫、八十一元士，以聽天下之外治，以明章天下之男教，故外和而國治。故曰：「天子聽男教，后聽女順；天子理陽道，后治陰德；天子聽外治，后聽內職。教順成俗，外內和順，國、家理治，此之謂盛德。」

是故男教不脩，陽事不得，適見於天，日為之食；婦順不脩，陰事不得，適見於天，月為之食。是故日食則天子素服而脩六官之職，蕩天下之陽事；月食則后素服而脩六宮之職，蕩天下之陰事。故天子之與后，猶日之與月，陰之與陽，相須而后成者也。天子脩男教，父道也。后脩女順，母道也。故曰：「天子之與后，猶父之與母也。」故為天王服斬衰，服父之義也。為后服資衰，服母之義也。

第四十五 鄉飲酒義

鄉飲酒之義，主人拜迎賓于庠門之外，入三揖而后至階，三讓而后升，所以致尊、讓也。盥、洗、揚觶，所以致絜也。拜至、拜洗、拜受，拜送、拜既，所以致敬也。尊、讓、絜、敬也者，君子之所以相接也。君子尊、讓則不爭，絜、敬則不慢，不慢不爭，則遠於鬭、辨矣，不鬭、辨，則無暴亂之禍矣，斯君子之所以免於人禍也。故聖人制之以道。

鄉人、士、君子，尊於房戶之間，賓主共之也。尊有玄酒，貴其質也。羞出自東房，主人共之也。洗當東榮，主人之所以自絜而以事賓也。

賓、主，象天地也。介、僎，象陰陽也。三賓，象三光也。讓之三也，象月之三日而成魄也。四面之坐，象四時也。

天地嚴凝之氣，始於西南而盛於西北，此天地之尊嚴氣也，此天地之義氣也。天地溫厚之氣，始於東北而盛於東南，此天地之盛德氣也，此天地之仁氣也。主人者尊賓，故坐賓於西北，而坐介於西南以輔賓。賓者，接人以義者也，故坐於西北；主人者，接人以仁、以德厚者也，故坐於東南，而坐僎於東北，以輔主人也。仁義接，賓主有事，俎、豆有數，曰聖。聖立而將之以敬曰禮，禮以體長幼曰德。德也者，得於身也。故曰：「古之學、術、道者，將以得身也。是故聖人務焉。」祭薦、祭酒，敬禮也。嚌肺，嘗禮也。啐酒，成禮也。於席末，言是席之正，非專為飲食也，為行禮也，此所以貴禮而賤財也。卒觶，致實於西階上，言是席之上，非專為飲食也，此先禮而後財之義也。先禮而後財，則民作敬讓而不爭矣。

鄉飲酒之禮，六十者坐，五十者立侍，以聽政役，所以明尊長也。六十者三豆，七十者四豆，八十者五豆，九十者六豆，所以明養老也。民知尊長養老，而后乃能入孝弟。民入孝弟，出尊長養老，而后成教；成教而后國可安也。君子之所謂孝者，非家至而日見之也，合諸鄉射，教之鄉飲酒之禮，而孝弟之行立矣。

孔子曰：「吾觀於鄉，而知王道之易易也。」

主人親速賓及介，而眾賓自為之；至于門外，主人拜賓及介，而眾賓自入，貴賤之義別矣。三揖至于階，三讓，以賓升，拜至，獻，酬，辭讓之節繁；及介，省矣。至于眾賓，升受，坐祭，立飲，不酢而降，隆殺之義辨矣。

工入，升歌三終，主人獻之。笙入三終，主人獻之。間歌三終，合樂三終，工告樂備，遂出。一人揚觶，乃立司正焉，知其能和樂而不流也。賓酬主人，主人酬介，介酬眾賓。少長以齒，終於沃、洗者焉，知其能弟長而無遺矣。降，說屨升坐，脩爵無數。飲酒之節，朝不廢朝，莫不廢夕。賓出，主人拜送，節文終遂焉，知其能安燕而不亂也。

貴賤明，隆殺辨，和樂而不流，弟長而無遺，安燕而不亂，此五行者，足以正身安國矣。彼國安而天下安。故曰：「吾觀於鄉，而知王道之易易也。」

鄉飲酒之義，立賓以象天，立主以象地，設介、僎以象日月，立三賓以象三光。古之制禮也，經之以天地，紀之以日月，參之以三光，政教之本也。亨狗於東方，祖陽氣之發於東方也。洗之在阼，其水在洗東，祖天地之左海也。尊有玄酒，教民不忘本也。

賓必南鄉。東方者春，春之為言蠢也，產萬物者聖也。南方者夏，夏之為言假也，養之、長之、假之，仁也。西方者秋，秋之為言愁也，愁之以時察，守義者也。北方者冬，冬之為言中也，中者藏也。是以天子之立也，左聖鄉仁，右義偝藏也。介必東鄉，介賓主也。

主人必居東方。東方者春，春之為言蠢也，產萬物者也。主人者造之，產萬物者也。

月者，三日則成魄，三月則成時。是以禮有三讓，建國必立三卿。三賓者，政教之本，禮之大參也。

第四十六 射義

古者諸侯之射也，必先行燕禮；卿、大夫、士之射也，必先行鄉飲酒之禮。故燕禮者，所以明君臣之義也；鄉飲酒之禮者，所以明長幼之序也。故射者，進退周還必中禮。內志正，外體直，然後持弓矢審固。持弓矢審固，然後可以言中。此可以觀德行矣。

其節：天子以〈騶虞〉為節，諸侯以〈貍首〉為節，卿、大夫以〈采蘋〉為節，士以〈采繁〉為節。〈騶虞〉者，樂官備也。〈貍首〉者，樂會時也。〈采蘋〉者，樂循法也。〈采繁〉者，樂不失職也。是故天子以備官為節，諸侯以時會天子為節，卿、大夫以循法為節，士以不失職為節。故明乎其節之志，以不失其事，則功成而德行立。德行立則無暴亂之禍矣，功成則國安。故曰：「射者，所以觀盛德也。」

是故古者天子以射選諸侯、卿、大夫、士。射者，男子之事也，因而飾之以禮樂也。故事之盡禮樂，而可數為，以立德行者莫若射，故聖王務焉。

是故古者天子之制：諸侯歲獻，貢士於天子，天子試之於射宮。其容體比於禮，其節比於樂，而中多者，得與於祭；其容體不比於禮，其節不比於樂，而中少者，不得與於祭。數與於祭而君有慶，數不與於祭而君有讓；數有慶而益地，數有讓而削地。故曰：「射者，射為諸侯也。」是以諸侯君臣盡志於射以習禮樂。夫君臣習禮樂而以流亡者，未之有也。

故詩曰：「曾孫侯氏，四正具舉。大夫君子，凡以庶士，小大莫處，御于君所。以燕以射，則燕則譽。」言君臣相與盡志於射以習禮樂，則安則譽也。是以天子制之，而諸侯務焉。此天子之所以養諸侯而兵不用，諸侯自為正之具也。

孔子射於矍相之圃，蓋觀者如堵牆。射至於司馬，使子路執弓矢出延射，曰：「賁軍之將，亡國之大夫，與為人後者，不入，其餘皆入。」蓋去者半，入者半。又使公罔之裘，序點揚觶而語。公罔之裘揚觶而語曰：「幼、壯孝弟，耆、耋好禮，不從流俗，脩身以俟死者不？在此位也。」蓋去者半，處者半。序點又揚觶而語曰：「好學不倦，好禮不變，旄、期稱道不亂者不？在此位也。」蓋廟有存者。

射之為言者繹也，或曰舍也。繹者，各繹己之志也。故心平體正，持弓矢審固，持弓矢審固則射中矣。

故曰：「為人父者以為父鵠，為人子者以為子鵠，為人君者以為君鵠，為人臣者以為臣鵠。」故射者，各射己之鵠。故天子之大射謂之射侯，射侯者，射為諸侯也。射中則得為諸侯，射不中則不得為諸侯。

天子將祭，必先習射於澤。澤者，所以擇士也。已射於澤，而后射於射宮，射中者得與於祭，不中者不得與於祭。不得與於祭者有讓，削以地；得與於祭者有慶，益以地。進爵、絀地是也。

故男子生，桑弧蓬矢六，以射天地四方。天地四方者，男子之所有事也。故必先有志於其所有事，然後敢用穀也。飯食之謂也。

射者，仁之道也。射求正諸己，己正而后發，發而不中則不怨勝己者，反求諸己而已矣。孔子曰：「君子無所爭，必也射乎！揖讓而升，下而飲，其爭也君子。」

孔子曰：「射者何以射？何以聽？循聲而發，發而不失正鵠者，其唯賢者乎！若夫不肖之人，則彼將安能以中？」《詩》云：「發彼有的，以祈爾爵。」祈，求也，求中以辭爵也。酒者，所以養老也，所以養病也，求中以辭爵者，辭養也。

第四十七 燕義

古者周天子之官有庶子官。庶子官職諸侯、卿、大夫、士之庶子之卒，掌其戒令與其教治，別其等，正其位；國有大事，則率國子而致於大子，唯所用之；若有甲兵之事，則授之以車甲，合其卒伍，置其有司，以軍法治之，司馬弗正。凡國之政事，國子存游卒，使之脩德學道，春合諸學，秋合諸射，以考其藝而進退之。

諸侯燕禮之義：君立阼階之東南，南鄉，爾卿、大夫，皆少進，定位也。君席阼階之上，居主位也。君獨升立席上，西面特立，莫敢適之義也。

設賓主，飲酒之禮也。使宰夫為獻主，臣莫敢與君亢禮也。不以公卿為賓，而以大夫為賓，為疑也，明嫌之義也。賓入中庭，君降一等而揖之，禮之也。

君舉旅於賓，及君所賜爵，皆降，再拜稽首，升成拜，明臣禮也。君荅拜之，禮無不荅，明君上之禮也。臣下竭力盡能以立功於國，君必報之以爵祿，故臣下皆務竭力盡能以立功，是以國安而君寧。禮無不答，言上之不虛取於下也。上必明正道以道民，民道之而有功，然後取其什一，故上用足而下不匱也。是以上下和親，而不相怨也。和寧，禮之用也。此君臣上下之大義也。故曰：「燕禮者，所以明君臣之義也。」

席：小卿次上卿，大夫次小卿，士、庶子以次就位於下。獻君，君舉旅行酬；而后獻卿，卿舉旅行酬；而后獻大夫，大夫舉旅行酬；而后獻士，士舉旅行酬；而后獻庶子。俎豆、牲體、薦羞，皆有等差，所以明貴賤也。

第四十八 聘義

聘禮：上公七介，侯伯五介，子男三介，所以明貴賤也。介紹而傳命，君子於其所尊弗敢質，敬之至也。三讓而后傳命，三讓而后入廟門，三揖而后至階，三讓而后升，所以致尊讓也。

君使士迎于竟，大夫郊勞，君親拜迎于大門之內而廟受，北面拜貺，拜君命之辱，所以致敬也。敬讓也者，君子之所以相接也。故諸侯相接以敬讓，則不相侵陵。

卿為上擯，大夫為承擯，士為紹擯。君親禮賓。賓私面私覿。致饔餼，還圭、璋，賄贈，饗、食、燕，所以明賓客君臣之義也。

故天子制諸侯，比年小聘，三年大聘，相厲以禮。使者聘而誤，主君弗親饗、食也，所以愧厲之也。諸侯相厲以禮，則外不相侵，內不相陵。此天子之所以養諸侯，兵不用而諸侯自為正之具也。

以圭、璋聘，重禮也。已聘而還圭、璋，此輕財而重禮之義也。諸侯相厲以輕財重禮，則民作讓矣。主國待客，出入三積，餼客於舍，五牢之具陳於內，米三十車，禾三十車，芻、薪倍禾，皆陳於外，乘禽日五雙，群介皆有餼牢，壹食，再饗，燕與時賜無數，所以厚重禮也。古之用財者不能均如此，然而用財如此其厚者，言盡之於禮也。盡之於禮，則內君臣不相陵，而外不相侵，故天子制之而諸侯務焉爾。

聘、射之禮，至大禮也，質明而始行事，日幾中而后禮成，非強有力者弗能行也。故強有力者將以行禮也，酒清人渴而不敢飲也，肉乾人飢而不敢食也，日莫人倦，齊莊、正齊而不敢解惰，以成禮節，以正君臣，以親父子，以和長幼。此眾人之所難，而君子行之，故謂之有行。有行之謂有義，有義之謂勇敢。故所貴於勇敢者，貴其能以立義也；所貴於立義者，貴其有行也；所貴於有行者，貴其行禮也。故所貴於勇敢者，貴其敢行禮義也。故勇敢強有力者，天下無事則用之於禮義，天下有事則用之於戰勝。用之於戰勝則無敵，用之於禮義則順治。外無敵，內順治，此之謂盛德。故聖王之貴勇敢、強有力如此也。勇敢、強有力而不用之於禮義、戰勝，而用之於爭鬬，則謂之亂人。刑罰行於國，所誅者亂人也。如此，則民順治而國安也。

子貢問於孔子曰：「敢問君子貴玉而賤碈者何也？

為玉之寡而碈之多與？」孔子曰：「非為碈之多故賤之也，玉之寡故貴之也。夫昔者君子比德於玉焉：溫潤而澤，仁也；縝密以栗，知也；廉而不劌，義也；垂之如隊，禮也；叩之，其聲清越以長，其終詘然，樂也；瑕不揜瑜、瑜不揜瑕，忠也；孚尹旁達，信也；氣如白虹，天也；精神見于山川，地也。圭、璋特達，德也。天下莫不貴者，道也。《詩》云：『言念君子，溫其如玉。』故君子貴之也。」

第四十九　喪服四制

凡禮之大體，體天地，法四時，則陰陽，順人情，故謂之禮。訾之者，是不知禮之所由生也。夫禮，吉凶異道，不得相干，取之陰陽也。喪有四制，變而從宜，取之四時也；有恩，有理，有節，有權，取之人情也。恩者仁也，理者義也，節者禮也，權者知也。仁、義、禮、知，人道具矣。

其恩厚者其服重，故為父斬衰三年，以恩制者也。門內之治恩揜義，門外之治義斷恩。資於事父以事君而敬同。貴貴尊尊，義之大者也，故為君亦斬衰三年，以義制者也。

三日而食，三月而沐，期而練，毀不滅性，不以死傷生也。喪不過三年，苴衰不補，墳墓不培，祥之日鼓素琴，告民有終也。以節制者也。

資於事父以事母而愛同，天無二日，土無二主，國無二君，家無二尊，以一治之也。故父在為母齊衰期者，見無二尊也。杖者何也？爵也。三日授子杖，五日授大夫杖，七日授士杖。或曰擔主，或曰輔病。婦人、童子不杖，不能病也。百官備，百物具，不言而事行者，扶而起；言而后事行者，杖而起。身自執事而后行者，面垢而已。禿者不髽，傴者不袒，跛者不踊，老病不止酒肉。凡此八者，以權制者也。

始死，三日不怠，三月不解，期悲哀，三年憂，恩之殺也。聖人因殺以制節，此喪之所以三年。賢者不得過，不肖者不得不及。此喪之中庸也，王者之所常行也。

《書》曰：「高宗諒闇，三年不言。」善之也。王者莫不行此禮，何以獨善之也？曰：高宗者，武丁。武丁者，殷之賢王也。繼世即位，而慈良於喪。當此之時，殷衰而復興，禮廢而復起，故善之。善之，故載之書中，而高之，故謂之高宗。三年之喪，君不言，《書》云：「高宗諒闇，三年不言。」此之謂也。然而曰「言不文」者，謂臣下也。禮：斬衰之喪，唯而不對；齊衰之喪，對而不言；大功之喪，言而不議；緦、小功之喪，議而不及樂。

父母之喪，衰冠、繩纓、菅屨，三日而食粥，三月而沐，期十三月而練冠，三年而祥。比終茲三節者，仁者可以觀其愛焉，知者可以觀其理焉，強者可以觀其志焉。禮以治之，義以正之，孝子、弟弟、貞婦皆可得而察焉。

禮記圖錄

（一）冕、冠樣式

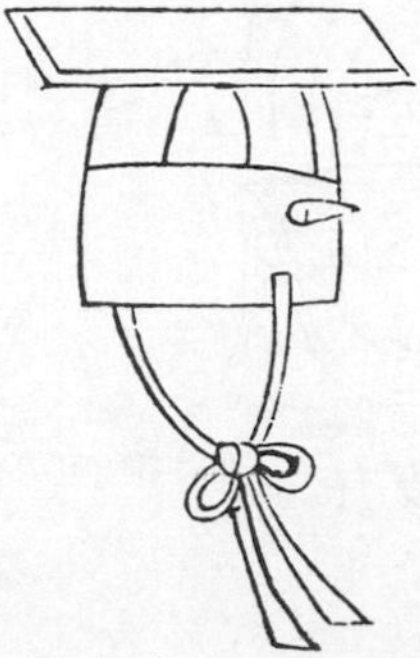

四冕（一本無旒）

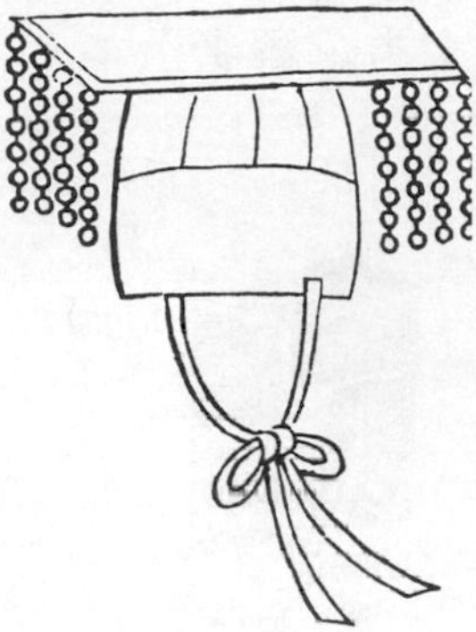

七旒

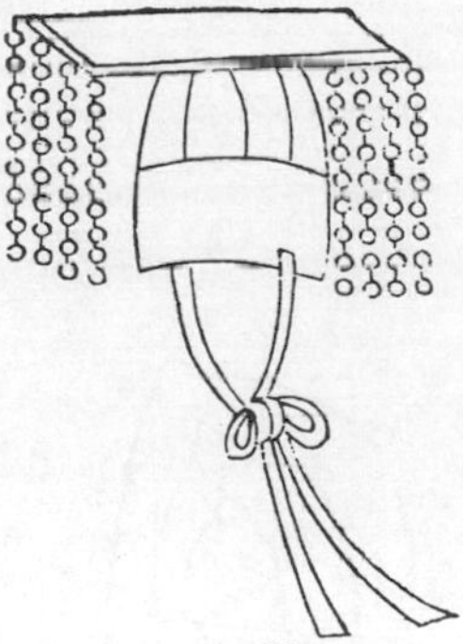

九旒

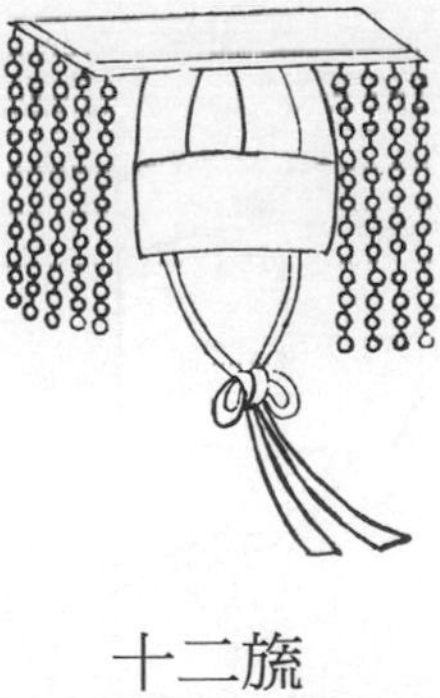

十二旒

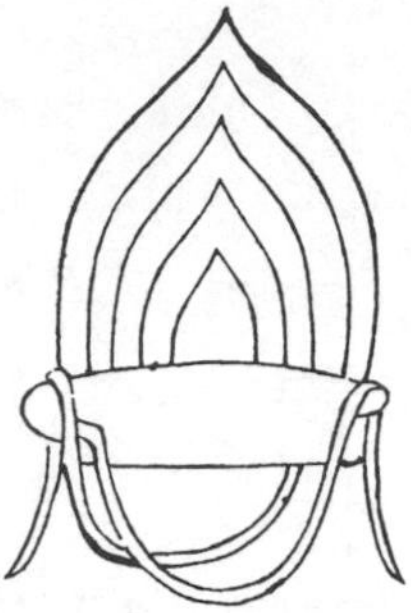

皮弁

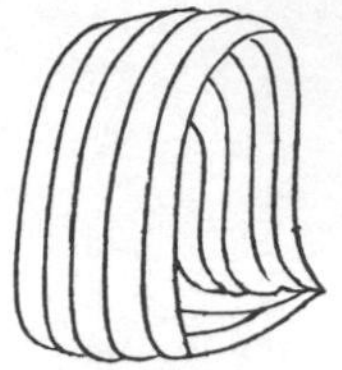

緇布冠
（太古縮縫者）

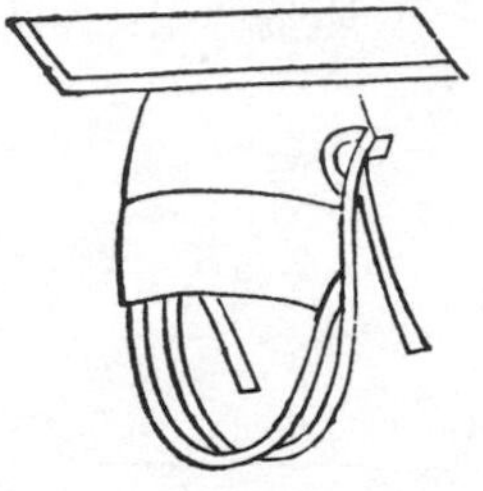

爵弁

緇布冠（三制）

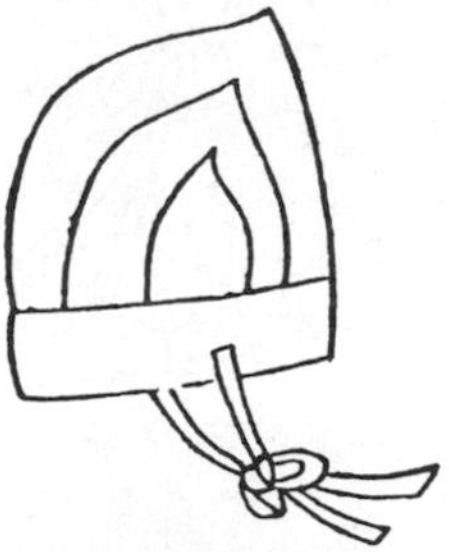

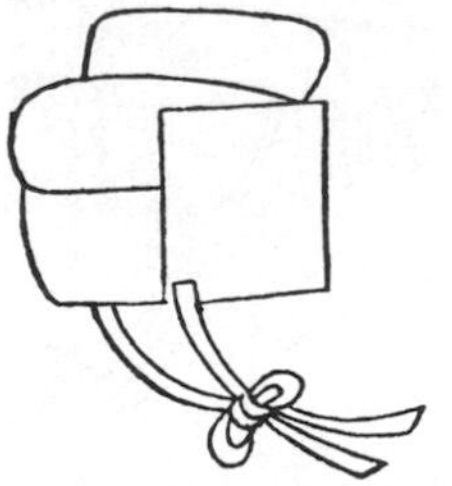

太古冠（新增）

（二）十二種章服圖案

日

月

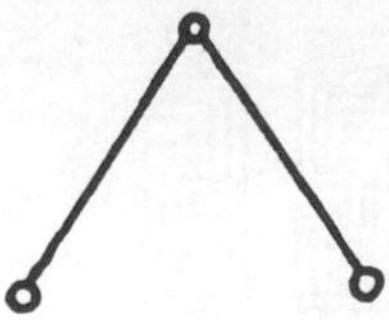

星辰

山

龍

華蟲

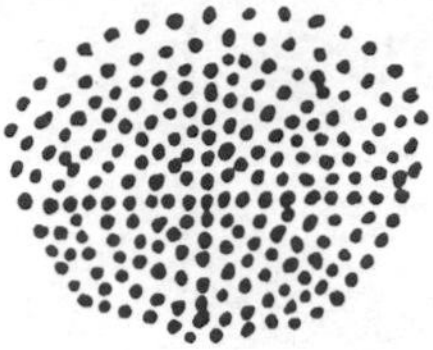

粉末

宗彝

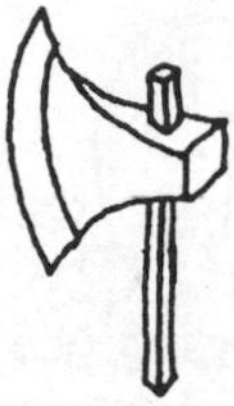

黼

藻

黻

火

（三）祭祀所用的禮器

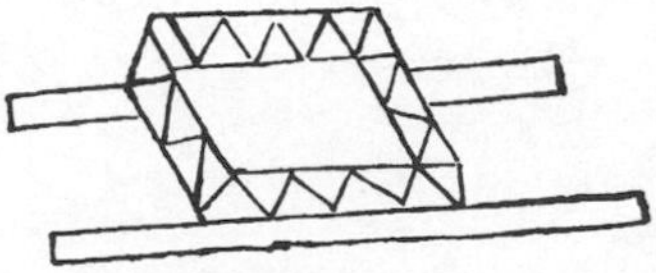
陳饌棜

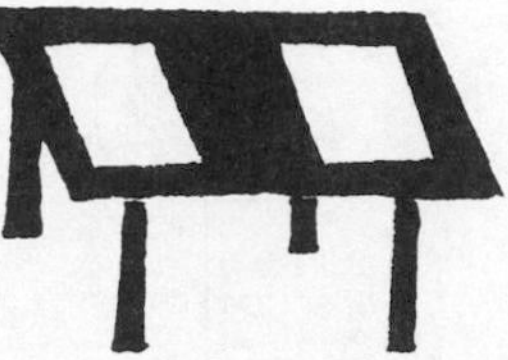
梡俎

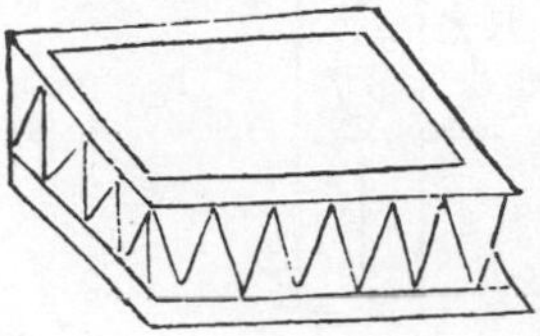
禁

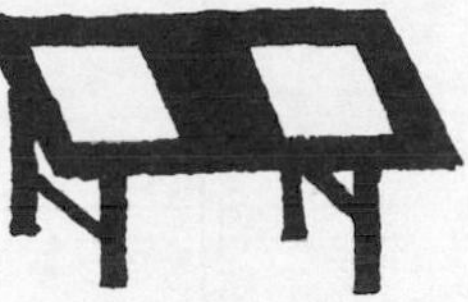
嶡俎

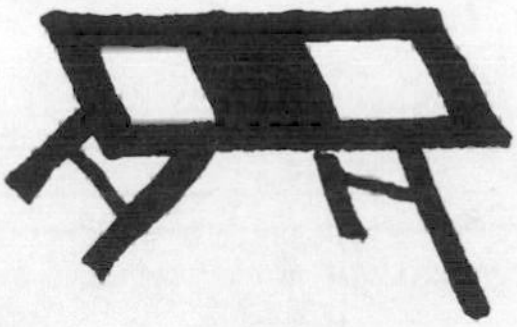
椇

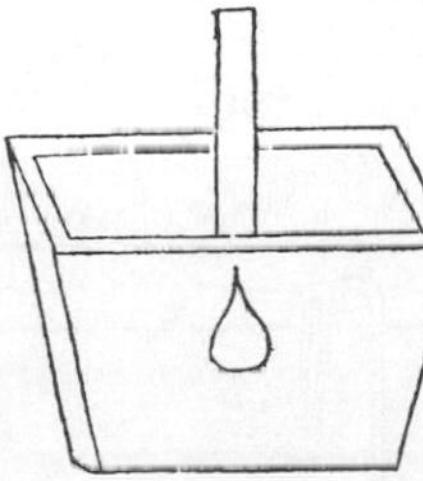
柷

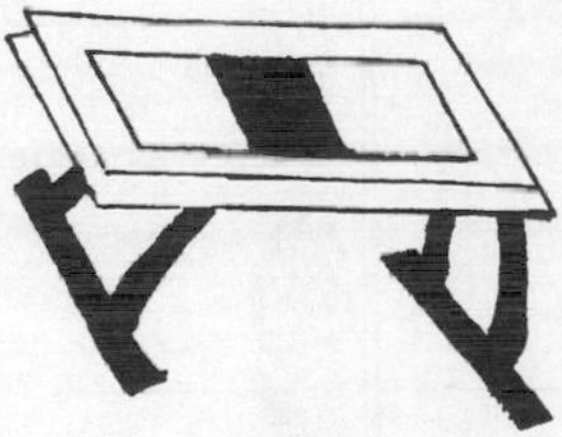
房俎

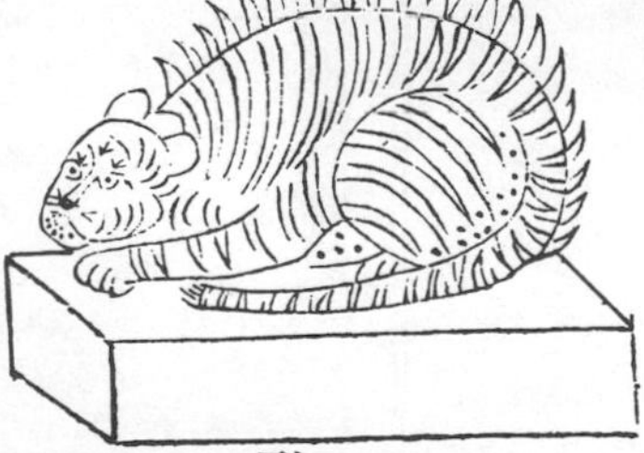
敔

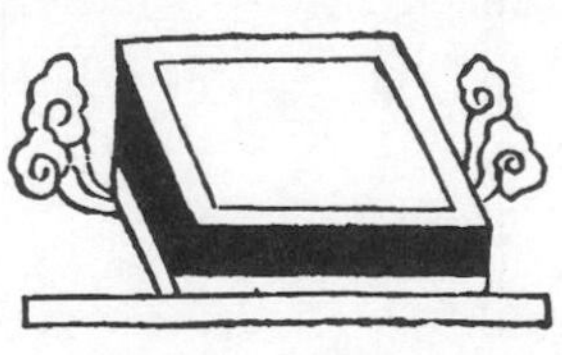
棜

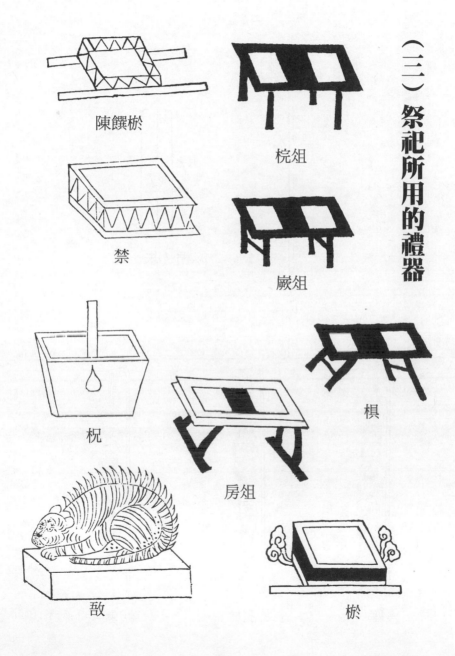

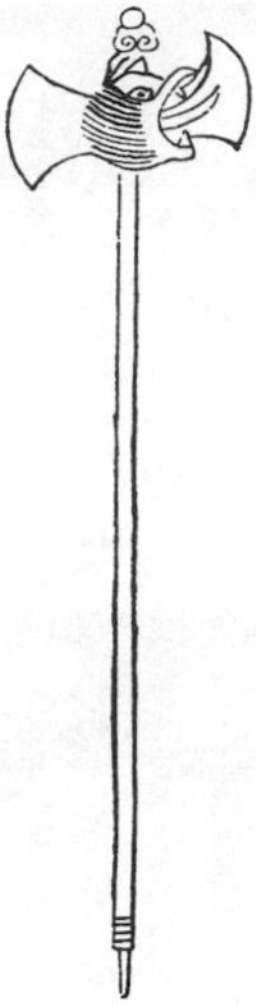
玉戚

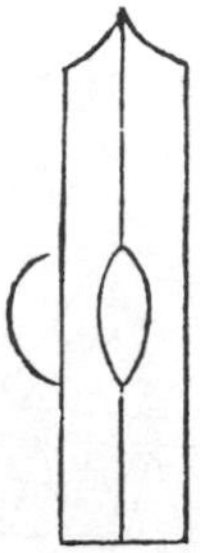
赤楯（朱于也）

皇舞

羽舞

帗舞

（四）喪服圖形及喪葬器具

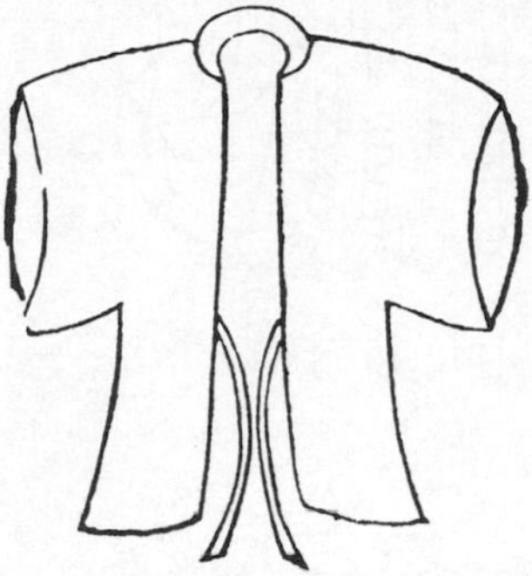

斬衰（至虞卒哭其衰六
外後衲長三尺三寸）

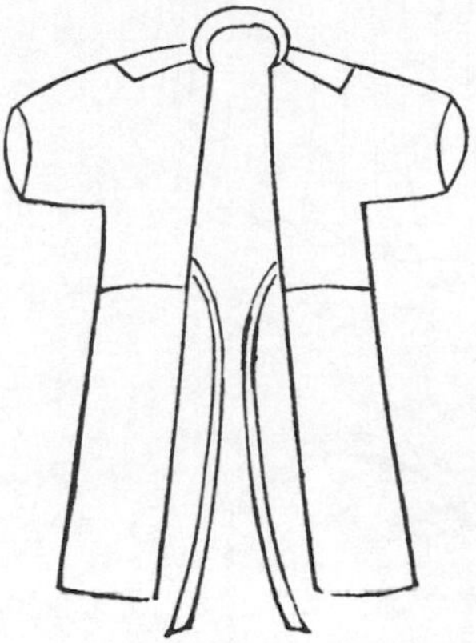

斬衰衣

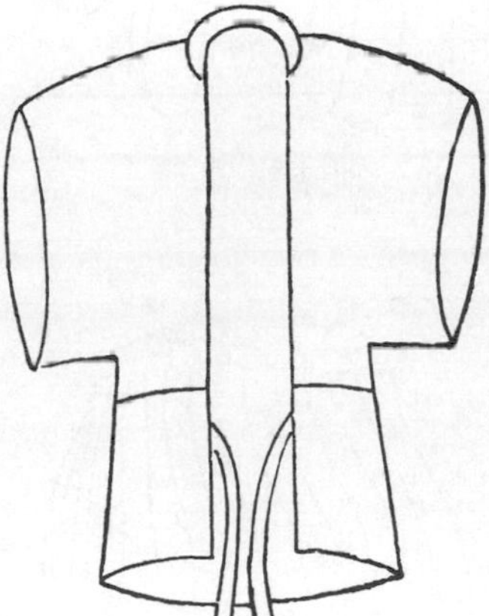

大功布衰

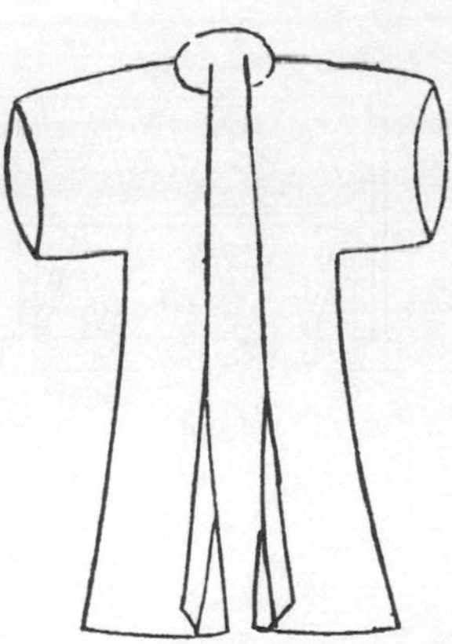

齊衰衣

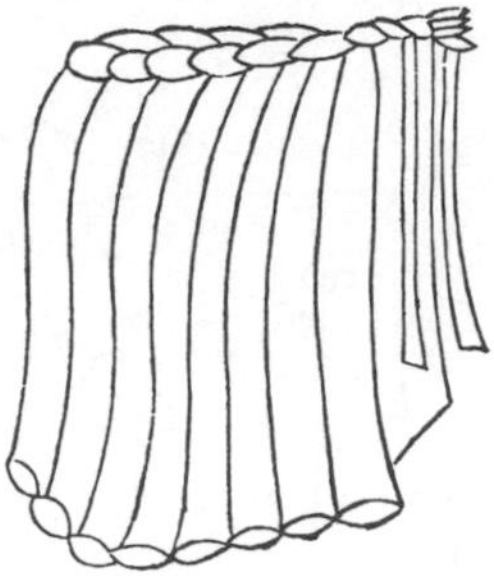
大功布裳

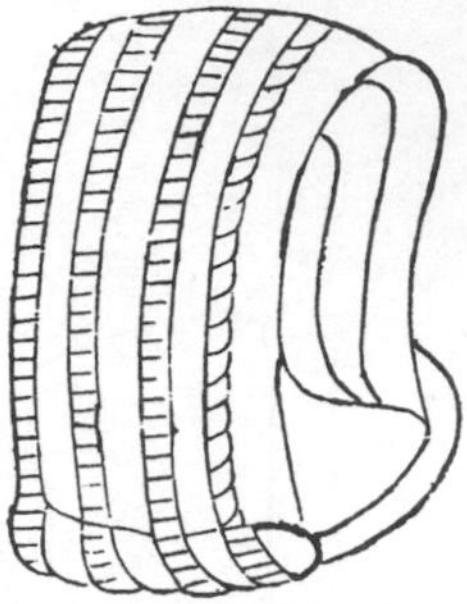
斬衰冠

冠繩纓

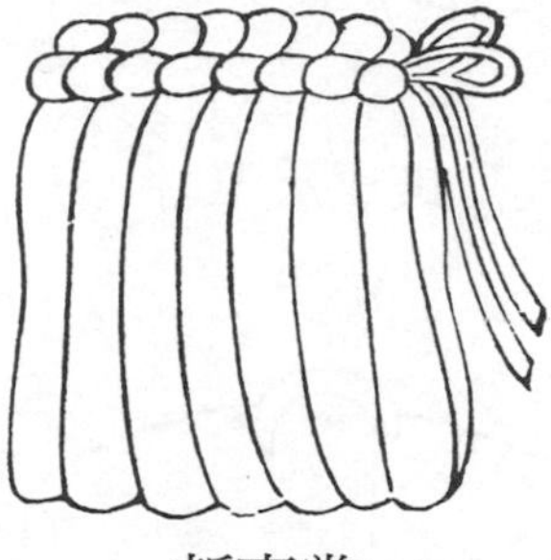
斬衰裳

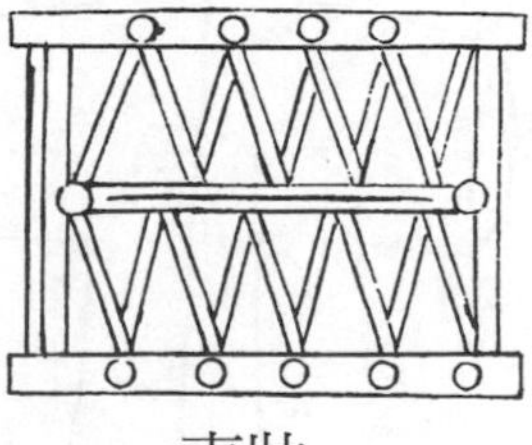
夷牀

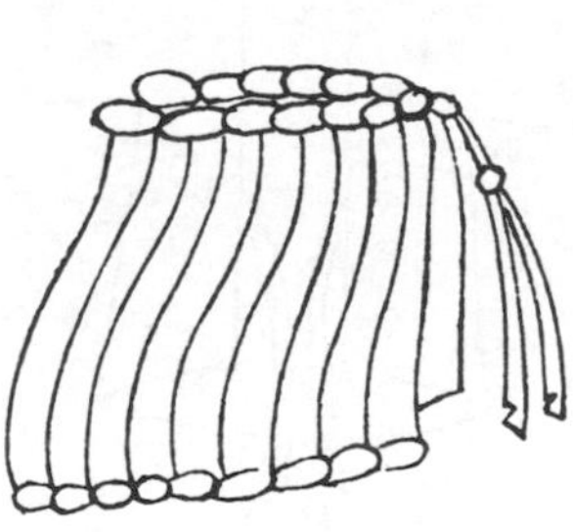
齊衰裳

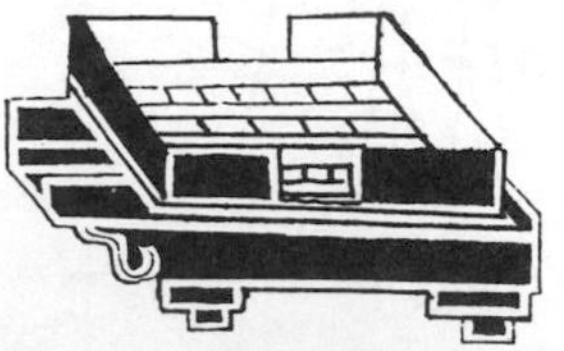
浴牀

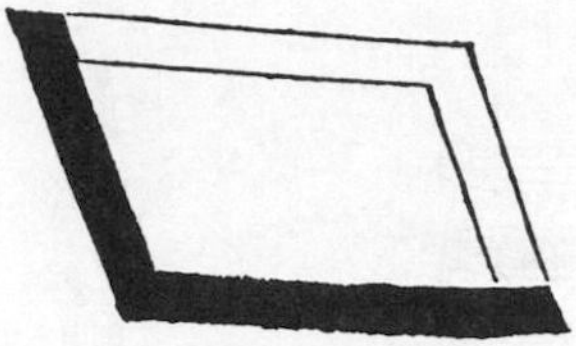

夷盤

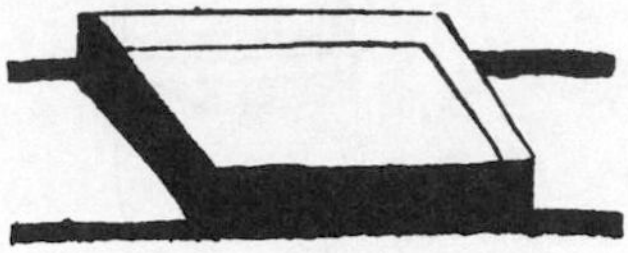

浴盤

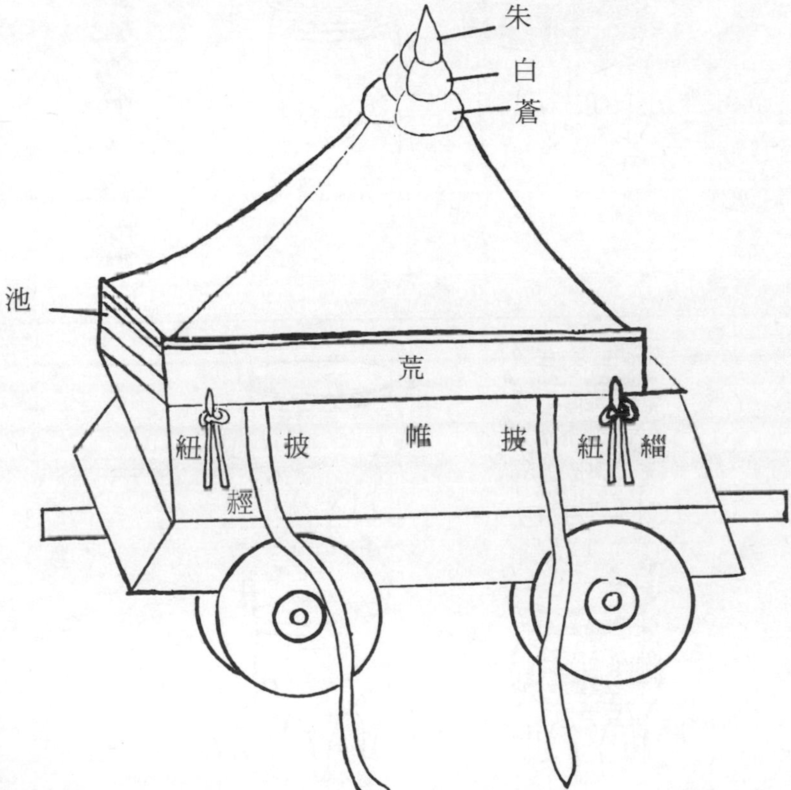

柩車與柩飾

（五）各類青銅祭器、食器

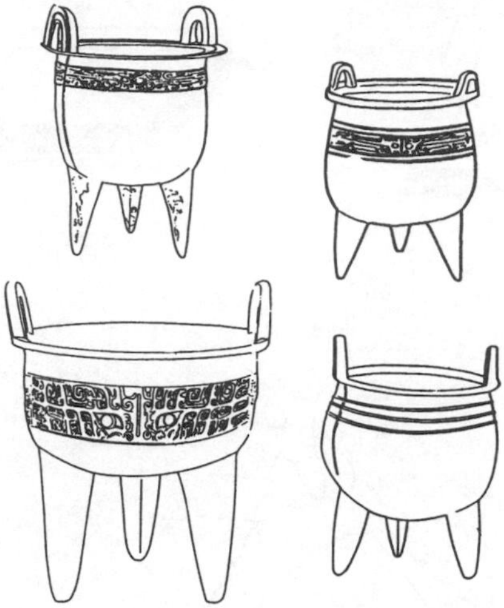

鼎

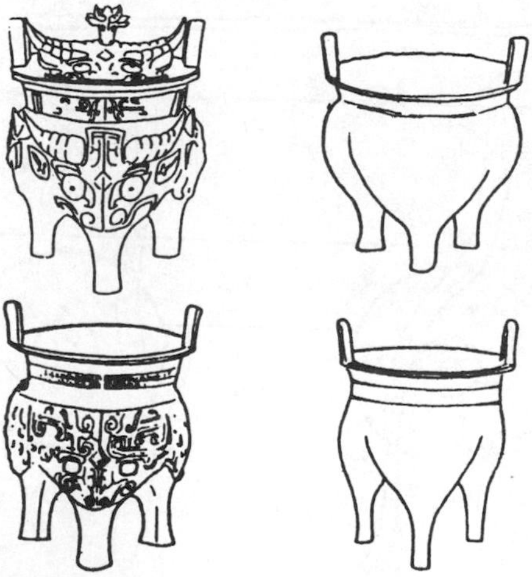

鬲

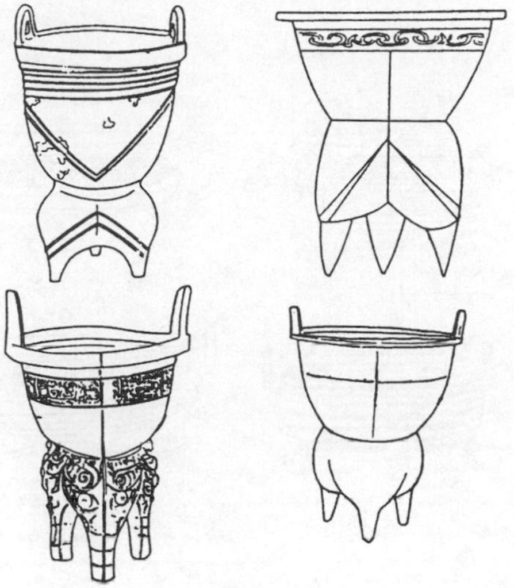

甗

簋

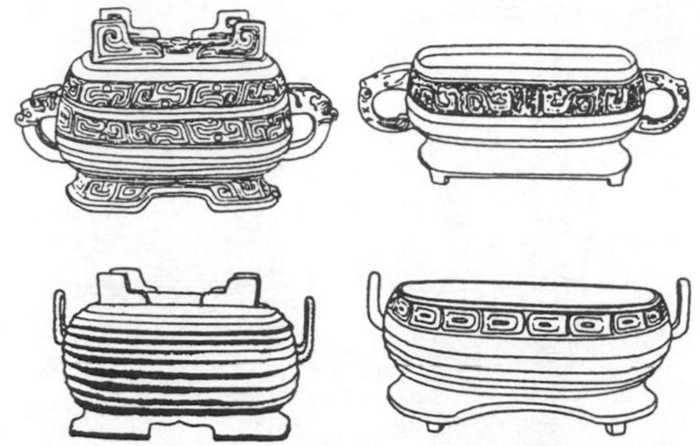

盨

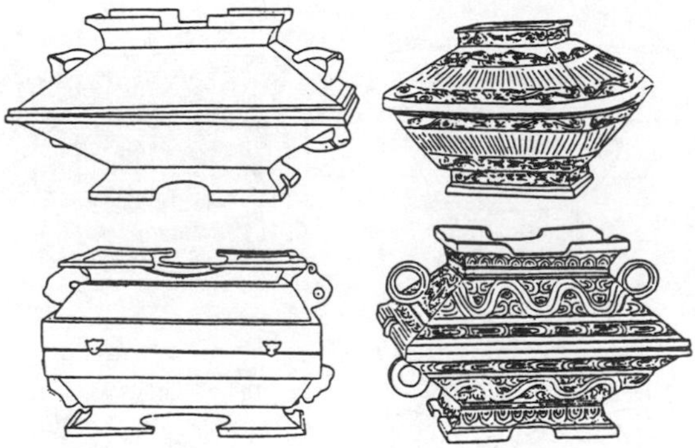

簠

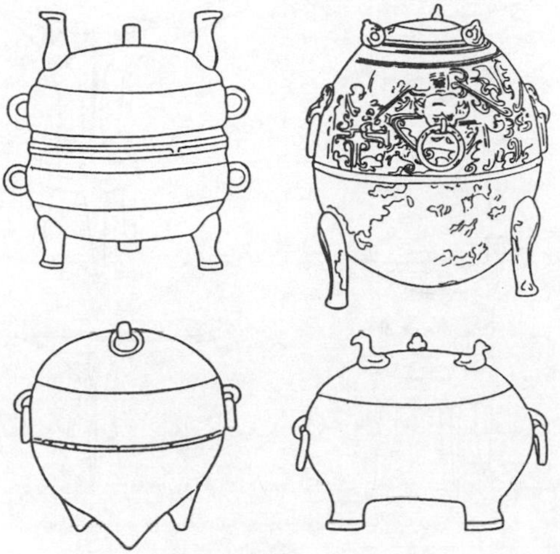

敦

豆

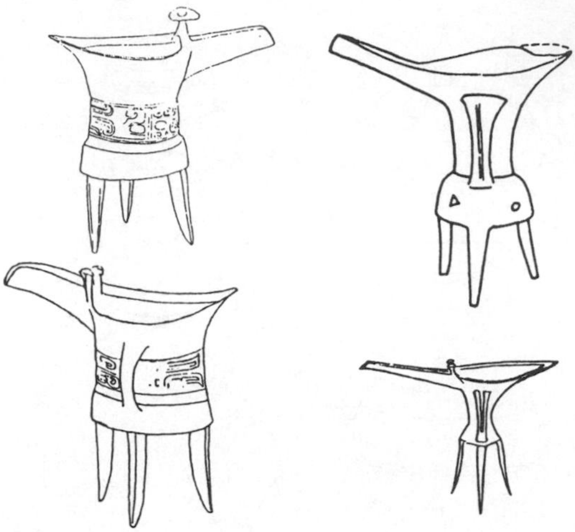

爵

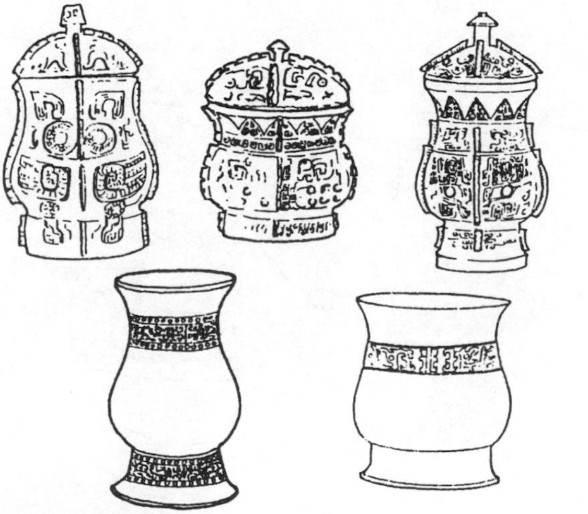

觶

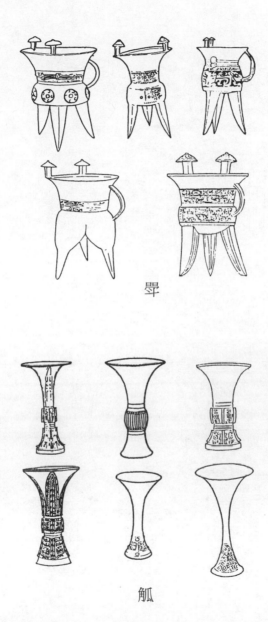

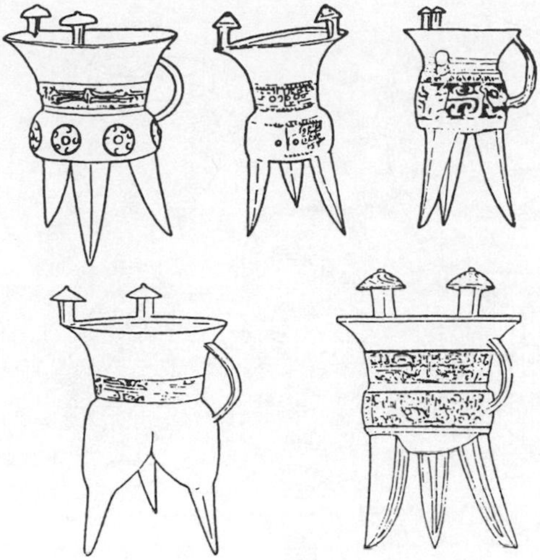

斝

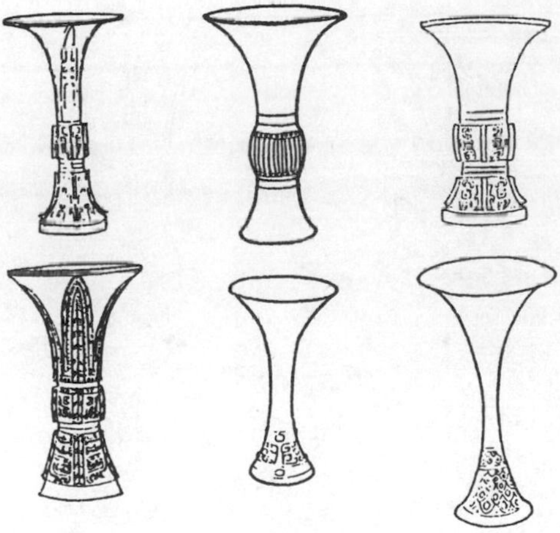

觚

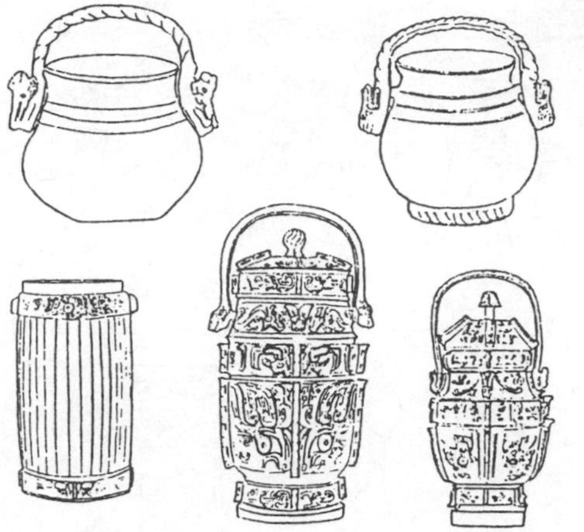

卣

尊

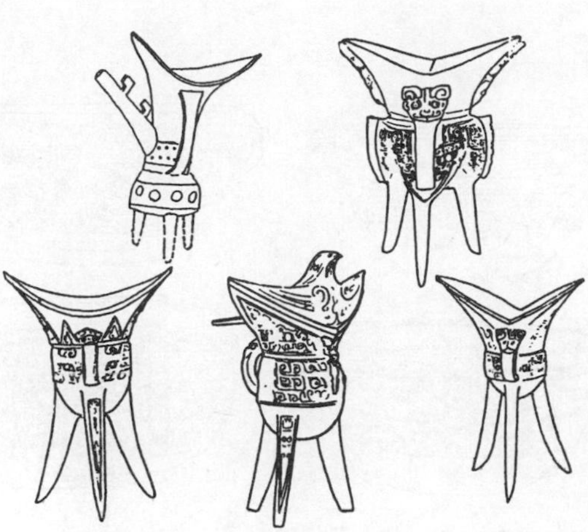

角

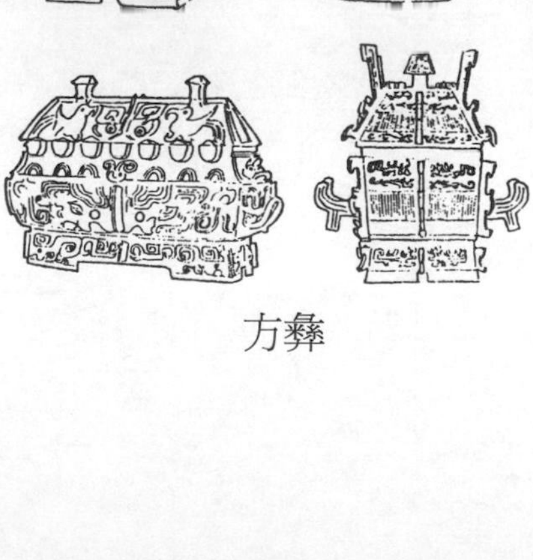

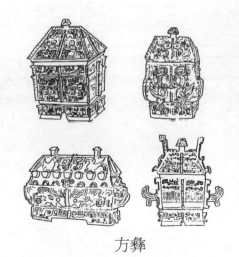

方彝

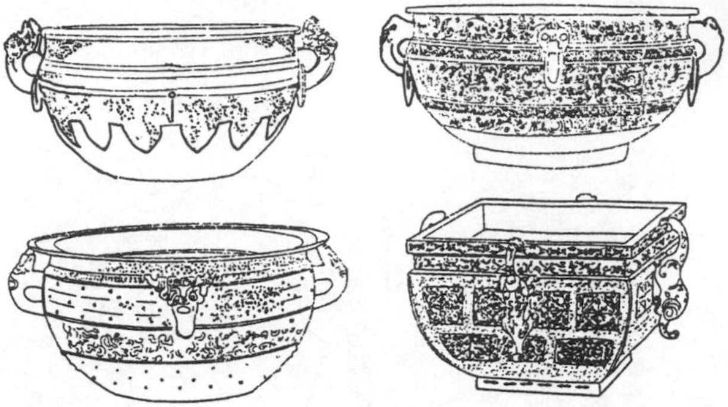

鑑

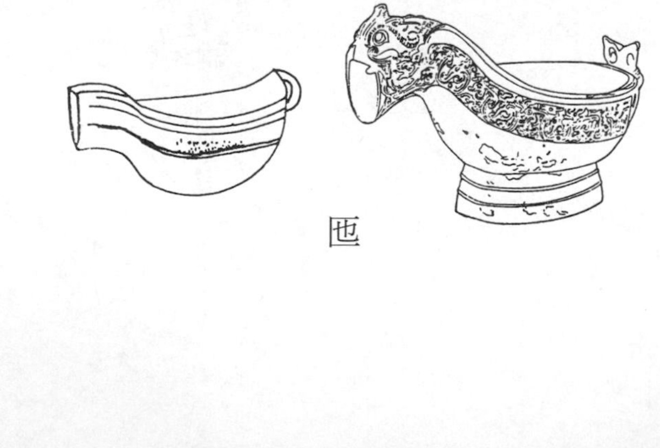

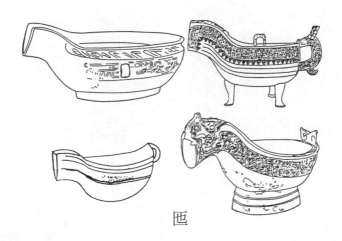

匜

盤

易經

孔子編著

周易上經

乾卦第一 1078
坤卦第二 1085
屯卦第三 1089
蒙卦第四 1091
需卦第五 1093
訟卦第六 1096
師卦第七 1098
比卦第八 1100
小畜卦第九 1103
履卦第十 1105
泰卦第十一 1107
否卦第十二 1109
同人卦第十三 1111
大有卦第十四 1114
謙卦第十五 1116
豫卦第十六 1118
隨卦第十七 1120
蠱卦第十八 1122
臨卦第十九 1124
觀卦第二十 1126
噬嗑卦第二十一 1128
賁卦第二十二 1130
剝卦第二十三 1132
復卦第二十四 1134
无妄卦第二十五 1136
大畜卦第二十六 1138
頤卦第二十七 1140
大過卦第二十八 1142
坎卦第二十九 1145
離卦第三十 1147

周易下經

咸卦第三十一 1149
恆卦第三十二 1151
遯卦第三十三 1153
大壯卦第三十四 1155
晉卦第三十五 1157
明夷卦第三十六 1159
家人卦第三十七 1162
睽卦第三十八 1164
蹇卦第三十九 1166
解卦第四十 1168
損卦第四十一 1170
益卦第四十二 1172
夬卦第四十三 1175
姤卦第四十四 1177
萃卦第四十五 1179
升卦第四十六 1182
困卦第四十七 1184
井卦第四十八 1186
革卦第四十九 1188
鼎卦第五十 1191
震卦第五十一 1193
艮卦第五十二 1195
漸卦第五十三 1197
歸妹卦第五十四 1200
豐卦第五十五 1202
旅卦第五十六 1204
巽卦第五十七 1207
兌卦第五十八 1209
渙卦第五十九 1211
節卦第六十 1213
中孚卦第六十一 1215

小過卦第六十二 1217
既濟卦第六十三 1219
未濟卦第六十四 1221

繫辭上傳
第一章 1223
第二章 1224
第三章 1225
第四章 1226
第五章 1226
第六章 1227
第七章 1228
第八章 1228
第九章 1231
第十章 1232
第十一章 1234
第十二章 1236

繫辭下傳
第一章 1238
第二章 1239
第三章 1241
第四章 1242
第五章 1242
第六章 1246
第七章 1247
第八章 1249
第九章 1249
第十章 1250
第十一章 1251
第十二章 1252

說卦傳
第一章 1253
第二章 1253
第三章 1254
第四章 1254
第五章 1255
第六章 1256
第七章 1257
第八章 1257
第九章 1258
第十章 1258
第十一章 1259

序卦傳 1261

雜卦傳 1267

周易上經

乾卦第一

䷀乾，元、亨、利、貞。

初九，潛龍勿用。

九二，見龍在田，利見大人。

九三，君子終日乾乾，夕惕若，厲无咎。

九四，或躍在淵，无咎。

九五，飛龍在天，利見大人。

上九，亢龍有悔。

用九，見羣龍无首，吉。

〈彖〉曰：大哉乾元，萬物資始，乃統天。雲行雨施，品物流形。大明終始，六位時成，時乘六龍以御天。乾道變化，各正性命，保合大和，乃利貞。首出庶物，萬國咸寧。

〈象〉曰：天行健，君子以自強不息。

潛龍勿用，陽在下也；見龍在田，德施普也；終日乾乾，反復道也；或躍在淵，進无咎也；飛龍在天，大人造也；亢龍有悔，盈不可久也；用九，天德不可為首也。

〈文言〉曰：元者，善之長也；亨者，嘉之會也；

利者，義之和也；貞者，事之幹也。君子體仁足以長人，嘉會足以合禮，利物足以和義，貞固足以幹事。君子行此四德者，故曰：乾，元、亨、利、貞。

初九曰「潛龍勿用」，何謂也？子曰：「龍德而隱者也。不易乎世，不成乎名。遯世无悶，不見是而无悶。樂則行之，憂則違之。確乎其不可拔，潛龍也。」

九二曰「見龍在田，利見大人」，何謂也？子曰：「龍德而正中者也。庸言之信，庸行之謹。閑邪存其誠，善世而不伐，德博而化。《易》曰：『見龍在田，利見大人』，君德也。」

九三曰「君子終日乾乾，夕惕若，厲无咎」，何謂也？子曰：「君子進德脩業。忠信，所以進德也；修辭立其誠，所以居業也。知至至之，可與言幾也；知終終之，可與存義也。是故居上位而不驕，在下位而不憂。故乾乾因其時而惕，雖危无咎矣。」

九四曰「或躍在淵，无咎」，何謂也？子曰：「上下无常，非為邪也；進退无恆，非離羣也。君子進德脩業，欲及時也，故无咎。」

九五曰「飛龍在天，利見大人」，何謂也？子曰：「同聲相應，同氣相求；水流濕，火就燥，雲從龍，風從虎；聖人作而萬物覩。本乎天者親上，本乎地者親下，則各從其類也。」

上九曰「亢龍有悔」，何謂也？子曰：「貴而无位，高而无民，賢人在下位而无輔，是以動而有悔也。」

潛龍勿用，下也；見龍在田，時舍也；終日乾乾，行事也；或躍在淵，自試也；飛龍在天，上治也；亢龍有悔，窮之災也；乾元用九，天下治也。

潛龍勿用，陽氣潛藏；見龍在田，天下文明；終日乾乾，與時偕行；或躍在淵，乾道乃革；飛龍在天，乃位乎天德；亢龍有悔，與時偕極；乾元用九，乃見天則。

乾元者，始而亨者也；利貞者，性情也。乾始能以美利利天下，不言所利，大矣哉！大哉乾乎！剛健中正，純粹精也；六爻發揮，旁通情也；時乘六龍，以御天也；雲行雨施，天下平也。

君子以成德為行，日可見之行也。潛之為言也，隱而未見，行而未成，是以君子弗用也。

君子學以聚之，問以辯之，寬以居之，仁以行之。《易》曰「見龍在田，利見大人」，君德也。

九三重剛而不中，上不在天，下不在田，故乾乾因其時而惕，雖危无咎矣。

九四重剛而不中，上不在天，下不在田，中不在人，故或之。或之者，疑之也，故无咎。

夫大人者，與天地合其德，與日月合其明，與四時合其序，與鬼神合其吉凶。先天而天弗違，後天而奉天時。天且弗違，而況於人乎？況於鬼神乎？

亢之為言也，知進而不知退，知存而不知亡，知得而不知喪。其唯聖人乎！知進退存亡，而不失其正者，其唯聖人乎！

坤卦第二

䷁坤，元、亨，利牝馬之貞。君子有攸往，先迷，後得主，利。西南得朋，東北喪朋。安貞，吉。

〈彖〉曰：至哉坤元，萬物資生，乃順承天。坤厚載物，德合无疆。含弘光大，品物咸亨。牝馬地類，行地无疆。柔順利貞。君子攸行，先迷失道，後順得常。西南得朋，乃與類行；東北喪朋，乃終有慶。安貞之吉，應地无疆。

〈象〉曰：地勢坤，君子以厚德載物。

初六，履霜，堅冰至。

〈象〉曰：履霜堅冰，陰始凝也；馴致其道，至堅冰也。

六二，直、方、大，不習，无不利。

〈象〉曰：六二之動，直以方也；不習无不利，地道光也。

六三，含章可貞，或從王事，无成有終。

〈象〉曰：含章可貞，以時發也；或從王事，知光大也。

六四，括囊，无咎无譽。

〈象〉曰：括囊无咎，慎不害也。

六五，黃裳，元吉。

〈象〉曰：黃裳元吉，文在中也。

上六，龍戰於野，其血玄黃。

〈象〉曰：龍戰於野，其道窮也。

用六，利永貞。

〈象〉曰：用六永貞，以大終也。

〈文言〉曰：坤至柔而動也剛，至靜而德方，後得主而有常，含萬物而化光。坤道其順乎！承天而時行。積善之家，必有餘慶；積不善之家，必有餘殃。臣弒其君，子弒其父，非一朝一夕之故，其所由來者漸矣，由辯之不早辯也。《易》曰：「履霜，堅冰至。」

蓋言順也。

直其正也，方其義也。君子敬以直內，義以方外，敬義立而德不孤。直、方、大，不習无不利。則不疑其所行也。

陰雖有美，含之以從王事，弗敢成也。地道也，妻道也，臣道也。地道无成而代有終也。

天地變化，草木蕃；天地閉，賢人隱。《易》曰：「括囊，无咎无譽。」蓋言謹也。

君子黃中通理，正位居體，美在其中，而暢於四支，發於事業，美之至也。

陰疑於陽必戰。為其嫌於无陽也，故稱龍焉；猶未離其類也，故稱血焉。夫玄黃者，天地之雜也，天玄而地黃。

屯卦第三

䷂屯，元、亨、利、貞，勿用有攸往，利建侯。

〈彖〉曰：屯，剛柔始交而難生。動乎險中，大亨貞。雷雨之動滿盈，天造草昧，宜建侯而不寧。

〈象〉曰：雲雷，屯。君子以經綸。

初九，磐桓，利居貞，利建侯。

〈象〉曰：雖磐桓，志行正也；以貴下賤，大得民也。

六二，屯如，邅如。乘馬班如，匪寇，婚媾，女子貞不字，十年乃字。

〈象〉曰：六二之難，乘剛也；十年乃字，反常也。

六三，即鹿无虞，惟入于林中，君子幾，不如舍，往吝。

〈象〉曰：即鹿无虞，以從禽也；君子舍之，往吝，窮也。

六四，乘馬班如，求婚媾；往吉，无不利。

〈象〉曰：求而往，明也。

九五，屯其膏。小，貞吉；大，貞凶。

〈象〉曰：屯其膏，施未光也。

上六，乘馬班如，泣血漣如。

〈象〉曰：泣血漣如，何可長也？

蒙卦第四

䷃蒙，亨。匪我求童蒙，童蒙求我。初筮告，再三瀆，瀆則不告。利貞。

〈彖〉曰：蒙，山下有險，險而止，蒙。蒙，亨，以亨行時中也；匪我求童蒙，童蒙求我，志應也；初筮告，以剛中也；再三瀆，瀆則不告，瀆蒙也；蒙以養正，聖功也。

〈象〉曰：山下出泉，蒙，君子以果行育德。

初六，發蒙，利用刑人，用說桎梏；以往吝。

〈象〉曰：利用刑人，以正法也。

九二，包蒙，吉。納婦，吉；子克家。

〈象〉曰：子克家，剛柔節也。

六三，勿用取女，見金夫，不有躬，无攸利。

〈象〉曰：勿用取女，行不順也。

六四，困蒙，吝。

〈象〉曰：困蒙之吝，獨遠實也。

六五，童蒙，吉。

〈象〉曰：童蒙之吉，順以巽也。

上九，擊蒙，不利為寇，利禦寇。

〈象〉曰：利用禦寇，上下順也。

需卦第五

䷄

需，有孚，光亨，貞吉，利涉大川。

〈象〉曰：需，須也；險在前也，剛健而不陷，其義不困窮矣。需，有孚，光亨，貞吉，位乎天位，以正中也。利涉大川，往有功也。

〈象〉曰：雲上於天，需；君子以飲食宴樂。

初九，需于郊，利用恆，无咎。

〈象〉曰：需于郊，不犯難行也；利用恆，无咎，未失常也。

九二，需于沙，小有言，終吉。

〈象〉曰：需于沙，衍在中也；雖有小言，以終吉也。

九三，需于泥，致寇至。

〈象〉曰：需于泥，災在外也；自我致寇，敬慎不敗也。

六四，需于血，出自穴。

〈象〉曰：需于血，順以聽也。

九五，需于酒食，貞吉。

〈象〉曰：酒食貞吉，以中正也。

上六，入于穴，有不速之客三人來，敬之，終吉。

〈象〉曰：不速之客來，敬之終吉，雖不當位，未大失也。

訟卦第六

䷅訟，有孚窒，惕，中吉；終凶。利見大人，不利涉大川。

〈彖〉曰：訟，上剛下險，險而健，訟。訟，有孚窒，惕，中吉，剛來而得中也；終凶，訟不可成也；利見大人，尚中正也；不利涉大川，入于淵也。

〈象〉曰：天與水違行，訟；君子以作事謀始。

初六，不永所事，小有言，終吉。

〈象〉曰：不永所事，訟不可長也；雖小有言，其辯明也。
九二，不克訟，歸而逋，其邑人三百戶，无眚。
〈象〉曰：不克訟，歸逋竄也；自下訟上，患至掇也。
六三，食舊德，貞厲，終吉；或從王事，无成。
〈象〉曰：食舊德，從上吉也。
九四，不克訟，復即命，渝，安貞吉。
〈象〉曰：復即命，渝，安貞不失也。
九五，訟，元吉。
〈象〉曰：訟，元吉，以中正也。
上九，或錫之鞶帶，終朝三褫之。

〈象〉曰：以訟受服，亦不足敬也。

師卦第七

䷆師，貞，丈人吉，无咎。

〈彖〉曰：師，眾也；貞，正也。能以眾正，可以王矣。剛中而應，行險而順，以此毒天下，而民從之，吉又何咎矣！

〈象〉曰：地中有水，師；君子以容民畜眾。

初六，師出以律，否臧凶。

〈象〉曰：師出以律，失律凶也。

九二，在師，中吉，无咎，王三錫命。

〈象〉曰：在師中吉，承天寵也；王三錫命，懷萬邦也。

六三，師或輿尸，凶。

〈象〉曰：師或輿尸，大无功也。

六四，師左次，无咎。

〈象〉曰：左次无咎，未失常也。

六五，田有禽，利執；言，无咎。長子帥師，弟子輿尸。貞凶。

〈象〉曰：長子帥師，以中行也；弟子輿尸，使不當也。

上六，大君有命，開國承家，小人勿用。

〈象〉曰：大君有命，以正功也；小人勿用，必亂邦也。

比卦第八

䷇比，吉。原筮，元永貞，无咎。不寧方來，後夫凶。

〈象〉曰：比，吉也；比，輔也，下順從也。原筮，元永貞，无咎，以剛中也。不寧方來，上下應也。後夫凶，其道窮也。

〈象〉曰：地上有水，比；先王以建萬國，親諸侯。

初六，有孚比之，无咎。有孚盈缶，終來有它吉。

〈象〉曰：比之初六，有它吉也。

六二，比之自內，貞吉。

〈象〉曰：比之自內，不自失也。

六三，比之匪人。

〈象〉曰：比之匪人，不亦傷乎？

六四，外比之，貞吉。

〈象〉曰：外比於賢，以從上也。

九五，顯比，王用三驅，失前禽，邑人不誡，吉。

〈象〉曰：顯比之吉，位正中也；舍逆取順，失前禽也；邑人不誡，上使中也。

上六，比之无首，凶。

〈象〉曰：比之无首，无所終也。

小畜卦第九

䷈小畜，亨；密雲不雨，自我西郊。

〈彖〉曰：小畜，柔得位而上下應之，曰小畜。健而巽，剛中而志行，乃亨。密雲不雨，尚往也；自我西郊，施未行也。

〈象〉曰：風行天上，小畜；君子以懿文德。

初九，復自道，何其咎？吉。

〈象〉曰：復自道，其義吉也。

九二，牽復，吉。

〈象〉曰：牽復在中，亦不自失也。

九三，輿說輻，夫妻反目。

〈象〉曰：夫妻反目，不能正室也。

六四，有孚，血去惕出，无咎。

〈象〉曰：有孚惕出，上合志也。

九五，有孚攣如，富以其鄰。

〈象〉曰：有孚攣如，不獨富也。

上九，既雨既處，尚德載；婦貞厲，月幾望；君子征凶。

〈象〉曰：既雨既處，德積載也；君子征凶，有所疑也。

履卦第十

☰☱履，履虎尾，不咥人，亨。

〈彖〉曰：履，柔履剛也；說而應乎乾，是以履虎尾，不咥人，亨。剛中正，履帝位而不疚，光明也。

〈象〉曰：上天下澤，履；君子以辯上下，定民志。

初九，素履，往无咎。

〈象〉曰：素履之往，獨行願也。

九二，履道坦坦，幽人貞吉。

〈象〉曰：幽人貞吉，中不自亂也。

六三，眇能視，跛能履，履虎尾，咥人，凶。武人為于大君。

〈象〉曰：眇能視，不足以有明也；跛能履，不足以與行也；咥人之凶，位不當也；武人為于大君，志剛也。

九四，履虎尾，愬愬，終吉。

〈象〉曰：愬愬終吉，志行也。

九五，夬履，貞厲。

〈象〉曰：夬履貞厲，位正當也。

上九，視履考祥，其旋元吉。

〈象〉曰：元吉在上，大有慶也。

泰卦第十一

䷊泰，小往大來，吉，亨。

〈彖〉曰：泰，小往大來，吉，亨。則是天地交而萬物通也，上下交而其志同也。內陽而外陰，內健而外順，內君子而外小人；君子道長，小人道消也。

〈象〉曰：天地交，泰；后以財成天地之道，輔相天地之宜，以左右民。

初九，拔茅茹，以其彙，征吉。
〈象〉曰：拔茅征吉，志在外也。
九二，包荒，用馮河；不遐遺，朋亡，得尚于中行。
〈象〉曰：包荒，得尚于中行，以光大也。
九三，无平不陂，无往不復；艱貞，无咎；勿恤其孚，于食有福。
〈象〉曰：无往不復，天地際也。
六四，翩翩，不富以其鄰，不戒以孚。
〈象〉曰：翩翩不富，皆失實也；不戒以孚，中心願也。

六五，帝乙歸妹，以祉元吉。
〈象〉曰：以祉元吉，中以行願也。
上六，城復于隍，勿用師，自邑告命，貞吝。
〈象〉曰：城復于隍，其命亂也。

否卦第十二

䷋否，否之匪人，不利君子貞，大往小來。
〈彖〉曰：否之匪人，不利君子貞，大往小來。則是天地不交而萬物不通也，上下不交而天下无邦也。內陰而外陽，內柔而外剛，內小人而外君子；小人道長，君子道消也。

〈象〉曰：天地不交，否；君子以儉德辟難，不可榮以祿。

初六，拔茅茹，以其彙，貞吉，亨。

〈象〉曰：拔茅貞吉，志在君也。

六二，包承。小人吉，大人否，亨。

〈象〉曰：大人否，亨，不亂羣也。

六三，包羞。

〈象〉曰：包羞，位不當也。

九四，有命，无咎，疇離祉。

〈象〉曰：有命无咎，志行也。

九五，休否，大人吉；其亡其亡，繫于苞桑。

〈象〉曰：大人之吉，位正當也。

上九，傾否，先否後喜。

〈象〉曰：否終則傾，何可長也！

同人卦第十三

䷌同人，同人于野，亨，利涉大川，利君子貞。

〈象〉曰：同人，柔得位得中而應乎乾，曰同人。

同人曰：同人于野，亨，利涉大川。乾行也。文明以健，中正而應，君子正也。唯君子為能通天下之志。

〈象〉曰：天與火，同人；君子以類族辨物。

初九，同人于門，无咎。

〈象〉曰：出門同人，又誰咎也！

六二，同人于宗，吝。

〈象〉曰：同人于宗，吝道也。

九三，伏戎于莽，升其高陵，三歲不興。

〈象〉曰：伏戎于莽，敵剛也；三歲不興，安行也。

九四，乘其墉，弗克攻，吉。

〈象〉曰：乘其墉，義弗克也；其吉，則困而反則也。

九五，同人，先號咷而後笑，大師克相遇。

〈象〉曰：同人之先，以中直也；大師相遇，言相克也。

上九，同人于郊，无悔。

〈象〉曰：同人于郊，志未得也。

大有卦第十四

䷍大有，元亨。

〈彖〉曰：大有，柔得尊位大中，而上下應之，曰大有。其德剛健而文明，應乎天而時行，是以元亨。

〈象〉曰：火在天上，大有；君子以遏惡揚善，順天休命。

初九，无交害，匪咎，艱則无咎。

〈象〉曰：大有初九，无交害也。

九二，大車以載，有攸往，无咎。

〈象〉曰：大車以載，積中不敗也。

九三，公用亨于天子，小人弗克。

〈象〉曰：公用亨于天子，小人害也。

九四，匪其彭，无咎。

〈象〉曰：匪其彭，无咎，明辨晢也。

六五，厥孚交如，威如，吉。

〈象〉曰：厥孚交如，信以發志也；威如之吉，易而无備也。

上九，自天祐之，吉无不利。

〈象〉曰：大有上吉，自天祐也。

謙卦第十五

䷎謙，亨，君子有終。

〈彖〉曰：謙，亨。天道下濟而光明，地道卑而上行。天道虧盈而益謙，地道變盈而流謙，鬼神害盈而福謙，人道惡盈而好謙；謙尊而光，卑而不可踰：君子之終也。

〈象〉曰：地中有山，謙；君子以裒多益寡，稱物平施。

初六，謙謙君子，用涉大川，吉。

〈象〉曰：謙謙君子，卑以自牧也。
六二，鳴謙，貞吉。
〈象〉曰：鳴謙，貞吉，中心得也。
九三，勞謙，君子有終，吉。
〈象〉曰：勞謙君子，萬民服也。
六四，无不利，撝謙。
〈象〉曰：无不利，撝謙，不違則也。
六五，不富以其鄰，利用侵伐，无不利。
〈象〉曰：利用侵伐，征不服也。
上六，鳴謙，利用行師，征邑國。

也。

〈象〉曰：鳴謙，志未得也；可用行師，征邑國也。

豫卦第十六

☷☳豫，利建侯行師。

〈彖〉曰：豫，剛應而志行，順以動，豫。豫，順以動，故天地如之，而況建侯行師乎？天地以順動，故日月不過，而四時不忒；聖人以順動，則刑罰清而民服。豫之時義大矣哉！

〈象〉曰：雷出地奮，豫；先王以作樂崇德，殷薦之上帝，以配祖考。

初六，鳴豫，凶。

〈象〉曰：初六鳴豫，志窮凶也。

六二，介于石，不終日，貞吉。

〈象〉曰：不終日，貞吉，以中正也。

六三，盱豫，悔；遲，有悔。

〈象〉曰：盱豫有悔，位不當也。

九四，由豫，大有得；勿疑，朋盍簪。

〈象〉曰：由豫，大有得，志大行也。

六五，貞疾，恆不死。

〈象〉曰：六五貞疾，乘剛也；恆不死，中未亡也。

上六，冥豫成，有渝无咎。

〈象〉曰：冥豫在上，何可長也？

隨卦第十七

䷐隨，元、亨、利、貞，无咎。

〈彖〉曰：隨，剛來而下柔，動而說，隨。大亨貞，无咎，而天下隨時。隨時之義大矣哉！

〈象〉曰：澤中有雷，隨；君子以嚮晦入宴息。

初九，官有渝，貞吉；出門交有功。

〈象〉曰：官有渝，從正吉也；出門交有功，不失也。

六二，係小子，失丈夫。

〈象〉曰：係小子，弗兼與也。

六三，係丈夫，失小子。隨有求得，利居貞。

〈象〉曰：係丈夫，志舍下也。

九四，隨有獲，貞凶。有孚在道以明，何咎？

〈象〉曰：隨有獲，其義凶也；有孚在道，明功也。

九五，孚于嘉，吉。
〈象〉曰：孚于嘉，吉，位正中也。
上六，拘係之，乃從維之。王用亨于西山。
〈象〉曰：拘係之，上窮也。

蠱卦第十八

䷑蠱，元亨，利涉大川；先甲三日，後甲三日。
〈象〉曰：蠱，剛上而柔下，巽而止，蠱。蠱，元亨而天下治也。利涉大川，往有事也。先甲三日，後甲三日，終則有始，天行也。
〈象〉曰：山下有風，蠱；君子以振民育德。
初六，幹父之蠱，有子，考无咎，厲終吉。
〈象〉曰：幹父之蠱，意承考也。
九二，幹母之蠱，不可貞。
〈象〉曰：幹母之蠱，得中道也。
九三，幹父之蠱，小有悔，无大咎。
〈象〉曰：幹父之蠱，終无咎也。
六四，裕父之蠱，往見吝。
〈象〉曰：裕父之蠱，往未得也。
六五，幹父之蠱，用譽。

〈象〉曰：幹父用譽，承以德也。

上九，不事王侯，高尚其事。

〈象〉曰：不事王侯，志可則也。

臨卦第十九

䷒臨，元、亨、利、貞。至于八月有凶。

〈彖〉曰：臨，剛浸而長，說而順，剛中而應。大亨以正，天之道也；至于八月有凶，消不久也。

〈象〉曰：澤上有地，臨；君子以教思无窮，容保民无疆。

初九，咸臨，貞吉。

〈象〉曰：咸臨，貞吉，志行正也。

九二，咸臨，吉，无不利。

〈象〉曰：咸臨，吉，无不利，未順命也。

六三，甘臨，无攸利。既憂之，无咎。

〈象〉曰：甘臨，位不當也；既憂之，咎不長也。

六四，至臨，无咎。

〈象〉曰：至臨，无咎，位當也。

六五，知臨，大君之宜，吉。

〈象〉曰：大君之宜，行中之謂也。

上六，敦臨，吉，无咎。

〈象〉曰：敦臨之吉，志在內也。

觀卦第二十

䷓觀，盥而不薦，有孚顒若。

〈象〉曰：大觀在上，順而巽，中正以觀天下。觀，盥而不薦，有孚顒若，下觀而化也。觀天之神道，而四時不忒；聖人以神道設教，而天下服矣。

〈象〉曰：風行地上，觀；先王以省方觀民設教。

初六，童觀，小人无咎，君子吝。
〈象〉曰：初六童觀，小人道也。
六二，闚觀，利女貞。
〈象〉曰：闚觀，女貞，亦可醜也。
六三，觀我生，進退。
〈象〉曰：觀我生，進退，未失道也。
六四，觀國之光，利用賓于王。
〈象〉曰：觀國之光，尚賓也。
九五，觀我生，君子无咎。
〈象〉曰：觀我生，觀民也。
上九，觀其生，君子无咎。

〈象〉曰：觀其生，志未平也。

噬嗑卦第二十一

䷔噬嗑，亨，利用獄。

〈象〉曰：頤中有物，曰噬嗑，噬嗑而亨。剛柔分，動而明，雷電合而章。柔得中而上行，雖不當位，利用獄也。

〈象〉曰：雷電，噬嗑；先王以明罰勑法。

初九，屨校滅趾，无咎。

〈象〉曰：屨校滅趾，不行也。
六二，噬膚，滅鼻，无咎。
〈象〉曰：噬膚，滅鼻，乘剛也。
六三，噬腊肉，遇毒。小吝，无咎。
〈象〉曰：遇毒，位不當也。
九四，噬乾胏，得金矢，利艱貞，吉。
〈象〉曰：利艱貞，吉，未光也。
六五，噬乾肉，得黃金，貞厲，无咎。
〈象〉曰：貞厲，无咎，得當也。
上九，何校滅耳，凶。
〈象〉曰：何校滅耳，聰不明也。

賁卦第二十二

䷕賁，亨，小利有攸往。

〈象〉曰：賁，亨，柔來而文剛，故亨；分剛上而文柔，故小利有攸往。剛柔交錯，天文也；文明以止，人文也。觀乎天文，以察時變；觀乎人文，以化成天下。

〈象〉曰：山下有火，賁；君子以明庶政，无敢折獄。

初九，賁其趾，舍車而徒。

〈象〉曰：舍車而徒，義弗乘也。

六二，賁其須。

〈象〉曰：賁其須，與上興也。

九三，賁如，濡如，永貞吉。

〈象〉曰：永貞之吉，終莫之陵也。

六四，賁如，皤如，白馬翰如；匪寇，婚媾。

〈象〉曰：六四，當位疑也；匪寇，婚媾，終无尤也。

六五，賁于丘園，束帛戔戔。吝，終吉。

〈象〉曰：六五之吉，有喜也。

上九，白賁，无咎。

〈象〉曰：白賁，无咎，上得志也。

剝卦第二十三

䷖剝，不利有攸往。

〈象〉曰：剝，剝也，柔變剛也。不利有攸往，小人長也。順而止之，觀象也。君子尚消息盈虛，天行也。

〈象〉曰：山附於地，剝；上以厚下安宅。

初六，剝牀以足，蔑，貞凶。

〈象〉曰：剝牀以足，以滅下也。
六二，剝牀以辨，蔑，貞凶。
〈象〉曰：剝牀以辨，未有與也。
六三，剝之，无咎。
〈象〉曰：剝之，无咎，失上下也。
六四，剝牀以膚，凶。
〈象〉曰：剝牀以膚，切近災也。
六五，貫魚以宮人寵，无不利。
〈象〉曰：以宮人寵，終无尤也。
上九，碩果不食，君子得輿，小人剝廬。
〈象〉曰：君子得輿，民所載也；小人剝廬，終不可用也。

復卦第二十四

䷗復，亨。出入无疾，朋來无咎。反復其道，七日來復。利有攸往。

〈彖〉曰：復，亨，剛反，動而以順行，是以出入无疾，朋來无咎。反復其道，七日來復，天行也。利有攸往，剛長也。復，其見天地之心乎？

〈象〉曰：雷在地中，復；先王以至日閉關，商旅不行。后不省方。

初九，不遠復，无祇悔，元吉。

〈象〉曰：不遠之復，以脩身也。

六二，休復，吉。

〈象〉曰：休復之吉，以下仁也。

六三，頻復，厲无咎。

〈象〉曰：頻復之厲，義无咎也。

六四，中行獨復。

〈象〉曰：中行獨復，以從道也。

六五，敦復，无悔。

〈象〉曰：敦復，无悔，中以自考也。

上六，迷復，凶，有災眚。用行師，終有大敗，以其國君凶。至于十年不克征。

〈象〉曰：迷復之凶，反君道也。

无妄卦第二十五

䷘无妄，元、亨、利、貞，其匪正有眚，不利有攸往。

〈彖〉曰：无妄，剛自外來而為主於內，動而健，剛中而應。大亨以正，天之命也；其匪正有眚，不利有攸往，无妄之往，何之矣？天命不祐，行矣哉？

〈象〉曰：天下雷行，物與无妄；先王以茂對時，育萬物。

初九，无妄，往吉。

〈象〉曰：无妄之往，得志也。

六二，不耕穫，不菑畬，則利有攸往。

〈象〉曰：不耕穫，未富也。

六三，无妄之災，或繫之牛，行人之得，邑人之災。

〈象〉曰：行人得牛，邑人災也。

九四，可貞，无咎。

〈象〉曰：可貞无咎，固有之也。

九五，无妄之疾，勿藥有喜。

〈象〉曰：无妄之藥，不可試也。

上九，无妄，行有眚，无攸利。

〈象〉曰：无妄之行，窮之災也。

大畜卦第二十六

䷙大畜，利貞。不家食吉，利涉大川。

〈象〉曰：大畜，剛健篤實輝光，日新其德。剛上而尚賢，能止健，大正也。不家食吉，養賢也；利涉大川，應乎天也。

〈象〉曰：天在山中，大畜；君子以多識前言往行，以畜其德。

初九，有厲，利已。

〈象〉曰：有厲利已，不犯災也。

九二，輿說輹。

〈象〉曰：輿說輹，中无尤也。

九三，良馬逐，利艱貞。曰閑輿衛，利有攸往。

〈象〉曰：利有攸往，上合志也。

六四，童牛之牿，元吉。

〈象〉曰：六四元吉，有喜也。
六五，積豕之牙，吉。
〈象〉曰：六五之吉，有慶也。
上九，何天之衢，亨。
〈象〉曰：何天之衢，道大行也。

頤卦第二十七

䷚頤，貞吉。觀頤，自求口實。
〈象〉曰：頤，貞吉，養正則吉也；觀頤，觀其所養也；自求口實，觀其自養也。天地養萬物，聖人養賢以及萬民。頤之時大矣哉！

〈象〉曰：山下有雷，頤；君子以慎言語，節飲食。

初九，舍爾靈龜，觀我朵頤，凶。

〈象〉曰：觀我朵頤，亦不足貴也。

六二，顛頤，拂經于丘頤，征凶。

〈象〉曰：六二征凶，行失類也。

六三，拂頤，貞凶，十年勿用，无攸利。

〈象〉曰：十年勿用，道大悖也。

六四，顛頤，吉。虎視眈眈，其欲逐逐，无咎。

〈象〉曰：顛頤之吉，上施光也。

六五，拂經，居貞吉，不可涉大川。

〈象〉曰：居貞之吉，順以從上也。

上九，由頤，厲吉，利涉大川。

〈象〉曰：由頤，厲吉，大有慶也。

大過卦第二十八

䷛大過，棟橈，利有攸往，亨。

〈象〉曰：大過，大者過也；棟橈，本末弱也。剛過而中，巽而說行，利有攸往，乃亨。大過之時大矣哉！

〈象〉曰：澤滅木，大過；君子以獨立不懼，遯世无悶。

初六，藉用白茅，无咎。

〈象〉曰：藉用白茅，柔在下也。

九二，枯楊生稊，老夫得其女妻，无不利。

〈象〉曰：老夫女妻，過以相與也。

九三，棟橈，凶。

〈象〉曰：棟橈之凶，不可以有輔也。

九四，棟隆，吉；有它，吝。

〈象〉曰：棟隆之吉，不橈乎下也。

九五，枯楊生華，老婦得其士夫，无咎无譽。

〈象〉曰：枯楊生華，何可久也？老婦士夫，亦可醜也。

上六，過涉滅頂，凶，无咎。

〈象〉曰：過涉之凶，不可咎也。

坎卦第二十九

䷜習坎，有孚，維心亨，行有尚。

〈彖〉曰：習坎，重險也。水流而不盈，行險而不失其信。維心亨，乃以剛中也。行有尚，往有功也。天險不可升也，地險山川丘陵也，王公設險以守其國，險之時用大矣哉！

〈象〉曰：水洊至，習坎；君子以常德行，習教事。

初六，習坎，入于坎窞，凶。

〈象〉曰：習坎入坎，失道凶也。
九二，坎有險，求小得。
〈象〉曰：求小得，未出中也。
六三，來之坎坎，險且枕，入于坎窞，勿用。
〈象〉曰：來之坎坎，終无功也。
六四，樽酒，簋貳，用缶，納約自牖，終无咎。
〈象〉曰：樽酒簋貳，剛柔際也。
九五，坎不盈，祗既平，无咎。
〈象〉曰：坎不盈，中未大也。
上六，係用徽纆，寘于叢棘，三歲不得，凶。
〈象〉曰：上六失道，凶三歲也。

離卦第三十

䷝離，利貞，亨。畜牝牛吉。

〈彖〉曰：離，麗也，日月麗乎天，百穀草木麗乎土。重明以麗乎正，乃化成天下。柔麗乎中正，故亨，是以畜牝牛吉也。

〈象〉曰：明兩作，離；大人以繼明照于四方。

初九，履錯然，敬之，无咎。

〈象〉曰：履錯之敬，以辟咎也。

六二，黃離，元吉。

〈象〉曰：黃離元吉，得中道也。
九三，日昃之離，不鼓缶而歌，則大耋之嗟，凶。
〈象〉曰：日昃之離，何可久也？
九四，突如其來如，焚如，死如，棄如。
〈象〉曰：突如其來如，无所容也。
六五，出涕沱若，戚嗟若，吉。
〈象〉曰：六五之吉，離王公也。
上九，王用出征，有嘉折首，獲匪其醜，无咎。
〈象〉曰：王用出征，以正邦也。

周易下經

咸卦第三十一

䷞咸，亨，利貞，取女吉。

〈彖〉曰：咸，感也。柔上而剛下，二氣感應以相與，止而說，男下女，是以亨，利貞，取女吉也。天地感而萬物化生，聖人感人心而天下和平。觀其所感，而天地萬物之情可見矣。

〈象〉曰：山上有澤，咸；君子以虛受人。

初六，咸其拇。

〈象〉曰：咸其拇，志在外也。

六二，咸其腓，凶；居吉。

〈象〉曰：雖凶居吉，順不害也。

九三，咸其股，執其隨，往吝。

〈象〉曰：咸其股，亦不處也；志在隨人，所執下也。

九四，貞吉，悔亡，憧憧往來，朋從爾思。

〈象〉曰：貞吉，悔亡，未感害也；憧憧往來，未光大也。

九五，咸其脢，无悔。

〈象〉曰：咸其脢，志末也。

上六，咸其輔頰舌。

〈象〉曰：咸其輔頰舌，滕口說也。

恆卦第三十二

䷟恆，亨，无咎，利貞，利有攸往。

〈彖〉曰：恆，久也。剛上而柔下，雷風相與，巽而動，剛柔皆應，恆。恆，亨，无咎，利貞，久於其道也。天地之道，恆久而不已也。利有攸往，終則有始也。日月得天而能久照，四時變化而能久成，聖人久於其道而天下化成。觀其所恆，而天地萬物之情可見矣。
〈象〉曰：雷風，恆；君子以立不易方。
初六，浚恆，貞凶，无攸利。
〈象〉曰：浚恆之凶，始求深也。
九二，悔亡。
〈象〉曰：九二悔亡，能久中也。
九三，不恆其德，或承之羞，貞吝。
〈象〉曰：不恆其德，无所容也。
九四，田无禽。
〈象〉曰：久非其位，安得禽也？
六五，恆其德，貞，婦人吉，夫子凶。

〈象〉曰：婦人貞吉，從一而終也；夫子制義，從婦凶也。

上六，振恆，凶。

〈象〉曰：振恆在上，大无功也。

遯卦第三十三

䷠遯，亨，小利貞。

〈象〉曰：遯，亨，遯而亨也。剛當位而應，與時行也。小利貞，浸而長也。遯之時義大矣哉！

〈象〉曰：天下有山，遯；君子以遠小人，不惡而嚴。

初六，遯尾，厲，勿用有攸往。

〈象〉曰：遯尾之厲，不往何災也？

六二，執之用黃牛之革，莫之勝說。

〈象〉曰：執用黃牛，固志也。

九三，係遯，有疾厲，畜臣妾吉。

〈象〉曰：係遯之厲，有疾憊也；畜臣妾吉，不可大事也。

九四，好遯，君子吉，小人否。

〈象〉曰：君子好遯，小人否也。

九五，嘉遯，貞吉。
〈象〉曰：嘉遯，貞吉，以正志也。
上九，肥遯，无不利。
〈象〉曰：肥遯，无不利，无所疑也。

大壯卦第三十四

䷡大壯，利貞。
〈彖〉曰：大壯，大者壯也。剛以動，故壯。大壯，利貞，大者正也。正大而天地之情可見矣。

〈象〉曰：雷在天上，大壯；君子以非禮弗履。

初九，壯于趾，征凶，有孚。

〈象〉曰：壯于趾，其孚窮也。

九二，貞吉。

〈象〉曰：九二貞吉，以中也。

九三，小人用壯，君子用罔，貞厲。羝羊觸藩，羸其角。

〈象〉曰：小人用壯，君子罔也。

九四，貞吉，悔亡，藩決不羸，壯于大輿之輹。

〈象〉曰：藩決不羸，尚往也。

六五，喪羊于易，无悔。

〈象〉曰：喪羊于易，位不當也。

上六，羝羊觸藩，不能退，不能遂，无攸利，艱則吉。

〈象〉曰：不能退，不能遂，不詳也；艱則吉，咎不長也。

晉卦第三十五

䷢晉，康侯用錫馬蕃庶，晝日三接。

〈象〉曰：晉，進也。明出地上，順而麗乎大明，柔進而上行，是以康侯用錫馬蕃庶，晝日三接也。

〈象〉曰：明出地上，晉；君子以自昭明德。

初六，晉如摧如，貞吉。罔孚，裕无咎。

〈象〉曰：晉如摧如，獨行正也；裕无咎，未受命也。

六二，晉如愁如，貞吉。受茲介福，于其王母。

〈象〉曰：受茲介福，以中正也。

六三，眾允，悔亡。

〈象〉曰：眾允之志，上行也。

九四，晉如鼫鼠，貞厲。

〈象〉曰：鼫鼠貞厲，位不當也。

六五，悔亡，失得勿恤，往吉，无不利。

〈象〉曰：失得勿恤，往有慶也。

上九，晉其角，維用伐邑，厲吉，无咎，貞吝。

〈象〉曰：維用伐邑，道未光也。

明夷卦第三十六

䷣明夷，利艱貞。

〈象〉曰：明入地中，明夷。內文明而外柔順，以蒙大難，文王以之。利艱貞，晦其明也。內難而能正其志，箕子以之。

〈象〉曰：明入地中，明夷；君子以莅眾，用晦而明。

初九，明夷于飛，垂其翼；君子于行，三日不食。有攸往，主人有言。

〈象〉曰：君子于行，義不食也。

六二，明夷，夷于左股，用拯馬壯，吉。

〈象〉曰：六二之吉，順以則也。

九三，明夷于南狩，得其大首，不可疾貞。

〈象〉曰：南狩之志，乃大得也。

六四，入于左腹，獲明夷之心，于出門庭。

〈象〉曰：入于左腹，獲心意也。
六五，箕子之明夷，利貞。
〈象〉曰：箕子之貞，明不可息也。
上六，不明晦，初登于天，後入于地。
〈象〉曰：初登于天，照四國也；後入于地，失則也。

家人卦第三十七

䷤家人，利女貞。

〈彖〉曰：家人，女正位乎內，男正位乎外，男女正，天地之大義也。家人有嚴君焉，父母之謂也。父父，子子，兄兄，弟弟，夫夫，婦婦，而家道正，正家而天下定矣。

〈象〉曰：風自火出，家人；君子以言有物而行有恆。

初九，閑有家，悔亡。

〈象〉曰：閑有家，志未變也。
六二，无攸遂，在中饋，貞吉。
〈象〉曰：六二之吉，順以巽也。
九三，家人嗃嗃，悔厲吉；婦子嘻嘻，終吝。
〈象〉曰：家人嗃嗃，未失也；婦子嘻嘻，失家節也。
六四，富家，大吉。
〈象〉曰：富家大吉，順在位也。
九五，王假有家，勿恤，吉。
〈象〉曰：王假有家，交相愛也。
上九，有孚，威如，終吉。

〈象〉曰：威如之吉，反身之謂也。

睽卦第三十八

䷥睽，小事吉。

〈彖〉曰：睽，火動而上，澤動而下，二女同居，其志不同行。說而麗乎明，柔進而上行，得中而應乎剛，是以小事吉。天地睽而其事同也，男女睽而其志通也，萬物睽而其事類也。睽之時用大矣哉！

〈象〉曰：上火下澤，睽；君子以同而異。

初九，悔亡；喪馬，勿逐自復；見惡人，无咎。

〈象〉曰：見惡人，以辟咎也。

九二，遇主于巷，无咎。

〈象〉曰：遇主于巷，未失道也。

六三，見輿曳，其牛掣，其人天且劓，无初有終。

〈象〉曰：見輿曳，位不當也；无初有終，遇剛也。

九四，睽孤，遇元夫，交孚，厲无咎。

〈象〉曰：交孚无咎，志行也。

六五，悔亡，厥宗噬膚，往何咎？

〈象〉曰：厥宗噬膚，往有慶也。

上九，睽孤，見豕負塗，載鬼一車，先張之弧，後說之弧。匪寇，婚媾，往遇雨則吉。

〈象〉曰：遇雨之吉，羣疑亡也。

蹇卦第三十九

䷦蹇，利西南，不利東北，利見大人，貞吉。

〈彖〉曰：蹇，難也，險在前也。見險而能止，知矣哉！蹇，利西南，往得中也；不利東北，其道窮也；利見大人，往有功也；當位貞吉，以正邦也。蹇之時用大矣哉！

〈象〉曰：山上有水，蹇；君子以反身脩德。

初六，往蹇，來譽。

〈象〉曰：往蹇，來譽，宜待也。

六二，王臣蹇蹇，匪躬之故。

〈象〉曰：王臣蹇蹇，終无尤也。

九三，往蹇，來反。

〈象〉曰：往蹇，來反，內喜之也。

六四，往蹇，來連。

〈象〉曰：往蹇，來連，位當實也。

九五，大蹇，朋來。

〈象〉曰：大蹇，朋來，以中節也。

上六，往蹇，來碩，吉，利見大人。

〈象〉曰：往蹇來碩，志在內也；利見大人，以從貴也。

解卦第四十

䷧解，利西南；无所往，其來復吉；有攸往，夙吉。

〈象〉曰：解，險以動，動而免乎險，解。解，利西南，往得眾也；其來復吉，乃得中也；有攸往，夙吉，往有功也。天地解而雷雨作，雷雨作而百果草木皆甲坼。解之時大矣哉！

〈象〉曰：雷雨作，解；君子以赦過宥罪。

初六，无咎。

〈象〉曰：剛柔之際，義无咎也。

九二，田獲三狐，得黃矢，貞吉。

〈象〉曰：九二貞吉，得中道也。

六三，負且乘，致寇至，貞吝。

〈象〉曰：負且乘，亦可醜也；自我致戎，又誰咎也？

九四，解而拇，朋至斯孚。

〈象〉曰：解而拇，未當位也。

六五，君子維有解，吉，有孚于小人。

〈象〉曰：君子有解，小人退也。

上六，公用射隼于高墉之上，獲之，无不利。

〈象〉曰：公用射隼，以解悖也。

損卦第四十一

䷨損，有孚，元吉，无咎，可貞，利有攸往。曷之用？二簋可用享。

〈象〉曰：損下益上，其道上行。損而有孚，元吉，无咎，可貞，利有攸往。曷之用？二簋可用享。二簋應有時，損剛益柔有時。損益盈虛，與時偕行。

〈象〉曰：山下有澤，損，君子以懲忿窒欲。

初九，已事遄往，无咎，酌損之。

〈象〉曰：已事遄往，尚合志也。

九二，利貞，征凶，弗損益之。

〈象〉曰：九二利貞，中以為志也。

六三，三人行，則損一人；一人行，則得其友。

〈象〉曰：一人行，三則疑也。

六四，損其疾，使遄有喜，无咎。

〈象〉曰：損其疾，亦可喜也。

六五，或益之十朋之龜，弗克違，元吉。

〈象〉曰：六五元吉，自上祐也。

上九，弗損益之，无咎，貞吉，利有攸往，得臣无家。

〈象〉曰：弗損益之，大得志也。

益卦第四十二

䷩益，利有攸往，利涉大川。

〈彖〉曰：益，損上益下，民說无疆，自上下下，其道大光。利有攸往，中正有慶；利涉大川，木道乃行。益動而巽，日進无疆。天施地生，其益无方。凡益之道，與時偕行。

〈象〉曰：風雷，益；君子以見善則遷，有過則改。

初九，利用為大作，元吉，无咎。

〈象〉曰：元吉，无咎，下不厚事也。

六二，或益之十朋之龜，弗克違，永貞吉。王用享于帝，吉。

〈象〉曰：或益之，自外來也。

六三，益之用凶事，无咎。有孚中行，告公用圭。
〈象〉曰：益用凶事，固有之也。
六四，中行告公從，利用為依遷國。
〈象〉曰：告公從，以益志也。
九五，有孚惠心，勿問元吉，有孚惠我德。
〈象〉曰：有孚惠心，勿問之矣；惠我德，大得志也。
上九，莫益之，或擊之。立心勿恆，凶。
〈象〉曰：莫益之，偏辭也；或擊之，自外來也。

夬卦第四十三

䷪夬，揚于王庭，孚號有厲，告自邑，不利即戎。利有攸往。

〈彖〉曰：夬，決也，剛決柔也；健而說，決而和。揚于王庭，柔乘五剛也；孚號有厲，其危乃光也；告自邑，不利即戎，所尚乃窮也；利有攸往，剛長乃終也。

〈象〉曰：澤上於天，夬；君子以施祿及下，居德則忌。

初九，壯于前趾，往不勝為咎。

〈象〉曰：不勝而往，咎也。

九二，惕號，莫夜有戎，勿恤。

〈象〉曰：有戎勿恤，得中道也。

九三，壯于頄，有凶。君子夬夬，獨行遇雨，若濡有慍，无咎。

〈象〉曰：君子夬夬，終无咎也。

九四，臀无膚，其行次且。牽羊悔亡，聞言不信。

〈象〉曰：其行次且，位不當也；聞言不信，聰不明也。

九五，莧陸夬夬，中行无咎。

〈象〉曰：中行无咎，中未光也。

上六，无號，終有凶。

〈象〉曰：无號之凶，終不可長也。

姤卦第四十四

䷫姤，女壯，勿用取女。

〈象〉曰：姤，遇也，柔遇剛也。勿用取女，不可與長也。天地相遇，品物咸章也；剛遇中正，天下大行也。姤之時義大矣哉！

〈象〉曰：天下有風，姤；后以施命誥四方。

初六，繫于金柅，貞吉，有攸往，見凶，羸豕孚，蹢躅。

〈象〉曰：繫于金柅，柔道牽也。

九二，包有魚，无咎，不利賓。

〈象〉曰：包有魚，義不及賓也。

九三，臀无膚，其行次且，厲，无大咎。

〈象〉曰：其行次且，行未牽也。

九四，包无魚，起凶。

〈象〉曰：无魚之凶，遠民也。

九五，以杞包瓜，含章，有隕自天。

〈象〉曰：九五含章，中正也；有隕自天，志不舍命也。

上九，姤其角，吝，无咎。

〈象〉曰：姤其角，上窮吝也。

萃卦第四十五

䷬萃，亨。王假有廟，利見大人，亨，利貞。用大牲吉，利有攸往。

〈象〉曰：萃，聚也；順以說，剛中而應，故聚也。王假有廟，致孝享也；利見大人，亨，聚以正也；用大牲吉，利有攸往，順天命也。觀其所聚，而天地萬物之情可見矣。

〈象〉曰：澤上於地，萃；君子以除戎器，戒不虞。

初六，有孚不終，乃亂乃萃，若號，一握為笑，勿恤，往无咎。

〈象〉曰：乃亂乃萃，其志亂也。

六二，引吉，无咎，孚乃利用禴。

〈象〉曰：引吉，无咎，中未變也。

六三，萃如嗟如，无攸利，往无咎，小吝。

〈象〉曰：往无咎，上巽也。

九四，大吉，无咎。

〈象〉曰：大吉，无咎，位不當也。

九五，萃有位，无咎。匪孚，元永貞，悔亡。

〈象〉曰：萃有位，志未光也。

上六，齎咨涕洟，无咎。

〈象〉曰：齎咨涕洟，未安上也。

升卦第四十六

䷭升，元亨，用見大人，勿恤，南征吉。

〈彖〉曰：柔以時升，巽而順，剛中而應，是以大亨。用見大人，勿恤，有慶也；南征吉，志行也。

〈象〉曰：地中生木，升；君子以順德，積小以高大。

初六，允升，大吉。

〈象〉曰：允升，大吉，上合志也。

九二，孚乃利用禴，无咎。

〈象〉曰：九二之孚，有喜也。

九三，升虛邑。

〈象〉曰：升虛邑，无所疑也。

六四，王用亨于岐山，吉，无咎。

〈象〉曰：王用亨于岐山，順事也。

六五，貞吉，升階。

〈象〉曰：貞吉升階，大得志也。

上六，冥升，利于不息之貞。

〈象〉曰：冥升在上，消不富也。

困卦第四十七

䷮ 困，亨，貞，大人吉，无咎。有言不信。

〈彖〉曰：困，剛揜也。險以說，困而不失其所亨，其唯君子乎？貞，大人吉，以剛中也；有言不信，尚口乃窮也。

〈象〉曰：澤无水，困；君子以致命遂志。

初六，臀困于株木，入于幽谷，三歲不覿。

〈象〉曰：入于幽谷，幽不明也。

九二，困于酒食，朱紱方來，利用享祀，征凶，无咎。

〈象〉曰：困于酒食，中有慶也。

六三，困于石，據于蒺藜，入于其宮，不見其妻，凶。

〈象〉曰：據于蒺藜，乘剛也；入于其宮，不見其妻，不祥也。

九四，來徐徐，困于金車，吝，有終。

〈象〉曰：來徐徐，志在下也；雖不當位，有與也。

九五，劓刖，困于赤紱，乃徐有說，利用祭祀。

〈象〉曰：劓刖，志未得也；乃徐有說，以中直也；利用祭祀，受福也。

上六，困于葛藟，于臲卼，曰動悔有悔，征吉。

〈象〉曰：困于葛藟，未當也；動悔有悔，吉行也。

井卦第四十八

䷯井，改邑不改井，无喪无得，往來井井。汔至亦未繘井，羸其瓶，凶。

〈象〉曰：巽乎水而上水，井養而不窮也。改邑不改井，乃以剛中也；汔至亦未繘井，未有功也；羸其瓶，是以凶也。

〈象〉曰：木上有水，井；君子以勞民勸相。

初六，井泥不食，舊井无禽。

〈象〉曰：井泥不食，下也；舊井无禽，時舍也。

九二，井谷射鮒，甕敝漏。

〈象〉曰：井谷射鮒，无與也。

九三，井渫不食，為我心惻，可用汲。王明，並受其福。

〈象〉曰：井渫不食，行惻也；求王明，受福也。

六四，井甃，无咎。

〈象〉曰：井甃无咎，脩井也。

九五，井洌，寒泉食。

〈象〉曰：寒泉之食，中正也。

上六，井收，勿幕，有孚，元吉。

〈象〉曰：元吉在上，大成也。

革卦第四十九

䷰革，巳日乃孚，元、亨、利、貞，悔亡。

〈象〉曰：革，水火相息，二女同居，其志不相得，曰革。巳日乃孚，革而信之；文明以說，大亨以正；革而當，其悔乃亡。天地革而四時成，湯武革命，順乎天而應乎人。革之時大矣哉！

〈象〉曰：澤中有火，革；君子以治厤明時。

初九，鞏用黃牛之革。

〈象〉曰：鞏用黃牛，不可以有為也。

六二，巳日乃革之，征吉，无咎。

〈象〉曰：巳日革之，行有嘉也。

九三，征凶，貞厲，革言三就，有孚。

〈象〉曰：革言三就，又何之矣！

九四，悔亡，有孚改命，吉。

〈象〉曰：改命之吉，信志也。

九五，大人虎變，未占有孚。

〈象〉曰：大人虎變，其文炳也。

上六，君子豹變，小人革面，征凶，居貞吉。

〈象〉曰：君子豹變，其文蔚也；小人革面，順以從君也。

鼎卦第五十

䷱鼎，元吉，亨。

〈彖〉曰：鼎，象也，以木巽火，亨飪也。聖人亨以享上帝，而大亨以養聖賢。巽而耳目聰明。柔進而上行，得中而應乎剛，是以元亨。

〈象〉曰：木上有火，鼎；君子以正位凝命。

初六，鼎顛趾，利出否，得妾以其子，无咎。

〈象〉曰：鼎顛趾，未悖也；利出否，以從貴也。

九二，鼎有實，我仇有疾，不我能即，吉。

〈象〉曰：鼎有實，慎所之也；我仇有疾，終无尤也。

九三，鼎耳革，其行塞，雉膏不食。方雨虧悔，終吉。

〈象〉曰：鼎耳革，失其義也。

九四，鼎折足，覆公餗，其形渥，凶。

〈象〉曰：覆公餗，信如何也！

六五，鼎黃耳金鉉，利貞。

〈象〉曰：鼎黃耳，中以為實也。

上九，鼎玉鉉，大吉，无不利。

〈象〉曰：玉鉉在上，剛柔節也。

震卦第五十一

䷲震，亨。震來虩虩，笑言啞啞，震驚百里，不喪匕鬯。

〈彖〉曰：震，亨，震來虩虩，恐致福也；笑言啞啞，後有則也；震驚百里，驚遠而懼邇也。出可以守宗廟社稷，以為祭主也。

〈象〉曰：洊雷，震；君子以恐懼脩省。

初九，震來虩虩，後笑言啞啞，吉。

〈象〉曰：震來虩虩，恐致福也；笑言啞啞，後有則也。
六二，震來厲，億喪貝，躋于九陵，勿逐，七日得。
〈象〉曰：震來厲，乘剛也。
六三，震蘇蘇，震行无眚。
〈象〉曰：震蘇蘇，位不當也。
九四，震遂泥。
〈象〉曰：震遂泥，未光也。
六五，震往來厲，億无喪，有事。
〈象〉曰：震往來厲，危行也；其事在中，大无喪也。

上六，震索索，視矍矍，征凶。震不于其躬，于其鄰，无咎。婚媾有言。

〈象〉曰：震索索，中未得也；雖凶无咎，畏鄰戒也。

艮卦第五十二

䷳艮，艮其背，不獲其身；行其庭，不見其人，无咎。

〈象〉曰：艮，止也。時止則止，時行則行，動靜不失其時，其道光明。艮其止，止其所也；上下敵應，不相與也；是以不獲其身，行其庭，不見其人，无咎也。

〈象〉曰：兼山，艮；君子以思不出其位。

初六，艮其趾无咎，利永貞。

〈象〉曰：艮其趾，未失正也。

六二，艮其腓，不拯其隨，其心不快。

〈象〉曰：不拯其隨，未退聽也。

九三，艮其限，列其夤，厲薰心。

〈象〉曰：艮其限，危薰心也。

六四，艮其身，无咎。

〈象〉曰：艮其身，止諸躬也。

六五，艮其輔，言有序，悔亡。

〈象〉曰：艮其輔，以中正也。

上九，敦艮，吉。

〈象〉曰：敦艮之吉，以厚終也。

漸卦第五十三

䷴漸，女歸吉，利貞。

〈彖〉曰：漸之進也，女歸吉也。進得位，往有功也；進以正，可以正邦也；其位，剛得中也；止而巽，動不窮也。

〈象〉曰：山上有木，漸；君子以居賢德善俗。

初六，鴻漸于干，小子厲，有言，无咎。

〈象〉曰：小子之厲，義无咎也。

六二，鴻漸于磐，飲食衎衎，吉。

〈象〉曰：飲食衎衎，不素飽也。

九三，鴻漸于陸，夫征不復，婦孕不育，凶。利禦寇。

〈象〉曰：夫征不復，離羣醜也；婦孕不育，失其道也；利用禦寇，順相保也。

六四，鴻漸于木，或得其桷，无咎。
〈象〉曰：或得其桷，順以巽也。
九五，鴻漸于陵，婦三歲不孕，終莫之勝，吉。
〈象〉曰：終莫之勝，吉，得所願也。
上九，鴻漸于陸，其羽可用為儀，吉。
〈象〉曰：其羽可用為儀，吉，不可亂也。

歸妹卦第五十四

䷵歸妹，征凶，无攸利。

〈彖〉曰：歸妹，天地之大義也。天地不交，而萬物不興；歸妹，人之終始也。說以動，所歸妹也。征凶，位不當也；无攸利，柔乘剛也。

〈象〉曰：澤上有雷，歸妹；君子以永終知敝。

初九，歸妹以娣，跛能履，征吉。

〈象〉曰：歸妹以娣，以恆也，跛能履，吉相承也。

九二，眇能視，利幽人之貞。
〈象〉曰：利幽人之貞，未變常也。
六三，歸妹以須，反歸以娣。
〈象〉曰：歸妹以須，未當也。
九四，歸妹愆期，遲歸有時。
〈象〉曰：愆期之志，有待而行也。
六五，帝乙歸妹，其君之袂，不如其娣之袂良；月幾望，吉。
〈象〉曰：帝乙歸妹，不如其娣之袂良也；其位在中，以貴行也。
上六，女承筐，无實；士刲羊，无血。无攸利。

〈象〉曰：上六无實，承虛筐也。

豐卦第五十五

䷶豐，亨，王假之，勿憂，宜日中。

〈彖〉曰：豐，大也，明以動，故豐。王假之，尚大也；勿憂，宜日中，宜照天下也。日中則昃，月盈則食，天地盈虛，與時消息，而況於人乎？況於鬼神乎？

〈象〉曰：雷電皆至，豐；君子以折獄致刑。

初九，遇其配主，雖旬无咎，往有尚。

吉。

〈象〉曰：雖旬无咎，過旬災也。

六二，豐其蔀，日中見斗，往得疑疾；有孚發若，吉。

〈象〉曰：有孚發若，信以發志也。

九三，豐其沛，日中見沬，折其右肱，无咎。

〈象〉曰：豐其沛，不可大事也；折其右肱，終不可用也。

九四，豐其蔀，日中見斗；遇其夷主，吉。

〈象〉曰：豐其蔀，位不當也；日中見斗，幽不明也；遇其夷主，吉行也。

六五，來章，有慶譽，吉。

〈象〉曰：六五之吉，有慶也。

上六，豐其屋，蔀其家，闚其戶，闃其无人，三歲不覿，凶。

〈象〉曰：豐其屋，天際翔也；闚其戶，闃其无人，自藏也。

旅卦第五十六

䷷旅，小亨，旅貞吉。

〈象〉曰：旅，小亨，柔得中乎外，而順乎剛，止而麗乎明，是以小亨，旅貞吉也。旅之時義大矣哉！

〈象〉曰：山上有火，旅；君子以明慎用刑而不留獄。

初六，旅瑣瑣，斯其所取災。

〈象〉曰：旅瑣瑣，志窮災也。

六二，旅即次，懷其資，得童僕，貞。

〈象〉曰：得童僕，貞，終无尤也。

九三，旅焚其次，喪其童僕，貞厲。

〈象〉曰：旅焚其次，亦以傷矣；以旅與下，其義喪也。

九四，旅于處，得其資斧，我心不快。

也。

〈象〉曰：旅于處，未得位也；得其資斧，心未快也。

六五，射雉，一矢亡，終以譽命。

〈象〉曰：終以譽命，上逮也。

上九，鳥焚其巢，旅人先笑後號咷，喪牛于易，凶。

〈象〉曰：以旅在上，其義焚也；喪牛于易，終莫之聞也。

巽卦第五十七

䷸巽，小亨，利有攸往，利見大人。

〈彖〉曰：重巽以申命，剛巽乎中正而志行，柔皆順乎剛，是以小亨，利有攸往，利見大人。

〈象〉曰：隨風，巽；君子以申命行事。

初六，進退，利武人之貞。

〈象〉曰：進退，志疑也；利武人之貞，志治也。

九二，巽在牀下，用史巫紛若，吉，无咎。

〈象〉曰：紛若之吉，得中也。

九三，頻巽，吝。
〈象〉曰：頻巽之吝，志窮也。
六四，悔亡，田獲三品。
〈象〉曰：田獲三品，有功也。
九五，貞吉，悔亡，无不利。无初有終，先庚三日，後庚三日，吉。
〈象〉曰：九五之吉，位正中也。
上九，巽在牀下，喪其資斧，貞凶。
〈象〉曰：巽在牀下，上窮也；喪其資斧，正乎凶也。

兌卦第五十八

䷹兌，亨，利貞。

〈彖〉曰：兌，說也。剛中而柔外，說以利貞，是以順乎天而應乎人。說以先民，民忘其勞；說以犯難，民忘其死。說之大，民勸矣哉！

〈象〉曰：麗澤，兌；君子以朋友講習。

初九，和兌，吉。

〈象〉曰：和兌之吉，行未疑也。

九二，孚兌，吉，悔亡。

〈象〉曰：孚兌之吉，信志也。
六三，來兌，凶。
〈象〉曰：來兌之凶，位不當也。
九四，商兌未寧，介疾有喜。
〈象〉曰：九四之喜，有慶也。
九五，孚于剝，有厲。
〈象〉曰：孚于剝，位正當也。
上六，引兌。
〈象〉曰：上六引兌，未光也。

渙卦第五十九

䷺ 渙，亨，王假有廟，利涉大川，利貞。

〈彖〉曰：渙，亨，剛來而不窮，柔得位乎外而上同。王假有廟，王乃在中也；利涉大川，乘木有功也。

〈象〉曰：風行水上，渙；先王以享于帝立廟。

初六，用拯馬壯，吉。

〈象〉曰：初六之吉，順也。

九二，渙奔其机，悔亡。

〈象〉曰：渙奔其机，得願也。

六三，渙其躬，无悔。
〈象〉曰：渙其躬，志在外也。
六四，渙其羣，元吉。渙有丘，匪夷所思。
〈象〉曰：渙其羣，元吉，光大也。
九五，渙汗其大號，渙王居，无咎。
〈象〉曰：王居无咎，正位也。
上九，渙其血去逖出，无咎。
〈象〉曰：渙其血，遠害也。

節卦第六十

䷻節，亨，苦節不可貞。

〈彖〉曰：節，亨，剛柔分而剛得中。苦節不可貞，其道窮也。說以行險，當位以節，中正以通。天地節而四時成，節以制度，不傷財，不害民。

〈象〉曰：澤上有水，節；君子以制數度，議德行。

初九，不出戶庭，无咎。

〈象〉曰：不出戶庭，知通塞也。

九二，不出門庭，凶。

〈象〉曰：不出門庭，失時極也。

六三，不節若，則嗟若，无咎。

〈象〉曰：不節之嗟，又誰咎也！

六四，安節，亨。

〈象〉曰：安節之亨，承上道也。

九五，甘節，吉，往有尚。

〈象〉曰：甘節之吉，居位中也。

上六，苦節，貞凶，悔亡。

〈象〉曰：苦節貞凶，其道窮也。

中孚卦第六十一

䷼中孚，豚魚吉，利涉大川，利貞。

〈彖〉曰：中孚，柔在內而剛得中，說而巽，孚乃化邦也。豚魚吉，信及豚魚也；利涉大川，乘木舟虛也；中孚以利貞，乃應乎天也。

〈象〉曰：澤上有風，中孚；君子以議獄緩死。

初九，虞吉，有它不燕。

〈象〉曰：初九虞吉，志未變也。

九二，鳴鶴在陰，其子和之；我有好爵，吾與爾靡之。

〈象〉曰：其子和之，中心願也。

六三，得敵，或鼓或罷，或泣或歌。

〈象〉曰：或鼓或罷，位不當也。

六四，月幾望，馬匹亡，无咎。

〈象〉曰：馬匹亡，絕類上也。

九五，有孚攣如，无咎。

〈象〉曰：有孚攣如，位正當也。

上九，翰音登于天，貞凶。

〈象〉曰：翰音登于天，何可長也？

小過卦第六十二

䷽小過，亨，利貞。可小事，不可大事；飛鳥遺之音，不宜上，宜下，大吉。

〈彖〉曰：小過，小者過而亨也。過以利貞，與時行也。柔得中，是以小事吉也；剛失位而不中，是以不可大事也；有飛鳥之象焉，飛鳥遺之音，不宜上，宜下，大吉，上逆而下順也。

〈象〉曰：山上有雷，小過；君子以行過乎恭，喪過乎哀，用過乎儉。

初六，飛鳥以凶。

〈象〉曰：飛鳥以凶，不可如何也。

六二，過其祖，遇其妣，不及其君，遇其臣，无咎。

〈象〉曰：不及其君，臣不可過也。

九三，弗過防之，從或戕之，凶。

〈象〉曰：從或戕之，凶如何也？

九四，无咎，弗過遇之，往厲必戒，勿用，永貞。

〈象〉曰：弗過遇之，位不當也；往厲必戒，終不可長也。

六五，密雲不雨，自我西郊；公弋取彼在穴。

〈象〉曰：密雲不雨，已上也。

上六，弗遇過之，飛鳥離之，凶，是謂災眚。

〈象〉曰：弗遇過之，已亢也。

既濟卦第六十三

䷾既濟，亨小，利貞，初吉終亂。

〈彖〉曰：既濟，亨，小者亨也；利貞，剛柔正而位當也；初吉，柔得中也；終止則亂，其道窮也。

〈象〉曰：水在火上，既濟；君子以思患而豫防之。

初九，曳其輪，濡其尾，无咎。

〈象〉曰：曳其輪，義无咎也。

六二，婦喪其茀，勿逐，七日得。

〈象〉曰：七日得，以中道也。

九三，高宗伐鬼方，三年克之，小人勿用。

〈象〉曰：三年克之，憊也。

六四，繻有衣袽，終日戒。

〈象〉曰：終日戒，有所疑也。

九五，東鄰殺牛，不如西鄰之禴祭，實受其福。

〈象〉曰：東鄰殺牛，不如西鄰之時也；實受其福，吉大來也。

上六，濡其首，厲。

〈象〉曰：濡其首，厲，何可久也？

未濟卦第六十四

䷿未濟，亨，小狐汔濟，濡其尾，无攸利。

〈彖〉曰：未濟，亨，柔得中也；小狐汔濟，未出中也；濡其尾，无攸利，不續終也。雖不當位，剛柔應也。

〈象〉曰：火在水上，未濟；君子以慎辨物居方。

初六，濡其尾，吝。

〈象〉曰：濡其尾，亦不知極也。

九二，曳其輪，貞吉。

〈象〉曰：九二貞吉，中以行正也。

六三，未濟，征凶，利涉大川。

〈象〉曰：未濟，征凶，位不當也。

九四，貞吉，悔亡，震用伐鬼方，三年有賞于大國。

〈象〉曰：貞吉，悔亡，志行也。

六五，貞吉，无悔，君子之光，有孚，吉。

〈象〉曰：君子之光，其暉吉也。

上九，有孚于飲酒，无咎；濡其首，有孚失是。

〈象〉曰：飲酒濡首，亦不知節也。

繫辭上傳

第一章

天尊地卑，乾坤定矣。卑高以陳，貴賤位矣。動靜有常，剛柔斷矣。方以類聚，物以羣分，吉凶生矣。在天成象，在地成形，變化見矣。

是故剛柔相摩，八卦相盪。鼓之以雷霆，潤之以風雨。日月運行，一寒一暑。乾道成男，坤道成女。乾知大始，坤作成物。乾以易知，坤以簡能。易則易知，簡則易從。易知則有親，易從則有功。有親則可久，有功則可大。可久則賢人之德，可大則賢人之業。易簡而天下之理得矣。天下之理得，而成位乎其中矣。

第二章

聖人設卦觀象，繫辭焉而明吉凶，剛柔相推而生變化。是故吉凶者，失得之象也。悔吝者，憂虞之象也。變化者，進退之象也。剛柔者，晝夜之象也。六爻之動，三極之道也。

是故君子所居而安者，《易》之序也；所樂而玩者，爻之辭也。是故君子居則觀其象而玩其辭，動則觀其變而玩其占，是以自天祐之，吉无不利。

第三章

彖者，言乎象者也。爻者，言乎變者也。吉凶者，言乎其失得也。悔吝者，言乎其小疵也。无咎者，善補過也。

是故列貴賤者存乎位，齊小大者存乎卦，辯吉凶者存乎辭，憂悔吝者存乎介，震无咎者存乎悔。是故卦有小大，辭有險易。辭也者，各指其所之。

第四章

《易》與天地準，故能彌綸天地之道。仰以觀於天文，俯以察於地理，是故知幽明之故。原始反終，故知死生之說。精氣為物，遊魂為變，是故知鬼神之情狀。與天地相似，故不違。知周乎萬物而道濟天下，故不過。旁行而不流，樂天知命，故不憂。安土敦乎仁，故能愛。範圍天地之化而不過，曲成萬物而不遺，通乎晝夜之道而知，故神无方而《易》无體。

第五章

一陰一陽之謂道，繼之者善也，成之者性也。仁者見之謂之仁，知者見之謂之知，百姓日用而不知，故君子之道鮮矣。顯諸仁，藏諸用，鼓萬物而不與聖人同憂。盛德大業至矣哉！富有之謂大業，日新之謂盛德。生生之謂易，成象之謂乾，效法之謂坤，極數知來之謂占，通變之謂事，陰陽不測之謂神。

第六章

夫《易》廣矣大矣，以言乎遠則不禦，以言乎邇則靜而正，以言乎天地之間則備矣。

夫乾，其靜也專，其動也直，是以大生焉。夫坤，其靜也翕，其動也闢，是以廣生焉。廣大配天地，變通配四時，陰陽之義配日月，易簡之善配至德。

第七章

子曰：「《易》其至矣乎！夫《易》，聖人所以崇德而廣業也。知崇禮卑，崇效天，卑法地。天地設位，而《易》行乎其中矣。成性存存，道義之門。」

第八章

聖人有以見天下之賾，而擬諸其形容，象其物宜，是故謂之象。聖人有以見天下之動，而觀其會通，以行其典禮。繫辭焉以斷其吉凶，是故謂之爻。言天下之至賾而不可惡也，言天下之至動而不可亂也。擬之而後言，議之而後動，擬議以成其變化。

「鳴鶴在陰，其子和之；我有好爵，吾與爾靡之。」子曰：「君子居其室，出其言善，則千里之外應之，況其邇者乎？居其室，出其言不善，則千里之外違之，況其邇者乎？言出乎身，加乎民；行發乎邇，見乎遠。言行，君子之樞機，樞機之發，榮辱之主也。言行，君子之所以動天地也，可不慎乎？」

「同人，先號咷而後笑。」子曰：「君子之道，或出或處，或默或語。二人同心，其利斷金；同心之言，其臭如蘭。」

「初六，藉用白茅，无咎。」子曰：「苟錯諸地而可矣，藉之用茅，何咎之有？慎之至也。夫茅之為物薄，而用可重也。慎斯術也以往，其无所失矣。」

「勞謙，君子有終，吉。」子曰：「勞而不伐，有功而不德，厚之至也。語以其功下人者也。德言盛，禮言恭。謙也者，致恭以存其位者也。」

「亢龍有悔。」子曰：「貴而无位，高而无民，賢人在下位而无輔，是以動而有悔也。」

「不出戶庭，无咎。」子曰：「亂之所生也，則言語以為階。君不密則失臣，臣不密則失身，幾事不密則害成。是以君子慎密而不出也。」

子曰：「作《易》者其知盜乎！《易》曰：『負且乘，致寇至。』負也者，小人之事也；乘也者，君子之器也。小人而乘君子之器，盜思奪之矣；上慢下暴，盜思伐之矣。慢藏誨盜，冶容誨淫。《易》曰『負且乘，致寇至』，盜之招也。」

第九章

大衍之數五十，其用四十有九。分而為二以象兩，掛一以象三，揲之以四以象四時，歸奇於扐以象閏，五歲再閏，故再扐而後掛。天數五，地數五，五位相得而各有合。天數二十有五，地數三十，凡天地之數五十有五。此所以成變化而行鬼神也。乾之策二百一十有六，坤之策百四十有四，凡三百有六十，當期之日。二篇之策，萬有一千五百二十，當萬物之數也。是故四營而成《易》，十有八變而成卦，八卦而小成。引而伸之，觸類而長之，天下之能事畢矣。顯道神德行，是故可與酬酢，可與祐神矣。子曰：「知變化之道者，其知神之所為乎！」

第十章

《易》有聖人之道四焉：以言者尚其辭，以動者尚其變，以制器者尚其象，以卜筮者尚其占。

是以君子將有為也，將有行也，問焉而以言，其受命也如嚮，无有遠近幽深，遂知來物。非天下之至精，其孰能與於此？參伍以變，錯綜其數，通其變，遂成天下之文；極其數，遂定天下之象。非天下之至變，其孰能與於此？《易》无思也，无為也，寂然不動，感而遂通天下之故。非天下之至神，其孰能與於此？

夫《易》，聖人之所以極深而研幾也。唯深也，故能通天下之志；唯幾也，故能成天下之務；唯神也，故不疾而速，不行而至。子曰：「易有聖人之道四焉」者，此之謂也。

第十一章

天一、地二，天三、地四，天五、地六，天七、地八，天九、地十。

子曰：「夫《易》何為者也？夫《易》開物成務，冒天下之道，如斯而已者也。」是故聖人以通天下之志，以定天下之業，以斷天下之疑。

是故蓍之德圓而神，卦之德方以知，六爻之義易以貢。聖人以此洗心，退藏於密，吉凶與民同患。神以知來，知以藏往。其孰能與此哉？古之聰明叡知、神武而不殺者夫！是以明於天之道，而察於民之故，是興神物以前民用。聖人以此齊戒，以神明其德夫！

是故闔戶謂之坤，闢戶謂之乾；一闔一闢謂之變，往來不窮謂之通；見乃謂之象，形乃謂之器，制而用之謂之法，利用出入，民咸用之謂之神。

是故《易》有太極，是生兩儀，兩儀生四象，四象生八卦，八卦定吉凶，吉凶生大業。

是故法象莫大乎天地；變通莫大乎四時；縣象著明莫大乎日月；崇高莫大乎富貴；備物致用，立成器以為天下利，莫大乎聖人；探賾索隱，鉤深致遠，以定天下之吉凶，成天下之亹亹者，莫大乎蓍龜。

是故天生神物，聖人則之；天地變化，聖人效之；天垂象，見吉凶，聖人象之；河出圖，洛出書，聖人則之。《易》有四象，所以示也；繫辭焉，所以告也；定之以吉凶，所以斷也。

第十二章

《易》曰：「自天祐之，吉无不利」。子曰：「祐者，助也。天之所助者，順也；人之所助者，信也。履信思乎順，又以尚賢也，是以『自天祐之，吉无不利』也。」

子曰：「書不盡言，言不盡意。」然則聖人之意其不可見乎？子曰：「聖人立象以盡意，設卦以盡情偽，繫辭以盡其言，變而通之以盡利，鼓之舞之以盡神。」

乾坤其《易》之緼邪？乾坤成列，而《易》立乎其中矣。乾坤毀，則无以見《易》，《易》不可見，則乾坤或幾乎息矣。

是故形而上者謂之道，形而下者謂之器，化而裁之謂之變，推而行之謂之通，舉而錯之天下之民謂之事業。

是故夫象，聖人有以見天下之賾，而擬諸其形容，象其物宜，是故謂之象。聖人有以見天下之動，而觀其會通，以行其典禮，繫辭焉以斷其吉凶，是故謂之爻。極天下之賾者存乎卦；鼓天下之動者存乎辭；化而裁之存乎變；推而行之存乎通；神而明之存乎其人；默而成之，不言而信，存乎德行。

繫辭下傳

第一章

八卦成列，象在其中矣；因而重之，爻在其中矣；剛柔相推，變在其中矣；繫辭焉而命之，動在其中矣。吉凶悔吝者，生乎動者也；剛柔者，立本者也；變通者，趣時者也。吉凶者，貞勝者也；天地之道，貞觀者也；日月之道，貞明者也；天下之動，貞夫一者也。夫乾，確然示人易矣；夫坤，隤然示人簡矣。爻也者，效此者也；象也者，像此者也。爻象動乎內，吉凶見乎外。功業見乎變，聖人之情見乎辭。天地之大德曰生，聖人之大寶曰位。何以守位？曰仁。何以聚人？曰財。理財正辭、禁民為非曰義。

第二章

古者包犧氏之王天下也；仰則觀象於天，俯則觀法於地，觀鳥獸之文，與地之宜，近取諸身，遠取諸物，於是始作八卦，以通神明之德，以類萬物之情。作結繩而為罔罟，以佃以漁，蓋取諸〈離〉。

包犧氏沒，神農氏作，斲木為耜，揉木為耒，耒耨之利，以教天下，蓋取諸〈益〉。日中為市，致天下之民，聚天下之貨，交易而退，各得其所，蓋取諸〈噬嗑〉。

神農氏沒，黃帝、堯、舜氏作，通其變，使民不倦，神而化之，使民宜之。《易》窮則變，變則通，通則久，是以「自天祐之，吉无不利」。黃帝、堯、舜垂衣裳而天下治，蓋取諸〈乾〉、〈坤〉。

刳木為舟，剡木為楫，舟楫之利，以濟不通，致遠以利天下，蓋取諸〈渙〉。服牛乘馬，引重致遠，以利天下，蓋取諸〈隨〉。重門擊柝，以待暴客，蓋取諸〈豫〉。斷木為杵，掘地為臼，臼杵之利，萬民以濟，蓋取諸〈小過〉。弦木為弧，剡木為矢，弧矢之利，以威天下，蓋取諸〈睽〉。上古穴居而野處，後世聖人易之以宮室，上棟下宇，以待風雨，蓋取諸〈大壯〉。古之葬者，厚衣之以薪，葬之中野，不封不樹，喪期无數，後世聖人易之以棺椁，蓋取諸〈大過〉。上古結繩而治，後世聖人易之以書契，百官以治，萬民以察，蓋取諸〈夬〉。

第三章

是故《易》者，象也。象也者，像也。彖者，材也。爻也者，效天下之動者也。是故吉凶生而悔吝著也。

第四章

陽卦多陰，陰卦多陽。其故何也？陽卦奇，陰卦耦。其德行何也？陽一君而二民，君子之道也；陰二君而一民，小人之道也。

第五章

《易》曰：「憧憧往來，朋從爾思」。子曰：「天下何思何慮？天下同歸而殊塗，一致而百慮，天下何思何慮？」日往則月來，月往則日來，日月相推而明生焉；寒往則暑來，暑往則寒來，寒暑相推而歲成焉。往者屈也，來者信也，屈信相感而利生焉。尺蠖之屈，以求信也；龍蛇之蟄，以存身也。精義入神，以致用也；利用安身，以崇德也。過此以往，未之或知也。窮神知化，德之盛也。

《易》曰：「困于石，據于蒺蔾，入于其宮，不見其妻，凶。」子曰：「非所困而困焉，名必辱；非所據而據焉，身必危。既辱且危，死期將至，妻其可得見耶？」

《易》曰：「公用射隼于高墉之上，獲之，无不利。」子曰：「隼者，禽也；弓矢者，器也；射之者，人也。君子藏器於身，待時而動，何不利之有？動而不括，是以出而有獲，語成器而動者也。」

子曰：「小人不恥不仁，不畏不義，不見利不勸，不威不懲。小懲而大誡，小人之福也。《易》曰：『履校滅趾，无咎』，此之謂也。」

「善不積不足以成名，惡不積不足以滅身。小人以小善為无益而弗為也，以小惡為无傷而弗去也，故惡積而不可揜，罪大而不可解。《易》曰：『何校滅耳，凶』。」

子曰：「危者，安其位者也；亡者，保其存者也；亂者，有其治者也。是故君子安而不忘危，存而不忘亡，治而不忘亂，是以身安而國家可保也。《易》曰：『其亡其亡，繫于苞桑。』」

子曰：「德薄而位尊，知小而謀大，力小而任重，鮮不及矣。《易》曰：『鼎折足，覆公餗，其形渥，凶。』言不勝其任也。」

子曰：「知幾其神乎！君子上交不諂，下交不瀆。其知幾乎！幾者，動之微，吉之先見者也。君子見幾而作，不俟終日。《易》曰：『介于石，不終日，貞吉。』介如石焉，寧用終日？斷可識矣。君子知微知彰，知柔知剛，萬夫之望。」

子曰：「顏氏之子，其殆庶幾乎！有不善，未嘗不知；知之，未嘗復行也。《易》曰：『不遠復，无祇悔，元吉。』」

「天地絪縕，萬物化醇；男女構精，萬物化生。《易》曰：『三人行，則損一人；一人行，則得其友。』言致一也。」

子曰：「君子安其身而後動，易其心而後語，定其交而後求，君子脩此三者，故全也。危以動，則民不與也；懼以語，則民不應也；无交而求，則民不與也。莫之與，則傷之者至矣。《易》曰：『莫益之，或擊之，立心勿恆，凶。』」

第六章

子曰：「〈乾〉、〈坤〉，其《易》之門邪？」

〈乾〉，陽物也；〈坤〉，陰物也。陰陽合德而剛柔有體，以體天地之撰，以通神明之德。其稱名也，雜而不越，於稽其類，其衰世之意邪？

夫《易》，彰往而察來，而微顯闡幽。開而當名辨物，正言斷辭則備矣。其稱名也小，其取類也大，其旨遠，其辭文，其言曲而中，其事肆而隱。因貳以濟民行，以明失得之報。

第七章

《易》之興也，其於中古乎？作《易》者，其有憂患乎？

是故〈履〉，德之基也；〈謙〉，德之柄也；〈復〉，德之本也；〈恆〉，德之固也；〈損〉，德之脩也；〈益〉，德之裕也；〈困〉，德之辨也；〈井〉，德之地也；〈巽〉，德之制也。

〈履〉，和而至；〈謙〉，尊而光；〈復〉，小而辨於物；〈恆〉，雜而不厭；〈損〉，先難而後易；〈益〉，長裕而不設；〈困〉，窮而通；〈井〉，居其所而遷；〈巽〉，稱而隱。

〈履〉以和行，〈謙〉以制禮，〈復〉以自知，〈恆〉以一德，〈損〉以遠害，〈益〉以興利，〈困〉以寡怨，〈井〉以辯義，〈巽〉以行權。

第八章

《易》之為書也，不可遠，為道也屢遷，變動不居，周流六虛，上下无常，剛柔相易，不可為典要，唯變所適。

其出入以度，外內使知懼。又明於憂患與故，无有師保，如臨父母。初率其辭，而揆其方，既有典常。苟非其人，道不虛行。

第九章

《易》之為書也，原始要終以為質也。六爻相雜，唯其時物也。其初難知，其上易知，本末也。初辭擬之，卒成之終。

若夫雜物撰德，辯是與非，則非其中爻不備。噫！亦要存亡吉凶，則居可知矣。知者觀其彖辭，則思過半矣。

二與四同功而異位，其善不同。二多譽，四多懼，近也。柔之為道，不利遠者，其要无咎，其用柔中也。三與五同功而異位。三多凶，五多功，貴賤之等也。其柔危，其剛勝邪！

第十章

《易》之為書也，廣大悉備。有天道焉，有人道焉，有地道焉。兼三才而兩之，故六。六者非它也，三才之道也。

道有變動，故曰爻。爻有等，故曰物。物相雜，故曰文。文不當，故吉凶生焉。

第十一章

《易》之興也，其當殷之末世、周之盛德邪？當文王與紂之事邪？是故其辭危。危者使平，易者使傾，其道甚大，百物不廢。懼以終始，其要无咎。此之謂《易》之道也。

第十二章

夫〈乾〉，天下之至健也，德行恆易以知險；夫〈坤〉，天下之至順也，德行恆簡以知阻。能說諸心，能研諸侯之慮，定天下之吉凶，成天下之亹亹者。是故變化云為，吉事有祥。象事知器，占事知來。

天地設位，聖人成能，人謀鬼謀，百姓與能。八卦以象告，爻彖以情言，剛柔雜居，而吉凶可見矣。變動以利言，吉凶以情遷，是故愛惡相攻而吉凶生，遠近相取而悔吝生，情偽相感而利害生。凡《易》之情，近而不相得則凶；或害之，悔且吝。

將叛者其辭慚，中心疑者其辭枝，吉人之辭寡，躁人之辭多，誣善之人其辭游，失其守者其辭屈。

說卦傳

第一章

昔者聖人之作《易》也，幽贊於神明而生蓍，參天兩地而倚數，觀變於陰陽而立卦，發揮於剛柔而生爻，和順於道德而理於義，窮理盡性以至於命。

第二章

昔者聖人之作《易》也，將以順性命之理。是以立天之道曰陰與陽，立地之道曰柔與剛，立人之道曰仁與義。兼三才而兩之，故《易》六畫而成卦；分陰分陽，迭用柔剛，故《易》六位而成章。

第三章

天地定位，山澤通氣，雷風相薄，水火不相射，八卦相錯。數往者順，知來者逆，是故《易》，逆數也。

第四章

雷以動之，風以散之，雨以潤之，日以烜之，艮以止之，兌以說之，乾以君之，坤以藏之。

第五章

帝出乎〈震〉，齊乎〈巽〉，相見乎〈離〉，致役乎〈坤〉，說言乎〈兌〉，戰乎〈乾〉，勞乎〈坎〉，成言乎〈艮〉。

萬物出乎〈震〉，〈震〉東方也。齊乎〈巽〉，〈巽〉東南也；齊也者，言萬物之絜齊也。〈離〉也者，明也，萬物皆相見，南方之卦也；聖人南面而聽天下，嚮明而治，蓋取諸此也。〈坤〉也者，地也，萬物皆致養焉，故曰致役乎〈坤〉。〈兌〉，正秋也，萬物之所說也，故曰說言乎〈兌〉。戰乎〈乾〉，〈乾〉，西北之卦也，言陰陽相薄也。〈坎〉者，水也，正北方之卦也，勞卦也，萬物之所歸也，故曰勞乎〈坎〉。〈艮〉，東北之卦也，萬物之所成終而所成始也，故曰成言乎〈艮〉。

第六章

神也者，妙萬物而為言者也。動萬物者莫疾乎雷，橈萬物者莫疾乎風，燥萬物者莫熯乎火，說萬物者莫說乎澤，潤萬物者莫潤乎水，終萬物始萬物者莫盛乎艮。故水火相逮，雷風不相悖，山澤通氣，然後能變化既成萬物也。

第七章

〈乾〉，健也；〈坤〉，順也；〈震〉，動也；〈巽〉，入也；〈坎〉，陷也；〈離〉，麗也；〈艮〉，止也；〈兌〉，說也。

第八章

〈乾〉為馬，〈坤〉為牛，〈震〉為龍，〈巽〉為雞，〈坎〉為豕，〈離〉為雉，〈艮〉為狗，〈兌〉為羊。

第九章

〈乾〉為首，〈坤〉為腹，〈震〉為足，〈巽〉為股，〈坎〉為耳，〈離〉為目，〈艮〉為手，〈兌〉為口。

第十章

〈乾〉，天也，故稱乎父；〈坤〉，地也，故稱乎母。〈震〉一索而得男，故謂之長男；〈巽〉一索而得女，故謂之長女；〈坎〉再索而得男，故謂之中男；〈離〉再索而得女，故謂之中女；〈艮〉三索而得男，故謂之少男；〈兌〉三索而得女，故謂之少女。

第十一章

〈乾〉為天，為圜，為君，為父，為玉，為金，為寒，為冰，為大赤，為良馬，為老馬，為瘠馬，為駁馬，為木果。

〈坤〉為地，為母，為布，為釜，為吝嗇，為均，為子母牛，為大輿，為文，為眾，為柄，其於地也為黑。

〈震〉為雷，為龍，為玄黃，為旉，為大塗，為長子，為決躁，為蒼筤竹，為萑葦。其於馬也，為善鳴，為馵足，為作足，為的顙。其於稼也，為反生。其究為健，為蕃鮮。

〈巽〉為木，為風，為長女，為繩直，為工，為白，為長，為高，為進退，為不果，為臭。其於人也，為寡髮，為廣顙，為多白眼，為近利市三倍。其究為躁卦。

〈坎〉為水，為溝瀆，為隱伏，為矯輮，為弓輪。其於人也，為加憂，為心病，為耳痛。為血卦，為赤。其於馬也，為美脊，為亟心，為下首，為薄蹄，為曳。其於輿也，為多眚。為通，為月，為盜。其於木也，為堅多心。

〈離〉為火，為日，為電，為中女，為甲胄，為戈兵。其於人也，為大腹，為乾卦。為鱉，為蟹，為蠃，為蚌，為龜。其於木也，為科上槁。

〈艮〉為山，為徑路，為小石，為門闕，為果蓏，為閽寺，為指，為狗，為鼠，為黔喙之屬。其於木也，為堅多節。

〈兌〉為澤，為少女，為巫，為口舌，為毀折，為附決。其於地也，為剛鹵。為妾，為羊。

序卦傳

有天地然後萬物生焉，盈天地之間者唯萬物，故受之以〈屯〉。屯者，盈也；屯者，物之始生也；物生必蒙，故受之以〈蒙〉。蒙者，蒙也，物之穉也；物穉不可不養也，故受之以〈需〉。需者，飲食之道也；飲食必有訟，故受之以〈訟〉。訟必有眾起，故受之以〈師〉。

師者，眾也；眾必有所比，故受之以〈比〉。比者，比也；比必有所畜，故受之以〈小畜〉。物畜然後有禮，故受之以〈履〉。履者，禮也。履而泰然後安，故受之以〈泰〉。泰者，通也；物不可以終通，故受之以〈否〉。

物不可以終否，故受之以〈同人〉。與人同者，物必歸焉，故受之以〈大有〉。有大者不可以盈，故受之以〈謙〉。有大而能謙必豫，故受之以〈豫〉。豫必有隨，故受之以〈隨〉。

以喜隨人者必有事，故受之以〈蠱〉。蠱者，事也；有事而後可大，故受之以〈臨〉。臨者，大也；物大然後可觀，故受之以〈觀〉。可觀而後有所合，故受之以〈噬嗑〉。嗑者，合也；物不可以苟合而已，故受之以〈賁〉。

賁者，飾也；致飾然後亨則盡矣，故受之以〈剝〉。剝者，剝也；物不可以終盡，剝窮上反下，故受之以〈復〉。復則不妄矣，故受之以〈无妄〉。有无妄然後可畜，故受之以〈大畜〉。物畜然後可養，故受之以〈頤〉。

頤者，養也；不養則不可動，故受之以〈大過〉。物不可以終過，故受之以〈坎〉。坎者，陷也；陷必有所麗，故受之以〈離〉。離者，麗也。

有天地然後有萬物，有萬物然後有男女，有男女然後有夫婦，有夫婦然後有父子，有父子然後有君臣，有君臣然後有上下，有上下然後禮義有所錯。夫婦之道不可以不久也，故受之以〈恆〉。恆者，久也；物不可以久居其所，故受之以〈遯〉。遯者，退也；物不可以終遯，故受之以〈大壯〉。

物不可以終壯，故受之以〈晉〉。晉者，進也；進必有所傷，故受之以〈明夷〉。夷者，傷也；傷於外者必反於家，故受之以〈家人〉。家道窮必乖，故受之以〈睽〉。

睽者，乖也；乖必有難，故受之以〈蹇〉。蹇者，難也；物不可以終難，故受之以〈解〉。解者，緩也；緩必有所失，故受之以〈損〉。損而不已必益，故受之以〈益〉。益而不已必決，故受之以〈夬〉。夬者，決也；決必有遇，故受之以〈姤〉。姤者，遇也；物相遇而後聚，故受之以〈萃〉。

萃者，聚也；聚而上者謂之升，故受之以〈升〉。升而不已必困，故受之以〈困〉。困乎上者必反下，故受之以〈井〉。井道不可不革，故受之以〈革〉。革物者莫若鼎，故受之以〈鼎〉。主器者莫若長子，故受之以〈震〉。

震者，動也；物不可以終動，止之，故受之以〈艮〉。艮者，止也；物不可以終止，故受之以〈漸〉。漸者，進也；進必有所歸，故受之以〈歸妹〉。得其所歸者必大，故受之以〈豐〉。豐者，大也；窮大者必失其居，故受之以〈旅〉。旅而无所容，故受之以〈巽〉。

巽者，入也；入而後說之，故受之以〈兌〉。兌者，說也；說而後散之，故受之以〈渙〉。渙者，離也；物不可以終離，故受之以〈節〉。節而信之，故受之以〈中孚〉。有其信者必行之，故受之以〈小過〉。有過物者必濟，故受之以〈既濟〉。物不可窮也，故受之以〈未濟〉終焉。

雜卦傳

〈乾〉剛〈坤〉柔，〈比〉樂〈師〉憂。〈臨〉〈觀〉之義，或與或求。〈屯〉見而不失其居，〈蒙〉雜而著。〈震〉起也，〈艮〉止也，〈損〉〈益〉盛衰之始也。〈大畜〉時也，〈无妄〉災也；〈萃〉聚而〈升〉不來也。〈謙〉輕而〈豫〉怠也。〈噬嗑〉食也，〈賁〉无色也；〈兌〉見而〈巽〉伏也。〈隨〉无故也，〈蠱〉則飭也。〈剝〉爛也，〈復〉反也。〈晉〉晝也。〈明夷〉誅也；〈井〉通而〈困〉相遇也。

〈咸〉速也，〈恆〉久也。〈渙〉離也，〈節〉止也。〈解〉緩也，〈蹇〉難也。〈睽〉外也，〈家人〉內也；〈否〉〈泰〉反其類也。〈大壯〉則止，〈遯〉則退也。〈大有〉眾也，〈同人〉親也。〈革〉去故也。〈鼎〉取新也。

〈小過〉，過也，〈中孚〉信也。〈豐〉多故也，親寡〈旅〉也；〈離〉上而〈坎〉下也。〈小畜〉寡也，〈履〉不處也。〈需〉不進也，〈訟〉不親也。

〈大過〉顛也，〈姤〉遇也，柔遇剛也。〈漸〉女歸待男行也。〈頤〉養正也，〈既濟〉定也。〈歸妹〉女之終也，〈未濟〉男之窮也。〈夬〉決也，剛決柔也，君子道長，小人道憂也。

儒家經典/明誠佛堂經典編輯委員會彙編.
-- 初版. -- 新北市 : 漢欣文化事業有限公司,
2022.11- 2冊 ; 21x15公分

ISBN 978-957-686-845-0(第1集 : 精裝)
ISBN 978-957-686-846-7(第2集 : 精裝)

1.CST: 儒家 2.CST: 儒學

121.2 111015702

儒家經典 第一集

彙　　編／明誠佛堂經典編輯委員會
出 版 者／漢欣文化事業有限公司
地　　址／新北市板橋區板新路206號3樓
電　　話／02-8953-9611
傳　　真／02-8954-4084
郵撥帳號／05837599 漢欣文化事業有限公司
電子郵件／hsbookse@gmail.com
初　　版／2022年11月
頁　　數／1280頁
I S B N／978-957-686-845-0

ISBN: 978-957-686-845-0
9 789576 868450